Karl Lahmer

PHILOSOPHIE

E. DORNER

Mit Bescheid des Bundesministeriums für Bildung, Wissenschaft und Kultur, GZ BMBWK-5.91/0009-V/9/2006 vom 24. 11. 2006 als für den Unterrichtsgebrauch an allgemein bildenden höheren Schulen für die 8. Klasse im Unterrichtsgegenstand Psychologie und Philosophie, an Handelsakademien für den IV. und V. Jahrgang im Unterrichtsgegenstand Philosophischer Einführungsunterricht, an Bildungsanstalten für Kindergartenpädagogik für die 2. bis 5. Klasse im Unterrichtsgegenstand Pädagogik, gemäß dem Lehrplan 2003 an Höheren Lehranstalten für wirtschaftliche Berufe im Unterrichtsgegenstand Psychologie und Philosophie und gemäß dem derzeit geltenden Lehrplan an Bildungsanstalten für Sozialpädagogik für die 2. bis 5. Klasse im Unterrichtsgegenstand Pädagogik geeignet erklärt.

3. Auflage, 2009

Alle Drucke sind im Unterricht parallel verwendbar.

Umschlag, Satz/Layout: Dietmar Stiedl, Wien
Illustrationen: Elis Veit, Wien, Dietmar Stiedl, Wien
Gesamtherstellung: Verlag E. DORNER GmbH, Wien

Bildquellenverzeichnis
7.1: Museo Capitolino, Rom; 8.1: Kunsthistorisches Museum, Wien; 9.1: Louvre, Paris; 11.1: Barbara Brüning, Hamburg; 13.1: GEO-Wissen/Intelligenz und Bewusstsein, 1994, Gruner + Jahr, Hamburg; 19.1, 23.1: Louvre, Paris; 41.2: Gordon H. Robertson, A.C. Cooper Ltd. (London); 45.1: Knaurs moderne Psychologie, Droemersche Verlagsanstalt Th. Knaur Nfg, München 1997; 48.1: P.M. Perspektive - Antike 90/018; 49.1: Enzyklopädie der Philosophie, Weltbild Verlag, Augsburg; 52.1 Blume: adpic; 52.2 Sonnenuntergang: Sabine Leopold, Wien; 52.3 Venus von Willendorf: NHM, Wien; 52.5 Heidi Klum: © Rufus F. Folkks/Corbis; 56.1: Musées Royaux de Beaux-Arts de Belgique, Brüssel; 56.2: A. Frequin, Den Haag; 57.1: KHM, Wien; 58.1: Bildatlas der Weltkulturen. Griechenland, Christian Verlag, München; 61.1: Sir Godrey Kneller, Christ Church Oxford; 62.1: Historia Photo, Hamburg; 66.1: Sebastien Bourdon, Louvre; 71.1, 72.1: Herzog August Bibliothek, Wolfenbüttel; 79.1: Konrad Lorenz Archiv, Altenberg; 80.1: APA-IMAGES/APA/Harald Schneider; 83.1: Philosophie, die uns angeht. Verlagsgruppe Bertelsmann; 90.1: Elke Schlager, Salzburg; 95.1: Schiller-Nationalmuseum, Marbach/N.; 96.1: Bildarchiv Preußischer Kulturbesitz, Berlin; 97.2: Historia Photo, Hamburg; 102.1: Königliche Bibliothek, Kopenhagen; 103.1: Mansell Collection, London; 105.1: © Bettmann/Corbis; 107.1: Antikenmuseum Staatl. Museen Preuß. Kulturbesitz Berlin; 113.2: Gertz Schuetz, AKG, Berlin; 117.1: Marc Riboud, Magnum; 121.1: © Rowohlt; 121.2: National Museum of Antiquities, London; 129.1: Klett, Leipzig; 133.1: Jerry Bauer/Rowohl, Hamburg; 157.1: Andreas Findeisen, Wien; 159.1: Kurier/Bild: Benedikt von Loebell; 164.1: Karl Lahmer, Salzburg; 188.1: Museo Capitolino, Rom; 190.1: Schopenhauer Archiv, Stadt- und Universitäts-Bibliothek, Frankfurt/M.; 194.1: Biozentrum Uni Basel/Prof. Gering; 195.1: Suhrkamp Bildredaktion; 196.2: creativ collection Verlag GmbH, Freiburg; 197.1: Photo-Center; 198.1: Baner, Wien; 200.1: picturedesk.com/Ullstein Bild/Rönnert; 213.1: P.M. Perspektive - Antike 90/018; 215.1: www.heimspeki.hi.is; 216.1: www.timbro.se; 223.1: Schwind/Okapia AG; 225.1, 245.1, 247.1: AKG, Berlin; 252.1: © Sophie Bassouls/Corbis Sygma; 254.1 © Richard Helloul/Sygma/Corbis; 257.1: Karl Lahmer, Salzburg; 259.1: Contrast, Wien; 269.1, 271.1: Herzog August Bibliothek, Wolfenbüttel; 274.1: Studienzentrum Karl-Marx-Haus, Tier; 277.1: S. Fischer Verlag, Frankfurt/M.; 283.2: Rollo Silver, Amygdala, San Christobal, NM, USA; 288.2: Musée d'Orsay; 290.1: Kunstsammlung Nordrhein-Westfalen, Düsseldorf; Titelbild: Harvey Chan/Corbis

Buch-Nr. 130 948

Karl Lahmer
Kernbereiche der Philosophie

© 2007 Verlag E. DORNER GmbH
Ungargasse 35, 1030 Wien
Tel.: 01 / 533 56 36
Fax: 01 / 533 56 36-15
E-Mail: office@dorner-verlag.at
www.dorner-verlag.at

ISBN 978-3-7055-**0786**-9

Buch-Nr. 130 949

Karl Lahmer
Kernbereiche der Philosophie + CD-ROM

© 2007 Verlag E. DORNER GmbH,
Ungargasse 35, 1030 Wien
Tel. 01 / 533 56 36
Fax: 01 / 533 56 36-15
E-Mail: office@dorner-verlag.at
www.dorner-verlag.at

ISBN 978-3-7055-**0945**-0

INHALTSVERZEICHNIS

Unter www.dorner-verlag.at/downloads.php finden Sie ergänzend zum Buch:
- Kommentar mit Lösungshinweisen
- Folien
- Kinderphilosophie
- Aktualisierungen

Liebe Schülerinnen und Schüler!

In den Fächern PUP sowie Pädagogik sollen Sie mit den Grundzügen der Philosophie und des Philosophierens vertraut gemacht werden.

Moderationstexte zu philosophischen Fragestellungen und zu den Methoden der Philosophie sowie Originaltexte ermöglichen Ihnen das Nach-Denken des Gedachten. Wer sich mit Philosophie beschäftigt hat, soll die wichtigsten Kernbereiche aus den Disziplinen der Erkenntnistheorie, der Wissenschaftstheorie, der Sprachphilosophie, der Ethik etc. kennen und sich mit den grundlegenden Wissenschaftsmethoden auseinandersetzen.

Der Philosophieunterricht soll Sie nicht nur einen klassischen Kanon lehren, im Philosophieunterricht geht es nicht ausschließlich um die Vermittlung von bereits Gedachtem. Es geht auch um das Problem der Sinnfindung und Lebensorientierung, der Sinnklärung und Werteorientierung. Sie werden vor allem in den Aufgaben aufgefordert, selbstständig zu philosophieren, indem Sie Problemstellungen weiterdenken. Philosophieren ist eine Tätigkeit, die sich in Form des reflexiven Gesprächs, des Weiterfragens etc. zeigt.

Sie werden wiederholt Texte finden, die Sie einfach nur zu lesen brauchen, die von Ihnen keine Entscheidung fordern, die einfach nur nachdenklich machen sollen. Nachdenklichkeit steht in Opposition zu „Entscheidungsfreudigkeit". Nachdenklichkeit ist zunächst zweckungebunden, in ihr liegt ein Erlebnis von Freiheit, von Abschweifung, der Exkurs ist erlaubt. Wer nachdenklich ist, fühlt sich nicht im Besitz der Wahrheit, sondern ist auf der Suche.

- Moderationstexte und Beschreibungen sind durch die Schrift klar von den Originaltexten unterscheidbar.
- Originaltexte und genauere Informationen zu bestimmten Themenbereichen sind durch einen Rahmen und eine andere Schrift gekennzeichnet. Die Originaltexte sind an die neue Rechtschreibung angepasst und aus Verständnisgründen teilweise vereinfacht.
- In den Randbemerkungen finden Sie Zusatzinformationen, Erklärungen von Fremdwörtern, wichtige Aussagen etc.
- Die Aufgaben bieten die Möglichkeit des Wiederholens, Vertiefens und Weiterfragens.
- Am Ende jedes Kapitels finden Sie Zusammenfassungen und Übersichtstabellen.

In diesem Kasten finden Sie detaillierte Informationen zum jeweiligen Themenbereich.

In Randbemerkungen finden Sie Erklärungen und Ergänzungen.

AUFGABEN

haben die Funktion, den Stoff zu wiederholen und zu vertiefen.

Kapitel 1: Grundlagen der Philosophie

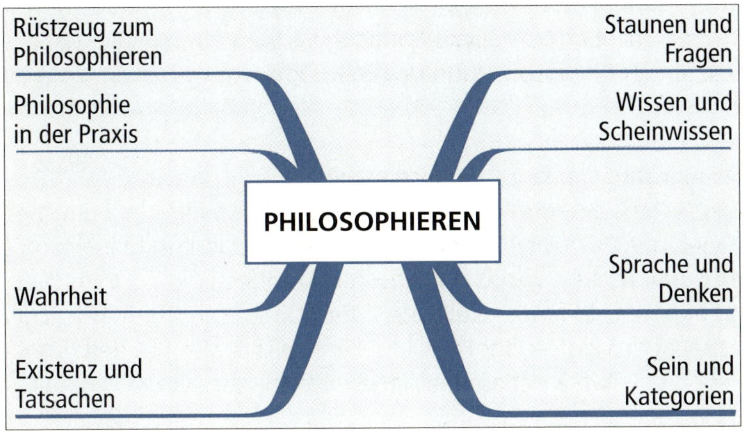

1 Staunen

Der Geschichtsschreiber HERODOT berichtet: Während eines Kampfes zwischen griechischen Bewohnern von Ionien (heutige Westtürkei) und Medern (Persern) wurde plötzlich der Tag zur Nacht. Diese Sonnenfinsternis hatte THALES von Milet den Griechen vorausgesagt. Während die Perser durch das kosmische Naturereignis in Angst und Schrecken versetzt wurden und die Flucht ergriffen, waren die Griechen zwar auch über eine derartige Erscheinung erstaunt, sie wussten jedoch – von THALES aufgeklärt –, dass es sich bei Mond- und Sonnenfinsternis um ein zyklisch wiederkehrendes Ereignis handelt, das nicht als Zeichen göttlicher Macht erklärt zu werden braucht, sondern als natürliches Phänomen berechenbar ist.[1] Hinter der Vorhersage der Sonnenfinsternis steckt die Überzeugung, dass es in der Natur gesetzmäßig zugeht: *Der Ablauf des Naturgeschehens ist berechenbar und verstehbar.*

- Dadurch, dass THALES Naturerscheinungen für prognostizierbar hielt und eine gewisse berechenbare Gesetzmäßigkeit voraussetzte, wird ein wichtiger Ansatz für den Gedanken *Die Welt kann verstanden werden* geliefert.
- Die Welt ist somit kein Tummelplatz von Dämonen und Geistern, sondern ein recht komplizierter Mechanismus, der nach ihr innewohnenden Gesetzen abläuft.
- Es war das Bestreben der ersten Philosophen im europäisch-kleinasiatischen Raum, diese Gesetzmäßigkeiten herauszufinden.

THALES VON MILET (um 600 v. Chr.) gilt als Begründer philosophischen Denkens.

Die ersten, aus Milet stammenden Philosophen waren THALES, ANAXIMANDER und ANAXIMENES. Jeder von ihnen führte die Vielfalt der Erscheinungen (der seienden Dinge) auf einen Grundstoff zurück. THALES behauptete, es sei das Wasser, ANAXIMANDER das Unbegrenzte *(apeiron)*, ANAXIMENES die Luft.

[1] THALES stellte eine ungefähre Prognose an; es handelte sich wahrscheinlich um die totale Sonnenfinsternis vom 25. Mai 585 v. Chr.

ARISTOTELES (384–322 v. Chr.)

Nach ARISTOTELES liegt der Trieb nach Erkenntnis in der menschlichen Natur. Dieses Bestreben, Neues entdecken zu wollen, und die Fähigkeit, *staunen* zu können, sind die Voraussetzungen für das Philosophieren. *Staunen* veranlasste wohl die Menschen zum Philosophieren. Sie staunten über die Naturerscheinungen, die sie nicht erklären konnten, z. B. über Sonnenfinsternisse. Wer staunt, hat das Gefühl der Unwissenheit. Er beginnt *weiterzufragen* und Antworten zu konstruieren. Jedes Philosophieren ist Ausdruck des Willens, Erscheinungen, Beobachtungen oder Erfahrungen rational zu erklären.

> Wegen des Staunens haben diese Menschen (THALES und seine Nachfolger) zu philosophieren begonnen. Sie staunten anfangs über das Unerklärliche, mit dem sie konfrontiert waren. Allmählich machten sie Fortschritte und stellten sich Fragen über die Mondphasen, über den Zustand der Sonne und schließlich über die Entstehung des Kosmos. Dieser Mensch, der voller Fragen ist und staunt, ist der Meinung, unwissend zu sein. Wenn diese Menschen nun zu philosophieren begannen, um der Unwissenheit zu entkommen, so ist es offensichtlich, dass sie das wegen des Wissens um seiner selbst willen machten und nicht wegen eines Nutzens.[2]

Das Wesentliche, **Substantielle**, am Apfel ist seine Form, das Hinzukommende, Beiläufige, **Akzidentielle** ist seine Farbe u. Ä.

Staunen als Voraussetzung für das Philosophieren beinhaltet, dass der Mensch

- neugierig und sich seiner *Unwissenheit bewusst* ist,
- unbekannte Phänomene nicht scheut, sondern sich mit ihnen rational auseinandersetzt,
- weiterfragt und den Phänomenen auf den Grund geht, d. h., das Beiläufige (Akzidentielle) beiseite lässt und sich auf das Allgemeine oder Wesentliche (Substantielle) konzentriert.

AUFGABEN

1. **Substantielles (Wesentliches) und Akzidentielles (Beiläufiges)**
   Versuchen Sie, substantielle und akzidentielle Merkmale zu bestimmen.
   Tisch, Löwe, Freundschaft, Psychologie
2. Sie haben möglicherweise die totale Sonnenfinsternis vom August 1999 miterlebt. Versuchen Sie, das *staunende Erleben* zu beschreiben. Differenzieren Sie davon *ein von Angst geprägtes Erleben.*
3. **SOKRATES in Gedanken**
   Lesen Sie die folgende Geschichte und beantworten Sie die Fragen.

[2] ARISTOTELES, Metaphysik 982b S. 12ff. (gekürzt).

SOKRATES in Gedanken

SOKRATES dachte ein Problem durch; vom frühen Morgen an stand er da und überlegte. Als er bei der Problemlösung nicht vorwärtskam, ließ er nicht locker, sondern stand da und forschte weiter. Schon war es Mittag, und die Menschen beobachteten ihn und sie wunderten sich und sagten: „SOKRATES steht vom frühen Morgen an da und denkt über etwas nach." Als es Abend wurde, brachten die Menschen ihre Decken aus dem Haus, um im Freien in der Kühle der Nacht zu schlafen – es war ja Sommer. Sie beobachteten SOKRATES, ob er auch in der Nacht stehen bliebe. Er stand da, bis es Morgen wurde und die Sonne aufging. Schließlich ging er weg, nachdem er zur Sonne gebetet hatte.[3]

- Welche zentralen Gedanken werden im Text formuliert?
- Verfolgt SOKRATES mit seinem Denken einen bestimmten Zweck? Vergleichen Sie Ihre Vermutungen mit den Aussagen des ARISTOTELES (Text Seite 8).
- Beobachten Sie sich selbst, wenn Sie nachdenken. Welche Körperhaltung ist für Sie typisch? Was motiviert Sie nachzudenken?

4. Staunen hat etwas mit Nachdenklichkeit zu tun. Lesen Sie die Geschichte von Kurt TUCHOLSKY, *Lochphilosophie:*

Ein Loch ist da, wo etwas nicht ist. Das Loch ist ein ewiger Kompagnon des Nicht-Lochs: Loch allein kommt nicht vor, so leid es mir tut. Wäre überall etwas, dann gäbe es kein Loch, aber auch keine Philosophie und erst recht keine Religion, als welche aus dem Loch kommt. Die Maus könnte nicht leben ohne es, der Mensch auch nicht: Es ist beider letzte Rettung, wenn sie von der Materie bedrängt werden, Loch ist immer gut. …
Das Merkwürdigste an einem Loch ist der Rand. Er gehört noch zum Etwas, sieht aber beständig in das Nichts, eine Grenzwache der Materie. Das Nichts hat keine Grenzwache: Während den Molekülen am Rande eines Lochs schwindlig wird, weil sie in das Loch sehen, wird den Molekülen des Lochs … festlig? Dafür gibt es kein Wort. Denn unsere Sprache ist von den Etwas-Leuten gemacht; die Loch-Leute sprechen ihre eigne.
Das Loch ist statisch; Löcher auf Reisen gibt es nicht. Fast nicht. Löcher, die sich vermählen, werden ein Eines, einer der sonderbarsten Vorgänge unter denen, die sich nicht denken lassen. Trenne die Scheidewand zwischen zwei Löchern: Gehört darin der rechte Rand zum linken Loch? Oder der linke zum rechten? Oder jeder zu sich? Oder beide zu beiden? Meine Sorgen möchte ich haben.
Wenn ein Loch zugestopft wird: Wo bleibt es dann? Drückt es sich seitwärts in die Materie? Oder läuft es zu einem andern Loch, um ihm sein Leid zu klagen? – Wo bleibt das zugestopfte Loch? Niemand weiß das: Unser Wissen hat hier eines.
Wo ein Ding ist, kann kein andres sein. Wo schon ein Loch ist: Kann da noch ein andres sein? Und warum gibt es keine halben Löcher? Größenwahnsinnige behaupten, das Loch sei etwas Negatives.[4]

[3] PLATON, Symposion 220 c–d.

[4] Kurt TUCHOLSKY, Zur soziologischen Psychologie der Löcher, zitiert aus: Michael WITTSCHIER, Abenteuer Philosophie. Ein Schnellkurs für Einsteiger, München: Piper 1997, S. 39f. (gekürzt).

2 Philosophieren

Philosophieren ist immer mit dem Bewusstsein der Unwissenheit verbunden. Warum stellen wir uns beispielsweise die Frage *Was ist Wahrheit?,* wenn wir von vornherein wissen, dass wir darauf keine gültige, geschweige denn endgültige Antwort geben können? DIOTIMA, eine Priesterin und Lehrerin des SOKRATES, erzählt eine Geschichte, die verdeutlichen soll, dass vorläufiges und unsicheres Wissen ein Wesensmerkmal des Menschen ist.

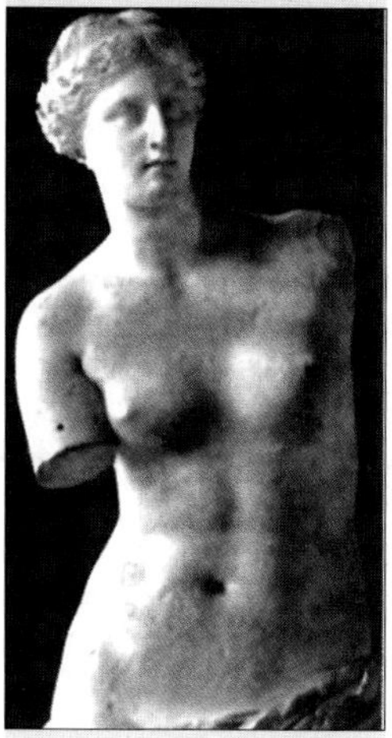

APHRODITE, Göttin der Schönheit

POROS (sprechender Name): Problemlöser, der einen Ausweg weiß

METIS (sprechender Name): Klugheit

PENIA (sprechender Name): Armut

Nach Weisheit streben = philosophieren (griech. *philosophein*)

DIOTIMA-Rede über den EROS

Als APHRODITE geboren wurde, trafen sich die Götter zu einem Festmahl, darunter auch POROS, der Sohn der METIS. Da ein Festmahl stattfand, kam auch PENIA und hielt sich vor dem Speisesaal auf. Als POROS betrunken war, ging er in den Garten hinaus und schlief ein. PENIA ergriff die Gelegenheit, sie schlief mit POROS und wurde mit EROS schwanger. Deshalb ist EROS der Diener und Begleiter der APHRODITE, weil er ja an ihrem Geburtstag gezeugt wurde. Gleichzeitig ist er von Natur aus ein Liebhaber des Schönen, weil ja auch APHRODITE schön ist.

Da nun EROS der Sohn von POROS und PENIA ist, hat er folgende Charaktereigenschaften: Er ist immer arm, und weit gefehlt, er sei schön und zart, sondern er ist schmutzig, ohne Behausung, er liegt am Boden ohne Decke und unter freiem Himmel, immer ist er mit dem Mangel verbündet, weil er ja die Natur der Mutter hat.

Entsprechend den Eigenschaften vom Vater ist er versessen auf alles Schöne und Gute, er ist draufgängerisch, ein gewaltiger Jäger, begierig nach Wissen, erfinderisch, sein ganzes Leben hindurch strebt er nach Weisheit.

Wegen dieser ambivalenten Natur blüht EROS auf und gedeiht, gleichzeitig fließt ihm das Geschaffene aber wieder weg und vergeht. EROS ist also weder ohne Besitz noch ist er reich, er befindet sich in der Mitte von Weisheit und völliger Unwissenheit. Die Geschichte vom EROS lehrt uns Folgendes: Kein Gott und kein Weiser strebt nach Weisheit und wünscht weise zu werden – er ist ja weise. Andererseits streben die vollkommen Unwissenden auch nicht nach Weisheit. Denn das Komplizierte an der Unwissenheit ist es, dass solche Menschen mit dem, was sie vor sich haben, zufrieden sind. Folglich strebt derjenige, der sein Wissen nicht für mangelhaft hält, auch nicht nach Weisheit.[5]

Der EROS-Mythos erklärt uns in anschaulicher Weise, was *Philosophieren* ursprünglich bedeutet: *sophía* heißt *Weisheit, fileín* heißt in der Grundbedeutung *sich aneignen.* PhilosophIn ist also

[5] PLATON, Symposion 203b –204a (gekürzt).

jemand, der sich die Weisheit aneignen will, der nach Weisheit strebt.
Der in Österreich geborene Philosoph Karl R. POPPER geht von einem ganz ähnlichen Philosophiebegriff aus. Er behauptet, dass Erkenntnisfortschritt primär durch Versuch und Irrtum bzw. durch Vermutungen und Widerlegungen zustande kommt.

Die Erkenntnistheorie beschäftigt sich mit der Frage *Was kann ich wissen?*

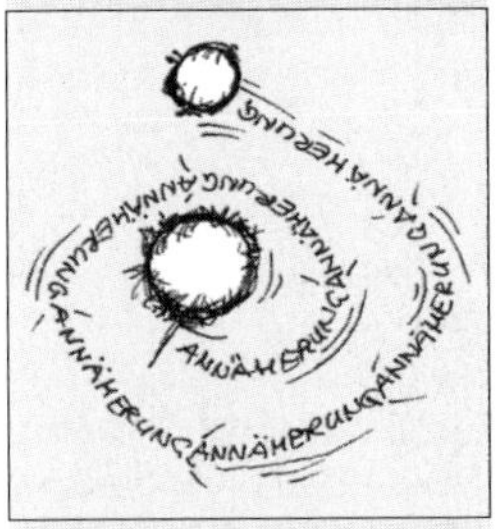

Annäherung an die Wahrheit

> So wie jeder seine Philosophie hat, so hat auch jeder seine unbewusste Erkenntnistheorie; und vieles spricht dafür, dass unsere Erkenntnistheorien unsere Philosophien entscheidend beeinflussen. Ihre Grundfrage ist: Können wir überhaupt etwas wissen? Die Antwort auf diese Frage zeigt, dass wir von unseren Fehlern lernen können. Eine Annäherung an die Wahrheit ist möglich. Das war meine Antwort auf den erkenntnistheoretischen Pessimismus. Aber ich gab auch eine Antwort auf den erkenntnistheoretischen Optimismus: Sicheres Wissen ist uns versagt. Unser Wissen ist ein kritisches Raten, ein Netz von Hypothesen, ein Gewebe von Vermutungen. … Diese Einsicht mahnt zur intellektuellen Bescheidenheit.[6]

Barbara BRÜNING (geb. 1951) beschäftigt sich u. a. mit Kinderphilosophie.

So gesehen ist Philosophieren eine elementare Kulturtechnik, die in Form von Frage und Antwort versucht, der Wahrheit näherzukommen. Die Hamburger Philosophin Barbara BRÜNING sieht im reflexiven Gespräch ein menschliches Grundbedürfnis. Wir Menschen zeichnen uns durch die Eigenschaften des Denkens und Sprechens aus. Das Miteinander-Sprechen hat vor allem die Funktion, das Labyrinth der Welt durchsichtiger und transparenter zu machen. Transparenz erzielt der Mensch u. a. dadurch, dass er über das, was er denkt und was er tut, nachdenkt und reflektiert.

AUFGABE

Schreiben Sie eine kurze Abhandlung zum Thema „Was ist Philosophie?", indem Sie die angeführten Erklärungen verwenden und durch eigene Gedanken ergänzen.

a. Der Philosophie soll man sich widmen, nicht um endgültige Antworten auf Fragen zu erwarten, da in der Regel keine bestimmten Antworten als wahr erkannt werden können, sondern um der Fragen selbst willen, weil diese Fragen unseren Begriff von dem, was möglich ist, erweitern, die Fantasie unseres Verstandes bereichern und die dogmatische Sicherheit, die den Geist gegen Spekulation unempfindlich macht, vermindern.[7]

6 Karl R. POPPER, Logik der Forschung, Berlin: Mohr Siebeck 1969, S. 15f. (gekürzt).
7 Vgl. Bertrand RUSSELL, Probleme der Philosophie, Frankfurt/Main: Suhrkamp 1967.

b. Wenn wir anfangen, philosophisch zu denken, treten wir einen Schritt zurück und betrachten ein breiteres Panorama: Wir fangen an, infrage zu stellen, was wir gerade noch als selbstverständlich angesehen haben. Wer noch nie diesen Schritt Abstand genommen, wer sein Leben immer nur unkritisch gesehen hat, ist nicht nur flach in seinem Denken, sondern kann unter Umständen zur Gefahr für seine Umgebung werden. Das 20. Jahrhundert hat uns eine Lektion erteilt. Natürlich gibt es keine Garantie, dass jemand, der kritisch denken gelernt hat, nicht doch in derartige Fallgruben stürzt. Die größte Gefahr für eine Gesellschaft droht jedoch nicht von Seiten der kritisch Denkenden, sondern von den dummen Schafen, denen jeder Gedanke zu viel ist.[8]

c. Zwei Dinge führen zum höchsten Verstehen. Was sind diese beiden Dinge? Ruhe und Einsicht. Wenn du Ruhe entwickelst, was gewinnst du dadurch? Dein Geist wird stärker werden. Der Vorteil eines erstarkten Geistes ist es, dass du nicht mehr länger Sklave deiner Impulse bist. Wenn du Einsicht entwickelst, was gewinnst du dadurch? Du wirst weise werden. Dies schenkt dir Freiheit von der Blindheit der Unwissenden. Ein Geist, der sich in den Fängen von Unwissenheit und unkontrollierten Impulsen befindet, kann niemals wahre Erkenntnis erlangen. Ruhe und Einsicht aber schenken dem Geist auf Dauer Freiheit.[9]

d. Philosophieren heißt, mithilfe von Begriffsanalyse nach Begründungen von allgemeinen Aussagen zu suchen.

Hinweis: Lernprotokoll

Lernprotokolle oder Lerntagebücher können verschieden geführt werden. Sammeln Sie all Ihre philosophischen Arbeiten in einem digitalen Ordner oder in einer Mappe. Sie können sich dazu im Internet genauer erkundigen, wenn Sie Suchbegriffe wie *philosophisches Tagebuch, Lerntagebuch* oder *Portfolio* eingeben.

[8] Vgl. Jonathan Glover, Humanity. A Moral History of the Twentieth Century, London: Jonathan Cape 1999.

[9] Gautama Buddha, Weisheiten des Buddha. Hrsg. von Anne Bancroft, München: dtv 2002, S. 132.

3 Philosophische Fragen

Immanuel KANT hat die klassischen Fragen der Philosophie aus anthropozentrischer Sicht folgendermaßen formuliert:

- *Was kann ich wissen?* Damit beschäftigt sich vor allem die Erkenntnistheorie.
- *Was soll ich tun?* Mit dieser Frage beschäftigt sich die Ethik (Moralphilosophie).
- *Was darf ich hoffen?* Damit beschäftigt sich die Religionsphilosophie.
- *Was ist der Mensch?* Mit dieser Frage beschäftigt sich die philosophische Anthropologie.

Philosophische Fragen

⇩

Was gibt es?
(Seinslehre, Metaphysik)

Was erkennen wir?
(Erkenntnistheorie)

Was ist die Bedeutung dessen, was wir sagen?
(Sprachphilosophie)

Was ist Wahrheit?
(Wissenschaftstheorie)

Was ist gut?
(Ethik)

Philosophie beschäftigt sich mit Fragestellungen, die keine allgemein gültigen Ergebnisse zulassen. Es gibt nur vorläufige Antworten. Philosophische Antworten sind prozessual, d. h. nicht abgeschlossen. Ein weiteres Charakteristikum für philosophische Fragen ist ihre *Übergeschichtlichkeit:* Fragen nach dem Sinn des Lebens, nach dem Glück etc. haben sich die Menschen vor vielen Tausend Jahren ebenso gestellt, wie wir sie uns heute stellen.

Charakteristisch für philosophische Fragen ist auch ihre Intention, Problembereiche anzusprechen, die alle Menschen betreffen. Diese Tendenz zum Allgemeinen erfordert es, in den Antwortversuchen vom Konkreten abzusehen, sich vom Konkreten zu distanzieren.

Der Mensch ist ein Wesen der Distanz. Das Erkennen beginnt, wenn der Erkennende vom zu Erkennenden Abstand nimmt. Im Abstandnehmen kann der Mensch Situationen reflektieren, Ziele und Intentionen überdenken, neue Problemlösungen finden etc.

Viktor FRANKL (1905–1997)

Der Arzt und Psychologe Victor E. FRANKL berichtete wiederholt über seine Zeit im Konzentrationslager. Dass er dieser Todesmaschinerie lebend entkommen konnte, verdankte er seiner Fähigkeit, sich vom konkreten Geschehen des Frierens, Geschlagenwerdens etc. zu distanzieren: Er stellte sich vor, er stünde in einem Hörsaal und halte einen Vortrag über das schreckliche Geschehen.[10]

[10] Die Extrembelastungen in den Konzentrationslagern beschrieb V. E. FRANKL in dem Buch ... *trotzdem Ja zum Leben sagen.* Ein Psychologe erlebt das Konzentrationslager, München: dtv 1946.

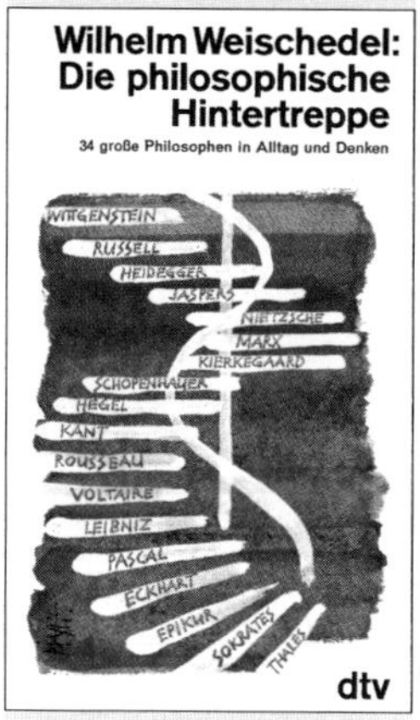

Wilhelm WEISCHEDEL (1905–1975) sieht in der Fähigkeit der Distanzierung, die sich im ständigen Weiterfragen vollzieht, ein grundlegendes Wesensmerkmal des Menschen.

konstituieren = begründen

> Schon die Benennung des Dings oder eines Vorgangs in der Sprache ist Antwort auf die Frage, was denn dieses Ding oder dieser Vorgang ist. Das Handeln erwächst aus der Frage, was zu tun ist und welche Mittel dazu dienlich sind. Das Wollen entspringt aus der Frage, wie man sich entscheiden soll, angesichts der vielfältigen Bedrängung durch Ansprüche, Triebe, Forderungen, Wünsche. Das Erkennen schließlich wurzelt in der Frage, was denn das ist, was sich zeigt. Die Distanz konstituiert sich also ursprünglich im Fragen. Der Mensch ist das fragende Wesen schlechthin und seine Geschichte vollzieht sich im Medium des immer weiter fortschreitenden und jede Antwort überbietenden Fragens.[11]

Der Mensch als fragendes Wesen ist fähig, Dinge und Vorgänge aus der Distanz zu sehen und darüber zu reflektieren. Die Fähigkeit zur Distanz führt zur Fähigkeit der *Abstraktion.* Abstraktion bedeutet, vom Konkreten absehen und das Allgemeine denken zu können. Die größten Errungenschaften der Technik und Wissenschaften verdankt der Mensch der Fähigkeit, konkrete Phänomene zu verallgemeinern. Die Abstraktion bezieht sich aber nicht nur auf Allgemeines. Abstraktion heißt auch, Gegenstände und Vorgänge, die (zunächst) überhaupt keinen praktischen Sinn haben, neugierig zu erforschen. Abstraktion meint auch das Absehen von praktischen, wirtschaftlichen oder utilitaristischen Überlegungen.

utilitaristisch = auf Nutzen ausgerichtet

Die **wissenschaftliche Philosophie** beschäftigt sich in ihren Teilgebieten mit den verschiedenen philosophischen Fragestellungen.

[11] Wilhelm WEISCHEDEL, Der Gott der Philosophen, München: dtv 1979, S. 179f. W. WEISCHEDEL schrieb auch das lesenswerte Buch „Die philosophische Hintertreppe. 34 große Philosophen in Alltag und Denken", München: dtv 1975.

Übersicht

Was gibt es? Was ist das Sein? Metaphysik, Ontologie (Seinslehre)	**Was erkennen wir?** Erkenntnistheorie
Was ist Wahrheit? Wissenschaftstheorie	**Was ist gut?** Ethik, Moralphilosophie
Was ist die Bedeutung dessen, was wir sagen? Sprachphilosophie	**Was ist der Mensch?** Anthropologie
Welche Argumente sind gültig? Logik	**Was ist schön? Was ist Kunst?** Ästhetik (Wahrnehmung)

Φ

AUFGABEN

1. „Reflexion" kommt vom lateinischen Wort *reflectere* = zurückbeugen. Betrachten Sie das Mosaikbild, wobei Ihre Nasenspitze das Bild berührt. Beugen Sie sich während der Bildbetrachtung langsam zurück. Finden Sie die für Sie richtige Distanz.
2. Sie kennen sicherlich die Fernsehsendung „Mit versteckter Kamera". Warum können die Akteure (die Getäuschten) ihre Situation nicht überblicken? Warum können die Fernsehzuschauer über die Situation lachen?
3. In welchen alltäglichen Lebenssituationen ist eine distanzierte und abstrahierende Betrachtung von Vorteil? In welchen alltäglichen Lebenssituationen ist eine zu distanzierte Betrachtung wiederum von Nachteil?
4. Nicht jede Frage ist eine philosophische Frage. Versuchen Sie, anhand der angeführten Fragen Kriterien herauszufinden, die für eine philosophische Frage charakteristisch sind.
   - Gibt es das Nichts?
   - Was ist Natur? Was ist der Kosmos?
   - Was ist Glück? Warum fragen wir nach Sinn?
   - Was ist schön? Was ist Kunst?

5. Fachausdrücke erklären

Definieren Sie die angeführten Fachausdrücke mithilfe des Buches, der CD-ROM oder anderer Hilfsmittel.
Tipp: Wenn Sie Definitionen im Internet suchen, geben Sie in Google unter Suche ein – **define:metaphysik, define:ontologie**

Reflexion: ______________________________

substantiell: ______________________________

Abstraktion: ______________________________

Metaphysik: ______________________________

Philosophie: ______________________________

Ontologie: ______________________________

utilitaristisch: ______________________________

Anthropologie: ______________________________

akzidentiell: ______________________________

Ästhetik: ______________________________

6. Firmenphilosophie

Beinahe jede Firma hat heute *ihre Philosophie*. Analysieren Sie mithilfe des Internets zwei oder drei Firmen und deren Philosophie. Welche Ähnlichkeiten können Sie feststellen?

- Wird auf Stabilität, Sicherheit, Zuverlässigkeit hingewiesen?
- Wird auf Harmonie und Freude verwiesen?
- Legt die Firma auf Innovation und Kreativität Wert?
- Ist die Firmenphilosophie primär teleologisch (wird primär darauf verwiesen, wozu das Produkt Menschen verhilft)?
- Was steht an Werthaltungen und Versprechungen hinter der Firmenphilosophie?

7. Unterschied zwischen Wissenschaft und Philosophie

Die Philosophie befragt die Dinge und Handlungen in der Welt daraufhin, was sie für den Menschen und sein Leben bedeuten. Dies erfordert, immer von einer Metaebene aus einen Sachverhalt zu deuten.
Arbeiten Sie anhand eines Beispiels die Unterschiede zwischen einer Fachwissenschaft (Biologie, Literaturwissenschaft etc.) und der Philosophie heraus.

4 Wissen und Scheinwissen

Philosophen und philosophisch denkende Menschen haben im Laufe der Geschichte immer wieder versucht, die Menschen durch nonkonformistische, alternative Denkkonzepte und Handlungsweisen zur Nachdenklichkeit zu bewegen. SOKRATES war *der* Philosoph, der in besonderer Weise versuchte, Scheinwissen aufzudecken und die Menschen zum Nachdenken anzuregen. Er wurde wegen angeblicher Gottlosigkeit und Jugendverführung im Jahre 399 v. Chr. zum Tode verurteilt. In seiner Verteidigungsrede, die von PLATON in der sogenannten *Apologie* reflektiert wurde, bringt er den Unterschied zwischen der Einstellung seiner Mitbürger und seiner persönlichen Überzeugung auf den Punkt: Das delphische Orakel behauptete, niemand sei weiser als SOKRATES. Dieser war skeptisch und wollte das Orakel widerlegen, daher versuchte er, unter den bedeutendsten Persönlichkeiten Athens wenigstens einen zu finden, der weiser war als er selbst. Er fragte z. B. einen Politiker, was Gerechtigkeit sei – wer sollte diese Frage besser beantworten können? SOKRATES musste jedoch feststellen:

Nonkonformismus bezeichnet die individuelle Ablehnung von gesellschaftlich anerkannten Werten, Einstellungen und Verhaltensweisen.
Ein Nonkonformist stellt also Selbstverständliches in Frage.

In Delphi war der berühmte Spruch zu lesen: „Erkenne dich selbst!" Damit war gemeint: „Sei dir der Grenzen menschlicher Erkenntnis bewusst!"

> Die Politiker und die anderen bedeutenden Persönlichkeiten Athens (Dichter, Handwerker etc.) glauben, etwas Bestimmtes zu wissen, obwohl sie es nicht wissen. Ich jedoch, wenn ich etwas nicht weiß, glaube auch nicht, es zu wissen. In diesem kleinen Punkt scheine ich weiser zu sein als jene, nämlich dass ich von dem, was ich nicht weiß, auch nicht behaupte, es zu wissen.[12]

Die verkürzte Formulierung der sokratischen Weisheit lautet: „Ich weiß, dass ich nichts weiß!"

4.1 Elenktik

SOKRATES versuchte, die Menschen durch gezielte Fragen auf ihre Unwissenheit aufmerksam zu machen, sie zum Nachdenken anzuregen. Er war nämlich davon überzeugt, dass niemand von Natur aus Schlechtes tut, sondern lediglich aufgrund von Unwissenheit. SOKRATES behauptet, in der menschlichen Weisheit weise zu sein. Diese Weisheit besteht im *Wissen um das Nichtwissen,* in der Bewusstheit der Begrenztheit menschlicher Erkenntnis. Diese Bewusstheit wird nun methodisch in der Elenktik, im fragenden Prüfen, umgesetzt. Diese Methode hat die Funktion, im ständigen Hinterfragen und Weiterfragen Weisheit zu erzeugen. Das sokratische Wissen ist eine innere Mitwisserschaft des menschlichen Unvermögens, in komplexen Bereichen etwas Sicheres zu wissen. Mitwisser der menschlichen Weisheit zu sein, heißt: Mitwisser des menschlichen Nichtwissens zu sein.

Elenktik (Elenxis) kommt vom griech. Wort *elégchein* = fragen, prüfen, widerlegen

[12] PLATON, Apologie 21d.

Gespräch über die Freundschaft: SOKRATES und LYSIS[13]

S: Mich interessiert leidenschaftlich, was Freundschaft ist. Mein lieber LYSIS, sag mir, wer wird vom anderen ein Freund genannt, der Liebende vom Geliebten, oder der Geliebte vom Liebenden?
L: SOKRATES, das macht doch keinen Unterschied. Darüber habe ich noch nicht nachgedacht.
S: Denk nach. Kann man von Freundschaft sprechen, wenn nur einer liebt und der andere nur geliebt wird?
L: Ich glaube, beide müssen einander lieben, um von Freundschaft sprechen zu können.
S: Überlege jetzt Folgendes. Ich weiß, du magst Hunde. Bist du kein Hundefreund, wenn dich die Hunde nicht lieben?
L: Ich bin trotzdem ein Hundefreund, auch wenn mich einer nicht mag. Das ist doch wie mit Kindern. Die Mutter liebt das kleine Kind, unabhängig davon, ob das Kind die Mutter liebt oder hasst.
S: Der Liebende ist also der Freund, der Geliebte ist aber nicht Freund. Dieses Ergebnis ist nicht schlüssig. Wir müssen einen anderen Weg einschlagen. Bei den Dichtern heißt es: Gleich und Gleich gesellt sich gern.
L: Das ist die Lösung: Das Ähnliche ist mit dem Ähnlichen in Freundschaft verbunden und nützt sich.
S: Stimmt das wirklich? Wenn zwei böse Menschen einander näherkommen, umso feindseliger werden sie: Sie beleidigen einander, schlagen einander etc.
L: Die Dichter meinen vielleicht nur die Guten.
S: Damit hast du vielleicht Recht. Aber wie kann sich Ähnliches nützen? Nehmen wir zwei hilflose Menschen: Wie sollen die beiden einander Hilfe gewähren? Das Ähnliche ist im Zusammenhang der Freundschaft eine nebensächliche, aber keine primäre Bedingung.
LYSIS ist ratlos.

4.2 Maieutik und Sokratisches Gespräch

SOKRATES beruft sich auf drei Lehrerinnen: Die Priesterin DIOTIMA habe ihn gelehrt, was der Eros sei; die Hetäre ASPASIA (vergleichbar einer Geisha) habe ihn Rhetorik gelehrt; seine Mutter PHAINARETE, von Beruf Hebamme, habe ihm die Technik der Maieutik (Hebammenkunst) beigebracht.

SOKRATES belästigte die Athener wie eine Stechmücke, um Scheinwissen durch Wissen zu ersetzen. Er klärte die Menschen darüber auf, dass man zunächst Scheinwissen zerstören müsse, um zu wahrem Wissen (= Weisheit) zu gelangen. Neben der Methode der *Elenktik* bediente sich SOKRATES der *Maieutik.* Als Maieutik (Hebammenkunst) bezeichnete er in Anspielung auf den Beruf seiner Mutter die Kunst der Gesprächsführung, nämlich durch richtiges Fragen vorbewusste Wissensinhalte bewusst zu machen. Auf dieser Methode baut das sogenannte *Sokratische Gespräch* auf. Im Sokratischen Gespräch streben ca. acht TeilnehmerInnen

[13] Frei nach dem Dialog von PLATON, LYSIS.

nach philosophischer Erkenntnis, indem sie einen im Alltag zwar gebräuchlichen, aber nicht näher hinterfragten Begriff gründlich erörtern. Man geht von den konkreten, lebensweltlichen Erfahrungen der TeilnehmerInnen aus.

Wissen und Scheinwissen

Menschenbild
Der Mensch ist von Natur aus gut. Fehler begeht er aus Unwissenheit.

Erkenntnis
Sei dir der Grenzen menschlicher Erkenntnis bewusst!

Wahrheit
Nichts ist relativ, es gibt eine Wahrheit. Durch ständiges Bemühen kommt der Mensch der Wahrheit näher.

Fragen über Fragen
Mit der Methode des Fragens und Widerlegens (Elenktik) kommt man der Wahrheit näher. Falsche Überzeugungen werden selektiert.

Erkenne dich selbst!

Dialog
Das richtige Fragen ist mit der Hebammenkunst (= Maieutik) vergleichbar: geduldiges Fragen, aktives Zuhören, im Gespräch bleiben.

AUFGABEN

1. **Begriffsklärung: Weisheit**
   Warum gilt SOKRATES als weise? Diskutieren Sie darüber, was einen weisen Menschen ausmacht.
   - Weisheit kann man nicht wissen, sie geschieht.
   - Weisheit entsteht nur in der Liebe zur Welt.
   - Weisheit bringt Gutes hervor.
   - ______________________________

2. **Sokratisches Gespräch**
   Führen Sie zu einem von Ihnen gewählten Thema (z. B. Glück, Freundschaft, Langeweile, Angst) ein Sokratisches Gespräch. Bilden Sie Gruppen zu ca. acht Personen. Beachten Sie dabei folgende Spielregeln.
   a. Der Gesprächsleiter/die Gruppenleiterin hält die eigene Meinung zurück. Er/sie bemüht sich um wechselseitige Verständigung, verlangt von den Gruppenmitgliedern, sich auf konkret Erlebtes zu konzentrieren, zeigt Abstraktionswege auf und achtet darauf, dass die GesprächsteilnehmerInnen beim Thema bleiben.

b. Alle TeilnehmerInnen sind gleichberechtigt, sie beteiligen sich aktiv am Gespräch, drücken sich klar aus und versuchen, die Argumente der anderen Gruppenmitglieder zu verstehen.
c. Vom Konkreten zum Abstrakten: Beginnen Sie mit einem konkreten Erlebnis, z. B.: *Als ich im Winter mit meiner Freundin in den Bergen im Schnee spazieren ging, fühlte ich mich glücklich.* Anschließend kann das Beispiel abstrahiert werden: *Zum Glück gehören andere Menschen, eine schöne Umgebung. Glück ist mit Gefühl verbunden.*
d. Wenn die Gesprächsgruppe ein Urteil gewonnen hat, dem alle zustimmen können, ist ein Konsens erreicht, z. B.: *Glück ist immer mit Zufriedenheit verknüpft.* Jeder Teilnehmer kann aber einen erzielten Konsens wieder in Frage stellen, wenn er begründete Zweifel hat.
e. Durch den Austausch von Argumenten gelingt es allmählich, sich vorläufig der Wahrheit anzunähern. Im Sokratischen Gespräch kommt es darauf an, zu einer besseren Einsicht zu gelangen.[14]

3. Porträt erstellen

Erstellen Sie zu SOKRATES ein Philosophen-Porträt (Verwenden Sie dazu PowerPoint oder ein anderes Präsentationsprogramm. Ein Beispiel finden Sie auf der CD-ROM.):
a. einige biografische Fakten
b. zentrale Aussagen, eventuell ein kurzer Originaltext (von PLATON, SOKRATES hat nichts geschrieben)
c. persönliche Stellungnahme

4. Mindmap: Ein weiser Mensch

Erstellen Sie eine Mindmap „Charakteristika eines weisen Menschen".
Diskutieren Sie im Anschluss, worin die Unterschiede zu einem Experten/einer Expertin liegen.

Auf der CD-ROM und unter www.dorner-verlag.at/downloads.php finden Sie ergänzend zum Buch weitere Aufgaben und Übungsmaterialien.

[14] Literaturhinweis: Dieter BIRNBACHER/Dieter KROHN (Hg.), Das sokratische Gespräch, Stuttgart: Reclam 2002.

5 Sprache und Denken

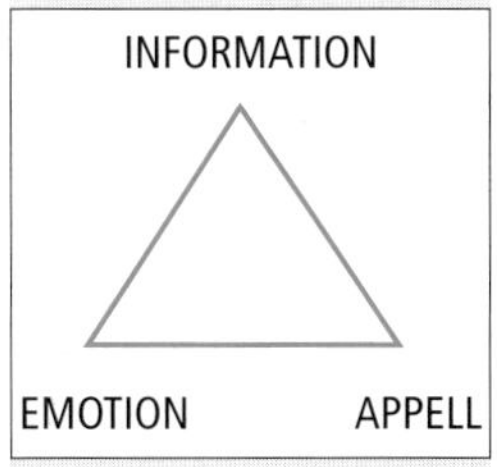

Modell nach Karl BÜHLER

Wir können auf verschiedene Weise sprechen, verbal, aber auch nonverbal, also mittels unserer Körpersprache. Wir wollen uns hier auf das verbale Sprechen konzentrieren. Sprache wurzelt im Sprechen, Sprechen beinhaltet ein Handeln. Ein solcher *Sprechakt* ist das Hervorbringen eines sprachlichen Ausdrucks nach bestimmten Regeln. Sprechakte erfüllen im Allgemeinen drei zentrale Funktionen:

- Ausdrucksfunktion: Ausrufe wie *Au, Ha;* diese Funktion entspricht der grammatikalischen Satzform des Ausrufesatzes. Ein Lebewesen kann seinen Zustand durch sein Mienenspiel, durch Körperbewegungen oder durch Schreien ausdrücken. Solche Ausdrucksbewegungen können als Symptom für den inneren Zustand des Organismus betrachtet werden.
- Kundgabefunktion: besonders in Befehlen oder Appellen, z. B. *Achtung, Bitte;* diese Funktion entspricht dem Befehlssatz, der auch *präskriptiv* oder *normativ* genannt wird. Mit der Signal- oder Kundgabefunktion beginnt die Kommunikation zwischen Lebewesen, in Form von Mimik, Gestik und Sprache.
- Darstellungsfunktion: besonders in Form von Informationen (z. B. wissenschaftliche Berichte); diese Funktion entspricht dem Aussagesatz, ein solcher Satz wird auch *deskriptiv* (beschreibend) genannt. Die Darstellungsfunktion ist der menschlichen Sprache vorbehalten, in der es Sätze gibt, die Sachverhalte beschreiben oder darstellen.

> Für die menschliche Sprache ist entscheidend, dass sie Sachverhalte beschreiben kann und dass ein solcher beschreibender Satz wahr oder falsch sein kann. Erst durch diesen ungeheuren Schritt wird die Objektivierung des Gesagten möglich, sodass sachliche Kritik einsetzen kann. Kritik ist rationale Kritik nur dann, wenn es um die Wahrheit oder Falschheit von Sätzen oder Theorien geht.[15]

Im 20. Jahrhundert hat die philosophische Auseinandersetzung mit der Sprache einen zentralen Stellenwert erlangt. Nicht nur Fragen der Bedeutungen von Sein werden näher untersucht, sondern auch das Verhältnis von Sprache und Denken. Ziel aller sprachphilosophischen Analysen ist es, die Mehrdeutigkeiten und Unklarheiten der Alltagssprache zu beseitigen und dadurch

Dies bezeichnet man als „linguistic turn" in der Philosophie; vgl. S. 25 und S. 253.

[15] Vgl. Karl POPPER, Wissenschaft als Wahrheitssuche. In: Angela HAUSNER (Hg.), Denkanstöße 2004. Ein Lesebuch aus Philosophie, Kultur und Wissenschaft, München: Piper 2003, S. 15f.

Bedeutende Sprachphilosophen des 20. Jahrhunderts

Bertrand Russell
Ludwig Wittgenstein
Gilbert Ryle
Willard V. O. Quine
Alfred J. Ayer
Noam Chomsky

Willard V. O. Quine (1908–2000)

unser Reden und Argumentieren zu präzisieren. In weiterer Folge sollen die verschiedenen Funktionen der Sprache wie Ausrufe, Befehle und Informationen in einer umfassenden Theorie zusammengefasst werden. Die zurzeit einflussreichste philosophische Sprachtheorie ist die *Zeichentheorie* oder *Semiotik*. Sie geht davon aus, dass Sprache ein System von Zeichen ist und jeder sprachliche Ausdruck als Zeichen verstanden werden kann. Die drei wichtigen Teilbereiche der Semiotik sind:

1. die **Semantik** (die Beziehungen zwischen Bezeichnetem und Zeichen),
2. die **Pragmatik** (die Beziehungen zwischen Bezeichnetem, Zeichen und BenutzerInnen) und
3. die **Syntaktik** (die Beziehungen der Zeichen untereinander).

5.1 Ausdruck und Bedeutung

Schriftzeichen oder lautliche Ausdrücke bezeichnen einen Gegenstand oder ein Ding, d. h., sie bedeuten etwas. Die Lehre von der Bedeutung von Ausdrücken heißt *Semantik*. Wenn wir die Schriftzeichen A P F E L lesen, wecken diese in uns bestimmte Vorstellungen, diese Vorstellungen beziehen wir dann auf den Gegenstand „Apfel". Die Vorstellungen von einem Apfel sind sehr subjektiv, es gibt Menschen, die verbinden damit sehr angenehme Gefühle, andere neutrale, wieder andere negative Gefühle. Obwohl die Vorstellungen von einem Gegenstand sehr subjektiv sein können, ist doch im Kontext eines Satzes ein Begriff ganz bestimmten Regeln unterworfen. Ludwig Wittgenstein formuliert es so: *Die Bedeutung eines Wortes ist sein Gebrauch in der Sprache.* Das heißt mit anderen Worten:

Gegenstand, Ding

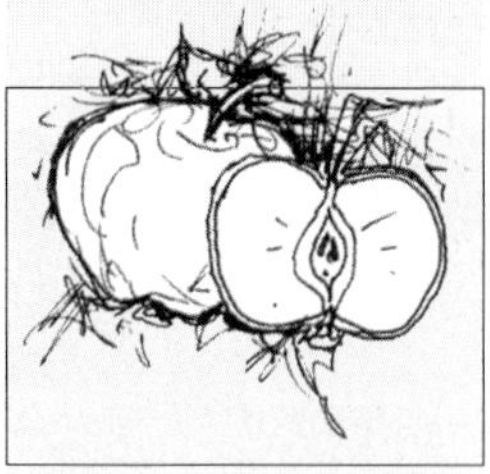

Ausdruck, Schriftzeichen
APFEL; APPLE

Bedeutung:
Äpfel können wir essen.
We can eat apples.

1. Durch die Sprachgemeinschaft sind bestimmte Sprachregeln institutionalisiert. Der Satz „Ich esse dem Bruder den Apfel weg" ist ein Gebrauch, der den Regeln unserer Sprachgemeinschaft folgt. Anders dagegen: „Ich esse dem Apfel den Bruder weg."
2. Wir lernen diese Sprachregeln, um uns verständigen zu können.
3. Durch den ständigen Gebrauch von Sprache verinnerlichen wir die Regeln, wir internalisieren die Bedeutung von Begriffen etc.
4. Es entstehen scheinbar subjektive Vorstellungen in uns, die jedoch ganz bestimmten nachvollziehbaren, objektiven Kriterien folgen.

5.2 Bedeutungen von Sein

Wenn wir uns mit dem Sein beschäftigen, stellen wir immer die Frage *Was ist?* bzw. *Was ist wirklich?* In der Philosophie beschäftigen sich die Teilgebiete der *Ontologie* und der *Metaphysik* mit der Bedeutungsvielfalt von Sein. Wir beschränken uns auf die drei wichtigsten Bedeutungen:

Ontologie kommt vom griech. Wort *ón* = seiend.

Die Bezeichnung *Metaphysik* stammt daher, dass das Buch des ARISTOTELES, das *Erste Philosophie* hieß, in der Bibliothek von Alexandria nach den Büchern der Physik stand (griech. *meta* = nach).

1. **Existentielle Bedeutung:** Wenn wir sagen: „SOKRATES ist", dann meinen wir: „SOKRATES existiert."

2. **Zugehörigkeitsbedeutung**: Wenn wir sagen: „SOKRATES ist ein Mensch", dann meinen wir: „SOKRATES ist Mitglied der Klasse *Mensch.*" Dieses „ist" verbindet also SOKRATES und Mensch, wobei etwas Konkretes mit etwas *Allgemeinem* verknüpft wird.

3. **Identitätsbedeutung:** Wenn wir sagen: „SOKRATES ist SOKRATES", meinen wir: „SOKRATES ist identisch mit SOKRATES."

5.3 Kategorien

Kategorien sind Grundaussagen (Aussageformen), mit denen wir die Wirklichkeit systematisieren. Über eine reale Existenz können wir Aussagen machen. Solche Aussagen nennt ARISTOTELES *Kategorien*.

Zu den Kategorien vgl. KANT, S. 75f.

ARISTOTELES hat verschiedene Kategorien (Aussageformen) differenziert, um einen Gegenstand nach allen Hinsichten des Seins zu bestimmen.

Qualität SOKRATES ist korpulent.	**Leiden** SOKRATES friert.
Quantität SOKRATES ist 1,60 m groß.	**Tun** SOKRATES stellt Fragen.
Raum SOKRATES ist auf der Agora.	**Wesen** SOKRATES ist ein Mensch.
Beziehung SOKRATES ist mit XANTHIPPE verheiratet.	**Zeit** SOKRATES verlässt um 7:00 Uhr das Haus.

6 Existenz und Tatsache

Von einem Ding sagt man: Es ist oder es existiert.

Existiert nur das, was man mit den Sinnen wahrnehmen kann? Oder existiert auch Minotaurus, dieses Fabelwesen mit Stierkopf und Menschenkörper? Konzentrieren wir uns zunächst auf die sogenannte reale Existenz: Darunter verstehen wir alles, was sinnlich wahrnehmbar ist, also Steine, Pflanzen, Tiere, Menschen, aber auch Gegenstände oder Artefakte. Ihnen schreiben wir eine reale, wirkliche Existenz zu. Über reale Existenzen können wir Aussagen treffen. Solche Aussagen nennt man auch Kategorien. Die Kategorien sind untereinander verbunden. Solche Verbindungen nennt man Tatsachen. Es ist eine Tatsache, dass SOKRATES als korpulenter Mensch auf der Agora in Athen Fragen stellte. Wir unterscheiden drei Arten von Tatsachen:

1. **Physische Tatsachen** können wir durch unsere Wahrnehmung und Beobachtung belegen. Wenn sich SOKRATES, während er sich vor dem Feind zu verstecken versucht, einen Dorn eintritt, ist der Dorn eine physische Tatsache.[16]

Von einer Tatsache sagt man: Sie ist der Fall.

2. **Psychische Tatsachen** sind durch unser Bewusstsein belegbar. Wenn SOKRATES aufgrund des Dornes in seinem Fuß unerträgliche Schmerzen empfindet, so ist das eine psychische Tatsache.

Semantische Tatsachen
$a^2 + b^2 = c^2$

3. Mit **semantischen Tatsachen** meinen wir abstrakte Dinge, wie z. B. *der Mensch* oder *der pythagoreische Lehrsatz.* Solche Abstrakta bestehen nicht in der realen Welt, sondern nur in der Darstellungsweise unserer Sprache. Der Sinn des pythagoreischen Lehrsatzes besteht unabhängig davon, ob jemand diesen versteht oder nicht, ob jemand diesen als wahr anerkennt oder nicht. So haben auch Fabelwesen wie Minotaurus oder Pegasus eine semantische Existenz; sie verdanken ihre Existenz kreativen Menschen, die sie geschaffen haben.

AUFGABEN

1. Fachausdrücke wiederholen

Formulieren Sie einen deskriptiven Satz. ____________________

Formulieren Sie einen präskriptiven Satz. ____________________

Was heißt Semantik? ____________________

[16] Vgl. Bert BRECHTS Kalendergeschichte „Der verwundete SOKRATES". SOKRATES tritt sich auf der Flucht vor dem Feind einen Dorn ein, worauf er derart laut zu schreien beginnt, dass die Feinde erschreckt fliehen.

Welche Teilgebiete der Philosophie beschäftigen sich mit Fragen des Seins?

____

Was sind nach ARISTOTELES Kategorien? ______________________

Von einem Ding sagt man, es ______________________

Von einer Tatsache sagt man, sie ______________________

2. Beispiele finden

Eines der wichtigsten Merkmale der philosophischen Forschung seit dem 20. Jahrhundert ist die Fokussierung auf die Sprache. Man bezeichnet dies auch als linguistische Wende („linguistic turn"): *Sprache wird als wirklichkeitstragend und wirklichkeitsproduzierend aufgefasst.*

Finden Sie ganz konkrete Beispiele, durch die die Behauptung „Sprache produziert Wirklichkeit" untermauert wird.

Beispiel: *Die Benennung einer Krankheit führt dazu, dass die Krankheit gehäuft auftritt.*

3. Klarheit in der Sprache

Ein Charakteristikum der Wissenschaften, im Speziellen der Philosophie, ist es, sich um klare Begriffe zu bemühen. In der Alltagssprache werden – oft mit ideologischen Hintergedanken – Begriffe in ihrer Klarheit verschleiert, z. B. *Euthanasie* (guter Tod) für Tötung, *Schwangerschaftsunterbrechung* für Abtreibung.

Finden Sie aktuelle Beispiele aus dem Alltag, die die Wirklichkeit verschleiern.

4. Exzerpt

Exzerpieren Sie den folgenden Text von Karl R. POPPER und stellen Sie die wichtigsten Aussagen in Form eines Kreisdiagramms dar.

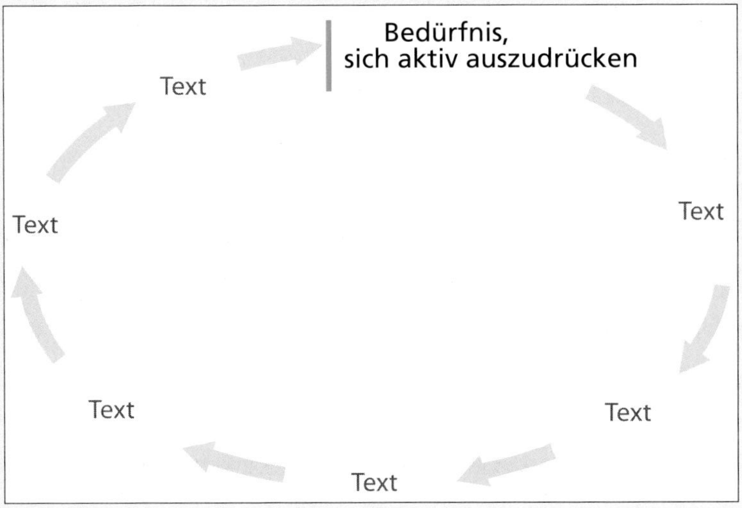

Die Tiersprachen, einschließlich der Menschensprachen, setzen sehr viele angeborene Bedürfnisse voraus; zum Beispiel das Bedürfnis, sich aktiv auszudrücken, das Bedürfnis, mit anderen in Kommunikation zu treten, und das Bedürfnis, auch in diesen Dingen durch Versuch und Irrtum zu lernen. Ohne solche angeborenen Bedürfnisse und ohne das aktive Lernen durch Versuch und Irrtum (das Herumrennen von jungen Katzen ist ein gutes Beispiel) wäre es für höhere Tiere nicht möglich, zu überleben.
Sowohl das angeborene Wissen der Tiere und Menschen wie auch das durch aktives Lernen erworbene Wissen besteht aus *Erwartungen.* Unerfüllte Erwartungen werden als Schwierigkeiten, als Probleme erlebt, die zu Versuchen führen, also wieder zum aktiven Lernen – zum Forschen.
Das aktive Lernen sowohl der Tiersprache wie auch der Menschensprache setzt einen sehr hohen Grad von Suggestivität voraus. Nachahmungsfähigkeit genügt *nicht.* Es handelt sich um ein angeborenes, tiefes Bedürfnis, mit den Wünschen und Bewertungen der kommunizierenden Artgenossen übereinzustimmen …
Die menschlichen Sprachen beruhen auf angeborenen Bedürfnissen, eine Sprache zu lernen, zu sprechen, darzustellen, mitzuteilen. Alles das beruht zum großen Teil auf einem angeborenen, spezifisch mit der Sprache verbundenen Suggestionsbedürfnis. Dies ist auf das Engste verknüpft mit dem starken Bedürfnis, unsere Umwelt zu entdecken, über sie zu lernen, also *zu wissen.* So kommt es in den Menschenverbänden zu Mythen, zu Medizinmännern, zu Priestern. Und so kommt es zu einem inneren Konflikt, der das alles verstärken kann: zu dem nicht eingestandenen Gefühl dafür, dass wir ja in Wirklichkeit nichts oder nur sehr wenig wissen. Da das Bedürfnis nach Sicherheit stark ist, wird das Bedürfnis stark sein, ein gemeinsames Dogma zu haben und sich gegenseitig die Wahrheit dieses Dogmas zu suggerieren. Es ist ein Bedürfnis nach Suggestion, ein Suggestionsbedürfnis. Die Unsicherheit wird gefürchtet, und das Dogma wird zum fanatischen Glauben …
Erst wenn ein Dogma als eine Art von Hintergrund etabliert ist, kann man beginnen zu kritisieren, und erst später kann das Dogma, der Hintergrund der kritischen Diskussion, selbst in die Kritik einbezogen werden. Man braucht zuerst einen festen Rahmen. Später kann man verschiedene solcher Rahmen konfrontieren und zur kritischen Diskussion der Rahmen fortschreiten.[17]

5. Diskussion

Wie hängen Sprache, Denken und die Welt der Objekte zusammen? Mit diesen Fragen beschäftigen sich verschiedene Theorien der Sprachphilosophie. Welche der angeführten Behauptungen erscheint Ihnen am sinnvollsten?

a. Sprachliche Zeichen haben dann eine Bedeutung, wenn sie eine Idee ausdrücken.
b. Sprachliche Zeichen haben eine Bedeutung, weil sie zu einem bestimmten Zweck verwendet werden.
c. Sprachliche Zeichen haben dann Bedeutung, wenn sie sich auf ein Ding beziehen.

[17] Vgl. Karl Popper, Wissenschaft als Wahrheitssuche. In: Angela Hausner (Hg.), Denkanstöße 2004. Ein Lesebuch aus Philosophie, Kultur und Wissenschaft, München: Piper 2003, S. 16ff. (gekürzt und umgestellt).

7 Wahrheit

Die klassische Wahrheitsdefinition in der Philosophie betont die Übereinstimmung zwischen dem Inhalt einer Aussage und der beschriebenen Tatsache. Die Aussage „Es regnet" ist genau dann wahr, wenn *es regnet*. Diese Wahrheitstheorie, die von Aristoteles und Thomas von Aquin vertreten wurde, nennt man die Korrespondenztheorie der Wahrheit. Im 20. Jahrhundert hat Alfred Tarski die klassische Wahrheitstheorie neu formuliert: Eine Aussage „p" ist dann und nur dann wahr, wenn *p*; das heißt, die Aussage „Es regnet" ist dann und nur dann wahr, wenn *es regnet*. Tarski meint mit dieser Formulierung Folgendes:

1. Die klassische Korrespondenztheorie stellt eine Beziehung zwischen Inhalt der Aussage und Wirklichkeit her.
2. Nun wird von Tarski eine Beziehung zwischen einer metasprachlichen und einer objektsprachlichen Aussage hergestellt. Die metasprachliche Aussage „p" spricht über die objektsprachliche Aussage *p*. Der Begriff „wahr" gehört der metasprachlichen Ebene an.

Aussagen sind genau dann wahr, wenn sie mit den Tatsachen in der Welt übereinstimmen (korrespondieren).

Dadurch dass „Es regnet" und *Es regnet* zwei verschiedenen Sprachebenen angehören, ist die Definition nicht tautologisch oder redundant (d. h., Subjekt- und Prädikatbegriff sagen nicht dasselbe aus).

7.1 Wahrheitskriterien

Die **Korrespondenztheorie der Wahrheit** ist geeignet, objektive Sachverhalte bezüglich des Wahrheitsgehalts zu überprüfen. Wenn ich behaupte *In der Klasse sitzen jetzt 25 SchülerInnen,* lässt sich die Aussage in Bezug auf den Sachverhalt relativ leicht überprüfen, weil die verwendeten Begriffe (Klasse, sitzen, SchülerInnen) ziemlich eindeutig sind.

Objektiv: Mehrere BeobachterInnen kommen zum gleichen Beobachtungsergebnis.

Die Korrespondenztheorie der Wahrheit stößt an ihre Grenzen, wenn die Aussagen komplexer und empirisch nicht eindeutig überprüfbar sind. Tatsachen so zu erkennen, wie sie tatsächlich sind, gelingt dann z. B. nicht, wenn psychische, soziale oder ideologische Faktoren die Erkenntnis von Tatsachen beeinflussen.
So wird die Korrespondenztheorie der Wahrheit durch verschiedene Wahrheitskriterien ergänzt.

Die **Konsenstheorie,** die auf Jürgen Habermas zurückgeht, besagt, dass die Wahrheit in einem argumentativen Gespräch gefunden werden kann. Dieser Diskurs meint eine ideale Sprechsituation, in der alle TeilnehmerInnen eines Diskurses die gleiche Chance haben, ihre Sprechhandlungen zu vollziehen. Der Prozess der Meinungsbildung findet in einem herrschaftsfreien Gespräch statt; die TeilnehmerInnen sind angehalten, über die verschiedensten Perspektiven, die zu einem Urteil führen, nachzudenken.

Proposition = Satz, Gedanke, Aussage

Nach Charles S. PEIRCE ist eine Proposition dann wahr, wenn letztlich alle ForscherInnen einer Aussage zustimmen können. Möglicherweise ist die Proposition „SOKRATES war ein Ironiker" im Sinne der Konsenstheorie wahr.

Kohärenz = Widerspruchsfreiheit

Proposition = Aussage

Die **Kohärenztheorie** besagt, dass eine Aussage dann wahr ist, wenn sie mit anderen Propositionen, die sich auf ein und dieselbe Thematik beziehen, widerspruchsfrei zusammenhängt. Die Proposition „Die Erde umrundet die Sonne" ist dann wahr, wenn sie mit anderen Propositionen des kopernikanischen Weltbildes widerspruchsfrei zusammenhängt.

Evidenz = Einsichtigkeit, Plausibilität

Das **Wahrheitskriterium der Evidenz** meint, dass bestimmte Propositionen so einleuchtend und plausibel sind, dass man sie als Grundannahmen voraussetzen kann. Solche evidenten Propositionen nennt man auch *Axiome,* also Lehrsätze, die keines weiteren Beweises bedürfen. Ein Beispiel: „Jeder Mensch strebt von Natur aus nach Glück."

Die **pragmatische Wahrheitstheorie,** die auf William JAMES zurückgeht, besagt, dass das wahr ist, was fruchtbar und nützlich ist. Wahrheit entsteht also in einem Prozess des Verifizierens und Falsifizierens. Propositionen, die sich verifizieren (bewahrheiten), setzen sich durch, weil sie nützlich sind.

7.2 Wahrheitsannäherung

Wahrheitskriterien:
- Konsens
- Kohärenz
- Evidenz
- Pragmatik

Weder die klassische Korrespondenztheorie der Wahrheit noch die vier Kriterien der Wahrheit führen uns zu absoluten Erkenntnissen. Was mit den Wahrheitstheorien erreicht werden kann, sind objektive, d.h. intersubjektiv überprüfbare Kriterien, um der Wahrheit dadurch näherzukommen. Die Erkenntnis, dass absolute Wahrheit außerhalb menschlicher Erkenntnismöglichkeit liegt, mahnt – und das ist auch ein Aspekt von Philosophie – zu einem kritischen Vorbehaltsdenken.

> Kein Mensch hat je etwas Sicheres gesehen und es wird keinen geben, der etwas Sicheres weiß über die Götter und alles, worüber ich spreche (z.B. Natur). Auch dann, wenn jemand zufällig etwas Vollkommenes sagte, weiß er es trotzdem nicht. Vermutung ist in allem.[18]

[18] Hermann DIELS, Fragmente der Vorsokratiker, XENOPHANES B34 und B18.

Alle Wissenschaften bemühen sich um Wahrheitssuche. Wie gehen sie dabei vor?

> Der Wissenschaftler arbeitet, wie alle Organismen, mit der Methode von Versuch und Irrtum. Der Versuch ist eine *Problemlösung*. Der Irrtum ist in der Evolution des Pflanzen- oder Tierreichs gewöhnlich die Ausmerzung des Organismus; in der Wissenschaft die Ausmerzung der Hypothese oder der Theorie.
> Der Prozess ist also eine *Darwin'sche Auslese.* Frage: Was entspricht im Tierreich dem sogenannten Wissen, also der Vermutung, der Hypothese? Antwort: die *Erwartung*. Wenn die Blumen kommen, so *erwarten* sie Frühlingswetter: Sie haben die Hypothese, die Theorie eingebaut, dass es wärmer wird. Oft genug ist die Theorie falsch, und die Blüten erfrieren.
> In diesem Sinn gibt es unendlich viel angeborenes Wissen in Pflanzen und Tieren. Ein Kind erwartet nach seiner Geburt, gehegt und gestillt zu werden; und kurz nachher erwartet es, angelächelt zu werden. Es erwartet diese Dinge nicht nur, es braucht sie. Angeborene Bedürfnisse sind angeborene Theorien.[19]

Wie Pflanzen über angeborene Vermutungen, jedoch über kein sicheres Wissen verfügen, so ist auch das gesamte wissenschaftliche Wissen *kein sicheres Wissen,* denn es besteht nur aus Vermutungen oder Hypothesen:

- Wir wissen nichts mit Sicherheit, wir haben allerdings mithilfe der Wissenschaften eine Menge an *Vermutungswissen* angehäuft.
- Wahrheit ist nie sichere Wahrheit. In unseren Formulierungen müssen wir immer zwischen *Wissen* und *Vermutung* unterscheiden. Sicheres Wissen gibt es in trivialen Feststellungen („Ich weiß, dass heute Sonntag ist"), wissenschaftliche Hypothesen und Theorien sind Vermutungen, die eine vorläufige Wahrheit für sich in Anspruch nehmen können.

AUFGABEN

1. Metasprache und Objektsprache unterscheiden

Ordnen Sie die folgenden Beispiele einer metasprachlichen oder objektsprachlichen Aussage zu (m = metasprachlich, o = objektsprachlich).

a. Ein junger Mann streitet (gerade) mit seiner Freundin, ob sie ins Kino gehen oder zuhause bleiben sollen. ___

[19] Karl POPPER, Wissenschaft als Wahrheitssuche. In: Angela HAUSNER (Hg.), Denkanstöße 2004. Ein Lesebuch aus Philosophie, Kultur und Wissenschaft, München: Piper 2003, S. 12f.

b. Die junge Frau erzählt am nächsten Tag ihrer Mutter, dass sie am Vortag mit ihrem Freund gestritten hat und der Streit völlig kindisch verlaufen sei. ___
c. Sie lesen einen Text von KAFKA. ___
d. Sie analysieren im gelesenen Text von KAFKA die Verwendung der Zeiten. ___

2. Wahrheitskriterien zuordnen

Welche Wahrheitskriterien lassen sich den Beispielen am ehesten zuordnen? Begründen Sie Ihre Zuordnung.

a. In Österreich sind alle bedeutenden politischen und kirchlichen Gremien gegen die Todesstrafe.
b. Die Ideen des Christentums setzten sich gegen die griechisch-römische Philosophie deshalb durch, weil ihre Vorstellungen in Metaphern und einfachen Gleichnissen den Menschen zugänglich gemacht wurden.
c. Aufgrund der Tatsache, dass in Österreich von 1971 bis 2001 die durchschnittliche Kinderzahl pro Familie von 1,36 auf 1,10 zurückgegangen ist, ist zu erwarten, dass in 20 Jahren zu wenige österreichische Erwerbstätige in die Pensionskassen einzahlen werden.
d. Eine rationale Person handelt zielstrebig und nutzt in optimaler Weise das verfügbare Wissen aus, um die Ziele zu erreichen.
e. Was du nicht willst, das man dir tu', das füg' auch keinem anderen zu!

3. Begriffe konkretisieren

Welche Bedeutung steckt hinter den folgenden Aussagen?

a. Gott ist die Wahrheit.
b. Die Wahrheit ist, dass wir nicht wissen, was die Wahrheit ist.
c. Du sollst immer die Wahrheit sagen.
d. Wahrheit heißt, sich selbst auf die Schliche kommen.
e. Der Wille zur Wahrheit ist ein Kampf gegen Verschleierung, Verleugnung und Täuschung.

4. Zwei Arten von Wahrheiten

Versuchen Sie, die folgenden Beispiele in zwei Bereiche zu differenzieren.

- Einige Hunde sind Pudel.
- Hunde mögen meistens Knochen.
- Autos haben normalerweise vier Räder.
- Der Kreis ist rund.

5. Eine Welt ohne Wahrheit?

Viele PhilosophInnen und WissenschaftlerInnen gehen von dem Grundsatz aus, Wissenschaft sei Wahrheitssuche, auch wenn die sichere Wahrheit nie gefunden werden wird.

Schreiben Sie eine kurze Erörterung, indem Sie Wahrheitssuche durch *Beliebigkeit* oder einen anderen Begriff ersetzen. Wissenschaft ist ___

8 Philosophie in der Praxis

Immer wenn Philosophie in einer konkreten Anwendung zum Vorschein kommt, beruft sie sich auf SOKRATES und seine Methoden der Gesprächsführung und Fragetechnik (Elenktik und Maieutik). Praktische Philosophie versteht sich als *Lebenshilfe* und *Hinführung zur Lebenskunst.* Bis zu Beginn des 20. Jhs. erfüllten verschiedene philosophische Strömungen die Funktion von Psychologie und Psychotherapie, z.B. die *Stoa* und die *Existenzphilosophie:*

- Die Stoa versuchte den Menschen Orientierungshilfen zu geben, um ihn auf der Suche nach einem ausgeglichenen Gemütszustand zu unterstützen.
- Die Existenzphilosophie versuchte den Menschen auf der Suche nach Freiheit, Individualität und Selbstbestimmung zu begleiten.

8.1 Philosophische Praxen

Im Unterschied zu Psychotherapien wird in philosophischen Praxen mehr auf Sprache, Denken, Reflexion Wert gelegt.

Unter *Philosophischen Praxen* versteht man Philosophieeinrichtungen, wo Probleme in Form von Gesprächen angegangen werden: Reflektieren von grundlegenden Auffassungen und Begriffen, Dialog über verschiedene Sichtweisen und deren Konsequenzen. In philosophischen Praxen werden meist philosophische Gespräche mit Menschen geführt, die Anregungen oder Hilfe suchen. Der Begründer der philosophischen Praxis, Gerd B. ACHENBACH, fasst die Funktion dieser Einrichtung prägnant zusammen: *Wenn man einen kaputten Fuß hat, geht man zum Arzt. Will man jedoch wissen, was man mit einem kaputten Fuß grundsätzlich alles machen kann, so geht man zum Philosophen.*[20]

Martina BERNASCONI arbeitet in der Jugendpsychiatrie als praktische Philosophin. *Praktische Philosophie ist für sie Auseinandersetzung mit Sprache und Denken.*

- Gespräche werden mit Assoziationswörtern begonnen:
  krank: Bett, Husten, Fieber
  Liebe: Herz, schön, Christina, verliebt
  Schule: lernen, Scheiß, heute, gut, nicht hier, cool
- Analyse der Assoziationen: Für die Diagnose und die weitere Motivation wichtig sind nicht konventionelle Assoziationen (Liebe – Herz), sondern abweichende: *Liebe* wird mit *Christina* individualisiert.

[20] Literaturhinweis: Gerd B. ACHENBACH (Hg.), Philosophische Praxis, Köln: Dinter 1984.

- Fragen, die zum Denken anregen: Wer bin ich? Ich bin ein *Individuum.* Was bedeutet *Individuum?* Was bedeutet mein Name? Was hat der eigene Name mit der eigenen Identität zu tun? Bin ich mit meinem Namen zufrieden?[21]

Der amerikanische Philosoph Lou MARINOFF[22] entwickelte für seine philosophische Praxis die sogenannte PEACE-Methode. Während der philosophischen Beratung durchläuft man fünf Stadien:

1. Problem: Eine Schülerin fühlt sich von einer Lehrerin nicht ernst genommen und leidet darunter, dass sie aussieht wie vierzehn.
2. Emotion: Die Schülerin ist darüber deprimiert, unterdrückt die Aggression und hat Angst, dass die Lehrerin sie schlecht beurteilen wird.
3. Analyse: Die Schülerin hat noch keine schlechte Beurteilung erhalten; sie kann im Notfall versuchen, in die Parallelklasse versetzt zu werden.
4. Contemplation (Betrachtung): Die Schülerin stellt sich vor, wie es ist, in der Parallelklasse zu sein. Welche Vorteile gibt es? Welche Nachteile? Steigt das Wohlbefinden?
5. Equilibrium (seelisches Gleichgewicht): Die Schülerin entscheidet sich für den Antrag auf einen Klassenwechsel, weil dadurch die seelischen Belastungen überwiegend beseitigt sind.

Die philosophische Beratung nach MARINOFF ist dann geglückt, wenn die Probleme artikuliert, die Gefühle ausgedrückt, die Möglichkeiten analysiert und kontemplativ durchgespielt wurden. So stellt sich ein seelisches Gleichgewicht ein.

8.2 RET: Rational-emotive Therapie

RET ist eine in den USA weitverbreitete Psychotherapie, die philosophische Aspekte des Reflektierens betont.

Bezeichnend für die rational-emotive Therapie (RET) ist ihre starke Betonung des Kognitiven. Menschliches Denken und Fühlen sind nach RET nicht voneinander zu trennen, sondern beeinflussen einander in beträchtlichem Ausmaß. Gestörte Emotionen wie Ängste, Niedergeschlagenheit und depressive Stimmungen können wir merklich ändern, indem wir die zugrunde liegenden Kognitionen (= Denkmuster) entdecken und modifizieren.
Eine solche Modifizierung kann dadurch erreicht werden, dass wir mit Nachdruck und Ausdauer die gestörten Emotionen diskutieren,

[21] Vgl. Martina BERNASCONI, Philosophie in der Praxis. Zwei Beispiele: Jugendpsychiatrie und Denkpraxis. In: Zeitschrift für Didaktik der Philosophie und Ethik, Heft 1/2004, S. 51ff.

[22] Literaturhinweis: Lou MARINOFF, Bei SOKRATES auf der Couch, Düsseldorf: Patmos 2000.

erörtern, rekonstruieren und reflektieren. RET-TherapeutInnen helfen den PatientInnen, diejenigen Überzeugungen, durch die sie sich selbst krank machen, zu verstehen. Die krank machenden Denkmuster haben meist die Form unrealistischer oder absoluter Erwartungen oder Ansprüche an die Welt und an das eigene oder anderer Leute Verhalten. Rationale Überzeugungen haben hingegen die Form realistischer Wünsche, Präferenzen und Vorlieben. RET-TherapeutInnen fordern ihre PatientInnen immer wieder dazu auf, ihre Ideen zu überprüfen, und leiten sie zu eigenständigem Infragestellen und Diskutieren an. Sie beginnen mit einer logischen Analyse der irrationalen Überzeugungen ihrer PatientInnen und zeigen dann, wie und warum solche Überzeugungen im Gefühlsleben und im Verhalten nicht zu wünschenswerten Ergebnissen führen.[23]

Die PatientInnen sollen humorvoll werden und reflektieren, sodass sie in Zukunft eigene Vorstellungen und Verhaltensweisen, die ihnen schaden, selbst erkennen, logisch analysieren und wirksam ausschalten können.

AUFGABEN

1. **Stoa**
   Recherchieren Sie im Internet oder einem Lexikon: *Was ist die Stoa?* Erstellen Sie dazu eine Seite mit einem Textverarbeitungsprogramm:

   wichtige Vertreter ______________________

   wichtige Aussagen ______________________

   wichtige Zielsetzungen ______________________

2. **Vergleich: Bezüge zu RET**
   Lesen Sie die Information zu RET und vergleichen Sie die Aussagen mit denen der Stoa. Welche Ähnlichkeiten fallen Ihnen auf?

   ____

3. **Recherche – philosophische Praxis**
   Recherchieren Sie im Internet eine konkrete *philosophische Praxis.* Sammeln Sie einige biografische Fakten zum praktischen Philosophen. Welche Angebote werden gemacht? Wie viel kostet eine Stunde?

   ____

4. **Recherche – Kinderphilosophie**
   Kinderphilosophie ist eine wichtige praktische Anwendung von Philosophie. In Österreich gibt es ein Institut für Kinderphilosophie. Erstellen Sie eine PowerPoint-Präsentation zum Thema *Kinderphilosophie in Österreich.*

[23] Vgl. Albert Ellis, Rational-emotive Therapie. In: Christoph Fehige u. a. (Hg.), Der Sinn des Lebens, München: dtv 2000, S. 142f.

9 Rüstzeug zum Philosophieren

Phänomen = Erscheinung; was sich zeigt

1. Eigene Erfahrungen und Beobachtungen mitteilen

Ausgangspunkt der phänomenologischen Methode sind konkrete Erfahrungen. Sie sollen Ihre Erfahrungen und Ihre Meinung, die Sie zu einem Inhalt bereits haben, mitteilen und mit den Erfahrungen anderer vergleichen.

- Was wissen Sie über das Thema?
- Welche Bedeutung hat die Thematik für Sie?
- Experimentieren Sie mit sich selbst: Was passiert, wenn ich die Ausgangshypothese verändere?

2. Texte interpretieren und Positionen kritisch beleuchten

Hermeneutik kommt von griech. *hermeneúein* = interpretieren, auslegen. Der Begriff ist vom Gott *Hermes* abgeleitet. *Hermes*, der Götterbote, brachte die Befehle des Zeus zu den Menschen.

Hans-Georg Gadamer (1900–2002), der bedeutendste Vertreter der Hermeneutik

Der hermeneutische Zirkel besagt: Alles, was ich verstehe, ist von einem gewissen Vorverständnis oder Vorurteil mitbestimmt. Alle weiteren Analysen sind von diesem Vorverständnis mitgeprägt.
Man kann den hermeneutischen Zirkel nicht völlig beseitigen. Man kann ihn jedoch dadurch entschärfen, dass man sich des Vorverständnisses bewusst ist.

Die *hermeneutische Methode* versucht, Begriffe, die in einem Text vorkommen, zu klären, die wichtigsten Aspekte eines Textes zusammenzufassen. Um diese Methode effektiv anwenden zu können, müssen Sie Ihre Meinung zunächst zurückstellen und sich auf eine fremde Meinung einlassen.

Hermeneutik ist eine Methode der Geisteswissenschaften, die das Verstehen von Texten und Kunstwerken im Auge hat. Sie zielt auf das Gesamtverständnis eines Kunstwerkes. Was würde es für das Gesamtverständnis nützen, wenn man zu Goethes Faust eine empirische Methode verwendete, die alle „e" zählt? Was würde es für das Verständnis nützen, wenn man bei einem Bild von Picasso genau abmessen würde, wie viele cm^2 Rot auf dem Bild vorkommen?

- Bei der Interpretation von Texten kann es wichtig sein, Kenntnis über den Adressatenkreis zu haben. In welchem sozialen Umfeld lebte der Autor? Gibt es Texte aus der gleichen Zeit, in denen ähnliche Themen behandelt werden? Gibt es Ausdrücke, die früher etwas anderes umschrieben haben als heute?
- Man kann einen Text zusätzlich strukturalistisch analysieren, d. h., man sucht nach Redundanzen: Welche Begriffe oder Ausdrücke kommen wiederholt vor? Meistens gibt es zu dieser Redundanz eine Opposition. So können beispielsweise in einem Text redundante Begriffe wie „Krieg, Streit, Konflikt" vorkommen, ebenso die Opposition „Harmonie, Friede, Freundschaft".
- Bei Textvergleichen kann besonders zielführend sein, sich auf die Unterschiede und Diskrepanzen zu konzentrieren. Wenn z. B. Philosoph X 1820 über die Freundschaft geschrieben hat und Philosoph Y 1859 über dasselbe Thema, dann wird man über die Absicht von Philosoph Y Entscheidendes herausfinden können, wenn man die Diskrepanzen und Unterschiede der beiden Texte analysiert.

3. Begriffe klären und Behauptungen analysieren
Die *analytische Methode* fragt, ob die verwendeten Begriffe geklärt sind, die Schlussfolgerungen von den Prämissen korrekt abgeleitet sind, ob widerspruchsfrei argumentiert wird.

4. Mit dem vorgegebenen Material kreativ umgehen
Die *dekonstruktivistische Methode* fordert Sie zu Kreativität auf. Sie sollen – meist assoziativ – neue Ansatzpunkte finden, gegenteilige Meinungen vertreten oder auch künstlerisch aktiv werden.
- Zeichnen Sie Cartoons zu dem Thema.
- Gestalten Sie den Text als Hypertext (Text mit Links).
- Finden Sie eine passende Musik zur Thematik.

Dekonstruktivismus ist eine philosophische Praxis, die eine Behauptung zur Kenntnis nimmt, um sich dann sogleich darauf zu konzentrieren, was dieses Behauptete alles *nicht behauptet, auslässt und verneint.* Sie richtet den Fokus demnach auf das Nichtgesagte, um es kreativ zu ergänzen.

Anregung: Führen Sie ein philosophisches Tagebuch. Ein philosophisches Tagebuch dient zur eigenständigen Reflexion von Themen, die im Unterricht behandelt werden.

AUFGABEN

1. **Aufgaben zuordnen**
   Ordnen Sie aus den bisherigen Aufgaben ein oder zwei Beispiele den entsprechenden Methoden zu.

   phänomenologische Methode ______________________

   hermeneutische Methode ______________________

   analytische Methode ______________________

   dekonstruktivistische Methode ______________________

2. **Lernreflexion**
   Am Ende eines jeden Kapitels werden Sie aufgefordert, über das bisher Gelernte nachzudenken und zu reflektieren. Lernen ist ein Prozess, der ein Leben lang stattfindet. Es ist sinnvoll, nach einer gewissen Zeit über Lernfortschritte nachzudenken. Die folgenden Fragen sollen für Sie lediglich Anregung sein, Sie brauchen die Fragen nicht Punkt für Punkt beantworten.
   - Welche Themen haben mich angesprochen?
   - Welche Themen haben mich nicht so sehr interessiert?
   - Welche Ideen habe ich zu den Themen beigetragen?
   - Welche Methoden sagen mir im Unterricht besonders zu? (Vortrag, Arbeiten am PC, Gruppenarbeit, offene Lernformen, Diskussion)
   - Gibt es Inhalte, die meine bisherigen Ansichten verändert haben?

10 Übersicht 1

600 v. Chr. in Milet (Kleinasien, heutige Westtürkei)	
Naturphilosophische Fragen:	Gibt es ein einheitliches Prinzip hinter der Vielfalt der Erscheinungen? Gibt es rational erklärbare Gesetzmäßigkeiten in der Natur?
THALES:	Der Urstoff von allem ist das Wasser.
ANAXIMANDER:	Der Urstoff von allem ist das Unbegrenzte (apeiron).
ANAXIMENES:	Der Urstoff von allem ist die Luft.
5. Jahrhundert v. Chr. in Athen	
SOKRATES:	Menschliches Wissen ist unsicher; der Mensch soll ein Mitwisser seines Nichtwissens werden.
SOPHISTIK:	Alles ist lehr- und lernbar. Der Mensch ist das Maß aller Dinge. Es gibt keine absoluten Werte und Normen. Alles ist relativ.
PLATON:	Philosophie hat die Aufgabe, die transzendenten Ideen und Normen für die Menschen erkennbar zu machen. Wahrnehmungen sind unsicher, mit dem Denken ist es möglich, das Allgemeine und Gemeinsame zu erkennen.
ARISTOTELES:	Systematische Auseinandersetzung mit der Philosophiegeschichte; Staunen als Ursprung des Philosophierens; Kategorienlehre, Ursachenlehre. Der Mensch kommt von der Wahrnehmung zu Allgemeinbegriffen.
20. Jahrhundert: Sprachphilosophie, analytische Philosophie	
B. RUSSELL:	Haben alle Gegenstände, die von den Sinnen wahrgenommen werden, eine ihnen innewohnende Realität, die vom Geist unabhängig existiert?
L. WITTGENSTEIN:	Die Welt ist alles, was der Fall ist.
WIENER KREIS:	Moritz SCHLICK und Rudolf CARNAP: Sinnvolle Aussagen sind nur solche, die logisch-analytisch wahr und empirisch verifizierbar sind, z. B. 2+2=4. Diese Ansichten fasst man als *logischen Positivismus* zusammen.
A. J. AYER:	Verknüpfung des logischen Positivismus mit empiristischen Modellen: Wahrheit, Sprache und Logik.
K. R. POPPER:	Kritik am Verifizierungsmodell der logischen Positivisten. Hypothesen müssen falsifizierbar sein.
W. V. O. QUINE:	Sprachliche Systeme sind Medien zur Vermittlung der Existenz von Dingen.

Zusammenfassung

Die ersten Philosophen im europäisch-kleinasiatischen Raum versuchten, unerklärliche Phänomene durch mutige Theorien und Spekulationen zu erklären. Sie waren überzeugt, dass die Welt kein Tummelplatz von Dämonen ist, sondern dass sie verstanden und rational erklärt werden kann.

Die Welt kann verstanden werden.

Das Staunen ist untrennbar mit Philosophieren verknüpft. Der Mensch ist sich seiner Unwissenheit bewusst, er ist neugierig und bestrebt, ungeklärte Phänomene rational zu erklären, er fragt weiter und geht den Phänomenen auf den Grund, er lässt das Beiläufige, das Akzidentielle beiseite und konzentriert sich auf das Substantielle, das Allgemeine und Wesentliche.

Staunen als Wurzel des Philosophierens

Ein Philosoph ist jemand, der sich Weisheit aneignen möchte, der nach Weisheit strebt. Erkenntnisfortschritt ist nur dann möglich, wenn man sich der Vorläufigkeit von Erkenntnissen bewusst und ständig bemüht ist, sich der „Wahrheit" anzunähern. Unser Wissen ist ein kritisches Raten, ein Gewebe von Vermutungen. Wir können aber aus unseren Fehlern lernen. Philosophieren ist eine elementare Kulturtechnik, die mittels Frage und Antwort versucht, der Wahrheit näherzukommen.

Philosophieren = nach Weisheit streben

In der Philosophie haben Fragen eine zentrale Bedeutung. Von der Systematisierung philosophischer Fragen wurden die Teilgebiete der Philosophie abgeleitet:

Philosophische Fragen

- Erkenntnistheorie: *Was kann ich wissen? Was kann ich erkennen?*
- Ethik: *Was soll ich tun? Was ist gut?*
- Religionsphilosophie: *Was darf ich hoffen?*
- Anthropologie: *Was ist der Mensch?*
- Metaphysik, Ontologie: *Was gibt es? Was ist das Sein?*
- Sprachphilosophie: *Was ist die Bedeutung dessen, was wir sagen?*
- Wissenschaftstheorie: *Was ist Wahrheit?*
- Ästhetik: *Was ist das Schöne?*

Philosophische Teilgebiete

Charakteristisch für philosophische Fragen ist die Tendenz, sich vom Konkreten zu distanzieren und Grundlegendes oder Allgemeines zu thematisieren.

Unterscheidung von Schein und Sein, von Scheinwissen und sicherem Wissen

Philosophen haben versucht, den Menschen alternative Denkkonzepte zu vermitteln und sie dadurch zur Nachdenklichkeit zu bewegen. SOKRATES versuchte, die Menschen durch gezielte Fragen auf ihr Scheinwissen aufmerksam zu machen. So gesehen ist SOKRATES weiser als die anderen, weil er das, was er nicht weiß, auch nicht behauptet zu wissen.

Kategorisierungen und Systematisierungen als Orientierung

Sein

Philosophie versucht zwar, auf Unsicherheit in Wissen und Erkenntnis aufmerksam zu machen, sie bietet jedoch auch Kategorisierungen und Systematisierungen, also Rahmenbedingungen und Orientierungsmöglichkeiten. Die Sprachphilosophie beschäftigt sich mit den engen Bezügen von Denken und Sprechen. Dabei steht zunächst der vieldeutige Begriff *Sein* im Blickpunkt. Bei *Sein* muss man zwischen einer existentiellen (etwas ist = existiert) und kopulativen Bedeutungen (z. B. die Zugehörigkeitsbedeutung: Eine Schülerin ist in der 8-C-Klasse) unterscheiden.

Existenz und Tatsache

Sein führt uns zur Frage, was existiert. Über reale Existenzen kann man Aussagen treffen. Eine Systematisierung solcher Aussagen nennt man Kategorien. Wenn man die Kategorien verbindet, spricht man von Tatsachen. Wir unterscheiden physische (mit den Sinnen Wahrnehmbares), psychische (Emotionen) und semantische Tatsachen (Abstrakta wie mathematische Formeln).

Wahrheitsfrage

Wahrheitskriterien

Eine zentrale philosophische Frage ist die Wahrheitsfrage. Die klassische Wahrheitsdefinition (Korrespondenztheorie) prüft die Übereinstimmung zwischen dem Inhalt einer Aussage und der beschriebenen Tatsache. Zusätzlich werden verschiedene Wahrheitskriterien herangezogen: Das Kriterium des Konsenses besagt, dass in einem herrschaftsfreien Diskurs ein übereinstimmendes Urteil gefunden werden soll. Das Kriterium der Kohärenz überprüft die Widerspruchsfreiheit der verschiedenen Hypothesen. Das Kriterium der Evidenz prüft die Plausibilität der verschiedenen Aussagen.

Kapitel 2: Erkenntnis

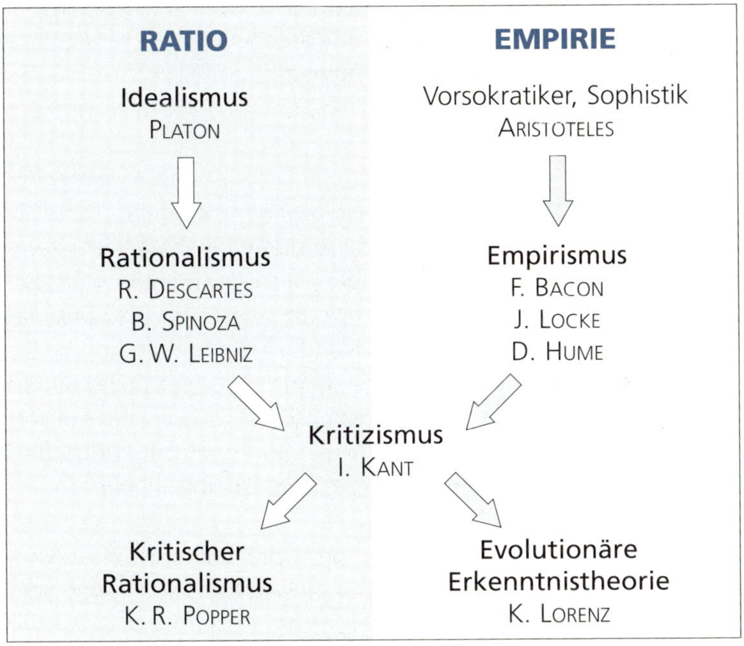

Idealismus: Das Geistige gilt als Quelle grundlegender Erkenntnisse.

Sophistik: Aufklärungsbewegung; alles ist lehr- und lernbar.

Rationalismus: Die Vernunft ist die Quelle grundlegender Erkenntnisse. Nach dem Vorbild der Mathematik stützt sich das gesamte System der Philosophie auf einige wenige Vernunftprinzipien.

Empirismus: Erfahrung ist die alleinige Quelle der Erkenntnis der Welt. Der Geist ist vor der Erfahrung ein unbeschriebenes Blatt (Tabula rasa).

Kritizismus: Sowohl Vernunft (Denken) als auch Erfahrung sind für die Erkenntnis der Welt wichtig.

1 Problem der Erkenntnis

Zwei Leute kehren zu ihrem lange vernachlässigten Garten zurück und finden zwischen dem Unkraut einige der alten Pflanzen überraschend lebenskräftig. Da sagt der eine zum anderen: „Zweifellos muss ein Gärtner hier gewesen sein und diese Pflanzen gepflegt haben.“ Nachforschungen ergeben, dass kein Nachbar jemals irgendjemanden in ihrem Garten arbeiten gesehen hat. Der Erste sagt zum anderen: „Er muss gearbeitet haben, während die Leute schliefen.“ Der andere sagt: „Nein, jemand würde ihn gehört haben, und außerdem würde jeder, der für die Pflanzen sorgt, dieses Unkraut beseitigt haben.“ Der erste Mann sagt: „Sieh, wie diese angeordnet sind. Hier gibt es Absicht und Sinn für Schönheit. Ich glaube, dass jemand kommt, jemand, der für sterbliche Augen unsichtbar ist. Ich glaube, dass wir, je genauer wir schauen, umso mehr Bestätigung dafür finden werden.“ Sie prüfen den Garten mit größter Aufmerksamkeit und finden hier und da neue Dinge, die nahelegen, dass ein Gärtner kommt, und hier und da finden sie Neues, das auf das Gegenteil hindeutet, ja sogar darauf, dass eine böswillige Person am Werk war.

Neben der aufmerksamen Prüfung des Gartens studieren sie auch eingehend, was mit Gärten passiert, die ohne Pflege bleiben. Jeder

Wer hat den Garten gepflegt?

Ein für Menschen unsichtbares Wesen?

Niemand?

von beiden lernt darüber und über den Garten genau das Gleiche, das auch der andere lernt. Folglich, wenn nach all dem der eine sagt: „Ich glaube noch immer, dass ein Gärtner kommt", während der andere sagt: „Ich nicht", reflektieren nun ihre verschiedenen Worte keinen Unterschied in dem, was sie in dem Garten gefunden haben.[1]

Ein Dilemma (griech. zweigliedrige Annahme) bezeichnet eine Situation, die zwei Wahlmöglichkeiten bietet, die beide zu keiner Lösung führen. Die Situation ist durch eine Ausweglosigkeit charakterisiert.
Die logische Form eines Dilemmas sieht folgendermaßen aus:

$$\begin{array}{l} p \vee q \\ p \rightarrow r \\ \underline{q \rightarrow r} \\ r \end{array}$$

Das Gleichnis vom Gärtner spiegelt ein Dilemma wider. Beide haben eine Meinung über einen Sachverhalt, sie begründen ihre Meinung, sie erweitern ihren Wissenshorizont, indem sie ähnliche Sachverhalte untersuchen. Ihre weiteren Erkenntnisbemühungen bestärken sie in ihrer ursprünglichen Überzeugung.
Die Geschichte basiert auf menschlichen Erfahrungen und Beobachtungen. Je weiter sie sich entwickelt, umso mehr verringert sich die Erfahrungsbasis. Jede Person fällt ein Urteil unter Berücksichtigung der Tatsachen. Warum gibt es keine eindeutige Entscheidung? Weil beide die Tatsachen bzw. Sachverhalte anders beurteilen.

Aus der Beschäftigung mit der Wahrnehmungspsychologie wissen wir, dass wir auch dann einen Teller als rund und weiß bezeichnen, wenn dieser von der Seite eigentlich oval und in der Dunkelheit grau erscheint. Genauso verhält es sich bei einem Tisch: Seine Farbe und sein Aussehen ändern sich je nach Standpunkt des Betrachters, Beleuchtung etc. Damit wird der Tisch zum *Problem:* Was wir wahrnehmen, ist nicht unbedingt die wahre, wirkliche, reale Gestalt des Tisches. Wir bezweifeln nicht, dass es den vor uns stehenden Tisch wirklich gibt, aber ... wie ist er wirklich, wenn er einmal so, dann wieder anders erscheint?[2]

Mit den beschriebenen Fragestellungen beschäftigt sich die philosophische Disziplin der *Erkenntnistheorie.* Erkenntnis meint dabei ein Erfassen eines Objekts durch ein Subjekt. Die Antworten auf die Fragestellung fallen sehr unterschiedlich aus, z. B.:

- Wahre, objektivierbare Erkenntnis ist überhaupt nicht möglich (Skeptizismus).
- Der Ursprung der Erkenntnis beruht auf Wahrnehmung und Erfahrung (Empirismus).
- Nur die Vernunft und das Denken bieten wahre Erkenntnis (Rationalismus).

[1] John WISDOM, Philosophy and Psychoanalysis, Oxford: Blackwell 1953, S. 154f., zitiert aus Gershon WEILER, Philosophische Parabeln, Wien: Braumüller 1988, S. 62.
[2] Vgl. Bertrand RUSSELL, Probleme der Philosophie, Frankfurt/Main: 1973.

AUFGABEN

1. BUDDHA (um 560–480 v. Chr.) soll die folgende Geschichte erzählt haben. Worin besteht das Problem?

„Es war einmal ein König, der rief zu seiner Zerstreuung etliche Bettler zusammen, die von Geburt an blind waren, und setzte einen Preis aus für denjenigen, der ihm die beste Beschreibung eines Elefanten geben würde. Zufällig geriet der erste Bettler, der den Elefanten untersuchte, an dessen Bein, und er berichtete, dass der Elefant ein Baumstamm sei. Der zweite, der den Schwanz erfasste, erklärte, der Elefant sei wie ein Seil. Ein anderer, welcher ein Ohr ergriff, behauptete, dass der Elefant einem Palmblatt gleiche und so fort. Die Bettler begannen untereinander zu streiten und der König war überaus belustigt."

2. Betrachten Sie folgendes Bild. Was sehen Sie?

René MAGRITTE (1928/29): „Das ist keine Pfeife."

3. **Zuordnung**

Welche erkenntnistheoretische Position wird in der Geschichte umschrieben? *Skeptizismus, Empirismus, Rationalismus?*

Grüne Augengläser

Wenn alle Menschen statt der Augen grüne Gläser hätten, so würden sie urteilen müssen, die Gegenstände, welche sie dadurch erblicken, sind grün, und nie würden sie entscheiden können, ob ihr Auge ihnen die Dinge zeigt, wie sie sind, oder ob nicht etwas zu ihnen hinzutut, was nicht ihnen, sondern dem Auge gehört. So ist es mit dem Verstande. Wir können nicht entscheiden, ob das, was wir Wahrheit nennen, wahrhaft Wahrheit ist oder ob es uns nur so scheint.[3]

[3] Heinrich von KLEIST, Sämtliche Werke und Briefe, hrsg. von Helmut SEMBDNER, München: dtv 1987, S. 634.

2 Wie alles begann

Hinter jeder Philosophie steckt letztlich die Neugier, die Welt und ihre Ordnungsstrukturen verstehen zu können. Was ist die Welt? Welchen Bezug können wir zu dieser Welt aufbauen? Von Anfang an haben Menschen immer wieder diese Fragen gestellt und nach Antworten gesucht. Es gibt offenbar *das menschliche Bedürfnis nach Metaphysik.*

- Jahrtausendelang haben die Menschen jedem Ding und jedem Naturereignis etwas Unsichtbares in Form von Geistern zugeschrieben. Eine solche Sichtweise nennt man heute *Animismus* oder *Pantheismus.* Unter *Animismus* versteht man religiöse Vorstellungen von einer Allbeseeltheit der Natur (Pantheismus). Jeder einzelne Gegenstand, der Aufmerksamkeit erregt und von Bedeutung ist, jeder Baum, jeder Berg, jeder Fluss ist beseelt.
- In Griechenland, speziell im kleinasiatischen Raum (heutige Westtürkei), fingen einige Menschen an, kritisch zu denken, ihre Kritik in Worte zu fassen und miteinander zu diskutieren. Die Praxis der Diskussion führte zur Entwicklung von Vernunft. Sie entdeckten dabei, dass manche Argumente der Kritik besser widerstehen können als andere; also versuchten sie, ihre eigenen Argumente zu verbessern und die Schwächen der Gegenargumente zu erkennen. Im Wechselspiel von Frage, besser Infragestellen, und Antwort entwickelte sich das menschliche Verständnis der Welt und die menschliche Vernunft.

Zwei Voraussetzungen waren dafür ausschlaggebend, dass um 600 v. Chr. die Philosophie entstehen konnte:

- Das Denken war durch keine Priesterkaste, durch keine politischen Strukturen eingeschränkt; zudem gab es im damaligen Kleinasien aufgrund von Handel ein interkulturelles Lernen: Griechische Ansichten wurden konfrontiert mit babylonischen und ägyptischen Sichtweisen.
- Die Erfindung der griechischen Buchstabenschrift (800 v. Chr.) ermöglichte es, Hypothesen und Spekulationen aufzuschreiben und so dem Nachdenken und Infragestellen dauerhaft zur Verfügung zu stellen.

2.1 Vorsokratiker

Die Vorsokratiker (600–400 v. Chr.) waren die ersten Denker, die sich mit der Frage auseinandersetzten, was sich hinter den sichtbaren Erscheinungen verberge. THALES, ANAXIMANDER und ANAXIMENES waren der Meinung, es gebe einen Stoff, aus dem alle sichtbaren Gegenstände entstehen und in den sie auch wieder vergehen. Der beobachtbare Ablauf des Naturgeschehens wird als ständiges Werden und Vergehen interpretiert:

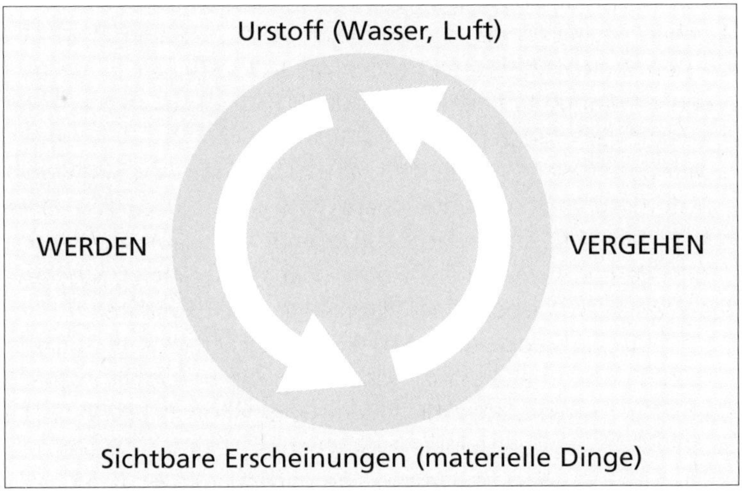

Obwohl die Vermutungen der ersten Naturphilosophen spekulativ waren, zeigten ihre Theorien eine sehr hohe methodische Qualität, die für die Entwicklung der modernen Naturwissenschaften von Bedeutung waren:

- Die Vorsokratiker gingen von der Überzeugung aus, dass es im Naturgeschehen regelmäßige Abläufe gibt. Aufgrund dieser Überzeugung stellten sie Prognosen über zukünftige Naturereignisse auf. Das berühmteste Beispiel dafür ist die Prognose der Sonnenfinsternis durch THALES. Den Unterschied zum mythischen Denken kann man hier gut exemplifizieren: Der mythisch Denkende interpretiert die Sonnenfinsternis als Zeichen göttlicher Macht, etwas, wovor man sich fürchten muss; das Ereignis ist für den Menschen nicht erklärbar. Der begrifflich-rational Denkende erkennt die Sonnenfinsternis als natürliches Phänomen, als berechenbaren physikalischen Vorgang.
- Die Welt ist demnach kein Tummelplatz von Göttern und Dämonen, sondern sie ist ein recht komplizierter Mechanismus, der nach bestimmten, ihm innewohnenden Gesetzen abläuft; es war das Bestreben der ersten *Naturwissenschaftler* diese Gesetzmäßigkeiten herauszufinden. Der Antrieb für dieses Suchen war die Neugierde, Phänomene besser als bisher zu verstehen. Damit waren zwei wichtige Schritte gesetzt, erstens die Befreiung vom Aberglauben, zweitens wurde die Grundeinstellung der Naturwissenschaft, die bis zum heutigen Tag Gültigkeit besitzt, definiert: das Herausfinden der Gesetzmäßigkeiten in der Natur.

Vorsokratiker

THALES: Der Urstoff ist das Wasser. Alles ist beseelt (Pantheismus).

ANAXIMANDER: Der Urstoff ist ein nicht sichtbares Apeiron (Unbegrenztes).

ANAXIMENES: Der Urstoff ist die Luft. Alles entsteht durch Verdichtung und Verdünnung. Qualitäten des Warmen und Kalten werden auf die Quantitäten der Verdünnung und Verdichtung zurückgeführt.

HERAKLIT: Der Urstoff ist das Feuer. Alles befindet sich in einem ständigen Wandel.

EMPEDOKLES: Es gibt vier Elemente: *Wasser, Feuer, Luft und Erde.* Veränderungen werden durch die zwei Kräfte *Liebe und Streit* verursacht.

Eine Beobachtung führt zu einer Hypothese; dabei kommt das Schema von Ursache und Wirkung zur Anwendung: Naturvorgänge werden rational erklärt, indem die Erscheinungen beobachtet, rationalisiert und mittels Hypothesen einer Klärung nähergebracht werden.

- Die Vorsokratiker versuchten, die Erscheinungen zu rationalisieren und mittels allgemeiner Hypothesen zu erklären; dahinter steckt die Differenzierung von Erscheinung und Wesen. Um dem Wesen der Welt näherzurücken, bediente man sich Theorien, Hypothesen und Modelle. Der Gedanke von Wesen und Erscheinung ist heute besonders durch die evolutionäre Erkenntnistheorie aktuell: Konrad LORENZ spricht von einer Welt, die wir wahrnehmen, und einer Welt, die hinter der wahrgenommenen steht, einer tatsächlichen Realität. Das Bild, das wir von der Außenwelt haben, ist zwar nicht originalgetreu, aber es ist auch nicht falsch: Es ist zweckmäßig.
- Ein weiterer großer Schritt der Vorsokratiker ist die Erkenntnis, dass der Stoff, aus dem die Welt besteht, bei all seiner unendlichen Mannigfaltigkeit doch so viel Gemeinsames hat, dass die eigentliche Grundsubstanz ein und dieselbe sein muss.[4]

vgl. HEGELS Weltgeist

Einer der bedeutendsten Vorsokratiker war HERAKLIT[5]. Der zentrale Begriff seiner Philosophie ist *Logos,* ein umfassendes Prinzip von Einheit und Ordnung, Sinn und Weltvernunft. Die Menschen mit ihrem beschränkten Erkenntnisvermögen erkennen den Logos jedoch nicht, sie interpretieren alle Erscheinungen oberflächlich in Form von Gegensätzen, wie *Leben – Tod, sterblich – unsterblich, Werden – Vergehen, Wachendes – Schlafendes.* Gegensätze und Veränderung sind jedoch nur Bilder eines dynamischen Gleichgewichts; alles ist in dauerndem Wandel, trotzdem gibt es so etwas wie eine relative Stabilität: Was nämlich im ständigen Wandel bestehen bleibt, sind stabile Proportionen. Der Tod ist nach HERAKLIT kein aufhörendes Leben, sondern ein umgekipptes Leben, und das Leben ein umgekippter Tod.

Erst die erlebten Gegensätze bringen die Welt in unser Bewusstsein.

> Dasselbe ist Lebendes und Totes, Wachendes und Schlafendes, Junges und Altes; denn dies schlägt um und ist jenes, jenes wiederum schlägt um und ist dieses.[6]

Der Umschlag vom einen zum anderen gehört zu ein und derselben Wirklichkeit. Ein Berg vor unserem geistigen Auge sieht auf der einen Seite mächtig, felsig, steil aus; auf der anderen Seite flach ansteigend, einladend zum Wandern; entgegengesetzte

[4] Vgl. Karl LAHMER, Das Verhältnis von Natur und Mensch in Antike und Gegenwart, Bamberg: C.C. Buchner 1994, S. 65ff.
[5] Die Gedanken von HERAKLIT sind nicht in Form eines philosophischen Konstrukts, sondern in kurzen Sätzen und Sprüchen überliefert.
[6] Hermann DIELS/Walther KRANZ, Fragmente der Vorsokratiker, Zürich: Weidmann 1972, HERAKLIT B 88.

M.C. Escher, Tag und Nacht

Perspektiven, die zu ein und demselben Berg gehören; was wir wahrnehmen, hängt von der Perspektive ab – einmal das Felsige und Steile, einmal das Flache, ein anderes Mal (von der Vogelperspektive) den Berg in seiner Gesamtheit. Die Gegensätze weisen eine Identität auf; das Umschlagen oder Umkippen ist es, das die Gegensätze zur Einheit verbindet. Die Gegensätze und Polaritäten sind perspektivisch bedingt. Das Denken in aufeinander bezogenen Polaritäten und Gegensätzen hat auch eine psychologische Seite: *Krankheit macht Gesundheit angenehm und gut, Hunger die Sattheit, Mühe die Ruhe.*

LOGOS

Realität hinter den Phänomenen,
umfassendes Weltgesetz:
ewig, allgemein, einheitlich
für alle gemeinsam

Logos als Denken und Sprechen
Menschliche Perspektive ist durch
Gegensätze (Polemos) charakterisiert.

Leben
gerecht

Tod
ungerecht

Gegensätze entstammen derselben
Realität, sie sind komplementär.

2.2 Sophisten

Der Tragödiendichter Euripides (um 400 v. Chr.) war von der Aufklärungsbewegung der Sophistik, d. h. ihrer Kritik an der Tradition, beeinflusst.

Die ersten Philosophen, die sich mit dem Verhältnis von Subjekt und Objekt, im Speziellen mit der Erkenntnis von seienden Dingen beschäftigten, waren die Sophisten. Die berühmtesten Sophisten, Protagoras und Gorgias, kamen um 420 v. Chr. auf ihren Reisen wiederholt nach Athen. Sie waren Stars, die sich ihre Vorträge durch hohe Honorare bezahlen ließen. Wohlhabende junge Männer, die in die Politik strebten, waren für das attraktive Ausbildungsangebot der Sophisten dankbar; dieses Angebot bezog sich auf praktische und unmittelbar anwendbare Bereiche: Ziel sophistischer Ausbildung war der erfolgreiche Manager in Politik und Wirtschaft, der mit allen Mitteln seine Vorstellungen durchsetzen kann.

HERAKLIT und XENOPHANES lebten im 6. Jh. v. Chr.

Die Sophisten führten die von HERAKLIT und XENOPHANES begonnene Diskussion über die Grenzen menschlicher Erkenntnisfähigkeit fort und kamen zu folgenden Ergebnissen:

Sensualismus und *naiver Realismus:* Das mit den Sinnen Wahrgenommene hat eine gewisse Objektivität; alle weiteren Fragestellungen werden als Spitzfindigkeiten abgetan.

Relativismus: Es gibt keine allgemein gültige Erkenntnis, auch keine allgemein gültigen Normen. Jede Erkenntnis ist abhängig von individuellen und/oder soziokulturellen Bedingungen.

Vgl. Religionskritik, S. 143ff.

- Nur das mit den Sinnen Wahrnehmbare hat eine gewisse Objektivität *(Sensualismus, naiver Realismus).*
- Es gibt keine verbindlichen Werte und Normen, alles ist subjektiv und beliebig *(Relativismus).* Der sogenannte *Homo-Mensura-Satz* des PROTAGORAS spiegelt diese Einstellung wider: *Der Mensch ist das Maß aller Dinge, der seienden, dass sie sind, der nicht-seienden, dass sie nicht sind; ich bin ein Mensch und du bist ein Mensch.*
- Die Erkenntnis einer absoluten oder objektivierbaren Wahrheit liegt außerhalb der menschlichen Möglichkeiten *(Skeptizismus).* GORGIAS beschreibt die skeptische Einstellung so: *Es gibt nichts (Sicheres). Wenn es etwas (Sicheres) gäbe, wäre es für die Menschen nicht erkennbar. Wenn es erkennbar wäre, wäre es nicht mitteilbar.*
- Ebenso ist Skepsis gegenüber den Göttern angebracht. Die Agnostiker behaupten: *Von den Göttern weiß ich nichts (Sicheres), weder dass sie existieren noch dass sie nicht existieren; vieles versperrt uns den Weg zur Erkenntnis, unter anderem die Unklarheit der Sache und die Kürze des menschlichen Lebens* (PROTAGORAS). Die Atheisten behaupten, die Götter seien eine Erfindung der Menschen.

Gott als Projektion:
Gott ist eine Erfindung der Menschen, um die Stärkeren einzuschüchtern.

> Es war einmal, als das Leben der Menschen ohne Konventionen war und das Recht des Stärkeren galt, als es für die moralisch Guten noch keine Belohnung gab, für die Schlechten keine Bestrafung. Dann erst – so glaube ich – haben die Menschen die Gesetze als Zuchtmeister eingesetzt, damit Recht und Gesetz herrsche, und zwar für alle in gleicher Weise, und der Übermut und Stolz gebändigt werde. Nun wurde jeder bestraft, wenn er einen Fehler machte. Da nun ab diesem Zeitpunkt die Gesetze die Menschen daran hinderten, Gewalttaten in aller Öffentlichkeit zu tun, sie diese jedoch heimlich noch immer verübten, da scheint mir nun ein ganz besonders schlauer Mensch die Angst vor den Göttern erfunden zu haben, damit es so etwas wie ein Angstgefühl für die schlechten Menschen gäbe, wenn sie im Geheimen Böses tun oder sprechen oder denken wollen.[7]

[7] Nach KRITIAS B24.

AUFGABEN

1. Fachausdrücke ergänzen

Welche erkenntnistheoretischen Ansichten werden in den Definitionen bzw. Sprüchen beschrieben?

a. Von PLATON ausgehende philosophische Anschauung, die die Welt und das Sein als Idee bestimmt und die Materie als bloße Erscheinungsform der geistigen Wirklichkeit begreift: ______________________

b. Erkenntnistheoretische Richtung in der Philosophie und Psychologie, die alle Erkenntnis aus Sinneserfahrungen ableitet: ______________________

c. Erkenntnistheoretische Strömung, nach der weder der Verstand noch die Erfahrung oder Wahrnehmung unfehlbare Erkenntnis bringen kann: ______________

d. Philosophische Denkrichtung, die davon ausgeht, dass es keine Wahrheit und keine verbindlichen ethischen Werte gibt: ______________________

e. Weltanschauung, die die Existenz eines höheren Wesens leugnet bzw. als Projektion menschlicher Wünsche interpretiert: ______________________

f. Weltanschauung, die die Frage nach der Existenz eines höheren Wesens als für Menschen nicht erkennbar und damit als irrelevant bezeichnet: ______________

g. Glaube nur, was du selbst gesehen! ______________________

h. Alles ist richtig, auch das Gegenteil. ______________________

i. Nicht das Bewusstsein bestimmt das Leben, sondern das Leben bestimmt das Bewusstsein. ______________________

j. Nichts ist gewiss, außer die Vergangenheit. ______________________

2. Comics zeichnen

Zeichnen Sie die Ansichten eines Vorsokratikers oder Sophisten in Form von Comics. Ein Beispiel finden Sie auf der CD-ROM.

3. Zentrale Fragen

Welche der Wissensquellen ist Ihrer Meinung nach für die Lösung folgender Probleme am ehesten geeignet: *gesunder Menschenverstand, Beobachtung, Erfahrung, Denken und Vernunft?*

- Kann man zweimal in denselben Fluss steigen?
- Ist Carla jetzt dieselbe Person wie vor zwei Minuten?
- Kann man Atome sehen?
- Ist Licht Welle oder Teilchen?

PLATON (427–347 v. Chr.)

3 PLATON

PLATON wurde in Athen geboren, er stammte aus einer aristokratischen Familie und erlebte, wie sein großes Vorbild SOKRATES, der *gerechteste Mensch überhaupt,* von der Demokratie Athens zum Tode verurteilt wurde. Dieses einschneidende Ereignis veranlasste PLATON, in Form von philosophischen Dialogen dem fragenden, ironischen und mahnenden SOKRATES ein literarisches Denkmal zu setzen. PLATON wurde aber auch durch seine ständige Auseinandersetzung mit den aufgeklärten Sophisten und ihren skeptizistischen, relativistischen und sensualistischen Thesen in seinem Denken geprägt.

PLATON steckte mit seiner Philosophie das Terrain ab, in dem spätere Denker operieren sollten, sodass der Mathematiker und Philosoph Alfred N. WHITEHEAD im 20. Jahrhundert seine berühmte Bemerkung machen konnte, *die gesamte abendländische Philosophie bestehe im Grunde nur aus Fußnoten zu PLATON.*

Der Grundgedanke PLATONS: Die Realität der Welt ist uns nur mit dem Denken zugänglich. Die reale Welt ist unsichtbar, sie liegt hinter dem, was wir mit unseren Sinnen wahrnehmen können.

3.1 Erscheinungsform und Idee

Wenn wir sagen, jemand hat eine Idee, so meinen wir, jemand hat einen spontanen Einfall. PLATON dagegen verstand unter Idee das Schauen auf das Wesentliche und Unveränderliche. Der Begriff „Idee" kommt vom griechischen Wort *idein* = sehen, schauen.

PLATON äußerte sich in sehr vielen Dialogen über die Ideen; dies geschieht immer in Form des Gesprächs, nie jedoch in einer systematisierten Darstellung. Die sogenannten Ideen stehen nach PLATONS Ansicht außerhalb der Erfahrung, alle mit den Sinnesorganen wahrnehmbaren Dinge sind nur Spiegelbilder der Ideen. Wir sind es gewöhnt, für viele Dinge (z.B. Tische) ein und denselben Begriff zu verwenden, nämlich „Tisch". Der Begriff, besser die Idee des Tisches, ist es auch, auf die der Tischler schaut, um für uns brauchbare Tische anzufertigen. Die Idee des Tisches ist gleichsam das Wesentliche und Allgemeine, also das, was *den* Tisch ausmacht: Dazu gehören möglicherweise eine Platte und ein Etwas, auf dem die Platte liegt. Jeder konkrete Tisch hat nun Anteil an der Idee (an der Idealform) des Tisches. Dieses Allgemeine, Wesentliche und Unveränderliche können wir Menschen nicht mit den Sinnen wahrnehmen, sondern nur mit dem Denken.

Wir können anhand eines weiteren Beispiels nachvollziehen, was PLATON unter „Idee" verstand. Wenn im Biologieunterricht die Verhaltensweisen *des Pferdes* besprochen werden, so ist es sehr wahrscheinlich, dass mit dem Begriff *Pferd* nicht ein konkretes Pferd gemeint ist, auch nicht ein statistischer Durchschnitt von

Pferden, sondern das dem Denken zugängliche Pferd, das sich im Laufe der Evolution an die Umweltbedingungen optimal angepasst hat. Jedes konkrete Pferd hat Anteil an dieser optimalen Anpassung, es ist aber nicht identisch mit *dem Pferd.*

Konrad LORENZ (1903–1989)

Platonische Ideen in der Naturwissenschaft
Konrad LORENZ hat geschrieben, dass die Graugans, die der Zoologe oder der Ethologe, der Verhaltensforscher, beschreibt, ein Wesen ist, das es nie und nirgends gibt. Die Graugans, so wie nach LORENZ der Ethologe und Zoologe sie beschreibt, ist dasjenige Wesen, das die ökologische Nische der Graugans, also die Lebensbedingungen der Graugans, optimal als Graugans ausfüllt. Die wirklichen Graugänse sind davon immer verschieden. Die Graugänse sind, wie wir wissen, monogam. Das scheint für die Lebensweise der Graugans auch optimal zu sein. Als LORENZ dann aber die vielen Grauganbiografien, die er selbst beobachtet hatte, mit einer Mitarbeiterin zusammen durchsah, stellte er fest, dass seine Graugänse empirisch doch nicht immer so ganz monogam gelebt hatten. Und darüber wurde er böse. Und dann sagte seine Mitarbeiterin, er solle sich doch darüber nicht ärgern, die Graugänse seien schließlich auch nur Menschen. Nun, *sie sind auch nur Menschen* heißt, sie haben nur eine *Methexis* (Anteilhabe) an der wirklichen Graugans. Die wirkliche Graugans, die der Zoologe beschreibt, die ist schon monogam, aber die gibt es nicht. Doch die empirischen Graugänse, die es gibt, wie man so sagt, die empirischen Graugänse sind nur möglich, weil es die reine Gestalt der Graugans in einem anderen Sinne gibt, nämlich als dasjenige Gesetz, welches das optimale Funktionieren der Graugans beschreibt.[8]

Erscheinungsformen:
Bild der Graugans
konkrete Graugans „Emma"
die statistische Erkenntnis:
„98% der Graugänse sind monogam."

Die Idee:
das Wesentliche
das Identische
das Unveränderliche
das Vollkommene
das Transzendente

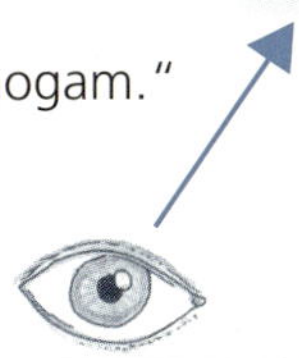

Erscheinungsformen haben Anteil an der Idee.

transzendent = die Grenzen sinnlicher Wahrnehmung überschreitend; nur dem Denken zugänglich

[8] Carl Friedrich von WEIZSÄCKER, Ein Blick auf Platon. Ideenlehre, Logik und Physik, Stuttgart: Reclam 1981, S. 125f.

Platon wird als Vertreter des Idealismus bezeichnet.

Idealismus: Eine philosophische Position, die dem Geistigen einen Vorrang vor dem Materiellen einräumt. Nach Platon bilden die Ideen den Bereich der wahren und unvergänglichen Realität, der gegenüber die Welt der sinnlichen Wahrnehmung nur ein vergängliches und veränderbares Schattenbild ist.

Rationalismus: Eine dem Idealismus vergleichbare philosophische Position, die der Vernunft und dem Denken die maßgebliche Rolle für das Erkennen und Handeln zuspricht.

Umschreibungen für die Idee des Schönen

⇓

- das Schöne (im Gegensatz zu dieser schönen Sache)
- das Schöne an sich (per se)
- das, was schön ist

3.2 Anteilhabe an den Ideen

Hat der Mensch überhaupt die Möglichkeit, die Ideen zu erkennen? Platon bediente sich für die Beantwortung dieser Frage einer mythischen Beschreibung: Dadurch, dass die Seele des Menschen vor ihrem Eintreten in den Körper im Jenseits die Ideen gesehen hat, kann sie sich an diese wieder erinnern. Dieses Wieder-Erinnern ist oft mühsam, weil die Seele bei ihrem Weg aus dem Jenseits in den menschlichen Körper bei der Überquerung des Lethe-Stroms (Strom des Vergessens) die unmittelbare Ideenkenntnis verloren hat. Im Dialog *Phaidon* wird der Gedanke der Anamnesis (Wiedererinnerung) am Beispiel des Gleichen erklärt. Zwei Stück Holz oder Papier, die vor uns liegen, sind gleich. Aber sie sind ja doch nicht genau gleich. Ganz gewiss sind sie immer ungleich. Wie können wir dann sagen, sie seien ungleich, wenn wir nicht schon wüssten, dass es das Gleiche gibt? Wie aber können wir wissen, dass es das Gleiche gibt, wenn doch alles, was wir sehen, immer ungleich ist und daher die Gleichheit empirisch überhaupt nicht vorkommt?

Sokrates spricht: Wenn wir also die *Gleichheit* vor unserer Geburt empfangen haben und bei der Geburt in ihrem Besitz waren, kannten wir da nicht schon vor der Geburt und auch unmittelbar nach der Geburt nicht nur das Gleiche und das Größere und Kleinere, sondern alles der Art? Wir sprechen jetzt nämlich nicht nur von dem Gleichen, sondern ebenso von dem Schönen an sich, von dem Guten, dem Gerechten und Frommen *an sich* und, wie gesagt, von allem, was wir mit dem Ausdruck an sich bezeichnen. Wir müssen also die Kenntnis von alledem schon vor unserer Geburt erhalten haben.
Und wenn wir eine Kenntnis nicht völlig vergessen haben, so müssen wir immer als Wissende geboren werden und uns ihrer das ganze Leben hindurch bewusst sein. Denn Wissen heißt doch, eine empfangene Kenntnis behalten und sie ansatzweise zu wissen. Und wenn wir, meine ich, sie vor unserer Geburt besessen und bei der Geburt verloren haben, später aber mithilfe der Sinneswahrnehmungen jene Erkenntnisse, die wir schon vorher einmal hatten, wiedergewinnen, ist dann nicht das, was wir Lernen nennen, das Wiederaufnehmen eines uns schon gehörenden Wissens? Wenn wir das aber Wiedererinnerung nennen, so ist das wohl die richtige Bezeichnung. Also, wie gesagt, eins von beiden findet statt: Entweder sind wir im Besitz dieses Wissens geboren und besitzen es alle unser Leben lang, oder die, von denen wir sagen, dass sie lernen, erinnern sich später an alles, und das Lernen wäre dann eben nur ein Sich-Wiedererinnern.[9]

[9] Platon, Phaidon 75b–d (gekürzt).

AUFGABEN

1. Erscheinungsform und Idee

a. Sie sehen einen gezeichneten Kreis.
Für die Fläche eines Kreises mit dem Radius r gilt die Formel $A = \pi \cdot r^2$
Ordnen Sie *den gezeichneten Kreis bzw. die Formel der Erscheinungsform bzw. Idee* zu.

Gezeichneter Kreis: ____________

Formel des Kreises: ____________

b. Ordnen Sie die Behauptungen zu – handelt es sich eher um die Erscheinungsform oder die Idee?

- Graugans Emma hat am linken Flügel eine Narbe. ____________
- 98 % der Graugänse leben monogam. ____________
- Die Graugans lebt monogam. ____________

2. Was ist Tugend?

Lesen Sie den folgenden Text. Was wird über die *Tugend als Erscheinungsform* ausgesagt? Was wird über die *Tugend als Idee* ausgesagt?

Sokrates und Menon, ein junger Athener, im Gespräch

Sokrates: Mein lieber Menon, scheint es dir bei der Tugend so zu sein wie bei der Gesundheit? Glaubst du, dass die Gesundheit des Mannes von der der Frau verschieden ist? Oder ist sie dasselbe, sei es beim Mann oder bei der Frau?

Menon: Wenn man von Gesundheit spricht, so scheint sie bei Mann und Frau dieselbe zu sein.

Sokrates: Die Tugend aber unterscheidet sich in Bezug auf etwas, sei es beim Kind oder älteren Menschen, sei es bei der Frau oder beim Mann?

Menon: Sokrates, ich glaube, wir reden jetzt nicht mehr über das, was unser Ausgangspunkt war.

Sokrates: Das macht nichts. Hast du nicht gesagt, die Tugend des Mannes bestünde darin, die Stadt gut zu verwalten, die Tugend der Frau darin, das Haus gut zu verwalten?

Menon: Ja, sicher.

Sokrates: Ist es möglich, egal ob für einen Mann oder eine Frau, eine Stadt oder ein Haus oder etwas anderes gut zu verwalten außer besonnen und gerecht?

Menon: Sicher nicht.

Sokrates: Wenn also Männer und Frauen besonnen und gerecht verwalten, dann verwalten sie (egal was) mit Besonnenheit und Gerechtigkeit.

Menon: Notwendigerweise.

Sokrates: Sowohl Männer als auch Frauen brauchen, wenn sie gut verwalten wollen, Gerechtigkeit und Besonnenheit.

Menon: Das ist offensichtlich.[10]

---

10 Platon, Menon 72d–73c (gekürzt).

3. Diskussion über die Idee des Schönen
Sie sehen eine Blume, einen Sonnenuntergang, die Venus von Willendorf, die Venus von Milo und Heidi KLUM, ein bekanntes Model.
Versuchen Sie in einer Diskussion, sich dem *Schönen-an-sich* anzunähern. Welche Charakteristika des Schönen sind unveränderlich, vollkommen, wesentlich, identisch?

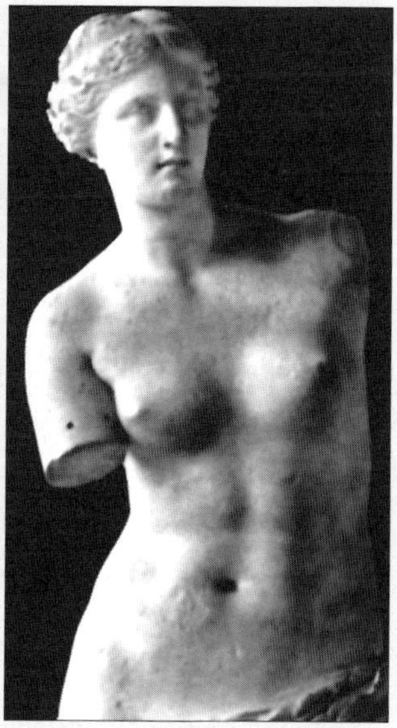

4. Die Idee des Tisches
Was wir direkt sehen und fühlen, ist nach PLATON nur Erscheinung, nicht jedoch die Realität. Aber wenn Realität nicht das ist, was vor uns erscheint, welche Möglichkeiten haben wir zu erkennen, ob es überhaupt die *Realität* gibt? Und wenn es sie gibt, haben wir Mittel, um herauszufinden, wie beschaffen sie ist? Wenn wir solche Fragen stellen, wird sogar ein Tisch zum Problem.[11]
Diskutieren Sie, ob es den Tisch überhaupt gibt.

3.3 Höhlengleichnis

Im Höhlengleichnis beschrieb PLATON zwei wichtige Aspekte menschlicher Erkenntnis: erstens den Aufstieg von der Wahrnehmung zum Denken, zweitens den Unterschied zwischen Bildung und Unbildung.

[11] Vgl. Bertrand RUSSELL, Probleme der Philosophie, Frankfurt/Main: Suhrkamp 1967, S. 16ff.

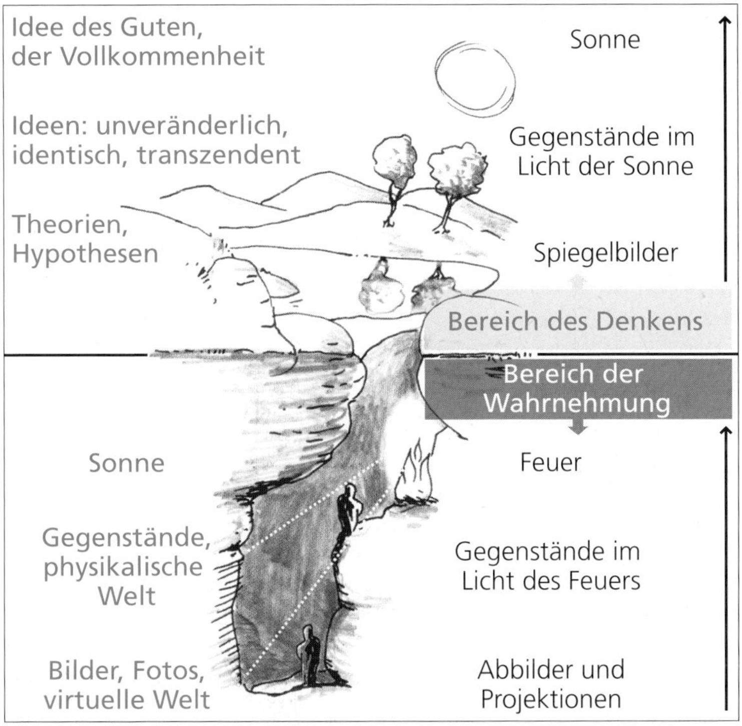

Stelle dir Menschen vor in einer Höhle mit lang nach aufwärts gestrecktem Eingang. Von Kindheit an sind sie in dieser Höhle festgebunden mit Fesseln an Schenkeln und Hals. Sie sind durch die Fesseln gehindert, den Kopf zu drehen. Aus der Ferne von hinten leuchtet ihnen ein Feuer. Zwischen dem Feuer und den Gefesselten läuft ein Weg, vor dem eine Mauer errichtet ist. Hinter dieser Mauer tragen Menschen Gegenstände, die über die Mauer hinausragen. Die Träger reden teilweise, teilweise schweigen sie beim Tragen. Diese Gefesselten sehen zunächst von sich und den anderen nichts außer den Schatten, die von dem Feuer auf die gegenüberliegende Mauer geworfen werden. Wenn sie sich untereinander unterhalten könnten, da würden sie wohl glauben, die wahren Dinge zu benennen, wenn sie von den Schatten sprechen, die sie sehen. Alles in allem: Diese Leute würden nichts anderes für wahr halten als die Schatten der Geräte. Überlege nun Lösung und Heilung aus Ketten und Unverstand, wie immer das vor sich gehen mag – ob da wohl Folgendes eintritt: Wenn etwa einer gelöst und gezwungen würde, sofort aufzustehen und den Kopf umzuwenden, auszuschreiten und zum Licht zu blicken, wenn er bei alledem Schmerz empfände und wegen des Strahlenfunkelns jene Gegenstände nicht anschauen könnte, deren Schatten er vorher gesehen – was, glaubst du, würde er da wohl antworten, wenn man ihm

Die Schatten der Höhle entsprechen in unserer Wahrnehmung Nachbildungen (z. B. Fotos).

Die Gegenstände im Lichte des Feuers entsprechen unseren Gegenständen.

sagte, er habe vorher nur Schatten gesehen, jetzt aber sehe er schon richtiger, da er näher dem Seienden sei und sich zu wirklichen Dingen hingewendet habe.
Und wenn man ihn zwänge, ins Licht selbst zu blicken, dann würden ihn seine Augen schmerzen, und fluchtartig würde er sich dem zuwenden, was er anzublicken vermag; dies würde er dann für klarer halten als das zuletzt Gezeigte. Wenn man ihn von dort mit Gewalt wegzöge, den schwierigen und steilen Anstieg hinan und nicht früher losließe, bis man ihn ans Licht der Sonne gebracht hätte, würde er da nicht voll Schmerz und Unwillen sein über die Verschleppung?
Und wenn er ans Sonnenlicht käme, da könnte er wohl – die Augen voll des Glanzes – nicht ein Einziges der Dinge erkennen, die man ihm nunmehr als wahr hinstellt. Er bräuchte Gewöhnung, wenn er die Oberwelt betrachten wollte; zuerst würde er am leichtesten die Schatten erkennen, dann die Spiegelbilder der Menschen und der anderen Dinge im Wasser, später sie selbst; hierauf könnte er die Dinge am Himmel und diesen selbst leichter bei Nacht betrachten, aufblickend zum Licht der Sterne und des Mondes – als bei Tag die Sonne und ihr Licht. Zuletzt aber könnte er die Sonne, nicht ihr Abbild im Wasser oder auf einem fremden Körper, sondern sie selbst für sich an ihrem Platz anblicken und ihr Wesen erkennen.[12]

Die im Sonnenlicht gespiegelten Gegenstände entsprechen im Bereich unseres Denkens den mathematischen Begriffen und wissenschaftlichen Hypothesen.

Die Gegenstände im Lichte der Sonne entsprechen im Bereich unseres Denkens den Ideen.

		Gleichnis	Deutung
Bereich der Wahrnehmung	HÖHLE	1. Die Gefesselten sehen Schatten.	alle Nachahmungen (Fotos, Film, Video, virtuelle Welten)
		2. Dinge im Licht des Feuers	alle unmittelbaren Wahrnehmungen (physikalische Welt)
		3. Feuer: Quelle der Wahrnehmung	Sonne: Quelle der Wahrnehmung
Bereich des Denkens	WELT	1. gespiegelte Dinge	wissenschaftlicher Verstand: Hypothesen, mathematische Formeln
		2. Dinge im Licht der Sonne	Ideen
		3. Sonne: Quelle der Erkenntnis	Idee des Guten: Quelle der Erkenntnis

[12] PLATON, Politeia 514a ff.

Das Gleichnis spiegelt im Wesentlichen unser Leben wider. PLATON bedient sich einer Verfremdung unserer menschlichen Situation, damit wir uns über sie wundern. Möglicherweise leben wir in einer falschen Vertrautheit mit der Welt. Wir wundern uns vielleicht über die außergewöhnliche Situation der Gefesselten. Wir wundern uns aber nicht über unsere gewöhnliche menschliche Situation; sie fällt uns nicht mehr auf. Die Verfremdung durch dieses Bild bricht nun diese, aus unserer langen Gewöhnung entstandene Vertrautheit und wir finden uns dort wieder, wo wir uns nie vermutet hätten, in einer Höhle. Philosophieren reißt uns aus der Geborgenheit unserer Vorurteile und führt uns dorthin, wo wir uns nicht mehr zu Hause fühlen. Das ist fast so, wie wenn wir auf einen anderen Planeten versetzt würden. Freilich ist dann aus der Sicht des Befreiten die Erde – die Höhle – befremdend. Die Befreiung erlaubt einen fremden Blick.

AUFGABEN

1. **Fragen beantworten**
   Welche Erkenntnisbereiche werden im Höhlengleichnis unterschieden?
   Worin besteht nach PLATON der Unterschied zwischen einer Idee und einer wissenschaftlichen Theorie?
   Ordnen Sie die folgenden Beschreibungen den jeweiligen Erkenntnisstufen zu:

   ein Stuhl ______________________

   ein gezeichneter Stuhl ______________________

   Gott ______________________

   Dokumentarfilm ______________________

   die Gerechtigkeit ______________________

   $a^2 + b^2 = c^2$ ______________________

   Was versteht PLATON unter der Idee des Guten? Streichen Sie alle falschen Angaben durch.

   Quelle der Existenz und Vollkommenheit, Spekulation, Quelle der Moral, mit einer konkreten Handlung vergleichbar, mit Gott vergleichbar

2. **Film vorstellen**
   Suchen Sie sich einen Film aus, der das Verhältnis von Scheinwelt und Realität thematisiert. Stellen Sie den Inhalt des Films, eventuell in Form von kurzen Ausschnitten, vor und vergleichen Sie ihn mit dem Gedankenexperiment *Höhlengleichnis.*

3. **René Magritte** (1898 –1967) inszenierte in seinen Bildern eine Vielzahl von Fragen. Was ist Wirklichkeit? Was ist wirklich? Magritte löste die Dinge aus dem alltäglichen Kausalzusammenhang und erreichte damit einen Verfremdungseffekt – die Dinge erscheinen geheimnisvoll und magisch. Betrachten Sie die beiden Bilder. Was fällt Ihnen auf? Können Sie Bezüge zu den Absichten Platons feststellen?

René Magritte: Le Domaine d' Arnheim (1962)

René Magritte: Le Fils de l'Homme (1964)

Hinweis: Jedes Ding für sich genommen ist in sich schlüssig; die Verbindung der Dinge schafft das Rätselhafte.

4. **Platon-Porträt erstellen**
   Erstellen Sie mithilfe eines Präsentationsprogramms ein Porträt zu Platon:
   - Biografie
   - ein wesentliches Themengebiet seiner Philosophie
   - ein kurzer Originaltext
   - persönliche Stellungnahme

5. **Platon aktuell**
   Platon ist sicherlich einer der bedeutendsten Philosophen. Sein Einfluss geht aber weit über die Philosophie hinaus. Auch psychologische Theorien sind direkt oder indirekt von Platons Ideen beeinflusst.
   a. Platon behauptet, Lernen sei Wiedererinnerung. Welche psychologische Richtung geht von einem ähnlichen Menschenbild aus? Begründen Sie Ihre Zuordnung.
   b. Platon behauptet, in das Gedächtnis werden gleichsam Erinnerungen eingeschrieben. Dies nennt man Engramme. Welches heute aktuelle Gedächtnismodell baut auf dem Bild von Platon auf?

4 ARISTOTELES

ARISTOTELES wurde in Makedonien (Griechenland) geboren, wo sein Vater Leibarzt des makedonischen Königs war. Er ging im Jahr 367 v. Chr. nach Athen, um an PLATONS Akademie zu studieren. In den zwanzig Jahren, die er dort blieb, entwickelte er eigene philosophische Auffassungen, die von denen seines Lehrers insofern abwichen, als für ARISTOTELES die Erfahrung eine viel wichtigere Rolle spielte als für PLATON. 343 v. Chr. wurde ARISTOTELES Lehrer und Erzieher des 13-jährigen ALEXANDERS, des späteren ALEXANDER DES GROSSEN. Acht Jahre lang war ARISTOTELES in Makedonien tätig. Dann kehrte er nach Athen zurück und gründete seine eigene Schule, den *Peripatos*.

ARISTOTELES (384–322 v. Chr.)

peripateín = umhergehen

4.1 Stufen der Erkenntnis

Die Unterschiede in den philosophischen Grundpositionen zwischen PLATON und ARISTOTELES sind am deutlichsten sichtbar, wenn man sich den Erkenntnisprozess vor Augen hält. Nach ARISTOTELES streben alle Menschen von Natur aus nach Wissen. Aufgrund seines Gedächtnisses hat der Mensch die Fähigkeit sich an Dinge zu erinnern. Wenn nun Erinnerung mit dem Denkvermögen kombiniert wird, entsteht die Erfahrung. Aus der Kombination vieler Erfahrungen entsteht sukzessive ein theoretisches Wissen und ein fachspezifisches Können.

Naturanlage:
Der Mensch ist ein Neugierwesen; er strebt nach Wissen.

⇩

Aufgrund von **Wahrnehmung** bildet sich ein **Gedächtnis** (= die Fähigkeit, sich zu erinnern).

⇩

Durch Beobachtungen, verknüpft mit Erinnerungen, entsteht **Erfahrung. Erfahrung stützt sich auf die Kenntnis von Einzelfällen.**

⇩

Durch das Denken können Einzelfälle verallgemeinert werden. Es entstehen **Allgemeinvorstellungen** und **Allgemeinbegriffe.**

⇩

Die höchste Form des Wissens besteht in der Kenntnis der zugrunde liegenden Ursachen und Prinzipien.

Derjenige, der ein fachspezifisches Können beherrscht, ist weiser als der Erfahrene, derjenige, der eine theoretische Wissenschaft beherrscht, ist weiser als derjenige, der eine *Techne* beherrscht. Schließlich ist klar, dass *Weisheit* (die höchste Form des Wissens) eine Wissenschaft ist, die es mit gewissen Ursachen und Prinzipien zu tun hat. Da wir nun diese Wissenschaft suchen, ist zu überlegen, um welche Ursachen bzw. Prinzipien es jener Wissenschaft namens *Weisheit* geht. Zunächst nehmen wir an, der Weise wisse alles im Ganzen, soweit das überhaupt möglich ist, ohne dabei jedes Detail zu kennen. Ferner halten wir den für einen Weisen, der das schwer Zugängliche erkennen kann, das den Menschen nicht mühelos verständlich ist. Denn die Wahrnehmungsfähigkeit ist allen gemeinsam, daher leicht und untypisch für den Weisen. Überdies schreiben wir in jeder Wissenschaft dem mehr Weisheit zu, der präziser ist und Ursachen besser dartun kann. Außerdem meinen wir, dass diejenige Wissenschaft, die man um ihrer selbst willen und nur wegen des Wissens erstrebt, eher Weisheit ist als die, die man um ihrer Nutzeffekte willen betreibt. Das alles sind die Vorstellungen von der Weisheit und vom Weisen. Dazu gehört die Kenntnis vom Allgemeinen. Nun ist das Allgemeine für den Menschen wohl am schwierigsten zu erkennen, denn es liegt am weitesten von der Sinneswahrnehmung entfernt. …
Das im höchsten Sinne Wissbare sind die Prinzipien und die Ursachen, denn durch diese und aus diesen wird alles andere erkannt.[13]

Die höchste Form des Wissens ist das *Wissen um seiner selbst willen,* ein Streben nach Wissen, das nicht wegen Nutzeffekten betrieben wird.

Bei Aristoteles trat die Erfahrung als selbstständige Erkenntnisquelle in den Vordergrund: *von der Empirie zur Theorie.*

4.2 Ursachenlehre

Das Prinzip der Kausalität (die Verknüpfung von Ursache und Wirkung bei der Erklärung der Welt) wurde von Aristoteles als Grundlage jeder Erkenntnis systematisch angewendet. Nehmen wir einen Marmorblock als unseren Stoff. Er ist potenziell (der Möglichkeit nach) eine Säule oder eine Tischplatte. Die fertig gestellte Statue ist dann beispielsweise eine Verwirklichung dieser Potenzialität. Für die Erklärung eines konkreten Prozesses sind insgesamt vier Ursachen zu bedenken, hier am Beispiel *Tempel:*

- Die Stoffursache *(causa materialis):* Woraus ist der Tempel hergestellt? Aus Baustoffen wie Marmor etc.
- Die Formursache *(causa formalis):* Was ist die Charakteristik eines Tempels? Die Charakteristik des Tempels, also seine Form, ist in einem Bauplan abgebildet.

[13] Aristoteles, Metaphysik, Buch A 980a–982b (gekürzt).

- Die Wirkursache *(causa efficiens):* Wie und wodurch wird der Tempel hergestellt? Die Angabe der bewirkenden Ursache bezieht sich zum Beispiel auf die Leistung der Arbeiter und der verwendeten Maschinen.
- Die Zweckursache *(causa finalis):* Was ist der Zweck des Tempels? Der Zweck liegt darin, ein Wohnhaus für die Götter zu sein. ARISTOTELES betrachtet die Zweckursache als die wichtigste, sie beinhaltet oft auch die Formursache. So bestimmt der Zweck des Tempels, ein Wohnhaus für eine Gottheit zu sein, auch seine Form, nämlich die Planung einer Cella (eines Innenraums), in der das Kultbild aufgestellt wird.

Die Erklärung eines Gegenstandes, z. B. eines Tempels, erfordert die Angabe aller vier Ursachen.

AUFGABEN

1. Beispiel zu den Ursachen

Finden Sie zu *Holz* vier Ursachen:

Stoffursache: Holz Formursache: ____________

Wirkursache: ____________ Zweckursache: ____________

2. Entelechie

Während die Ursachen für Artefakte relativ einfach zu unterscheiden sind, wird die Differenzierung für Naturdinge komplizierter. ARISTOTELES führt hier den Begriff der *Entelechie* (griech.: den Zweck in sich haben) ein. Entelechie ist jenes Wirkprinzip, nach dem sich das Mögliche im Wirklichen als Dasein vollendet. So bezeichnet ARISTOTELES die Seele als *erste Verwirklichung eines physischen Leibes, welcher der Möglichkeit nach Leben hat.*

Finden Sie – spekulativ – vier Ursachen zu *Mensch.*

Stoffursache: ____________ Formursache: ____________

Wirkursache: ____________ Zweckursache: ____________

3. Das Identische

Analysieren Sie das folgende Beispiel. Welche Ursachen sind primär dafür *verantwortlich,* dass wir einen konkreten Zug trotz Veränderungen als solchen identifizieren können?

Zwischen Wien und Salzburg verkehrt täglich der „Wiener Philharmoniker" auf der sogenannten Westbahnstrecke. Alle zwanzig Jahre werden auf dieser Strecke die Schwellen, der Schotter, die Gleise, aber auch die Lokomotiven und die Waggons ausgewechselt. Ist es noch immer der gleiche Zug und die gleiche Bahn?

4. Ursachen zuordnen

Ordnen Sie den Beschreibungen je eine passende Ursache zu:

a. Der Löwe als Wesen ____________

b. Bewegung und Ruhe sind den Naturdingen immanent. ____________

c. Die Idee des Löwen ____________

5 Klassischer Empirismus

Durch ARISTOTELES wurden die Grundlagen des Empirismus gelegt. Mit der Methode der Induktion gelangt man durch Einzelbeobachtungen zu Allgemeinvorstellungen: von der Empirie zur Theorie. Als höchste Form des Wissens definiert ARISTOTELES ein Wissen um seiner selbst willen, ein zweckfreies Wissen: Die *Vita contemplativa* wird hochwertiger eingeschätzt als die *Vita activa;* die theoretische Betrachtung der Phänomene ist wichtiger als die praktische Umsetzung dieser Gedanken. Mit dem Beginn der Neuzeit setzt sich ein neuer Vernunftbegriff durch. Eine nützlichkeitsorientierte Vernunft wird forciert: Vernünftig ist, was zukunftsorientiert zur Verbesserung der sozialen Situation der Menschen beiträgt.

Vita contemplativa = Lebensweise, die das Denken und Reflektieren betont

Vita activa = Lebensweise, die die Praxis betont

5.1 Francis BACON

Francis BACON (1561–1626)

Francis BACON sieht den Fortschritt von Wissen und Erkenntnis dann gewährleistet, wenn man sich der Experimente bedient. Das großräumigste Labor für diese Experimente bietet die Natur. Man muss die Natur durch eine Nachahmung ihrer Vorgänge mittels der Technik gleichsam überlisten. So wie man beim Menschen den Charakter prüfen kann, wenn man ihn reizt, so offenbart sich die gereizte Natur deutlicher, als wenn man sie in Ruhe lässt. Seinen größten Ehrgeiz muss der Mensch daran setzen, die Macht und Herrschaft über die Natur zu erweitern. Ziel der philosophischen Überlegungen BACONS war es allerdings nicht, die Natur zu zerstören, sein Ziel war ein sozial-politisches. BACON war im Jahre 1620 Lord High Chancellor, also Inhaber des höchsten Staatsamtes Englands. Mit seiner wissenschaftlichen Tätigkeit wollte er den Menschen aus ihren Hungersnöten helfen.

Am Anfang einer Forschungstätigkeit sollen Arbeitshypothesen oder Antizipationen stehen, die durch Experimente zu überprüfen sind. Die aus geglückten Experimenten abgeleitete Verallgemeinerung geht jedoch nur so weit, dass der Aspekt des Zukünftig-Möglichen grundsätzlich nicht begrenzt wird. Die Verallgemeinerung hat also nur einen Vorläufigkeitscharakter. Damit ist die Idee des Fortschrittsdenkens ad infinitum entdeckt.

Arbeitshypothesen
⇩
Experimente = Überprüfen der Hypothesen
⇩
vorläufige Verallgemeinerung = neue Arbeitshypothesen
⇩
Experimente
⇩
ad infinitum

5.2 John LOCKE

John LOCKE bestreitet vehement, dass es angeborene Ideen gibt. Er versucht, den Gebrauch allgemeiner Begriffe auf die bloße Erfahrung zurückzuführen. Dem gesunden Menschenverstand entspricht die Ansicht, dass alle unsere Erkenntnis aus der Erfahrung stammt.

Ich gebe zu, dass die Kenntnis gewisser Wahrheiten sich sehr früh im Geiste findet, aber in einer Weise, die zeigt, dass diese nicht angeboren sind. Denn wenn wir genau zusehen, so werden wir immer finden, dass sie nicht angeborene, sondern erworbene Ideen betrifft, und zwar zuerst solche, die von äußeren Dingen herrühren, womit Kinder am frühesten zu tun haben, die am häufigsten Eindruck auf ihre Sinne machen. An den so erworbenen Ideen entdeckt der Geist, dass einige übereinstimmen und andere sich unterscheiden, vermutlich, sobald er zu irgendwelchem Gebrauche des Gedächtnisses gelangt und fähig ist, verschiedene Vorstellungen zu behalten und wahrzunehmen. Mag das alsdann geschehen oder nicht, so viel ist gewiss, der Geist tut es viel früher, als er Worte gebrauchen lernt oder zu dem gelangt, was man gewöhnlich Vernunftgebrauch nennt. Denn ein Kind kennt, bevor es sprechen kann, ebenso gewiss den Unterschied zwischen den Vorstellungen von süß und bitter (d.h., dass süß nicht bitter ist), wie es nachher, wenn es sprechen kann, weiß, dass Wermut und Bonbons nicht dasselbe Ding sind. Ein Kind weiß nicht, dass drei und vier gleich sieben ist, bevor es bis sieben zählen kann und den Namen wie die Idee der Gleichheit gewonnen hat, und dann pflichtet es der Wahrheit dieses Satzes bei, oder vielmehr es erkennt sie, nachdem ihm dessen Worte erklärt sind. Aber es gibt dann weder seine Zustimmung bereitwillig deshalb, weil es eine angeborene Idee ist, noch fehlte dieselbe bis dahin, weil ihm der Vernunftgebrauch mangelte; vielmehr leuchtet ihm die Wahrheit desselben ein, sobald es die mit jenen Namen bezeichneten Vorstellungen klar und deutlich in sein Bewusstsein aufgenommen hat. Und dann erkennt es die Wahrheit jenes Satzes aus denselben Gründen und durch dieselben Mittel, durch welche es früher wusste, dass eine Rute und eine Kirsche nicht dasselbe Ding sind, und auch aus denselben Gründen, aus denen ihm später bekannt werden mag, *dass kein Ding zugleich sein und nicht sein kann.*[14]

John LOCKE (1632–1704)

Die Eigenschaften eines Dings oder eines Körpers kann man in zwei Kategorien fassen:

Qualität = Eigenschaft

1. Die primären Qualitäten sind Festigkeit, Ausdehnung, Größe, Gestalt oder Bewegung. Sie kommen dem Körper zu, unabhängig davon, ob wir ihn wahrnehmen oder nicht.
2. Die sekundären Qualitäten werden aufgeteilt in solche, die wir unmittelbar wahrnehmen können, wie Farbe, Ton, Geschmack, und solche, die wir mittelbar wahrnehmen können, wie die Kraft des Feuers, das Blei schmelzen kann.

[14] John LOCKE, Versuch über den menschlichen Verstand, Hamburg: Felix Meiner 1981, S. 39 (gekürzt).

Primäre Qualitäten = Substanz

Die primären Qualitäten sind mit dem Körper untrennbar verbunden, während die sekundären Qualitäten lediglich Kräfte oder Fähigkeiten sind, die in uns Empfindungen und Vorstellungen (Ideen) auslösen. Die sekundären Qualitäten sind durch die Relation (Beziehung) zum menschlichen Beobachter definiert.

Sekundäre Qualitäten kommen hinzu (akzidentiell).

Sekundäre Qualitäten (Eigenschaften) können nur im Rahmen einer Interaktion von beobachtetem Objekt und beobachtendem Subjekt existieren. Deshalb sind solche Eigenschaften immer von der Beobachtung abhängig und damit relativ.

5.3 David Hume

David Hume (1711–1776)

In seinem Hauptwerk *A Treatise of Human Nature* beschäftigt sich David Hume mit dem menschlichen Bewusstsein. Alle Vorstellungen und Ideen sind Abbilder der unmittelbaren Wahrnehmungen und Eindrücke (Perzeptionen). Der Verstand setzt die Eindrücke in Beziehung zueinander.

- Alle Inhalte des menschlichen Bewusstseins kann man in Eindrücke und Vorstellungen (Ideen) einteilen.
- Ideen sind gleichsam Kopien von Eindrücken, die beim Denken beteiligt sind. Einfache Ideen sind z. B. Kopien von wahrgenommenen Gegenständen, während komplexe Ideen mittels Assoziationsgesetzen ausgedacht werden. *Pegasus* wäre z. B. eine komplexe Idee, die aus der Verbindung von Pferd und Vogel entstanden ist. Die empiristische Grundhaltung Humes lässt sich in dem Satz zusammenfassen: *Keine Idee ohne vorherigen Eindruck!*

Alle unsere Vorstellungen oder schwächeren Perzeptionen sind Abbilder unserer Eindrücke oder lebhafteren Perzeptionen.

Unter der Bezeichnung *Eindruck* verstehe ich alle unsere lebhafteren Perzeptionen, wenn wir hören, sehen, fühlen, lieben, hassen, begehren oder wollen. *Eindrücke* sind von Vorstellungen unterschieden, welche die weniger lebhaften Perzeptionen sind, deren wir uns bewusst sind, wenn wir auf eine der oben erwähnten Wahrnehmungen oder Gemütsbewegungen reflektieren.
Nichts erscheint wohl auf den ersten Blick unbegrenzter als das Denken des Menschen, das sich nicht nur aller menschlichen Macht und Autorität entzieht, sondern sich nicht einmal in den Grenzen von Natur und Wirklichkeit halten lässt. Ungeheuer zu ersinnen und nicht zueinander passende Gestalten und Erscheinungen miteinander zu verbinden, kostet die Einbildungskraft nicht mehr Mühe, als sich die natürlichsten und vertrautesten Gegenstände vorzustellen; und während der Leib an einen Planeten ge-

fesselt ist, auf dem er unter Schmerzen und Beschwerden einherkriecht, kann uns das Denken im Nu in die entlegensten Regionen des Universums tragen. Was niemals gesehen wurde und wovon man niemals gehört hat, kann dennoch vorgestellt werden, und nichts übersteigt die Macht des Denkens, mit Ausnahme dessen, was einen absoluten Widerspruch enthält. Doch obgleich unser Denken diese unbegrenzte Freiheit zu besitzen scheint, werden wir bei näherer Prüfung finden, dass es in Wirklichkeit in sehr enge Grenzen eingeschlossen ist und dass diese ganze schöpferische Kraft des Geistes nur in dem Vermögen besteht, das uns durch die Sinne und Erfahrung gegebene Material zu verbinden, zu transponieren, zu vermehren oder zu verringern. Denken wir uns einen goldenen Berg, so verbinden wir nur zwei vereinbare Vorstellungen, Gold und Berg, die uns von früher bekannt sind. Ein tugendhaftes Pferd können wir uns vorstellen, weil wir uns aus unserem eigenen Gefühl die Tugend vorstellen können; und diese können wir mit Gestalt und Aussehen eines Pferdes in Verbindung bringen, das ja ein uns vertrautes Tier ist. Kurz gesagt, der ganze Stoff des Denkens ist entweder aus der äußeren oder der inneren Sinnesempfindung abgeleitet: Aufgabe des Geistes ist einzig und allein ihre Mischung und Zusammensetzung.[15]

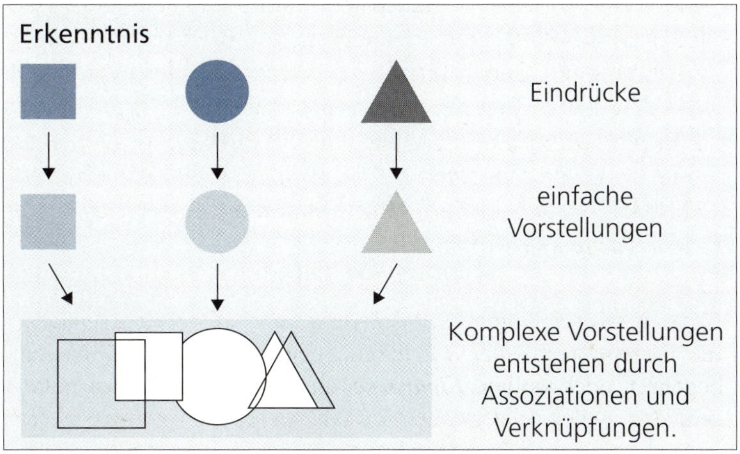

Das Problem der Kausalität

Muss alles, was entsteht, eine Ursache haben? Üblicherweise definieren wir Kausalität als notwendige Beziehung von Ursache und Wirkung. Wenn wir mit einem Billardstock eine Kugel anstoßen, bewegt sich diese. Diesen Kausalzusammenhang beobachten wir wiederholt in verschiedenen ähnlichen Situationen.

[15] David HUME, Über den Ursprung der Vorstellungen, Stuttgart: Reclam 1967, S. 33f. (gekürzt).

HUME analysiert das Phänomen der Kausalität folgendermaßen:

- Ursache und Wirkung muss man sich unabhängig voneinander vorstellen. Der Grund für den notwendigen Zusammenhang entsteht in unserem Denken, weil wir durch die Wiederholung unseren Geist an die Relation gewöhnen.
- Es gibt keine notwendige Wahrheit, dass jedes Entstehen eine Ursache haben muss.

Zur Induktion vgl. S. 83f. Induktionen sind meist unvollständig, weil nicht alle Erfahrungen in den Prämissen berücksichtigt werden können.

Alle durch Induktion gewonnenen Erkenntnisse beschreiben keine absoluten Wahrheiten, sondern lediglich Wahrscheinlichkeiten. Unsere Erfahrung beschränkt sich auf Dinge und Sachverhalte, die wahr sein können oder auch nicht. Wenn wir sehen, dass eine Kugel durch ein Queue bewegt wird, eine andere trifft und diese in ein Loch fällt, ist das *eine* Sache. Dass wir aber das eine durch das andere *verursacht* deuten, ist eine abstrakte Idee, eine Art zu denken, die wir aufgrund von wiederholten Beobachtungen gewöhnt sind.

Vgl. dazu Karl R. POPPER, S. 83ff.

HUME weist in seinem Werk wiederholt darauf hin, dass unsere Gedanken zumeist nicht durch Logik, sondern durch Assoziation von Ideen verbunden werden, dass unser Verhalten nicht von einem echten Verständnis der Wirklichkeit geprägt wird, sondern von Erwartungshaltungen und Gewohnheit.
All diese durch Induktion gewonnenen Prinzipien werden geglaubt, weil die Menschen unzählige Beispiele ihrer Gültigkeit gefunden haben. Aber das ist kein Beweis für ihre Gültigkeit in der Zukunft. So ist alles Wissen, das uns etwas aufgrund einer Erfahrung über etwas nicht Erfahrenes sagt, auf einen Glauben begründet, den Erfahrung weder bestätigen noch widerlegen kann, der aber wenigstens in seinen konkreteren Anwendungen ebenso fest in uns wurzelt wie das Wissen um viele der Erfahrungstatsachen.[16]

AUFGABEN

1. **Eigenschaften nach John LOCKE:**
   Differenzieren Sie primäre und sekundäre Eigenschaften am Beispiel einer Orange.
   primäre Eigenschaften ______________________
   sekundäre Eigenschaften ______________________

[16] Vgl. Bertrand RUSSELL, Probleme der Philosophie, Frankfurt/Main: Suhrkamp 1967, S. 69ff.

2. Gleichnis von John LOCKE
Lesen Sie das Gleichnis und beantworten Sie die anschließenden Fragen.

> Wenn jemand gefragt würde, wem Festigkeit und Ausdehnung anhaften, so würde er sich kaum in einer besseren Lage befinden als der Inder, der, als er gesagt hatte, dass die Welt von einem großen Elefanten getragen werde, und darauf gefragt wurde, worauf der Elefant stehe, die Antwort gab: auf einer großen Schildkröte; auf weiteres Drängen um Auskunft darüber, was der Schildkröte zur Stütze diene, erwiderte er: irgendetwas, er wisse nicht, was.[17]

Von welchem Fundament gehen die folgenden Philosophen aus?
THALES ________ BACON ________ HERAKLIT ________ LOCKE ________
PLATON ________ HUME ________ ARISTOTELES ________
Ihr persönliches Fundament? ________

3. Problem der Kausalität
Nach HUME treibt uns ein natürlicher Instinkt, an konstante Kausalverknüpfung und Gesetzmäßigkeiten zu glauben; solche Verknüpfungen sind auch für das Überleben zweckmäßig, jedoch nicht notwendigerweise wahr.
Diskutieren Sie die folgenden Beispiele aus dem Mondkalender für den 2. Jänner 2006 in Bezug auf Kausalität.

> **Körperpflege:**
> Günstig: Pflege von Zehen- und Fingernägeln. Ungünstig: Entfernen von Körperhaaren.
> **Gesundheit:**
> Ungünstig: Operationen an Organen, die dem Zeichen Steinbock entsprechen.
> **Haushalt:**
> Günstig: Polieren und Einwachsen von Möbeln.
> Ungünstig: Waschen von Wäsche. Reinigen und Putzen.

4. Kausalität und Argumentieren
Es kann eine Kausalverbindung von zwei Ereignissen, die nacheinander stattfinden, geben. Analysieren Sie die folgenden Beispiele. Worin liegen Ihrer Meinung nach die Denkfehler?

a. Ein Guru sagt zu seinem Schüler, er würde positive Schwingungen senden, wenn er die Dolomiten besteigt. Und der Schüler hat den Gipfel erreicht. Daraus sieht man, dass der Guru über Wunderkräfte verfügt.
b. Die Umsatzsteuer ist erhöht worden und die Kriminalität ist gestiegen. Folglich bewirkt die Erhöhung der Umsatzsteuer eine Zunahme der Kriminalität.
c. Sabine bekommt von Petra einen Elefanten als Talisman. Diesen nimmt sie zur Schularbeit mit und schreibt eine gute Note. Folglich ist der Talisman die Ursache für die gute Note.

[17] John LOCKE, Über den menschlichen Verstand II, 23, 2, Hamburg: Felix Meiner 1981 (gekürzt).

6 Klassischer Rationalismus

Im Gegensatz zum klassischen Empirismus, der davon ausgeht, dass der Mensch als *Tabula rasa* auf die Welt kommt, alles durch Erfahrung lernt und letztlich als ein in sich geschlossenes System alles aus sich hervorbringt und kreiert, behauptet der klassische Rationalismus, dass nicht die Erfahrung, sondern die Vernunft die Quelle grundlegender Erkenntnisse sei. Unsere Sinne können uns in vielfältiger Weise täuschen. So scheint es, als gehe die Sonne auf und unter. Tatsächlich aber bewegt sich die Erde um die Sonne und dreht sich um sich selbst. Ziel der Rationalisten war es, eine zuverlässigere Basis für wahre Erkenntnisse zu finden, als es die Beobachtung und die damit verbundene Erfahrung mit ihrem Wahrscheinlichkeitscharakter lieferte.

6.1 René Descartes

René Descartes (1596–1650)

Ich sehe ein Stück Wachs. Wenn ich es erhitze, verformt es sich, es verändert sich – und trotzdem: Ich erkenne es als Wachs. Die Erkenntnis dieses Identischen gründet jedoch nicht im Sehen, so Descartes, sondern ist einzig und allein eine Einsicht des Verstandes. Der Verstand bringt von sich aus die Erkenntnis des Ganzen, des Wesentlichen und Identischen hervor, während die Wahrnehmung inhaltliche Momente hinzuliefert.

René Descartes wurde 1596 als Sohn eines niederen Adligen im Westen Frankreichs geboren. Im Alter von acht Jahren ging er auf eine Jesuitenschule, die er acht Jahre lang besuchte.
Nachdem Descartes einige Jahre mit juristischen und medizinischen Studien verbracht hatte, ging er 1618 auf Reisen und beschäftigte sich mit den Arbeiten Galileis. Eines Nachts hatte er eine Art Erleuchtung, die ihn seine Lebensbestimmung erkennen ließ: *eine einheitliche Naturwissenschaft auf mathematischer Basis zu errichten.*

So will ich denn annehmen, dass nicht der allmächtige Gott, die Quelle aller Wahrheit, sondern dass irgendein böser Geist, der zugleich mächtig und verschlagen ist, all seinen Fleiß daran gewendet habe, mich zu täuschen; ich will glauben: Himmel, Luft, Erde, Gestalten, Farben, Töne und alle Außendinge seien nichts als das täuschende Spiel von Träumen, durch die dieser Dämon meiner Leichtgläubigkeit Fallen stellt. Mich selbst will ich so ansehen, als hätte ich keine Hände, keine Augen, kein Fleisch, kein Blut, überhaupt keine Sinne, sondern glaubte nur fälschlich, dieses alles zu besitzen. … Während ich so denken wollte, dass alles falsch sei, bemerkte ich

> sogleich, dass es notwendig erforderlich war, dass ich, der ich dachte, etwas sei. Da ich mir darüber klar wurde, dass diese Wahrheit – „Ich denke, also bin ich" – so fest und so sicher war, dass selbst die überspanntesten Annahmen der Skeptiker nicht im Stande wären, sie zu erschüttern, so urteilte ich, dass ich sie unbedenklich als erstes Prinzip der von mir gesuchten Philosophie annehmen konnte.[18]

Nach der Wahrheit des Erkennens kann man nach DESCARTES legitimerweise nur fragen, wenn man einen sicheren Ausgangspunkt im Erkennen hat, der keiner Täuschung unterliegt. Die Wahrnehmung kann das nicht sein, denn sie unterliegt vielen Täuschungen.

- Zunächst muss ich skeptisch sein, ich darf niemandem und nichts trauen: Ich muss alles radikal bezweifeln, ich nehme den Standpunkt des Skeptizismus ein: *Dubito, ergo sum (ich zweifle, also bin ich).*
- Ich kann alles bezweifeln, nur eines nicht, nämlich *womit ich zweifle.* Dieses sichere Fundament ist das *denkende Ich,* die *res cogitans:* Ich kann alles bezweifeln, nur nicht, dass ich denke; die Voraussetzung des Zweifelns kann ich nicht bezweifeln, daher gilt als unbezweifelbares Fundament meiner Erkenntnis und als unerschütterliche Wahrheit *Cogito, ergo sum (ich denke, also bin ich).*
- Die *res cogitans* (das denkende Ich) korrespondiert mit der *res extensa*, der ausgedehnten Substanz, der Körperwelt, der Welt der Objekte.

Cogito, ergo sum.
Ich denke, also bin ich.

Der Mensch, ein körperliches und zugleich denkendes Wesen, ist eine Doppelnatur. Das Ich, das sich im Denken offenbart und das DESCARTES mit der Seele identifiziert, ist für ihn das eigentliche Wesensmerkmal des Menschen. Der Geist hebt den Menschen weit über seine natürliche Umwelt hinaus. Denn Körper und Geist sind für DESCARTES zwei unterschiedliche Substanzen, die Kluft zwischen ihnen ist nicht überbrückbar. Das charakteristische Merkmal der Materie ist Ausdehnung. Der Körper ist somit eine *ausgedehnte Sache.* Das charakteristische Merkmal der Seele ist Geist. Sie ist eine *denkende Sache* und den physikalischen Gesetzen nicht unterworfen. Daraus schließt DESCARTES auch auf die Unsterblichkeit der Seele: Da die Seele unabhängig vom Körper ist und demnach nicht mit ihm stirbt, ist sie unzerstörbar.

Die Trennung von denkendem Ich und Körperwelt, von Geist und Materie, nennt man **Dualismus.**

[18] René DESCARTES, Meditationes de Prima Philosophia. Meditationen über die Erste Philosophie. Lateinisch/Deutsch, übersetzt und hrsg. von Gerhart SCHMIDT, Stuttgart: Reclam 1986, S. 79 (gekürzt).

Aus der Gewissheit des *Ich denke* schließt DESCARTES auch auf die Existenz Gottes. Der Mensch macht zwar ständig die Erfahrung der Unvollkommenheit und des Irrtums, doch in seinem Denken selbst gibt es auch die Vorstellung der Vollkommenheit. Diese Vorstellung kann er jedoch nicht aus sich selbst entwickeln, da in seiner Welt Vollkommenheit nicht vorkommt. Sie muss ihm von einem vollkommenen Wesen, also von Gott, eingepflanzt worden sein.[19]

DESCARTES greift auf die mittelalterlichen Gottesbeweise von ANSELM VON CANTERBURY (1033–1109) zurück.

- Ich stelle mir vor, dass es etwas gibt, das vollkommener nicht gedacht werden kann.
- Wenn es etwas gibt, das vollkommener nicht gedacht werden kann, dann gehört zu dieser Vollkommenheit, dass es auch existiert. Sonst wäre dieses Etwas nicht vollkommen, weil ihm ja die Existenz fehlte.
- Also muss ich daraus schließen, dass als Gedanke Gott nötig ist. Das denkende Ich wird in seiner Existenz durch eine absolute Vollkommenheit in Form von Gott unterstützt. Wegen der Wahrhaftigkeit Gottes können wir sicher sein, dass alles Wahrgenommene wahr ist, dass auch unser Körper keine reine Täuschung ist.

Methodische Grundsätze

Regel 1: Sinnliche Wahrnehmungen allein sind immer Täuschungen unterworfen und können niemals zu sicheren, zweifelsfreien Aussagen führen. Zu einer klaren und sicheren Erkenntnis gelangt man erst, wenn man jedes Urteil dem Zweifel unterwirft. DESCARTES gilt als Begründer des *methodischen Zweifels.*

Regel 2: Ein Problem ist leichter zu lösen, wenn man es in verschiedene Teilprobleme auflöst.

Deduktion

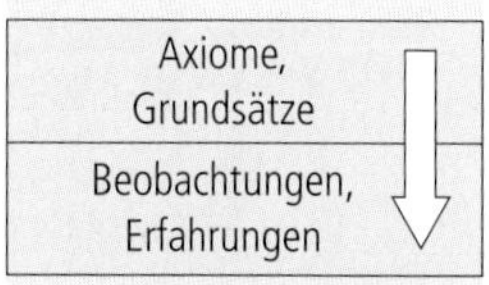

Aus den Axiomen und wenigen Grundsätzen lassen sich mit den Regeln der Logik Beobachtungssätze ableiten. Beispiel: Wenn ein Objekt von der Erde angezogen wird, fällt es zu Boden (Gravitationsgesetz). Dieser Stein wird angezogen. Folglich fällt er zu Boden.

Regel 3: Eine Struktur beim Erkenntnisgewinn erreicht man, wenn man bei einfachen Erkenntnissen beginnt und von dort zu den komplexeren Erkenntnissen aufsteigt. Es ist dies der Grundsatz der Deduktion, des Aufbaus einer Wissenschaft aus wenigen Grundsätzen, aus denen die vielen einzelnen Gesetze logisch abgeleitet werden.

Regel 4: Ich kann alles anzweifeln, aber der Akt des Zweifelns selbst, der Akt des Denkens, ist unbezweifelbar. *Ich denke, also bin ich* ist die fundamentale Gewissheit DESCARTES, auf der alle anderen Gewissheiten aufbauen. Dies ist das Fundament des gesamten menschlichen Wissens.

[19] Vgl. Robert ZIMMER, Das Philosophenportal. Ein Schlüssel zu klassischen Werken, München: dtv 2004, S. 64ff.

AUFGABEN

1. Dualismus und Fortschritt

Der Satz *Cogito, ergo sum* ermutigte den Menschen der abendländischen Kultur, den rationalen Verstand in Form der Wissenschaften immer detaillierter und exakter zu entwickeln. Nach kartesianischer Anschauung ist die gesamte res extensa (Universum, Natur, Tiere, Pflanzen, Körper des Menschen) ein mechanisches System, das bis ins Detail analysiert werden kann: Hier das denkende Ich, dort das zu analysierende Objekt. Ein solcher methodischer Grundsatz führt dann zu negativen Auswüchsen, wenn ein Bezug zwischen Subjekt und Objekt für den Erkenntnisgewinn unverzichtbar ist. Diskutieren Sie die folgenden Beispiele und ergänzen Sie diese durch eigene Beobachtungen.

	positiv	negativ
Am 7. Dezember 1905 gelang dem Primararzt des Krankenhauses in Olmütz (Mähren), Dr. Eduard Konrad ZIRM, das bis zu diesem Zeitpunkt Unmögliche: Er führte die erste erfolgreiche Organtransplantation durch.		
In pädagogischen Werken wurde in den 1970er-Jahren von *Schülermaterial* gesprochen.		
Eine ForscherInnengruppe vom Biozentrum in Basel hat das Masterkontrollgen gefunden, das die Augenentwicklung in Gang setzt. Die ForscherInnen können nun Fliegen herstellen, die 14 Augen haben.		
Während man bis in die 1970er-Jahre gebärende Mütter in Kliniken ohne medizinische Notwendigkeit an Wehenschreiber und sonstige Geräte anhängte, wird heute vermehrt auf die Gefühlslage der Mütter Rücksicht genommen.		
Eigenes Beispiel 1:		
Eigenes Beispiel 2:		

2. Leib-Seele-Problem

Die Frage der gegenseitigen Abhängigkeit von Körper und Seele ist nicht nur eine zentrale Frage der psychosomatischen Medizin oder der Psychologie, sondern auch der Philosophie: Wie wirken Körperliches und Seelisches aufeinander? Sind Körper und Seele überhaupt als zwei getrennte Teile aufzufassen?

Derartige Fragen umschreiben das sogenannte Leib-Seele-Problem. Die Lösungsvorschläge gehen in zwei Richtungen:

Annahme von zwei getrennten Substanzen: Körper und Seele sind zwei getrennte Substanzen, die sich wechselseitig beeinflussen. Dies ist die dualistische Auffassung und wurde von René DESCARTES vertreten. Die Wechselwirkung lässt sich durch eine Metapher (einen Vergleich) veranschaulichen. Zwischen dem Gehirn und dem Bewusstsein besteht eine Beziehung wie zwischen einem Musikinstrument und einer Komposition. Die Entwicklung und Herstellung des Instruments ist die unerlässliche Vorbedingung für das Erklingen einer Komposition als wahrnehmbares Phänomen: Musik ist also gebunden an das Musikinstrument oder an einen Tonträger. Trotzdem erschafft das Musikinstrument nicht die Komposition. Das Instrument und sein/e SpielerIn sind die Ursache des Hörbaren, die Komposition hört jedoch auch dann nicht auf zu existieren, wenn das Instrument zur Seite gelegt wird. In Analogie zu Gehirn und Bewusstsein heißt das: Das Gehirn ist die Voraussetzung für das Bewusstsein, die Evolution hat das Bewusstsein hervorgebracht, jedoch heißt das noch nicht, dass die Evolution das Bewusstsein auch geschaffen hat.

Annahme einer einzigen materiellen Substanz: Der Materialismus behauptet, es gibt nur Materie, alle seelisch-geistigen Prozesse seien Nebenerscheinungen materieller Prozesse. Diese Ansicht hat Karl MARX vertreten. Von der modernen Naturwissenschaft wird ein abgewandelter Materialismus vertreten. Die sogenannte Identitätstheorie besagt, dass Leib und Seele zwei Seiten derselben Wirklichkeit sind. Materialismus und Identitätstheorie sind monistische Auffassungen. Ursprünglich gegeben ist allein die Materie. Bewusstseinsphänomene tauchen erst sekundär auf als Resultat einer Entwicklung der Materie: Komplex organisierte materielle Strukturen (neurophysiologische Strukturen) erzeugen psychische Phänomene quasi ex nihilo (aus dem Nichts). Folglich gelten Bewusstseinsphänomene als neue Systemeigenschaften, die sich im Laufe der Evolution entwickelt haben.

Erstellen Sie mithilfe von Lexika und Internet eine Liste von je drei PhilosophInnen, die einen Dualismus bzw. Monismus vertreten. Fügen Sie eine wichtige These hinzu.

Monismus	Dualismus

3. Deduktion

Deduktion ist die Methode, vom Allgemeinen auf das Konkrete, von einem oder wenigen Grundsätzen auf detaillierte Kenntnisse zu schließen.

Beispiel: Wir wissen, dass zwei und zwei vier ist. Dies ist unser Fundament. Wenn wir wissen, dass Jochen und Rolf zwei sind, und ebenso Kerstin und Sabine, so können wir ableiten, dass Jochen und Rolf und Kerstin und Sabine vier sind.

Suchen Sie Grundsätze in den verschiedenen Wissenschaften (Biologie, Physik etc.), auf denen detaillierte Erkenntnisse beruhen. Verwenden Sie dazu Ihre Schulbücher.

4. Vergleich Empirismus – Rationalismus

Ergänzen Sie die Tabelle.

	Empirismus	Rationalismus
Vertreter		
oberster Grundsatz		
Methode		
Menschenbild		

6.2 Baruch de SPINOZA

Baruch de SPINOZA (1632–1677)

Während bei DESCARTES Materie und Geist zwei voneinander getrennte Substanzen zu sein scheinen, vertritt Baruch de SPINOZA einen Monismus: Es gibt nur eine einzige Substanz, die definiert wird als *das, was in sich ist und durch sich begriffen wird.* Diese umfassende und unendliche Substanz ist Gott. In der Natur der Dinge gibt es nichts Zufälliges, sondern alles ist aufgrund der Notwendigkeit der göttlichen Natur dazu bestimmt, auf gewisse Weise zu existieren und zu wirken. So gesehen ist der Mensch mehr oder weniger determiniert. Unfrei ist der Mensch vor allem dann, wenn er seinen Affekten nachgibt. Die einzige Möglichkeit der Befreiung liegt im Erkennen der verborgenen Ursachen. Diese verborgenen Ursachen kann der Mensch dann erkennen, wenn er passive Empfindungen wie Hoffnung, Furcht oder Reue durch aktive Empfindungen wie Mut, Großherzigkeit und Klarheit im Denken ersetzt: *Ein Affekt, der eine Leidenschaft ist, hört auf, eine Leidenschaft zu sein, sobald wir uns von ihm eine klare und deutliche Idee bilden.*

Der denkende Stein

Ein Stein erhält von einer äußeren, ihn stoßenden Ursache eine gewisse Menge von Bewegung, mit der er nachher, wenn der Stoß der äußeren Ursache aufgehört hat, notwendig fortfährt, sich zu bewegen. Dieses Beharren des Steines in seiner Bewegung ist ein erzwungenes und kein notwendiges, weil es durch den Stoß einer äußeren Ursache definiert werden muss. Was hier von dem Stein gilt, gilt von jeder anderen einzelnen Sache. Nehmen wir nun an, dass der Stein, während er sich bewegt, denkt und weiß, er strebe danach, im Bewegen fortzufahren. Dieser Stein, der nur eines Strebens sich bewusst ist und keineswegs gleichgültig sich verhält, wird glauben, dass er ganz frei sei und dass er aus keinem anderen Grunde in seiner Bewegung fortfahre, als weil er es wolle. Dies ist aber jene menschliche Freiheit, die alle zu besitzen behaupten und die nur darin besteht, dass die Menschen ihres Wollens sich bewusst sind, aber die Ursachen, von denen sie bestimmt werden, nicht kennen. So glaubt das Kind, dass es die Milch frei begehre. Und da dieses Vorurteil allen Menschen angeboren ist, so kann man sich nicht leicht davon befreien.[20]

AUFGABE

Welche Möglichkeiten hat der Mensch, sich von der im Text angesprochenen Determiniertheit zu befreien?

[20] Baruch de SPINOZA, Briefe. Hrsg. von Frank-Peter HANSEN, aus: Digitale Bibliothek Band 2: Philosophie S. 16935ff. (gekürzt).

6.3 Gottfried Wilhelm Leibniz

Gottfried Wilhelm Leibniz (1666–1716)

Monade kommt vom griechischen Wort *monas* = Einheit.

endogen = im Inneren

Spinoza schlug vor, die Welt mit einer einzigen Substanz zu erklären: Diese Substanz nannte er *Gott;* Materie und Geist sind bloße Attribute dieser Substanz. Für Leibniz besteht der Kosmos aus unzähligen kleinen Substanzen, den sogenannten *Monaden,* die weder entstehen noch vergehen können.

- Jede Monade ist anders, jede spiegelt das ganze Universum wider.
- Monaden haben weder eine Figur noch eine Ausdehnung. Sie haben keine Verbindung untereinander, weil sie keine *Fenster* haben, durch die eine Kommunikation möglich wäre.
- Jede einzelne Monade verkörpert einen eigenen Mikrokosmos und unterscheidet sich nur durch die Deutlichkeit ihrer Perzeptionen (Wahrnehmungen) von der anderen. Während einige lediglich über unbewusste Perzeptionen verfügen, besitzen die Seelenmonaden deutlichere Perzeptionen und ein Gedächtnis.
- Monaden können sich zwar nicht physisch, jedoch *endogen* verändern. Da sie ständig Perzeptionen haben, verändern sie sich in ihren geistigen Zuständen.
- Allein Gott als die Urmonade hat zu Beginn die Harmonie des Weltalls festgelegt. Alle Monaden verhalten sich gleichsam wie immaterielle Automaten, sie sind *Entelechien*, d. h., sie tragen den von der Urmonade bestimmten Zweck von vornherein in sich.
- Beim Menschen ist die herrschende Monade die vernünftige Seele. Die Seelenmonade beherrscht die Körpermonaden insofern, als sie neben den Perzeptionen auch die Fähigkeit zur Apperzeption, d. h. zum Selbstbewusstsein und zur reflektierten Erkenntnis, hat.

AUFGABE

Was halten Sie von der folgenden Argumentation? Hat im Monadensystem die Willensfreiheit des Menschen überhaupt Platz?

Der wirkliche Cäsar überschritt 49 v. Chr. mit seinen Truppen den Fluss Rubikon. Dies führte zum Bürgerkrieg mit Pompeius.

Ehe Gott die Welt erschafft, betrachtet er die unendlich vielen möglichen Geschöpfe. Unter diesen gibt es viele mögliche Julius Cäsars, darunter einen, der den Rubikon überschreitet, und einen, der es nicht tut. Jeder handelt aus einem Grunde, und keiner ist zu etwas gezwungen. Wenn also Gott den Cäsar erschafft, der den Rubikon überschreitet, macht er einen sich frei entscheidenden Cäsar wirklich. Also überschritt der wirkliche Cäsar den Rubikon aus freier Entscheidung.[21]

[21] Anthony Kenny, Illustrierte Geschichte der westlichen Philosophie, Frankfurt: Campus Verlag 1998, S. 170

7 Kritizismus: Immanuel Kant

Als Kant 1804 zu Grabe getragen wurde, war ganz Königsberg (heutiges Kaliningrad in Russland, ehemaliges Ostpreußen) auf den Beinen. Die Bürger säumten die Straßen, schlossen sich dem endlosen Trauerzug an und erwiesen dem Philosophen die letzte Ehre. Wie muss ein Mensch gewesen sein, der offenbar nicht nur von den Fachleuten, sondern auch von seinen Mitmenschen so sehr geschätzt wurde?

Immanuel Kant (1724–1804)

Kritizismus beschreibt den Versuch, zwischen den gegensätzlichen Positionen von Rationalismus und Empirismus eine Synthese herzustellen: Sowohl die Vernunft als auch die Erfahrung sind für den Erkenntnisprozess gleichwertig relevant.

Von Kant weiß man, dass er morgens um sechs Uhr aufstand und einen ganz geregelten Tagesablauf hatte. Die Königsberger stellten ihre Uhr nach ihm, und er verließ nie seine Heimatstadt und deren Umgebung. Das ist das übliche Kant-Bild. Das ist auch nicht ganz falsch, was den alten Kant angeht, aber der dreißigjährige Kant war ein Mann, der immer wieder mit den schönsten Frauen Königsbergs im Theater saß; der mit den Kapitänen essen ging und sich über fremde Länder und Kulturen informierte; ein Mensch, der sich in vollen Zügen der Welt zuwandte.

Dass Kant seine Teilnahme am öffentlichen Leben mit zunehmendem Alter immer mehr einschränkte, hatte gute Gründe. Kant war schmächtig, nur 1,57 m groß, und er hatte eine schwächliche Konstitution. Mit seinen Kräften musste er haushalten, sonst hätte er sein Lebenswerk nicht vollenden können. Regelmäßige Spaziergänge und Vorlesungen an der Universität prägten seinen Alltag. Kant war nicht verheiratet und bekleidete keine öffentlichen Ämter. Seine Lebensgeschichte ist die Geschichte seiner Philosophie. Beinahe alle Ansätze modernen Philosophierens gehen auf Kant zurück.

Seine Ideen haben sich gewandelt, doch stellen sie immer wieder einen Bezugspunkt dar, besonders für österreichische Denker, z. B. für Karl R. Popper und Konrad Lorenz. Kants Philosophie kennen zu lernen ist eine solide Basis für das selbstständige Denken: *Aude sapere! Habe Mut, dich deines eigenen Verstandes zu bedienen!*

Aufklärung ist der Ausgang des Menschen aus seiner selbst verschuldeten Unmündigkeit. Unmündigkeit ist das Unvermögen, sich seines Verstandes ohne Leitung eines anderen zu bedienen. Faulheit und Feigheit sind die Ursachen, warum ein so großer Teil der Menschen gerne zeitlebens unmündig bleibt. Dazu kommen Satzungen, Gebote und Vorschriften, die eine immerwährende Unmündigkeit begünstigen:

räsonieren = vernünftig mitreden

- Der Offizier sagt: Räsoniert nicht, sondern exerziert!
- Der Finanzrat sagt: Räsoniert nicht, sondern bezahlt!
- Der Geistliche sagt: Räsoniert nicht, sondern glaubt!
- KANT sagt: Der Gebrauch seiner Vernunft muss jederzeit frei sein, und der allein kann Aufklärung unter den Menschen zustande bringen.

7.1 Paradigmenwechsel

KOPERNIKUS hat mit seiner Theorie, dass die Erde täglich um ihre eigene Achse und jährlich um die Sonne rotiert, das geozentrische Weltbild erschüttert. KANT hat diesen Paradigmenwechsel in der Philosophie vollzogen: *Die Erkenntnis richtet sich nicht nach den Gegenständen, die Gegenstände richten sich nach der Erkenntnis,* das bedeutet: Wir nehmen die Welt nicht wahr, wie sie ist, sondern wie sie im Zerrspiegel unserer Sinne erscheint.

Die von uns hervorgebrachte Welt der Erkenntnis nennt KANT die Erscheinungswelt. Wie die Welt wirklich ist, können wir nicht wissen. Die Wahrheit bezieht sich immer auf den Rahmen, den unsere menschliche Erkenntnisfähigkeit abgesteckt hat.[22]

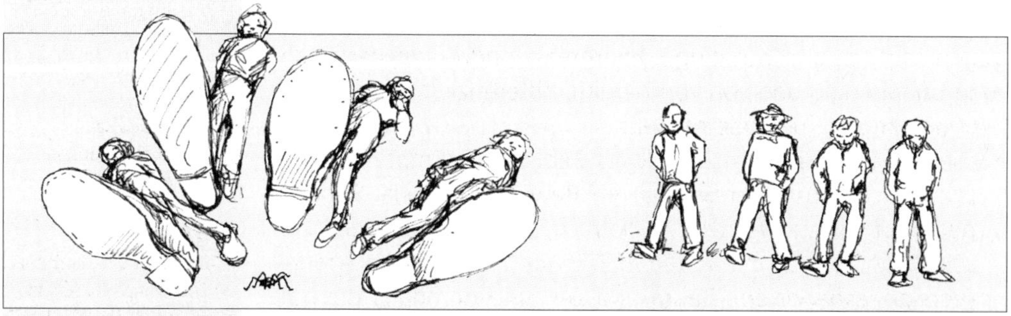

Vier Menschen aus der Insektenperspektive und aus der Menschenperspektive.

Wer Eindrücke sammeln will, braucht ein Gefäß, das selber nicht ein bloßer Eindruck sein kann. Dieses Gefäß ist unser Bewusstsein oder Selbstbewusstsein. Obwohl rund um unser Selbstbewusstsein ein ständiger Wandel stattfindet, bleibt es das ganze Leben hindurch identisch: *Ich besuche den Kindergarten. Ich besuche das Gymnasium. Ich arbeite als …* Ist dieses Ich ausschließlich das Ergebnis von Erfahrung oder sind allgemeine Voraussetzungen vor der Möglichkeit der Erfahrung nötig?

[22] Vgl. Robert ZIMMER, Das Philosophenportal. a. a. O., S. 106ff.

Dass alle unsere Erkenntnis mit der Erfahrung anfange, daran ist gar kein Zweifel: Denn wodurch sollte das Erkenntnisvermögen sonst zur Ausübung erweckt werden, geschähe es nicht durch die Gegenstände, die unsere Sinne rühren und teils von selbst Vorstellungen bewirken, teils unsere Verstandestätigkeit in Bewegung bringen, diese zu vergleichen, sie zu verknüpfen oder zu trennen und so den rohen Stoff sinnlicher Eindrücke zu einer Erkenntnis der Gegenstände zu verarbeiten, die Erfahrung heißt? Der Zeit nach geht also keine Erkenntnis in uns vor der Erfahrung, und mit dieser fängt alle an.
Wenn aber gleich alle unsere Erkenntnis mit der Erfahrung anhebt, so entspringt sie darum doch nicht eben alle aus der Erfahrung. Denn es könnte wohl sein, dass selbst unsere Erfahrungserkenntnis ein Zusammengesetztes aus dem sei, was wir durch Eindrücke empfangen, und dem, was unser eigenes Erkenntnisvermögen (durch sinnliche Eindrücke bloß veranlasst) aus sich selbst hergibt, welchen Zusatz wir von jenem Grundstoff nicht eher unterscheiden, als bis lange Übung uns darauf aufmerksam und zur Absonderung desselben geschickt gemacht hat.[23]

Das ist *Kritizismus:* Wenn aber gleich alle unsere Erkenntnis mit der Erfahrung anhebt, so entspringt sie darum doch nicht eben alle aus der Erfahrung.

7.2 A priori und a posteriori

Während der Empirismus behauptet, es gibt nur eine Erkenntnis a posteriori (aus der Erfahrung gewonnen), der Rationalismus dagegen sagt, es gibt nur eine Erkenntnis a priori (von der Erfahrung unabhängig und von vornherein), differenziert KANT den Erkenntnisprozess folgendermaßen:

- Die Sinne liefern ein strukturloses Gebilde von Empfindungen. Diese Empfindungen werden im Bewusstsein (Ich, Subjekt) geordnet, und zwar nicht willkürlich, sondern *nach den Anschauungsformen in Raum und Zeit und nach den Kategorien (Verstandesbegriffen).* Raum und Zeit sind demnach die notwendigen Bedingungen all unserer Anschauungen.
- Raum und Zeit sind reine apriorische Anschauungsformen. Raum und Zeit besitzen in KANTS Konzeption keine empirische Realität, sondern transzendentale Idealität, das heißt: Alle Menschen (immer und überall) nehmen die Dinge in den Anschauungsformen Raum und Zeit und nach bestimmten Kategorien wahr, dies ist für die Spezies *Homo sapiens* charakteristisch.

A priori
Anschauungsformen in
Raum und Zeit

Kategorien des Denkens,
z. B. Relation, Kausalität,
Notwendigkeit (jedes Mal,
wenn …)

Vieles ist gleichsam in unserem Kopf: Raum und Zeit, Ursache und Wirkung, Relation, auch die Moral.

[23] Nach Immanuel KANT, Kritik der reinen Vernunft, hrsg. von Ingeborg HEIDEMANN, Stuttgart: Reclam 1966, S. 49f. und S. 119f. (geringfügig geändert und gekürzt).

- Die Wahrnehmung konkreter Gegenstände erfolgt bei den Menschen nicht auf dieselbe Weise. Die Menschen nehmen alle Dinge wahr, wie sie erscheinen (nicht wie sie an sich sind). Der eine findet den Apfel groß, der andere klein (a posteriori); beide nehmen den Apfel jedoch in den Anschauungsformen von Raum und Zeit wahr (a priori).
- Kategorien sind Verstandesbegriffe, mit denen die zahllosen Sätze oder Urteile erklärt werden können. Mit den Kategorien des Denkens wird die Art unserer Wirklichkeitserfassung strukturiert. Kategorien sind nach KANT (im Gegensatz zu ARISTOTELES) a priori; es werden die Kategorien der Quantität (alle Menschen sind sterblich), der Qualität (die Seele ist unsterblich), der Relation (die Welt existiert entweder aus Zufall oder aus Notwendigkeit) und der Modalität (etwas ist möglich oder notwendig) unterschieden.

Beispiele

- Was größer und kleiner ist, lerne ich aufgrund von Erfahrungen und Beobachtungen. Dass ich aber Äpfel vergleiche, ist nach KANT a priori (Kategorie der Relation).
- Wenn ich beim Verzehr eines Apfels feststelle, dass er *gut schmeckt* und dass er der EU-Norm entspricht, dann sind das Erkenntnisse a posteriori. Dass ich ihn aber im Raum und jetzt (in der Gegenwart) wahrnehme, ist a priori. Auch die Tatsache, dass ich eine Relation zu anderen Äpfeln herstelle, ist a priori.
- Wenn ein Experiment durchgeführt wird, so sind die vorgenommenen Messungen, die aufgestellten Arbeitshypothesen etc. a posteriori. Die Überzeugung, dass bestimmte Gesetzmäßigkeiten und Wechselwirkungen herauszufinden sind, ist a priori.

7.3 Urteile

Erkenntnisse können entweder a priori oder a posteriori sein.

Bei Urteilen unterscheidet man analytische und synthetische Urteile. KANT gebraucht zunächst die traditionelle Unterscheidung von analytischen und synthetischen Urteilen.

- **Analytische Urteile** sind tautologisch, d. h., Subjekt- und Prädikatbegriff sagen dasselbe aus. Das Urteil *Alle Kugeln sind rund* ist allgemein gültig und so gesehen eine apriorische Erkenntnis; apriorische Erkenntnisse zeichnen sich durch Notwendigkeit und Allgemeingültigkeit aus.
- **Synthetische Sätze** sind üblicherweise zusammengesetzt und nicht allgemein gültig, sie beruhen auf konkreten Erfahrungen, sie gelten zeitlich und lokal begrenzt, es handelt sich also um Urteile a posteriori. *Heute ist schönes Wetter* gilt zeitlich und örtlich begrenzt.

KANT behauptet nun, es gibt synthetische Urteile a priori: Diese Urteile sind nicht tautologisch und müssen sich durch Notwendigkeit und Allgemeingültigkeit auszeichnen. Ein Beispiel: *Die so gestoßene weiße Billardkugel lässt die schwarze Kugel in die angezeigte Richtung rollen* ist ein synthetisches Urteil, das notwendigerweise gilt und allgemeine Gültigkeit hat. Formalisiert lautet das obige Urteil: *Jede Veränderung hat eine Ursache.* Dies ist ein streng notwendiges und streng allgemein gültiges Urteil.

Das bekannteste synthetische Urteil a priori ist der kategorische Imperativ: *Handle nach solchen Maximen (subjektiven Grundsätzen), von denen du wollen kannst, dass sie allgemeines Gesetz werden.* Dieses Urteil ist formal betrachtet unbedingt (notwendig) allgemein gültig.

Der kategorische Imperativ besagt, welche Bedingungen ein Prinzip erfüllen muss, damit es als *ethisch* angesehen werden kann.

AUFGABEN

1. **Beispiel**
   Erklären Sie das folgende Beispiel, indem Sie a priori und a posteriori differenzieren.
   In meiner Schultasche bemerke ich einen roten Apfel. Ich nehme ihn in die Hand und beiße ab. Dabei bemerke ich, dass er sehr gut schmeckt.

2. **Urteile**
   Um welche Urteile handelt es sich? Begründen Sie Ihre Entscheidung.

   Zwei und zwei sind vier. ______________________

   In Neusiedl regnet es heute. ______________________

   Die Schule ist sinnvoll. ______________________

   Alle Junggesellen sind unverheiratete Männer. ______________________

3. **Gleichnis**
   Diskutieren Sie: Welche Philosophen, die im luftleeren Raum schweben wollen, könnten gemeint sein? Was bildet bei KANT das Fundament?

> Eine Taube, die im freien Flug die Luft teilt und dabei den Widerstand fühlt, kommt auf die Idee, dass sie im luftleeren Raum noch viel besser fliegen könnte. Sie möchte im leeren Raum des reinen Verstandes schweben. Dabei merkt sie nicht, dass sie einen Widerstand, ein Fundament braucht, um den Verstand von der Stelle zu bringen.

8 Evolutionäre Erkenntnistheorie

Die evolutionäre Erkenntnistheorie baut auf der Evolutionstheorie auf: Unsere Sinnesorgane und unser Gehirn haben sich aus einfachen Strukturen zu immer komplexeren Strukturen entwickelt, und zwar immer in Bezug auf die Umwelt.

Voraussetzung für das Überleben der primitivsten Urzelle war, dass es in der Umwelt Bedingungen gab, die mit vorhersehbarer Regelmäßigkeit wiederkehrten. Nur für Bedingungen, auf die das zutrifft, lässt sich ein Programm angeborener Reaktionen oder Verhaltensweisen entwickeln. Diese Programme sind aber nichts anderes als *angeborene Hypothesen* über die Welt. Solche *angeborenen Hypothesen* oder *Lehrmeister* sind beispielsweise, dass die Welt dreidimensional strukturiert ist, dass es linear-kausale Beziehungen gibt (auf A folgt B) und dass gleiche Wirkungen auf identische Ursachen schließen lassen. Diese angeborenen Hypothesen oder Lehrmeister lassen uns keine andere Wahl, als kausal zu denken, die Welt dreidimensional zu sehen und Gestalten wahrzunehmen, auch wenn wir nur Teile davon erkennen. Erkennen ist nach Ansicht der evolutionären Erkenntnistheorie nicht mit absoluten Inhalten verbunden, Erkennen ist vielmehr ein Problemlösungsverhalten, das sich im Laufe der Evolution durch Anpassung entwickelt hat: Wir erkennen primär zum Zweck des Überlebens. Im Gegensatz zu anderen Lebewesen stellt der Mensch Theorien auf, um sein Leben planen zu können.

Was KANT als apriorische Anschauungsformen (Zeit, Raum, Kategorien) bezeichnet, nennt die evolutionäre Erkenntnistheorie *angeborene Lehrmeister* oder *angeborene Hypothesen.*

Solche Theorien können nur dann eine sinnvolle Funktion erfüllen, wenn sie geeignet bzw. zweckvoll sind. Wir sehen die Dinge und Sachverhalte zwar immer aus wechselnder Perspektive, immer selektiv; aber dies ist zweckmäßig, d. h., das Bild, das wir von der Außenwelt haben, ist zweckmäßig. In einer Welt permanenter Täuschungen kann man auf Dauer nicht überleben: *Der Affe, der keine realistische Wahrnehmung von dem Ast hat, auf den er springt, wird bald tot sein.* Genauso kann eine Pflanze nur deshalb überleben, weil sie sich darauf verlassen kann, dass regelmäßig auf den Tag die Nacht folgt.

8.1 Konrad LORENZ

Konrad LORENZ wurde in Wien geboren, wo er Medizin und Zoologie studierte und 1933 promovierte. Von 1961 bis 1973 war er Direktor am Max-Planck-Institut für Verhaltensphysiologie in Seewiesen (Oberbayern). Er studierte u. a. auch in Königsberg und beschäftigte sich dort intensiv mit der Philosophie KANTS. Das, was KANT als *a priori* postulierte, nennt LORENZ *angeborene Lehrmeister,* eine Metapher für alle Fähigkeiten, die sich ursprünglich a posteriori entwickelten, die uns jedoch a priori zur Verfügung stehen: Dreidimensionalität, Kausalität etc. LORENZ geht wie KANT davon aus, dass es eine einzige Realität hinter den vielfältigen Erscheinungen und Konstrukten gibt: *Auch wenn wir die Dinge an sich nicht erkennen können, müssen wir an die Dinge an sich (an die einzige Realität hinter den Erscheinungen) glauben, wenn uns an wahrer Erkenntnis etwas gelegen ist.*

Konrad LORENZ (1903–1989)

Der Mensch ist ein Lebewesen, das seine Eigenschaften und Leistungen, einschließlich seiner hohen Fähigkeiten des Erkennens, der Evolution verdankt, jenem äonenlangen Werdegang, in dessen Verlauf sich alle Organismen mit den Gegebenheiten der Wirklichkeit auseinandergesetzt und an sie *angepasst haben.* Dieses stammesgeschichtliche Geschehen ist ein Vorgang der *Erkenntnis,* denn jede Anpassung an eine bestimmte Gegebenheit der äußeren Realität bedeutet, dass ein Maß von Information über sie in das organische System aufgenommen wurde. Auch in der Entwicklung des Körperbaus, in der Morphogenese, entstehen Bilder der Außenwelt: Die Flossen- und Bewegungsform der Fische bildet die hydrodynamischen Eigenschaften des Wassers ab, die dieses unabhängig davon besitzt, ob Flossen in ihm rudern oder nicht. Das Auge ist ein Abbild der Sonne und der physikalischen Eigenschaften, die dem Licht zukommen, unabhängig davon, ob Augen da sind, es zu sehen. Auch das Verhalten von Tier und Mensch ist, soweit es an die Umwelt angepasst ist, ein Bild von ihr. Die Organisation der Sinnesorgane und des Zentralnervensystems setzt die Lebewesen in den Stand, Kunde von bestimmten, für sie relevanten Gegebenheiten der Außenwelt zu erlangen und in lebenserhaltender Weise auf sie zu antworten. Auch die primitive Ausweichreaktion des Pantoffeltierchens, das, wenn es auf ein Hindernis gestoßen ist, erst ein Stückchen zurück- und dann – in einer zufallsbestimmten anderen Richtung – wieder vorwärts schwimmt, *weiß* etwas im buchstäblichen Sinne *Objektives* über die Außenwelt. *Obicere* heißt *entgegenwerfen:* Das Objekt ist das, was unserer Vorwärtsbewegung entgegengeworfen wird, das Undurchdringliche, woran wir uns stoßen. …
An unserer Überzeugung, dass alles, was unser Erkenntnisapparat uns meldet, wirklichen Gegebenheiten der außersubjektiven Welt entspricht, halten wir unerschütterlich fest.
Diese erkenntnistheoretische Haltung entspringt dem Wissen, dass unser Erkenntnisapparat selbst ein Ding der realen Wirklichkeit ist, das in Auseinandersetzung mit und in Anpassung an ebenso wirk-

äonenlang = unendlich lang (griech. *aion* = Zeit, Zeitalter)

Morphogenese = Entstehung von Lebensformen

Die Hydrodynamik beschäftigt sich mit den Strömungsverhältnissen im Wasser.

liche Dinge seine gegenwärtige Form erhalten hat. Auf dieses Wissen gründet sich unsere Überzeugung, dass allem, was unser Erkenntnisapparat uns über die äußere Wirklichkeit mitteilt, etwas Wirkliches entspricht. Die *Brillen* unserer Denk- und Anschauungsformen, wie Kausalität, Substantialität, Raum und Zeit, sind Funktionen einer neurosensorischen Organisation, die im Dienste der Arterhaltung entstanden ist.[24]

neurosensorisch = auf die Neuronenstruktur der Sinnesorgane bezogen

8.2 Rupert Riedl

Rupert Riedl (1925–2005)

Der Ansatz der evolutionären Erkenntnistheorie ist in den 1970er-Jahren von zahlreichen ForscherInnen weiterentwickelt worden. Zu ihnen gehört auch der Wiener Biologe Rupert Riedl. In seiner *Biologie der Erkenntnis* versucht er, die stammesgeschichtlichen Grundlagen der Vernunft darzustellen und aufzuzeigen, wie zwar Evolution als erkenntnisgewinnender Prozess verstanden werden kann, zugleich aber die Grenzen des Erkennens biologisch vorgezeichnet sind.

Riedl hat das angeborene Wissen, diese angeborenen Lehrmeister, als *ratiomorphen Apparat* systematisiert. Der ratiomorphe Apparat beschreibt alle angeborenen Hypothesen, mit denen wir die Welt sehen und beurteilen.

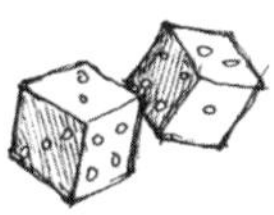

Hypothese vom Anscheinend-Wahren: Wenn Ereignisse wiederholt in ähnlicher Weise auftreten, gehen wir davon aus, dass es sich um notwendige, nicht zufällige Zusammenhänge handelt. Die Hypothese lässt uns erwarten, dass beispielsweise die Sechs des Würfels eher fallen wird, wenn sie schon lange nicht mehr gefallen ist.

Hypothese vom Vergleichbaren: Merkmale von Gegenständen sind konstant. Wenn wir einen Apfel sehen, denken wir uns das Innere und die Rückseite dazu. Es gibt keine willkürlichen Kombinationen. Auch in der Natur ist diese Hypothese wichtig: Die Giraffe muss den Löwen am Schwanz erkennen, sonst wird sie nicht überleben.

Hypothese von den Ursachen: Die Hypothese von den Ursachen enthält die Erwartung, dass Gleiches dieselbe Ursache haben werde. Wir gehen davon aus, dass die Streichhölzer in einer Streichholzschachtel sehr wahrscheinlich von derselben Maschine in derselben Firma hergestellt wurden.

Hypothese von den Zwecken: Wir erkennen die Dinge an den Zwecken. Der Zweck der Schere ist das Schneiden.

[24] Konrad Lorenz, Die Rückseite des Spiegels, München: Piper 1975, S. 15ff. (gekürzt).

Das Problem des Menschen

Das Charakteristische am Menschen ist, dass er Fehler machen und aus ihnen lernen kann, weil er imstande ist, Situationen in seinem Denken zu simulieren, und im Falle eines Fehlers deshalb nicht wie andere Lebewesen andauernd in Lebensgefahr kommt. Der Mensch kann bewusst nach seinen Fehlern suchen, um aus ihrer Entdeckung und Beseitigung etwas zu lernen. Damit hat er einen Selektionsvorteil. Die biologische Lebenshilfe der Lehrmeister hat sich über Jahrmillionen bewährt. Es ging ja ursprünglich auch nie darum herauszufinden, wie die Welt wirklich ist, sondern allein darum, wie man überlebt. Unser Gehirn war ursprünglich primär ein Organ zum Überleben. So stecken wir heute in dem Dilemma, dass unsere Vernunft ohne die uns angeborenen Lehrmeister über die Welt jeden Halt und jede Orientierung verliert und dass sie gleichzeitig die Wahrheit über die Welt in dem Maß verfehlt, in dem sie sich den ihr angeborenen Lehrmeistern anvertraut.

Heute gehört es zu den wichtigsten Aufgaben der Menschheit, Prognosen zu erstellen. Die Welt ist jedoch so komplex, dass die Lehrmeister versagen. Bezogen auf komplexe Systeme ist der Mensch kein rationales Wesen, sondern ein rationalisierendes Lebewesen, das immer im Nachhinein weiß, wie etwas hätte ausgeführt werden sollen. Diesem Dilemma stehen wir heute gegenüber: Der pessimistische Aspekt dieser Feststellung führt dazu, dass der Mensch als Irrläufer der Evolution bezeichnet wird, der optimistische Aspekt geht in die Richtung, dass behauptet wird, die Zukunft sei nicht determiniert, sondern offen. Dies bedeutet: *Der Mensch ist prädisponiert, aber keineswegs prädestiniert!*

Ist der Mensch …

… ein Irrläufer der Evolution, weil er immer erst im Nachhinein weiß, wie es richtig gewesen wäre?

… ein freies Wesen, nicht prädestiniert, sondern nur prädisponiert?

Vgl. Willensfreiheit, S. 284ff.

AUFGABEN

1. Die evolutionäre Erkenntnistheorie geht davon aus, dass der Mensch mit angeborenen Hypothesen ausgestattet ist, die ein Überleben in einer einfachen Welt sehr effektiv gewährleisten. Wir leben jedoch in einer sehr komplexen Welt mit einem Gehirn, das dieser Komplexität unzureichend angepasst ist. Diskutieren Sie, welche Möglichkeiten der Mensch trotzdem hat, um mit komplizierten Phänomenen umgehen zu können.

2. Welche Farbe hat der Mond?

Bevor Sie den Text lesen, überlegen Sie: Welche Farbe hat der Mond wirklich?

Die Astronauten werden durch Sonnenfilter geschützt, die in ihre Raumhelme eingebaut sind. Auch die Helligkeitsempfindlichkeit der Filme, mit denen die Mondoberfläche fotografiert wurde, musste drastisch reduziert werden. Beide Maßnahmen aber wirken sich, je nach der verwendeten Methode und je nach dem Grade der Empfindlichkeitsminderung auf unterschiedliche Weise auch auf die Farbwiedergabe aus.
Das Resultat dieser ganz unvermeidlichen *Indirektheit,* mit der wir den Mond allein betrachten können, ist uns allen bekannt. Hatten wir angesichts einer Serie von Farbfotos in einer Zeitschrift eben noch den Eindruck gewonnen, das Mondgestein sei blaugrünlich gefärbt, so kann uns schon die nächste Veröffentlichung wieder unsicher machen. Auf ihr erweist sich das gleiche Objekt mit einem Male vielleicht ockerfarben oder weißlich grau. Unmöglich zu sagen, wie viel von diesen Unterschieden des Farberlebens in der nichtirdischen Umgebung auf das Konto der Lichtfilter geht und welcher Anteil auf subjektive Unterschiede des Erlebens von Farben, die in fremdartiger Beleuchtung ohne den Vergleich mit den gewohnten Umgebungsfarben beurteilt werden müssen.
Bis zu diesem Punkt aber haben wir das eigentliche Problem noch immer nicht erfasst. Noch immer ist es uns trotz aller dieser kleinen Ungereimtheiten gänzlich unzweifelhaft, dass die Oberfläche des Mondes objektiv ein *wirkliches* Aussehen, eine *wirkliche* Farbe haben müsse. Grundsätzlich müsste es möglich sein, die *richtige* Farbe des Mondgesteins objektiv festzustellen.
Wie aber soll man diese *wirkliche* Farbe eigentlich ermitteln oder definieren? Welcher Film wäre der *richtige,* welches Filter gäbe diese Farbe dem menschlichen Auge, das den ungeschützten Anblick nicht erträgt, unverfälscht wieder? Dass hier ein viel grundsätzlicheres Problem vorliegt, geht uns spätestens in dem Augenblick auf, in dem wir zur Lösung aller Schwierigkeiten endlich auf den scheinbar so naheliegenden Einfall kommen, einfach einen der vom Mond zurückgebrachten Steine hier unten auf der Erde zu betrachten.
Wer über diese Möglichkeit aber einen Moment nachdenkt, muss verblüfft zugeben, dass auch damit nichts gewonnen ist. Zwar können wir jetzt den Mondstein endlich mit ungeschütztem Auge direkt betrachten. Hier auf der Erde aber sehen wir ihn im Licht einer Sonne, die durch unsere Atmosphäre gefiltert worden ist, unter Verhältnissen also, die sich von der natürlichen Umgebung des Steins auf dem Monde radikal unterscheiden. Ich will es kurz machen: Wenn wir das Problem konsequent durchdenken, stoßen wir auf die gänzlich unerwartete Einsicht, dass wir niemals wissen werden, wie ein Mondstein *wirklich* aussieht. Der letzte Grund für diese Unmöglichkeit besteht darin, dass unsere Augen sich im Verlaufe der Hunderte von Millionen Jahren ihrer Entstehung so optimal, damit aber auch so eng an die auf der Erdoberfläche herrschenden Lichtverhältnisse angepasst haben, dass sie nur unter irdischen Bedingungen *gültige Bilder* liefern.[25]

[25] Hoimar von Ditfurth, Im Anfang war der Wasserstoff, München: Knaur 1975, S. 86f. (gekürzt).

9 Kritischer Rationalismus: Karl R. Popper

Karl R. Popper, in Wien geboren, stammte aus einer großbürgerlichen jüdischen Familie. Die scheinbare Sicherheit im Alltag wurde durch den Ersten Weltkrieg zerstört. Popper lernte, dieser Sicherheit zu misstrauen und die Welt mit kritischen Augen zu betrachten. Er kritisiert vor allem Wahrheitsfanatiker und Dogmatiker, u. a. die geschlossenen philosophischen Systeme von Hegel und Marx: *Es kommt bei der Wissenschaft nicht auf ein Dogma an, sondern auf die Kritik.*

Karl R. Popper (1902–1994)

Er wendet sich damit gegen die lange philosophische Tradition, die seit Aristoteles das Prinzip der Verifikation pflegt. 1934 veröffentlichte er eines seiner Hauptwerke, *Logik der Forschung.* Darin sagt Popper, dass wir zwar eine Wahrheit, aber keine Sicherheit haben – *wir wissen nicht, wir raten.* Wir suchen immer wieder nach einer absoluten Wahrheit. Theorien und Denkkonstruktionen können aber nur vorläufig wahr sein, es gibt keine sichere Wahrheit. Die Suche nach der sicheren Wahrheit ist so alt wie die Geschichte der Menschheit. Bereits die Griechen, hier besonders Aristoteles, arbeiteten mit der Methode der Induktion. Die Induktion ist jedoch problematisch, denn sie führt in eine Sackgasse. Erkenntnisgewinn kann man nur durch Versuch und Irrtum erreichen, wobei am Anfang aller Erkenntnis die Probleme stehen. Wir lernen nur, wenn wir Probleme haben: Ein Problem zeigt uns die Diskrepanz zwischen Theorie und Praxis, das Problem lösen wir, wenn wir entweder die Theorie an die Praxis oder die Praxis an die Theorie annähern. Jedes wissenschaftliche System muss an der Erfahrung scheitern können. Dies erreicht man am effektivsten dadurch, dass man Hypothesen und Theorien möglichst intensiv der Kritik aussetzt.

Verifizieren = bekanntes Wissen durch weitere Beobachtungen bestätigen

Induktion
Ich sehe einen konkreten weißen Schwan, einen zweiten etc. Ich schließe daraus: Alle Schwäne sind weiß.

Deduktion
Jeder Mensch ist sterblich.
Sokrates ist ein Mensch.
→ Sokrates ist sterblich.

9.1 Induktionsproblem

Man spricht von Induktion, wenn von einer Tatsache auf ein allgemeines Gesetz geschlossen wird. Die Induktion zielt darauf ab, eine Theorie durch immer mehr Einzelbeobachtungen zu verifizieren: Ich sehe einen weißen Schwan, ich sehe einen zweiten, dritten, vierten weißen Schwan. Aufgrund dieser Beobachtungen behaupte ich: *Alle Schwäne sind weiß.* Diese Behauptung wird durch weitere Beobachtungen gestützt; inzwischen habe ich 3578 weiße Schwäne beobachtet. Das Problem der Induktion beschreibt das folgende Beispiel:
Ein englischer Truthahn kommt auf einen für ihn neuen Bauernhof und bemerkt, dass er immer um 9.00 Uhr sein Futter bekommt. Er ist ein gewissenhafter Induktionist und beobachtet

Erkenntnisse, die durch Induktion gewonnen sind,
stimmen so lange, bis sie nicht mehr stimmen.
Sie bringen keinen Erkenntnisfortschritt.
Sie bestätigen nur das, was wir schon wissen.

genau das Wetter, den Tag etc.: „Immer bekomme ich um 9.00 Uhr das Futter, egal ob es regnet, bewölkt ist, Mittwoch oder Sonntag ist." Leider lebt der Truthahn in England und zu Weihnachten zeigt sich, dass er geirrt hat.

Durch Induktion gewonnene Erkenntnisse sind so lange richtig, bis sie sich plötzlich und gleichsam unvorhersehbar als falsch erweisen. Alle durch Induktion gewonnenen Erkenntnisse haben einen Wahrscheinlichkeitscharakter, niemals jedoch einen Wahrheitsanspruch.

Falsifikation bedeutet, bekanntes Wissen durch Beobachtungen zu widerlegen.

POPPER ersetzt das Prinzip der Verifikation durch das Prinzip der Falsifikation: *Je schwieriger die Falsifizierung einer Theorie ist und je länger die Falsifikation nicht gelingt, desto größer wird die Wahrscheinlichkeit, dass die Theorie brauchbar ist.* Trotzdem ist die Theorie nur vorläufig richtig. Falsifikation ist die Methode eines negativen Ausleseprozesses. Ungeeignetes wird durch Zweckmäßigeres ersetzt.

Kritik an der Verifikation

Die Verifikation beruht auf der Methode der Induktion: vom Konkreten zum Allgemeinen.

Ich sehe einen weißen Schwan.

Ich sehe zwei weiße Schwäne.

Ich sehe tausend weiße Schwäne.

↓

Hypothese:
Alle Schwäne sind weiß.

Hypothese wird durch weitere Beobachtungen gestützt.
Kein Erkenntnisfortschritt

Falsifikation
Die Falsifikation beruht auf der Methode der Deduktion: vom Allgemeinen zum Konkreten.

1. Wenn ich weiß, dass Schwäne weiß sind, stelle ich die Hypothese auf:
Schwäne sind weiß oder schwarz.

2. Ich versuche die ursprüngliche Hypothese zu falsifizieren – es gelingt:
Schwäne sind weiß oder schwarz.
Erkenntnisfortschritt

3. Ich stelle eine neue Hypothese auf:
Schwäne sind weiß, schwarz oder blau.

4. Diesmal gelingt mir die Widerlegung der vorherigen Hypothese nicht.
Der Erkenntnisfortschritt liegt in der negativen Selektion:
Jetzt weiß ich, Schwäne sind nicht blau.

Kübel- versus Scheinwerfertheorie
Ich beginne mit einer kurzen Charakterisierung der zu kritisierenden Auffassung, die ich gewöhnlich als *Kübeltheorie des menschlichen Geistes* bezeichne. Diese Auffassung geht von der sehr einleuchtenden Feststellung aus, dass wir zunächst einmal Wahrnehmungen haben müssen, bevor wir über die Welt etwas wissen können und etwas aussagen können. Daraus wird geschlossen, dass unser Wissen oder unsere Erfahrung aus Wahrnehmungen besteht. Ich glaube, dass diese Ansicht dem tatsächlichen Prozess der Erfahrungsbildung und dem tatsächlichen Verfahren der Forschung in keiner Weise gerecht wird.
In der Wissenschaft spielt nicht so sehr die Wahrnehmung, wohl aber die Beobachtung eine große Rolle. Eine Beobachtung aber ist ein Vorgang, in dem wir uns äußerst aktiv verhalten. In der Beobachtung haben wir es mit einer Wahrnehmung zu tun, die planmäßig vorbereitet ist, die wir nicht *haben,* sondern *machen.* Der Beobachtung geht ein Interesse voraus, eine Frage, ein Problem. In diesem Sinne können wir behaupten, dass der Beobachtung die Frage, die Hypothese, oder wie wir es nennen mögen, aber jedenfalls ein Interesse, also etwas Theoretisches oder Spekulatives vorausgeht. Beobachtungen sind immer selektiv, setzen also etwas wie ein Selektionsprinzip voraus. Beobachtung setzt immer bereits Erwartungen voraus.

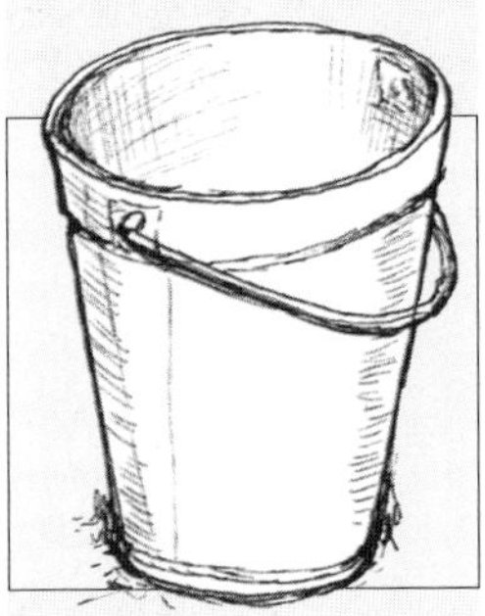
Die Empiristen vertreten die Kübeltheorie.

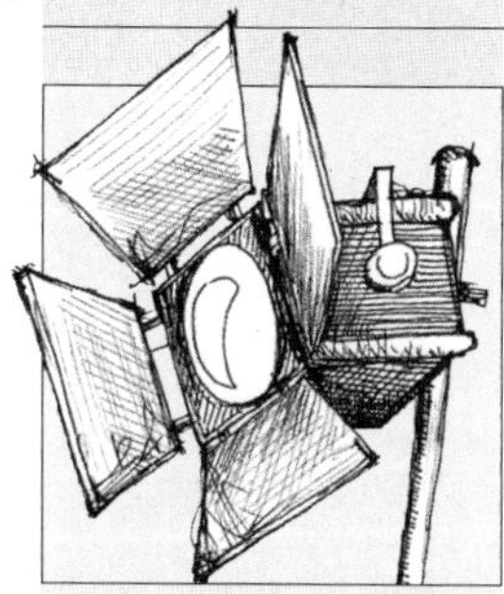

Die Rationalisten vertreten die Scheinwerfertheorie.

Kübeltheorie: Zuerst Ei, dann Henne.

Scheinwerfertheorie: Zuerst Henne, dann Ei.

In jedem Augenblick unserer vorwissenschaftlichen oder wissenschaftlichen Entwicklung besitzen wir etwas, was ich gewöhnlich als einen *Erwartungshorizont* bezeichne; das heißt, der Inbegriff aller Erwartungen, ob sie nun unbewusst oder bewusst oder vielleicht sogar sprachlich formuliert vorliegen. Ein solcher Erwartungshorizont ist bei Tieren oder beim Säugling in gleicher Weise vorhanden, wenn auch viel weniger bewusst als beim Wissenschaftler, bei dem er zum erheblichen Teil aus sprachlich formulierten Theorien oder Hypothesen besteht.
Natürlich sind die verschiedenen Erwartungen ihrem Inhalte nach auch stark unterschieden. In allen diesen Fällen spielt aber der Erwartungshorizont die Rolle eines Bezugssystems oder eines Rahmens, der den Erlebnissen, Handlungen, Beobachtungen usw. erst eine Bedeutung verleiht, jeder Beobachtung gehen Erwartungen oder Hypothesen voraus, nämlich jene, die den Erwartungshorizont konstituieren, der erst jene Beobachtungen bedeutsam macht und ihnen damit den Rang von Beobachtungen gibt.
Die Frage, was zuerst kommt, die Hypothese oder die Beobachtung, erinnert natürlich an die Frage, was zuerst kommt, die Henne oder das Ei. Aber sie ist lösbar. Die Kübeltheorie lässt natürlich die Beobachtung der Hypothese immer vorausgehen (ganz wie das Ei der Henne vorausgeht), da sie diese als eine Art von Resultat auffasst, das aus den Beobachtungen durch Generalisation, Assoziation oder Klassifikation entsteht. Im Gegensatz dazu sagen wir, dass die Hypothese, Erwartung oder Theorie der Beobachtung vorausgeht.
Ich bezeichne diese Ansicht als *Scheinwerfertheorie.* In dieser Hinsicht ist also die Wissenschaft durchaus die Fortsetzung der vorwissenschaftlichen Arbeit an den Erwartungshorizonten. Sie beginnt niemals mit nichts, sie kann niemals als voraussetzungsfrei bezeichnet werden, sondern sie setzt in jedem Moment einen Erwartungshorizont voraus – den Erwartungshorizont von gestern sozusagen. Sie baut auf der Wissenschaft von gestern auf und ist damit das Ergebnis des Scheinwerfers von gestern, diese wieder auf der Wissenschaft von vorgestern usw.; und die älteste Wissenschaft baut auf vorwissenschaftlichen Mythen auf, und diese schließlich auf älteren Erwartungen.[26]

9.2 Problemlösung

Positivismus vgl. S. 244ff.

1961 wurde in Tübingen eine Wissenschaftstagung abgehalten, die in die Geschichte der Philosophie als *Positivismusstreit* eingegangen ist. Die Hauptakteure waren Karl R. POPPER und Theodor

[26] Karl R. POPPER, Objektive Erkenntnis. Ein evolutionärer Entwurf, Hamburg: Hoffmann und Campe 1974, S. 369f. (gekürzt).

Wiesengrund ADORNO. ADORNO, Vertreter der kritischen Theorie, hielt es für unmöglich, in einem kapitalistischen Gesellschaftssystem Probleme zu lösen; man könne lediglich die Widersprüche herausarbeiten und die gesellschaftliche Struktur in Form einer negativen Dialektik aufzeigen. POPPER stellte dem thesenhaft Folgendes entgegen:

1. Wir wissen eine ganze Menge von Dingen, die sowohl von praktischer Bedeutung sind als auch eine tiefe theoretische Einsicht in das Verständnis der Welt vermitteln.
2. Unsere Unwissenheit ist ebenso grenzenlos wie ernüchternd. Gerade die Erkenntnisse der Naturwissenschaften haben uns die Augen für unsere Unwissenheit geöffnet. Immer wenn wir ein Problem lösen, entdecken wir mehrere ungelöste Probleme.
3. Die Erkenntnis beginnt nicht mit Wahrnehmungen, Beobachtungen oder Datensammlungen. Die Erkenntnis beginnt mit Problemen. Aus dem Spannungsverhältnis von Wissen und Nichtwissen entsteht jede Form von neuer Erkenntnis.
4. Der Ausgangspunkt ist immer ein Problem, und die Beobachtung wird dann zu einer Art Ausgangspunkt, wenn sie ein Problem enthüllt, d.h., wenn uns die Beobachtung der Praxis zeigt, dass mit unseren Theorien etwas nicht stimmt.
5. Die Spannung zwischen Wissen und Nichtwissen führt zum Problem und zu Lösungsversuchen. Aber sie wird niemals überwunden. Die Lösungsversuche sind dann vorläufig geeignet, wenn sie unserer scharfsinnigen Kritik standhalten.
6. Wissen ist immer unsicher, Erkenntnis ist dagegen objektiv: Unsere Erkenntnisse befinden sich in verschiedenen Informationsspeichern wie Büchern oder anderen Medien. Alle Produkte des menschlichen Geistes, die sich durch die Sprache darstellen und mitteilen lassen, sind objektiv, weil sie intersubjektiv überprüfbar sind. Die Objektivität sagt nicht aus, ob die Erkenntnisse wahr oder falsch sind.[27]
7. Die Wissenschaft beginnt mit Problemen. Sie versucht, sie durch kühne, erfinderische Theorien zu lösen. Die meisten Theorien sind falsch und/oder unüberprüfbar. Die wertvollen überprüfbaren Theorien werden nach Irrtümern abgesucht. Wir suchen, Irrtümer zu finden und zu eliminieren. So ist die Wissenschaft: Sie besteht aus Ideen, die sie unter eine scharfe Kontrolle der Fehlerkorrektur setzt.

[27] Zusammengestellt aus Theodor W. ADORNO u.a., Der Positivismusstreit in der deutschen Soziologie, Darmstadt: Sammlung Luchterhand 1974, S. 103ff.

ERGÄNZUNG

1. Fragen beantworten

Worauf kommt es bei der Wissenschaft an? ______________________________

Worin besteht das Problem der Verifikation? ______________________________

Worin besteht der Vorteil der Falsifikation? ______________________________

2. Was lernt der Wissenschaftler?

Ein Wissenschaftler ist mit einem Menschen zu vergleichen, der in einem finsteren Keller nach einem schwarzen Hut sucht, nicht wissend, ob sich im Keller überhaupt etwas befindet, geschweige denn ein Hut. Er tastet hierhin, vergeblich; er tastet dorthin, vergeblich; er tastet nach rechts, ohne Erfolg; er tastet nach links, ohne Erfolg.

3. Induktion oder Deduktion?

Ergänzen Sie den jeweils passenden Begriff.

a. Wenn wir einen Apfel sehen, erkennen wir ihn mit den Sinnen, dazu kommt, dass wir dem Gegenstand durch den Sprechakt eine bestimmte allgemeine Bedeutung, die wir aus der Erfahrung gewonnen haben, hinzufügen. Wir bedienen uns gleichsam der Methode der ____________________.

b. Es gibt auch Erkenntnis durch Nachdenken. Beim Nachdenken bedienen wir uns der Vernunft. Des Öfteren ziehen wir aufgrund von Nachdenken Schlüsse. Schlüsse formulieren wir mithilfe von Argumenten. Hier bedienen wir uns der Methode der ____________________.

4. Lernreflexion

Am Ende eines jeden Kapitels werden Sie aufgefordert, über das bisher Gelernte nachzudenken und zu reflektieren. Lernen ist ein Prozess, der ein Leben lang stattfindet. Es ist sinnvoll, nach einer gewissen Zeit über Lernfortschritte nachzudenken. Die folgenden Fragen sollen für Sie lediglich Anregung sein, Sie brauchen die Fragen nicht Punkt für Punkt beantworten.

- Welche Themen haben mich angesprochen?
- Welche Themen haben mich nicht so sehr interessiert?
- Welche Ideen habe ich zu den Themen beigetragen?
- Mit welchen Inhalten habe ich mein Lernprotokoll gefüllt?
- Welche Methoden sagen mir im Unterricht besonders zu? (Vortrag, Arbeiten am PC, Gruppenarbeit, offene Lernformen)
- Gibt es Inhalte, die meine bisherigen Ansichten verändert haben?

PROJEKT ERKENNTNIS

Organisieren Sie sich in Gruppen. Teilen Sie den jeweiligen Gruppen ein oder zwei Aufgaben (siehe unten) zu. Legen Sie einen Termin fest, wann die Gruppen die Ergebnisse der jeweiligen Aufgaben präsentieren sollen.

1. **Angeborene Erkenntnisstrukturen**
   Ist der menschliche Geist zuerst eine *Tabula rasa* oder weist er schon bei der Geburt gewisse Strukturen auf? Beantworten Sie die Fragen und erklären Sie den Zusammenhang.
   a. Die folgenden Philosophen und Psychologen nehmen als *angeboren* an …
      PLATON: ______________________
      ARISTOTELES: ______________________
      DESCARTES: ______________________
      LEIBNIZ: ______________________
      KANT: ______________________
      LORENZ: ______________________
      C. G. JUNG: ______________________
      N. CHOMSKY: ______________________
   b. Mit welchen Erkenntnisstrukturen kommen Babys auf die Welt? Recherchieren Sie (im Psychologiebuch etc.) und präsentieren Sie die Ergebnisse.
      - Können Säuglinge Farben sehen und Bewegung wahrnehmen?
        ____
      - Wie steht es mit der Raum- und Tiefenwahrnehmung bei Kleinkindern?
        ____
      - Ist die Gestaltwahrnehmung angeboren?
        ____

2. **Vom Sensualismus zum kritischen Rationalismus**
   Viele Menschen meinen, dass nur das, was sie sehen, wirklich bzw. wahr ist. Erklären Sie mithilfe des vorgegebenen Materials Ihren MitschülerInnen, dass bei all unseren Wahrnehmungen immer auch angeborene Erkenntnisstrukturen und Erwartungen mitschwingen.
   a. Sind die Tischplatten gleich groß?[28]

[28] Gerd GIGERENZER, Das Einmaleins der Skepsis. Über den richtigen Umgang mit Zahlen und Risiken, Berlin: Berlin Verlag 2004, S. 21ff.

b. Welche Figur sehen Sie?

c. Sehen Sie ein freundliches Gesicht?

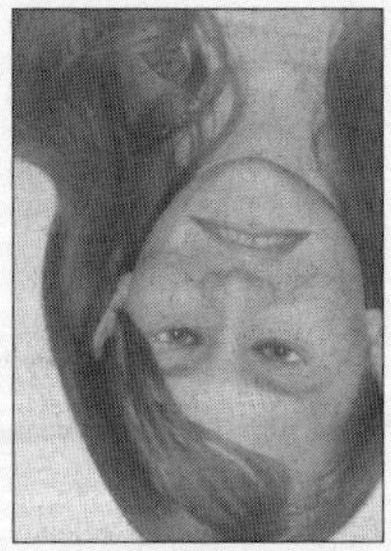

d. Stellen Sie bei Ihrer Präsentation weitere Beispiele aus *Kernbereiche der Psychologie* vor.

3. **Textanalysen**

Analysieren Sie die Texte, fassen Sie die wichtigsten Aussagen zusammen, ergänzen Sie die Textaussagen mit den Erklärungen im Buch und präsentieren Sie Ihre Ergebnisse in anschaulicher Form (Mindmap, Diagramm etc.).

a. René DESCARTES: Alles nämlich, was ich bisher am ehesten für wahr gehalten habe, verdanke ich den Sinnen oder der Vermittlung der Sinne. Nun aber bin ich dahintergekommen, dass diese uns bisweilen täuschen, und es ist ein Gebot der Klugheit, denen niemals ganz zu trauen, die uns auch nur einmal getäuscht haben … Hier liegt es: Das Denken ist's, es allein kann von mir nicht getrennt werden. Ich bin, ich existiere, das ist gewiss. Wie lange aber? Nun, solange ich denke. Denn vielleicht könnte es sogar geschehen, dass ich, wenn ich ganz aufhörte zu denken, alsbald auch aufhörte, zu sein. Für jetzt lasse ich aber nichts zu, als was notwendig wahr ist! Ich bin also genau nur ein denkendes Wesen, d.h. Geist, Seele, Verstand, Vernunft – lauter Ausdrücke, deren Bedeutung mir früher unbekannt war. Ich bin aber ein wahres und wahrhaft existierendes Ding, doch was für ein Ding? Nun, ich sagte es bereits – ein denkendes.[29]

b. John LOCKE: Nehmen wir also an, der Geist sei, wie man sagt, ein unbeschriebenes Blatt ohne alle Schriftzeichen, frei von allen Ideen; wie werden ihm diese dann zugeführt? Wie gelangt er zu dem gewaltigen Vorrat an Ideen, womit ihn die geschäftige schrankenlose Fantasie des Menschen in nahezu unendlicher Mannigfaltigkeit beschrieben hat? Woher hat er all das *Material* für seine Vernunft und für seine Erkenntnis? Ich antworte darauf mit einem einzigen Worte: aus der *Erfahrung.* Auf sie gründet sich unsere gesamte Erkenntnis, von ihr leitet sie sich schließlich her. Unsere Beobachtung, die entweder auf äußere sinnlich wahrnehmbare Objekte gerichtet ist oder auf innere Operationen des Geistes, die wir wahrnehmen und über die wir nachdenken, liefert unserem Verstand das gesamte *Material* des Denkens.[30]

[29] René DESCARTES, Meditationes de Prima Philosophia. Meditationen über die Erste Philosophie. Lateinisch/Deutsch, übersetzt und hrsg. von Gerhart SCHMIDT, Stuttgart: Reclam 1986, S. 77ff. (gekürzt).

[30] John LOCKE, Versuch über den menschlichen Verstand, Hamburg: Meiner 1981, S. 107f.

c. Ernst Peter FISCHER: Die kopernikanische Spaltung des Menschen
Wer von der kopernikanischen Wende redet und damit den Umzug der Sonne meint, verpasst Wichtiges nur dann nicht, wenn er dabei die Spaltung im Auge behält, die mit dieser kosmischen Konstellation unweigerlich und unvermeidlich einhergeht. Gemeint ist die Spaltung zwischen der sinnlichen und der begrifflichen Erkenntnis, zwischen der Welt der Erscheinungen und der Welt der Theorien, zwischen dem ästhetischen und dem rationalen Zugang zur Wirklichkeit: Ich sehe zwar, wie die Sonne sich dreht, aber ich weiß, dass sich die Erde dreht, und zwar um sich und um die Sonne. Der letzte Satz müsste eigentlich folgendermaßen lauten: Ich kann wissen, dass sich die Erde dreht. Dieses Wissen ist seit der Mitte des 19. Jahrhunderts möglich, als die astronomischen Geräte so präzise wurden, dass mithilfe von optischen Messungen gezeigt werden konnte, dass die Erde zum Beispiel im Frühjahr einen anderen Ort einnimmt als im Herbst. Die Erde dreht sich also, so lernen wir es in der Schule. Noch immer fällt es aber vielen Menschen schwer, die Erde sich drehen zu lassen, wenn sie gebeten werden, ihre Vorstellung vom physikalischen Himmel zu schildern.[31]

4. Vorsokratiker im Vergleich zu POPPER

POPPER behauptet, dass die Tradition der kritischen Diskussion als bewusstem Versuch, unser Wissen zu erweitern, auf die Vorsokratiker zurückgeht. Vor ihnen betrachteten alle Gesellschaften Wissen als etwas, das unverletzt und unverfälscht von einer Generation an die nächste weitergegeben werden musste. Zu diesem Zweck entstanden Mysterienkulte, Kirchen und zu einem fortgeschritteneren Zeitpunkt Schulen. Große Lehrer und ihre Schriften galten als Autoritäten, denen nicht widersprochen werden konnte; schon der bloße Nachweis, dass sie eine bestimmte Aussage gemacht hatten, galt als Beweis für deren Richtigkeit. Abweichende Meinungen wurden in primitiven Gesellschaften normalerweise mit dem Tode bestraft. Das alles führte dazu, dass die grundlegenden Doktrinen und Wissensinhalte einer Gesellschaft nahezu statisch blieben, vor allem wenn sie in als heilig betrachteten Schriften festgehalten waren. Vor diesem Hintergrund führten die vorsokratischen Philosophen der griechischen Antike etwas gänzlich Neues und Revolutionäres ein: Sie institutionalisierten die Kritik. Seit THALES ermunterte jeder von ihnen seine Schüler zu diskutieren, debattieren, kritisieren – und nach Möglichkeit ein besseres Argument oder eine bessere Theorie zu entwickeln.[32]
Zeichnen Sie die historischen Ursprünge der Rationalität und des wissenschaftlichen Denkens nach, stellen Sie Bezüge zur Philosophie POPPERS her und präsentieren Sie Ihre Ergebnisse.

5. Diskussion: Gibt es die Außenwelt?

Verteilen Sie Rollen, z.B. PLATON, DESCARTES, LOCKE, KANT, LORENZ, POPPER.

[31] Ernst Peter FISCHER, Die andere Bildung. Was man von den Naturwissenschaften wissen sollte, München: Econ 2001, S. 61f. (gekürzt).
[32] Vgl. Bryan MAGEE, Bekenntnisse eines Philosophen, München: Econ 2001.

6. Gibt es Naturgesetze?[33]

Erstellen Sie anhand der vorgegebenen Informationen eine PowerPoint-Präsentation.

Beispiele für Naturgesetze

- Licht breitet sich im Vakuum mit einer universellen Geschwindigkeit aus.
- Der genetische Code gilt für alle Lebewesen gleichermaßen.

Keine Naturgesetze sind z. B.: Der Mensch stammt vom Affen ab. Männer lügen und Frauen kaufen Schuhe.

Merkmale von Naturgesetzen

Die Suche nach Naturgesetzen ist Suche nach Ordnung. Definitionen müssen daher das Verstehen der Natur fördern.

- Als Allaussagen gelten sie universell, generell, unabhängig von Zeiterscheinungen.
- Sie formulieren faktische Wahrheiten (Konstanz der Lichtgeschwindigkeit), nicht nur logische Wahrheiten. → synthetische Sätze
- Sie systematisieren Beobachtungen und versuchen, Prognosen zu erstellen.

Platonische Anschauung – Notwendigkeitsthese

Der Aufbau der Natur beruht auf mathematischen und harmonischen Proportionen. Naturgesetze existieren notwendigerweise, unabhängig von ihrer Formulierung durch Menschen. Naturgesetze können nur entdeckt, nicht erfunden werden.
Für die Anhänger der **Notwendigkeitsthese** sind Naturgesetze Prinzipien, die die natürlichen Phänomene regieren oder hervorbringen – das heißt, die Welt gehorcht den Naturgesetzen.

HUME'sche Anschauung (Empirismus) – Regularitätsthese

Wirklich sind in der Natur nur die einzelnen Wirkungen vorhanden, die Gesetze existieren bloß in den Ideen der Naturforscher oder in dem System der Naturlehre. Beispiel Kausalität: Ursache und Wirkung muss man sich unabhängig voneinander vorstellen. Der Grund für den notwendigen Zusammenhang entsteht in unserem Denken, weil wir durch die Wiederholung unseren Geist an die Relation gewöhnen.
Den Anhängern der **Regularitätsthese** zufolge sind Naturgesetze Aussagen über Regelmäßigkeiten in der Welt, also eine Beschreibung, wie die Welt ist und wie sie sich verhält. Für die Regularitätsthese spricht, dass unsere Alltagserklärungen weder Allgemeinheit noch Notwendigkeit benötigen.

Kantische Anschauung (Kritizismus) – Regularitätsthese

Der Verstand schöpft seine Gesetze nicht aus der Natur, sondern schreibt sie dieser zu. Die Kategorien und Anschauungsformen des Verstandes sind die Bedingungen für die Möglichkeit von Erfahrung → und somit auch für die Erkenntnis der Gesetze.

Definitionsversuch

Ein Naturgesetz ist eine Beschreibung von beobachtbaren Vorgängen in der Natur mit intendierter Prognosefunktion. (Regularitätsthese)

[33] Vgl. Rüdiger VAAS, Der kosmische Code. In: Bild der Wissenschaft 12/2003.

10 Übersicht 2

Denksysteme im 5. und 4. Jahrhundert v. Chr. (Athen)	
Relativismus	PROTAGORAS (Homo-Mensura-Satz)
Idealismus	PLATON (Der Mensch schaut auf die Ideen, diese sind unveränderlich und vollkommen); *Werke:* Phaidon, Menon, Politeia
Empirismus	ARISTOTELES (Über die Erfahrung kommt der Mensch zur Kenntnis der allgemeinen Ursachen); *Werke:* Metaphysik, Über die Seele
Klassische Systeme des 17. und 18. Jahrhunderts	
Empirismus	BACON (Wissen ist Macht, weil wir dadurch die Natur beherrschen können); *Werke:* Novum Organum LOCKE (Allein die Erfahrung stattet den Geist mit Ideen aus) *Werke:* Über den menschlichen Verstand HUME (Kausalität ist kein Prinzip, sondern eine Gewohnheit) *Werke:* Eine Untersuchung über den menschlichen Verstand BERKELEY (esse est percipi: Sein ist wahrgenommen werden) *Werke:* Abhandlung über die Prinzipien der menschlichen Erkenntnis
Rationalismus	DESCARTES (cogito, ergo sum: Ich denke, also bin ich) *Werke:* Meditationen über die Grundlagen der Philosophie; Cours de la Méthode SPINOZA (Es gibt nur eine Substanz, nämlich Gott) *Werke:* Abhandlungen über die Vervollkommnung des Verstandes, Ethik LEIBNIZ (Monaden sind immateriell und haben kein Fenster) *Werke:* Monadologie
Kritizismus	KANT (aude sapere: Wage es, dich deines Verstandes zu bedienen) *Werke:* Kritik der reinen Vernunft
Erkenntnis- und Wissenschaftstheorie im 20. und 21. Jahrhundert	
Evolutionäre Erkenntnistheorie	Konrad LORENZ; *Werke:* Die Rückseite des Spiegels Versuch einer Naturgeschichte des menschlichen Erkennens. Rupert RIEDL *Werke:* Evolution und Erkenntnis; Neugierde und Staunen Gerhard VOLLMER (geb. 1943); *Werke:* Evolutionäre Erkenntnistheorie, Wieso können wir die Welt erkennen? Jacques MONOD (1910–1976); *Werke:* Zufall und Notwendigkeit
Kritischer Rationalismus	Karl R. POPPER; *Werke:* Logik der Forschung, Die offene Gesellschaft und ihre Feinde Hans ALBERT (geb. 1921); *Werke:* Kritischer Rationalismus

Zusammenfassung

Dem Denken wird die maßgebliche Rolle im Erkenntnisprozess zugesprochen.

Platon unterscheidet zwei Bereiche der Erkenntnis, den der Wahrnehmung und den des Denkens. Wenn der Mensch auf die Ideen schaut, erkennt er das Wesentliche, das Identische, das Allgemeine einer Sache oder eines Sachverhalts. Alle sichtbaren Dinge und Handlungen haben Anteil an den Ideen.

Erfahrung ist die Grundlage für die Vernunft.

Aristoteles geht von der Empirie, der Erfahrung aus. Sukzessive gelangt der Mensch zu Allgemeinbegriffen und zu den zugrunde liegenden Prinzipien: Stoffursache, Formursache, Wirkursache und Zweckursache.

Empirismus

Die klassischen Empiristen (Bacon, Locke, Hume) gehen davon aus, dass alle Erkenntnis ausschließlich aus der Erfahrung stammt. Es gibt keine angeborenen Ideen. Die einzig effektive Methode ist die Induktion.

Rationalismus

Die klassischen Rationalisten (Descartes, Spinoza, Leibniz) gehen davon aus, dass sicheres Wissen ausschließlich aus der logisch-rationalen Deduktion gewonnen werden kann. Die Grundlage für die Erkenntnis bilden angeborene Ideen.

Kritizismus

Kants große Leistung in der Philosophiegeschichte ist die Verbindung von Empirismus und Rationalismus. *Wenn aber gleich alle unsere Erkenntnis mit der Erfahrung anhebt, so entspringt sie darum doch nicht eben alle aus der Erfahrung.*
Erkenntnisse, die aus der Erfahrung stammen, heißen a posteriori; Erkenntnisse, die vor aller Erfahrung und unabhängig von der Erfahrung sind, heißen a priori. A priori sind die Anschauungsformen in Raum und Zeit sowie die Kategorien.

Evolutionäre Erkenntnistheorie

Die Vertreter der evolutionären Erkenntnistheorie nennen die von Kant als a priori bezeichneten Erkenntnisvoraussetzungen „angeborene Lehrmeister" oder „angeborene Hypothesen". Diese lassen uns die Welt zwar nicht so sehen, wie sie ist, aber wir sehen die Dinge so, wie es für uns zweckvoll ist.

Kritischer Rationalismus

Der kritische Rationalismus Karl R. Poppers besagt, dass wir ein Phänomen immer mit vorgefassten Erwartungen beobachten. Dies ist das rationalistische Element dieser erkenntnistheoretischen Position. Kritisch ist die Position, weil jedes Wissen lediglich einen Vorläufigkeitscharakter hat und durch Falsifizierung verbessert werden kann.

Kapitel 3: Idealismus – Idealismuskritik

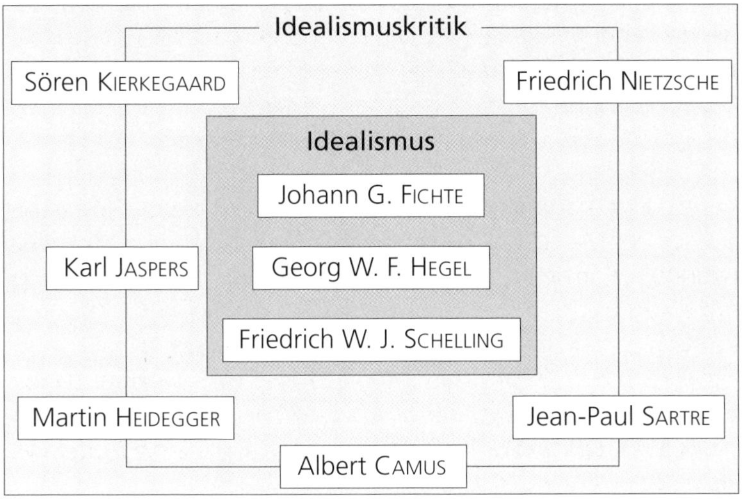

Die wichtigsten Persönlichkeiten des deutschen Idealismus sind FICHTE, SCHELLING und HEGEL.

1 Deutscher Idealismus

Der Begriff *deutscher Idealismus* bezeichnet die vorherrschende Strömung in der deutschsprachigen Philosophie nach KANT (Ende 18. und Anfang 19. Jahrhundert). Der deutsche Idealismus ist durch die Auseinandersetzung mit der Philosophie KANTS geprägt. Die deutschen Idealisten nehmen sich – vereinfacht ausgedrückt – den Leitspruch *Aude sapere!* zu Herzen und verstehen das *Ich* als das *schöpferische und produktive Subjekt.* Sie bedienen sich der Vernunft und schaffen umfassende Denkkonstruktionen, die in sich widerspruchsfrei sein mögen, jedoch spekulativ in dem Sinne sind, dass sie einer empirischen Überprüfung nicht zugänglich sind.

Friedrich Wilhelm Joseph SCHELLING (1775–1854) begründete in seinem Frühwerk eine Identitätsphilosophie, indem er Subjekt und Objekt gleichsetzte. Gott wird mit den Kräften und Gesetzen des Universums gleichgesetzt (Pantheismus).

1.1 Johann Gottlieb FICHTE

FICHTE, Philosophieprofessor an verschiedenen deutschen Universitäten (Jena, Erlangen, Berlin) kritisiert die von KANT postulierte Trennung zwischen theoretischer und praktischer Vernunft: *Der gestirnte Himmel über mir und das moralische Gesetz in mir!* Methodischer Ausgangspunkt seiner Philosophie ist das *Ich,* das sich durch eine ursprüngliche Tat selbst setzt und damit gleichzeitig die Objektwelt als seinen Gegenstand erzeugt. Existenz und Handeln sind damit identisch, das Erkennen ist ein abgeleiteter Aspekt in diesem ganzheitlichen Prozess. Dem Ich entgegengesetzt ist das Nicht-Ich. Die Beziehung zwischen Subjekt und Objekt, zwischen Ich und Nicht-Ich wird als dialektische Einheit

Johann Gottlieb FICHTE (1762–1814)

von Gegensätzen aufgefasst. Diese Beziehung stellt einen Prozess dar. Die einzelnen Handlungen des Ich setzen eine grundlegende Form der Welt voraus, die auf menschliches Handeln hin angelegt ist. Diese grundlegende Form der Welt ist dadurch charakterisiert, dass das eine Ich durch das andere Ich begrenzt wird; die Freiheit des einen bedeutet die Einschränkung der Freiheit des anderen.

FICHTEs Idealismus = Erklärung der Erfahrung im Geist

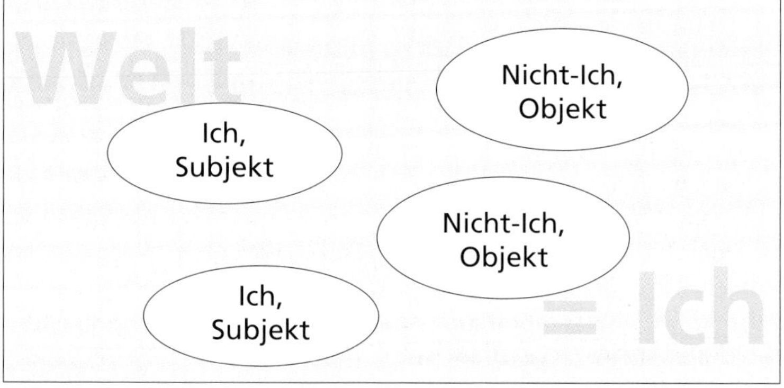

Die gesamte Erscheinungswelt ist nicht die Manifestation einer unabhängigen Realität, sondern die Schöpfung des Ich, das als wahrnehmendes Subjekt und als moralischer Antrieb seine eigene Welt erschafft.

Ich als Ausgangspunkt des Denkens

Man kann etwas denken oder nicht denken

Denken des Ich

Aufforderung

↓

Denken des Tisches

Denken ist ein Handeln.

Du kannst ohne Zweifel *Ich* denken, und indem du dies denkst, findest du innerlich dein Bewusstsein auf eine gewisse Weise bestimmt; du denkst nur etwas, eben dasjenige, was du unter jenem Begriff des Ich fasst, und bist desselben dir bewusst; und denkst dann etwas anderes, das du sonst wohl auch denken kannst, und schon gedacht haben magst, nicht. – Es geht mir nicht darum, ob du mehr oder weniger als ich selbst in dem Begriff *Ich* zusammengefasst haben magst. Du hättest auch etwas anderes denken können, z. B. deinen Tisch, deine Wände, deine Fenster, und du denkst auch wohl diese Gegenstände wirklich, wenn ich dich dazu auffordere. Du tust es zufolge einer Aufforderung, zufolge eines Begriffs von dem zu Denkenden; der, deiner Annahme nach, auch ein anderer hätte sein können, sage ich. Du bemerkst sonach Tätigkeit und Freiheit in diesem deinem Denken, in diesem Übergehen vom Denken des *Ich* zum Denken des Tisches. Dein Denken ist dir ein Handeln.[1]

[1] Johann Gottlieb FICHTE, Versuch einer neuen Darstellung der Wissenschaftslehre, aus: Digitale Bibliothek Band 2: Philosophie, S. 33550f. (gekürzt und geringfügig vereinfacht).

AUFGABE

Lesen Sie folgenden Text und vergleichen Sie den Inhalt mit den Anschauungen von FICHTE. Der Text stammt vom Anthroposophen Rudolf STEINER.

Durch das Denken wird der Mensch über das Eigenleben hinausgeführt. Er erwirbt sich etwas, das über seine Seele hinausreicht. Es ist für ihn eine selbstverständliche Überzeugung, dass die Denkgesetze in Übereinstimmung mit der Weltordnung sind. Er betrachtet sich deshalb als ein Einheimischer in der Welt, weil diese Übereinstimmung besteht. Diese Übereinstimmung ist eine der gewichtigen Tatsachen, durch die der Mensch seine eigene Wesenheit kennenlernt. … Was durch das Denken als Wahrheit erkannt wird, hat eine *selbstständige Bedeutung,* die sich auf die Dinge der Welt bezieht, nicht bloß auf die eigene Seele. Mit meinem Entzücken über den Sternenhimmel lebe ich in mir; die Gedanken, die ich mir über die Bahnen der Himmelskörper bilde, haben für das Denken jedes anderen dieselbe Bedeutung wie für das meinige. Es wäre sinnlos, von *meinem* Entzücken zu sprechen, wenn ich selbst nicht vorhanden wäre; aber es ist nicht in derselben Weise sinnlos, von meinen Gedanken auch *ohne Beziehung* auf mich zu sprechen. Denn die Wahrheit, die ich heute denke, war auch gestern wahr und wird morgen *wahr* sein, obschon ich mich nur heute mit ihr beschäftige. Macht eine Erkenntnis mir Freude, so ist diese Freude so lange von Bedeutung, als sie in mir lebt; die *Wahrheit* der Erkenntnis hat ihre Bedeutung ganz unabhängig von dieser Freude. In dem Ergreifen der Wahrheit verbindet sich die Seele mit etwas, das seinen Wert in sich selbst trägt. Und dieser Wert verschwindet nicht mit der Seelenempfindung, ebenso wenig wie er mit dieser entstanden ist. Was wirklich Wahrheit ist, das entsteht nicht und vergeht nicht: Das hat eine Bedeutung, die nicht vernichtet werden kann.[2]

Die Anthroposophie strebt danach, die Erkenntnisfähigkeit des Menschen zu entwickeln und ihn zur Erkenntnis des Geistigen in der Welt zu führen. Die Waldorfschulen versuchen, die anthroposophischen Ideen erzieherisch umzusetzen.

Rudolf STEINER (1861–1925), Mitbegründer der Waldorfschulen

1.2 Georg Wilhelm Friedrich HEGEL

HEGEL arbeitete unter anderem als Gymnasialdirektor und schließlich als Universitätsprofessor für Philosophie in Heidelberg und Berlin. Er lehnte – wie FICHTE – den Dualismus KANTS *vom gestirnten Himmel über mir und dem moralischen Gesetz in mir,* also der Trennung eines empirischen und moralischen Ichs, ab. In den Grundzügen seiner Philosophie skizzierte er die Wirklichkeit als Geist. Wenn man den Weg des Geistes – der dialektisch abläuft – verfolgt, erkennt man *letztlich die Einheit der Gegensätze.* Dazu das Beispiel *Herr und Knecht:*

Georg Wilhelm Friedrich HEGEL (1770–1831)

2 Zitiert aus Michael FRENSCH, Lust an der Erkenntnis: Esoterik. Von der Antike bis zur Gegenwart, München: Piper 1991, S. 369ff. (gekürzt).

Herr und Knecht

Kaiser und Sklave

Mark Aurel und Epiktet

Mark Aurel (121–180) war römischer Kaiser und Philosoph; sein Werk „Selbstbetrachtungen" schrieb er in Carnuntum und Vindobona (Wien).

Epiktet (um 55–135) war ein stoischer Philosoph, der Sklave war und dem die Freiheit geschenkt wurde.

Hegel erklärt die Freiheit am Beispiel Herrn (= Mark Aurel) und Sklave (= Epiktet).

- Der Herr ist deswegen ein Herr, weil er sich einen Knecht hält; er definiert sich über das, was er nicht ist, eben Knecht.
- Der Knecht ist vom Herrn abhängig, aber ebenso ist der Herr vom Knecht abhängig, da er ja nur über den Knecht zu seiner Identität *Herr* gelangt; der Herr definiert sich über seine Negation *Knecht.*
- Umgekehrt ist die Identität des Knechts abhängig vom Herrn. Im Laufe der Zeit wird der Herr nachdenken und eventuelle Unterjochungen des Knechtes und Ungerechtigkeiten erkennen. Aus dieser Erkenntnis entsteht eine vernünftigere und gerechtere Synthese.
- Herr und Knecht haben jeweils eine halbe Freiheit: Der eine kann sie verwirklichen, der andere erkennt sie als Wert, weil er sie nicht hat. Keiner hat sie ganz. Die Dialektik ihrer Beziehung kommt dann zu einer Synthese, wenn jeder den Willen des anderen akzeptiert. Jeder sieht sich als Subjekt, nicht nur als Objekt. Im Moment der Anerkennung des anderen als Subjekt hat sich die Freiheit verwirklicht – das individuelle Selbstbewusstsein ist zum universellen Selbstbewusstsein geworden.

Mark Aurel:	Epiktet:
Herr, der die Macht hat, die Freiheit zu verwirklichen (Teilfreiheit 1)	Sklave, der den Wert der Freiheit erkennt und den Herrn lehren kann, frei zu sein (Teilfreiheit 2)

Im Moment der Anerkennung des anderen als Subjekt verwirklicht sich die Freiheit zu einem universellen Selbstbewusstsein.

Für Hegel besteht die gesamte Wirklichkeit nur aus Einem, aus Geist, der einen Prozess der Veränderung und Entwicklung durchmacht, um endlich sein Ziel zu erreichen, Selbsterkenntnis und Freiheit. Jede Bewegung ruft eine Opposition hervor, jede Tat eine Reaktion, jedes Aufeinanderprallen von Kräften findet seine Lösung in einem neuen, dritten Zustand, der den Prozess weitertreibt. Jede *These* produziert zwangsläufig ihre eigene *Antithese,* und die Unvereinbarkeit von beiden führt zu einem Konflikt, der durch eine *Synthese* gelöst wird – die dann abermals ihre eigene Antithese produziert etc.

Hegel vertritt eine dialektische Philosophie, bei der von Anfang an das Ziel festgelegt ist. Der Geist oder Weltgeist kommt im Laufe der Entwicklung schrittweise zu sich selbst, er verwirklicht sich selbst. Dieser dialektische Weg hat drei Formen, These – Antithese – Synthese:

- die Form des subjektiven Geistes, des individuellen Bewusstseins, des Ichs;
- die Form des objektiven Geistes, der Natur, des Nicht-Ichs;
- die Form des absoluten Geistes: Der Weg des subjektiven Geistes ist unser individueller Weg nach außen. Als objektiver Geist äußert er sich in der Interaktion mit anderen Menschen, in der Gesellschaft mit ihren Gesetzen und Wertvorstellungen. Die höchste Form der Erkenntnis erreicht der Geist als absoluter Geist in der Kunst, Religion und Philosophie, weil er hier über seinen Einfluss im Geschichtsprozess reflektiert. Der Geist erkennt sich selbst.

Beispiele für den dialektischen Dreischritt

Ein Zustand (These) provoziert einen widersprechenden Zustand (Antithese); aus der Verbindung beider entsteht etwas Neues und Besseres (Synthese).

These (Begriff/Zustand)
Beispiele:
Rationalismus
Subjektiver Geist (An-sich)

bringt hervor ▶
birgt in sich

Antithese (Gegenzustand)
Beispiele:
Empirismus
Objektiver Geist (Für-sich)

▲ führt zu ▲

Synthese (Verbindung)
Beispiele:
Kritizismus
Absoluter Geist (An-und-für-Sich) ▶ Neue These etc.

Die Synthese hebt These und Antithese auf.

Wie der Geist zur Verwirklichung kommt, zeigt HEGEL am deutlichsten in seinem großen geschichtsphilosophischen Entwurf, der den Gang des Weltgeistes durch Raum und Zeit angibt.

> Die Weltgeschichte geht von Osten nach Westen, denn Europa ist schlechthin das Ende der Weltgeschichte, Asien der Anfang. Die Weltgeschichte ist die Zucht von der Unbändigkeit des natürlichen Willens zum Allgemeinen und zur subjektiven Freiheit. Der Orient wusste und weiß nur, dass einer frei ist; die griechische und römische Welt, dass einige frei seien; die germanische Welt weiß, dass alle frei sind. Die erste Form, die wir daher in der Weltgeschichte sehen, ist der Despotismus, die zweite ist die Demokratie und Aristokratie und die dritte ist die Monarchie.
> Das Erste ist daher der Orient. Dieser Welt liegt das unmittelbare Bewusstsein, die substanzielle Geistigkeit zugrunde, zu welcher

Die Geschichte zeigt die Entwicklung des Weltgeistes zu sich selbst: von der Freiheit des Einzelnen zur Freiheit aller.

sich der subjektive Wille zunächst als Glaube, Zutrauen, Gehorsam verhält. Im Staatsleben finden wir die realisierte vernünftige Freiheit, welche sich entwickelt, ohne in sich zur subjektiven Freiheit fortzugehen. Es ist das Kindesalter der Geschichte. Substanzielle Gestaltungen bilden die Prachtgebäude der orientalischen Reiche, in welchen alle vernünftigen Bestimmungen vorhanden sind, aber so, dass die Subjekte nur Akzidentien bleiben. Diese drehen sich um einen Mittelpunkt, um den Herrscher.

Akzidentien = beiläufige, zufällige Momente
Entscheidend ist der Herrscher, nicht die Untertanen.

Mit dem Jünglingsalter ist die griechische Welt zu vergleichen, denn hier sind es Individualitäten, die sich bilden. Dies ist das zweite Hauptprinzip der Weltgeschichte: Das Sittliche ist wie in Asien Prinzip, aber es ist die Sittlichkeit, welche der Individualität eingeprägt ist und somit das freie Wollen der Individuen bedeutet. Hier ist also die Vereinigung des Sittlichen und des subjektiven Willens oder das Reich der schönen Freiheit, denn die Idee ist mit einer plastischen Gestalt vereinigt: Sie ist noch nicht abstrakt für sich auf der einen Seite, sondern unmittelbar mit dem Wirklichen verbunden, wie in einem schönen Kunstwerke das Sinnliche das Gepräge und den Ausdruck des Geistigen trägt. Dieses Reich ist demnach wahre Harmonie, die Welt der anmutigsten, aber vergänglichen oder schnell vorübergehenden Blüte; der individuelle Wille des Subjekts steht in der unmittelbaren Sitte und Gewohnheit der Gesetze.

Orient als Vorstufe
⇩
These:
Antikes Griechenland
(Individualität, individueller Wille des subjektiven Geistes)
⇩
Antithese:
Römisches Reich
(Verlust der Individualität, Gewinn der Persönlichkeit als Rechtsperson, das Geistige verwirklicht sich in der Allgemeinheit)
⇩
Synthese:
Germanisches Reich
Der Gang der Geschichte zeigt, dass der Weltgeist zu sich selbst gefunden hat – von der Freiheit des Einzelnen zur Freiheit aller, vom subjektiven Geist der Griechen über den objektiven Geist der Römer zum absoluten Geist der deutschen Monarchie zur Zeit Hegels. Die Geschichte hat ihr Ziel *(Telos)* erreicht.

Das dritte Moment ist das Reich der abstrakten Allgemeinheit: Es ist das Römische Reich, die saure Arbeit des Mannesalters der Geschichte. Denn das Mannesalter bewegt sich weder in der Willkür des Herrn noch in der eigenen schönen Willkür, sondern dient dem allgemeinen Zweck, worin das Individuum untergeht und seinen eigenen Zweck nur in dem Allgemeinen erreicht. Der Staat fängt an, sich abstrakt herauszuheben und zu einem Zwecke zu bilden, an dem die Individuen auch Anteil haben. Die freien Individuen werden der Härte des Zwecks aufgeopfert, dem sie in diesem Dienste für das selbst abstrakt Allgemeine sich hingeben müssen. Das Römische Reich ist nicht mehr das Reich der Individuen, wie es die Stadt Athen war. Hier ist keine Frohheit und Freudigkeit mehr, sondern harte und saure Arbeit.

Hiermit tritt dann das Germanische Reich, das vierte Moment der Weltgeschichte ein: Dieses entspräche nun im Vergleich mit den Menschenaltern dem Greisenalter. Das natürliche Greisenalter ist Schwäche; das Greisenalter des Geistes aber ist seine vollkommene Reife, in welcher er zurückgeht zur Einheit, aber als Geist. … Die Gegensätze von Staat und Kirche verschwinden; der Geist findet sich in die Weltlichkeit und bildet diese als ein in sich organisches Dasein aus. Der Staat steht der Kirche nicht mehr nach und ist ihr nicht mehr untergeordnet; diese Letztere behält kein Vorrecht und das Geistige ist dem Staate nicht mehr fremd. Die Freiheit hat die Handhabe gefunden, ihre Wahrheit zu realisieren. Dieses ist das Ziel der Weltgeschichte.[3]

AUFGABEN

1. **Text konkretisieren**
   Lesen Sie den Text von HEGEL und konkretisieren Sie die Behauptungen durch folgende Ergänzungen.
   a. Griechische Antike: Zeigen Sie Parallelen zwischen den Ausführungen HEGELS und der Person des ODYSSEUS auf.
   b. Römische Antike: Zeigen Sie Parallelen zwischen den Ausführungen HEGELS und der Person des ÄNEAS auf.
   c. Germanisches Reich: HEGEL beschreibt als Idealbild die konstitutionelle Monarchie des Königreichs Preußen um 1800. Recherchieren Sie, auf welche Reformen HEGEL Bezug nehmen könnte. Welche Dichter und Musiker sind für die Verwirklichung des Weltgeistes gleichsam verantwortlich?
2. **Aspekte der Geschichtsphilosophie**
   Der Sinn der Geschichte ist nach HEGEL das *Zu-sich-selbst-Kommen des Weltgeistes durch den dialektischen Prozess.* Der Zweck/das Ziel bestimmt den Handlungsverlauf. Der Weltgeist bestimmt gleichsam aus der Zukunft wirkend den Ablauf der Geschichte. Ein solches Geschichtsverständnis nennt man *Historizismus.*
   a. Karl MARX vertritt ein ähnliches Geschichtsbild, allerdings stellt er HEGEL *vom Kopf auf die Füße.* Erstellen Sie in grafischer Form das Geschichtsbild von HEGEL in einer Gegenüberstellung zu MARX (vgl. S. 275).
   b. Friedrich NIETZSCHE vertritt in Anlehnung an antike Philosophen ein zyklisches Geschichtsbild, *die Wiederkehr des ewig Gleichen: Das Dasein, so wie es ist, ohne Sinn und Ziel, aber unvermeidlich wiederkehrend, ohne ein Finale ins Nichts – die ewige Wiederkehr. Wir leugnen alle Schlussziele.*[4]
   Suchen Sie einen Text eines antiken Geschichtsschreibers (z. B. SALLUST), der die Ansicht NIETZSCHES verdeutlicht.
   c. Der Geschichtsphilosoph Arnold Joseph TOYNBEE (1889–1975) vergleicht Kulturen mit einem Organismus: *Wie Organismen wachsen und vergehen auch Kulturen.* Stellen Sie den Verlauf der Geschichte in Form des Organismusmodells grafisch dar. Ein Beispiel finden Sie auf der CD-ROM.
   d. Karl R. POPPER kritisiert den Historizismus: Die Weltgeschichte hat keinen Sinn. Dieser sogenannte Sinn wird von Philosophen spekulativ hineininterpretiert. Warum kritisiert POPPER HEGELS Geschichtsphilosophie? (vgl. S. 83ff.)

   Ergänzen Sie die Informationen durch Recherchen im Internet und in Büchern.

[3] Georg Wilhelm Friedrich HEGEL, Vorlesungen über die Philosophie der Geschichte. In: G. W. F. HEGEL, Werke in 20 Bänden, hrsg. v. E. MOLDENHAUER/K. M. MICHEL, Band 12, Frankfurt/Main: Suhrkamp 1970, S. 134ff. (wesentlich gekürzt).

[4] Vgl. Friedrich NIETZSCHE, Vom Nutzen und Nachteil der Historie für das Leben, Stuttgart: Reclam 1988.

2 Idealismuskritik

Reflexionen und Abstraktionen können hilfreich und sinnklärend sein. Sie können sich aber so sehr von der personalen Existenz entfernen und zur überindividuellen Argumentation werden, dass die menschliche Existenz nicht mehr tangiert wird. Diese Entfremdung des Menschen von existentiellen Fragen provozierte die sogenannte Idealismuskritik.

2.1 Sören Kierkegaard

Sören Kierkegaard (1813–1855), der erste Existenzphilosoph

Kierkegaard studierte in Kopenhagen Theologie und Philosophie. Während seines Studiums war er als Lebemann bekannt und verbrachte viel Zeit in Cafés und Bars. Dort führte er jenes ausschweifende Leben eines Genussmenschen, das er in seinen späteren Schriften beschrieb und von dem er sich nachhaltig distanzierte. Ein wichtiges Ereignis in seinem Leben war der Tod seines Vaters. Auf dem Sterbebett versprach er ihm, sein Studium zu Ende zu führen. 1840 machte er seinen Abschluss als Magister. Im gleichen Jahr verlobte er sich mit der siebzehnjährigen Regine Olsen, einer Kopenhagener Bürgertochter. Aus nicht näher bekannten Gründen löste er ein Jahr später die Verlobung auf. Diese Trennung passierte im Rahmen einer Lebenskrise, die dazu führte, dass Kierkegaard eine bereits begonnene Karriere als Prediger beendete. Ab diesem Zeitpunkt verdiente er sich seinen Lebensunterhalt als Schriftsteller. In rascher Folge erschienen von 1843 an bis zu seinem Tod 1855 mehr als zwanzig literarische, philosophische und religiöse Schriften sowie Pamphlete vor allem gegen das Christentum der dänischen Amtskirche. Viele seiner Werke gab er unter Pseudonymen heraus.

existere = heraustreten

In seiner Philosophie beschäftigte sich Kierkegaard intensiv mit den Problemen der menschlichen Existenz. Im Gegensatz zu Hegel betonte er das zwiespältige, ambivalente Wesen des Menschen. Die wirklichen Probleme entziehen sich demzufolge einer ausschließlich vernünftigen Deutung. Die Wahrheit ist für einen Existenzphilosophen nicht objektivierbar. Wenn man das Leben durch logische Begriffe oder abstrakte Ideen entpersonalisiert, wird es verschleiert. Diese Verschleierung hat zur Folge, dass die wichtigsten menschlichen Wurzeln *freie Wahl und Verantwortung* unterdrückt werden. *Existieren* beinhaltet ein Sich-Verhalten zur Welt, zu den Mitmenschen, zu Gott, es ist eine tätige Selbstverwirklichung. Kierkegaard verwendet die Metapher des Sprungs. Der Sprung ist ein Entwurf nach vorne, er stellt immer ein Wagnis dar, weil der Mensch etwas Vertrautes zurücklässt

Der Sprung als Metapher für Veränderung

und etwas Neues unter seinen Füßen hat. Den Sprung muss jeder selbst ausführen, niemand kann stellvertretend für einen anderen springen.

KIERKEGAARD unterscheidet drei Stadien der Existenz. Um in eine höhere Existenzform zu gelangen, ist jeweils ein Sprung erforderlich.

- *Ästhetisches Stadium:* Der Mensch existiert uneigentlich, er gehorcht seinen Trieben und Neigungen, er strebt nach Äußerlichkeiten wie Besitz und Macht, er ist abhängig von Genuss und Konsum. Der Ästhet, der jeder Stimmung nachgeht, ist in sich verliebt wie Narziss. Der Sprung in das nächste Stadium wird durch *die Verzweiflung* veranlasst.
- *Ethisches Stadium:* Der Mensch fühlt sich nach dem Sprung befreit, er glaubt an die Selbstbestimmung. Er hat das Prinzip des Genusses durch das Prinzip der Freiheit ersetzt. Der ethische Anspruch frei zu sein und Selbstbestimmung auszuüben wird zur Norm, zum Befehl. Auch der Sprung ins ethische Stadium stellt sich als *Entwurf,* als Vorläufigkeit heraus. Der ethische Mensch erkennt durch ernsthaftes Reflektieren den Weg zum Absoluten, den Übergang vom oberflächlichen zum gottesfürchtigen Reflektieren.
- *Religiöses Stadium:* Der Übergang geschieht durch die Entscheidung, Christ zu werden. Diese Entscheidung wird durch Gefühle wie *Verzweiflung, Angst, Angst vor dem Tod* etc. ausgelöst. Das religiöse Stadium ist das einzige, für das man sich wirklich entscheidet, denn es ist das einzige, bei dem die Irrationalität der Entscheidung anerkannt und begrüßt wird: *Credo, quia absurdum est (ich glaube, weil es absurd ist).* Im Glauben stehen wir vor dem Geheimnis der Existenz, d. h. ihrer Absurdität. Im Akt der Reue, der Selbstdemütigung und Selbstverneinung wiederholt der Mensch die Leiden Christi. Dieser Glaubensvollzug ist die einzig wirklich freiwillige Entscheidung.

Paradigma (Modell, Beispiel) für das ästhetische Stadium ist MOZARTS *Don Giovanni.*

Paradigma für das ethische Stadium ist SOKRATES.

Paradigma für das religiöse Stadium ist JESUS.

Die Entscheidung eines Menschen, christlich leben zu wollen und damit eine irrationale und absurde Entscheidung zu treffen, ist in der Geschichte „Abraham opfert seinen Sohn Isaak" dargestellt.

In „Entweder–oder" geht es um die Differenzierung der ästhetischen und ethischen Existenzform, ergänzt durch die Möglichkeit (Gnade) der religiösen Existenzform.

> Mein Freund! Was ich dir so oft gesagt habe, das sage ich dir noch einmal oder richtiger, das rufe ich dir zu: *Entweder–oder; aut–aut;* denn ein einzelnes aut, das berichtigend hinzutritt, macht die Sache nicht klar, da das, wovon wir hier reden, zu bedeutungsvoll ist, als dass man sich mit einem Teil begnügen könnte, und zu sehr in

sich selber zusammenhängt, als dass man es partiell besitzen könnte. Es gibt Lebensverhältnisse, in denen ein *Entweder–oder* anzuwenden lächerlich oder ein Wahnsinn wäre; aber es gibt auch Menschen, deren Seele zu zügellos ist, um zu fassen, was in einem solchen Dilemma liegt, deren Persönlichkeit die Energie fehlt, um mit Pathos *Entweder–oder* sagen zu können.
Auf mich haben diese Worte immer einen starken Eindruck gemacht, und sie tun es noch immer, besonders wenn ich sie so schlicht und einfach nenne, denn darin liegt ja die Möglichkeit, die schrecklichsten Gegensätze in Bewegung zu setzen. Wie eine Beschwörungsformel wirken sie auf mich, und meine Seele wird zu hohem Ernst gestimmt, zuweilen fast erschüttert. Ich denke an meine frühe Jugend zurück, in der ich, ohne recht zu fassen, was es heiße, im Leben eine Wahl zu treffen, mit kindlicher Zuversicht auf die Reden der Erwachsenen hörte, und der Augenblick der Wahl blieb mir feierlich und ehrwürdig, obgleich ich, auch wo ich wählte, mich nur von einem andern leiten ließ. Ich denke da an die Augenblicke eines späteren Lebens, in denen ich eine entscheidende Wahl zu treffen hatte und meine Seele in der Stunde der Entscheidung zum Mannesalter heranreifte. Ich denke an die vielen weniger wichtigen, aber für mich nicht gleichgültigen Ereignisse in meinem Leben, wo ich wählen musste. Denn gibt es auch nur ein Verhältnis, wo dieses Wort seine absolute Bedeutung hat, so oft sich nämlich auf der einen Seite Wahrheit, Gerechtigkeit und Heiligkeit zeigen, und auf der andern Seite Lüste und Begierde, dunkle Leidenschaften und der Abgrund des Verderbens, so ist's doch auch in Dingen, in denen man bei der Wahl seine Unschuld nicht aufs Spiel setzt, immerhin wichtig, dass man recht wählt, sich selber prüft und nicht mit Schmerzen da wieder anfangen muss, von wo man schon einmal ausgegangen ist, während man Gott noch immer danken kann, dass man sich nicht mehr vorzuwerfen hat, als dass man seine Zeit verloren hat.[5]

[5] Sören Kierkegaard, Entweder–oder, Hrsg. von Karl Schlechta, aus: Digitale Bibliothek Band 2: Philosophie, S. 66153ff.

AUFGABEN

1. Lesen Sie den Text von Hannah ARENDT *Die Geburt des Selbst bei Kierkegaard.*

Hannah ARENDT (1906–1975) beschäftigte sich mit Fragen der Existenz und dem Phänomen des Totalitarismus.

Mit KIERKEGAARD fängt die moderne Existenzphilosophie an. Er geht von der Verlorenheit des Individuums in der komplett erklärten Welt aus. Zu dieser erklärten Welt befindet sich der Einzelne in dauerndem Widerspruch, weil seine *Existenz,* nämlich die reine Faktizität seines Existierens in seiner ganzen Zufälligkeit (dass ich gerade *ich bin* und niemand anderes und dass ich gerade bin und nicht *nicht bin)* weder von der Vernunft vorhergesehen noch von ihr in etwas rein Denkbares aufgelöst werden kann. Diese Existenz aber, die ich augenblicklich jeweils bin und die ich mit Vernunft nicht begreifen kann, ist das Einzige, dessen ich wirklich gewiss sein kann. Also ist es die Aufgabe des Menschen *subjektiv zu werden,* ein mit Bewusstsein existierendes Wesen, das die paradoxen Implikationen seines Lebens in der Welt dauernd realisiert. Das Allgemeine also, womit sich die Philosophie solange im reinen Erkennen beschäftigt, soll in ein reales Verhältnis zum Menschen gebracht werden. Die Leidenschaft, *subjektiv zu werden,* entzündet sich bei KIERKEGAARD an der realisierten Angst vor dem Tode als dem Ereignis, bei dem ich garantiert allein bin; ein Einzelner, abgeschnitten von der durchschnittlichen Alltäglichkeit. Der Gedanke an den Tod wird zu einer *Handlung,* weil in ihm der Mensch sich selbst subjektiv macht, d.h. sich von der Welt und dem alltäglichen Leben mit Menschen herauslöst.[6]

- Welche philosophische Richtung assoziieren Sie mit der Aussage, dass die Welt *vollkommen rational* erklärt ist?
- Was ist mit der *reinen Faktizität des Existierens* gemeint?
- Beschreiben Sie in Ihren Worten das *Subjektiv-Werden.*

2. Diskutieren Sie folgende Behauptung im Vergleich zu KIERKEGAARDS Stadien der Existenz: Verantwortung heißt, dass ich mich als Person durch jede Handlung entwickle. Wenn ich selbst entscheide, was ich tun will, verändere ich mich allmählich und hinterlasse Spuren in meiner Umwelt. Letztlich bin ich aber nur für mich selbst und vor mir selbst verantwortlich.

3. **Die Schlange des Todes**
KIERKEGAARD geht davon aus, dass sich die Angst durch den Glauben aufheben lasse. Fassen Sie die Aussagen des Textes zusammen. Suchen Sie Beispiele aus Mythen, in denen Helden vor einem Neubeginn ihres Lebens die Unterwelt aufsuchen mussten. (ODYSSEUS, ÄNEAS etc.).

[6] Hannah ARENDT, Was ist Existenz-Philosophie?, Frankfurt/Main: Verlag Anton Hain 1990, S. 22ff.

Bevor der Kleine Prinz die Wüste, diese erlösende Gegenwelt des vordergründigen Konsumglücks und diese Stätte einer möglichen Wandlung, betritt, begegnet er zuerst der *Schlange des Todes.* Wie in der christlichen Symbolik der Weg zur Wahrheit einem Sterben, einem Unterweltabstieg gleichkommt, so muss, wer die Wüste aufsucht, den Tod, die Begrenztheit des Daseins, die Endlichkeit der irdischen Existenz in ihrer ängstigenden wie tröstlichen Unausweichlichkeit akzeptieren lernen. Um die Scheinwelt der Erwachsenen mit ihrer Oberflächlichkeit, ihrer nervösen Hektik und rasenden Zerstörung aller Werte hinter sich zu lassen, bedarf es vor allem eines klaren Blicks auf die gütig-grausame Bestimmung des Todes, des unvermeidbaren Giftes der Schlange am Boden des Wüstensandes. Es ist, als wäre der ganze Trubel der Erwachsenenwelt nur darauf abgestellt, die Angst vor dem Tod zu betäuben, aber all ihr Bemühen läuft letztlich darauf hinaus, um nichts mehr zu trauern, weil nichts mehr einen Wert besitzt. An der Oberfläche der Dinge haftet nichts Bleibendes, an ihr ist nichts, das der Trauer seiner Vergänglichkeit wert wäre; verwandelt man folglich alles in Oberfläche, bleibt nichts mehr übrig, für das der Schmerz der Traurigkeit sich lohnen könnte. In Wahrheit jedoch kann die Schlange des Todes gerade etwas anderes, Tieferes, lehren: Nichts mehr ist selbstverständlich in einer Welt der Sterblichkeit; alles gewinnt seine überraschende Dichte, seine unableitbare Einzigartigkeit zurück, je deutlicher sich zeigt, wie wenig notwendig sein Dasein ist. Alles, was ist und geschieht, verdient gerade im Angesicht des Todes die größte Aufmerksamkeit; und umgekehrt: Die wahnhafte Überheblichkeit und der Eigendünkel von Macht, Besitz und Wissen schwinden dahin, wenn alle Dinge sterblich sind. Der Tod relativiert, woran wir uns in unserer Vermessenheit oft wie an eine Garantie der Sicherheit klammern möchten, und er schenkt eine ruhige Weisheit, ja sogar eine letzte Beruhigung: Wenn die Last der Erde zu schwer wird, gibt es immer noch die Pforten des Todes, die geheimnisvolle Allmacht der Schlange, die jederzeit bereit ist, die Rätsel des Geistes zu lösen, die Einsamkeit des Herzens zu beenden und die Schmerzen des Körpers zu heilen. Wer sie sieht, schaut unvermeidlich in die Tiefe der Dinge; ihm formt das Leben sich noch einmal.[7]

2.2 Friedrich NIETZSCHE

Friedrich NIETZSCHE wuchs in einem protestantischen Pfarrhaus auf. Bereits mit zehn Jahren verfasste er eine große Zahl von Gedichten. Nach dem Abitur studierte NIETZSCHE klassische Philologie (Latein und Griechisch). Mit fünfundzwanzig Jahren wurde er, noch bevor er promoviert hatte, als Professor nach Basel berufen. Seine provozierenden Ansichten, z. B. dass SOKRATES der Vernichter des ursprünglichen Griechentums gewesen sei, wurden von seinen Zeitgenossen vehement kritisiert und abgelehnt, er geriet mehr und mehr in Einsamkeit und Depression, bis er völlig zusammenbrach.

[7] Eugen DREWERMANN, Das Eigentliche ist unsichtbar. Der Kleine Prinz tiefenpsychologisch gedeutet, Freiburg: Herder 1992, S. 44f.

NIETZSCHE litt wahrscheinlich an einer Paralyse, die er sich durch eine in früheren Jahren erworbene Syphilis zugezogen hatte.

Lebensgefühle

NIETZSCHE war in seinem Denken *radikal* in dem Sinne, dass er zu den Wurzeln unserer Kultur zurückging und aus der ursprünglichen Vergangenheit Visionen entwickelte. In seinem ersten bedeutenden Werk *Die Geburt der Tragödie aus dem Geiste der Musik* differenziert er zwei Lebensgefühle, das dionysische und das apollinische Lebensgefühl.

Radikal kommt vom lat. Wort *radex* = Wurzel.

DIONYSOS ist der Gott der Ekstase.

- Der griechische Gott der Fruchtbarkeit, des Weines und des Theaters DIONYSOS symbolisiert das Ursprüngliche und Natürliche. Er steht für Ekstase, Raserei, Enthusiasmus, Leidenschaft und Emotionalität.
- Der griechische Gott APOLL ist das Symbol der Ordnung und der Vernunft. Er steht für Klarheit, maßvolle Begrenzung und Rationalität.

APOLL ist der Gott der Rationalität.

> Die Namen des Dionysischen und Apollinischen entlehnen wir von den Griechen, welche die tiefsinnigen Geheimlehren ihrer Kunstanschauung in den Gestalten ihrer Götterwelt dem Einsichtigen vernehmbar machen. An ihre beiden Kunstgottheiten, APOLL und DIONYSOS, knüpft sich unsere Erkenntnis, dass in der griechischen Welt ein ungeheurer Gegensatz, nach Ursprung und Zielen, zwischen der Kunst des Bildners, der apollinischen, und der unbildlichen Kunst der Musik, als der des DIONYSOS, besteht: Beide so verschiedenen Triebe gehen nebeneinander her, zumeist im offnen Zwiespalt miteinander und sich gegenseitig zu immer neuen kräftigeren Geburten reizend, um in ihnen den Kampf jenes Gegensatzes zu perpetuieren, den das gemeinsame Wort *Kunst* nur scheinbar überbrückt; bis sie endlich, durch einen metaphysischen Wunderakt des hellenischen *Willens*, miteinander gepaart erscheinen.[8]

HOMER (8. Jh. v. Chr.)

Während der Ependichter HOMER, der Philosoph HERAKLIT und der Tragödiendichter SOPHOKLES in ihren literarischen Werken eine Verbindung dieser beiden Lebensgefühle vermitteln, wird durch die Sophisten, den Tragödiendichter EURIPIDES und vor allem durch SOKRATES das Dionysische völlig abgewertet: Der strenge Logiker SOKRATES negiert mit seinen Argumenten und seiner Rationalität jede Form von Kreativität, Spontaneität und Kunst.

[8] Friedrich NIETZSCHE, Die Geburt der Tragödie aus dem Geiste der Musik, München: Goldmann 1895, S. 23 (gekürzt und bearbeitet).

NIETZSCHE distanziert sich in seinen späteren Schriften von dieser dialektischen Gegenüberstellung zweier Lebensgefühle. Wichtig für sein späteres Werk ist jedoch die Feststellung, dass die Überbetonung eines Prinzips (z. B. der Vernunft) den Menschen unterjocht, in seinem Denken unfrei macht und das Leben erstickt.

Mensch und Übermensch

ZARATHUSTRA war ein persischer Prophet aus dem 6. Jh. v. Chr.

Als ZARATHUSTRA in die nächste Stadt kam, die an den Wäldern liegt, fand er daselbst viel Volk versammelt auf dem Markte: denn es war verheißen worden, dass man einen Seiltänzer sehen solle. Und ZARATHUSTRA sprach also zum Volke:
Ich lehre euch den Übermenschen. Der Mensch ist etwas, das überwunden werden soll. Was habt ihr getan, ihn zu überwinden? Alle Wesen bisher schufen etwas über sich hinaus: Und ihr wollt die Ebbe dieser großen Flut sein und lieber noch zum Tiere zurückgehn, als den Menschen überwinden? Was ist der Affe für den Menschen? Ein Gelächter oder eine schmerzliche Scham. Und ebendas soll der Mensch für den Übermenschen sein; ein Gelächter oder eine schmerzliche Scham. Ihr habt den Weg vom Wurme zum Menschen gemacht, und vieles ist in euch noch Wurm. Einst wart ihr Affen, und auch jetzt noch ist der Mensch mehr Affe als irgendein Affe.
Wer aber der Weiseste von euch ist, der ist auch nur ein Zwiespalt und Zwitter von Pflanze und von Gespenst. Aber heiße ich euch zu Gespenstern oder Pflanzen werden?
Seht, ich lehre euch den Übermenschen! Der Übermensch ist der Sinn der Erde. Euer Wille sage: Der Übermensch sei der Sinn der Erde! Ich beschwöre euch, meine Brüder, bleibt der Erde treu und glaubt denen nicht, welche euch von überirdischen Hoffnungen reden! Giftmischer sind es, ob sie es wissen oder nicht. Verächter des Lebens sind es, Absterbende und selber Vergiftete, deren die Erde müde ist: So mögen sie dahinfahren! Einst war der Frevel an Gott der größte Frevel, aber Gott starb, und damit starben auch diese Frevelhaften. An der Erde zu freveln ist jetzt das Furchtbarste und die Eingeweide des Unerforschlichen höher zu achten als den Sinn der Erde!
Einst blickte die Seele verächtlich auf den Leib: und damals war diese Verachtung das Höchste – sie wollte ihn mager, grässlich, verhungert. So dachte sie ihm und der Erde zu entschlüpfen. Oh diese Seele war selber noch mager, grässlich und verhungert: und Grausamkeit war die Wollust dieser Seele! Aber auch ihr noch, meine Brüder, sprecht mir: was kündet euer Leib von eurer Seele? Ist eure Seele nicht Armut und Schmutz und ein erbärmliches Behagen?
Wahrlich, ein schmutziger Strom ist der Mensch. Man muss schon ein Meer sein, um einen schmutzigen Strom aufnehmen zu können, ohne unrein zu werden.

Seht, ich lehre euch den Übermenschen: der ist dies Meer, in ihm kann eure große Verachtung untergehn. Was ist das Größte, das ihr erleben könnt? Das ist die Stunde der großen Verachtung. Die Stunde, in der euch auch euer Glück zum Ekel wird und ebenso eure Vernunft und eure Tugend. Die Stunde, wo ihr sagt: „Was liegt an meinem Glücke! Es ist Armut und Schmutz und ein erbärmliches Behagen. Aber mein Glück sollte das Dasein selber rechtfertigen!" Die Stunde, wo ihr sagt: Was liegt an meiner Vernunft! Begehrt sie nach Wissen wie der Löwe nach seiner Nahrung? Sie ist Armut und Schmutz und ein erbärmliches Behagen!"[9]

Der Mensch ist etwas, das überwunden werden muss. Die größten Hindernisse auf dem Weg zum Übermenschen sind die Angst und die Macht der Gewohnheit. Dem setzt NIETZSCHE den *Willen zur Macht* im Sinne von Mut und Unerschrockenheit gegenüber. Vor allem diese Tugend kann zur Selbstverwirklichung beitragen. Der Mensch lebt jedoch von Geburt an versklavt durch Schule und Kirche, die Gehorsam und Unterwerfung verlangen. Aus Gewohnheit und Faulheit schrumpft der Wille zur Befreiung, Unerschrockenheit und Kreativität, der *Wille zur Macht* mehr und mehr. Kirchliche und idealistische Ideologien tun das Ihrige dazu: Ihre Wahrheiten sind Illusionen, von denen man vergessen hat, dass sie Metaphern und Lügen sind und kraftlos geworden sind wie Münzen, die ihre Prägung verloren haben und nur als Metall, nicht mehr als Münzen, in Betracht kommen.
Der Übermensch ist sich der Versklavung und Entfremdung bewusst, er lebt sein Leben im Hier und Jetzt und kontrolliert seine Leidenschaften durch Selbstbeherrschung. Er schafft Kunst und Philosophie, mit einem Wort: *Er bejaht das Leben.* Der Übermensch ist ein *Hinübergehender und Untergehender.* Damit drückt NIETZSCHE den Gedanken seines großen Vorbildes HERAKLIT aus: Alles ist in ständiger Bewegung – alles fließt!

Auf HERAKLIT gehen die berühmten Sätze zurück, die die Einheit der Gegensätze dichterisch beschreiben:

Alles fließt (pánta rhei).

Der Kampf (Konflikt) ist der Vater von allem.

Man kann nicht zweimal in denselben Fluss steigen.

[9] Friedrich NIETZSCHE, Also sprach ZARATHUSTRA. Hrsg. von Karl SCHLECHTA, aus: Digitale Bibliothek Band 2: Philosophie, S. 67723ff. (gekürzt und geringfügig bearbeitet).

Übersicht: vom Menschen zum Übermenschen	
Er ist gehorsam, fremdbestimmt. Er ist beladen mit Geboten und Verboten. Er ist versklavt durch die christliche/idealistische Moral. Er vergeudet seine Energie an Jenseitsillusionen und am Telos. Er ist die Brücke vom Tier zum Übermenschen.	Er bejaht das Leben im Hier und Jetzt. Er unterwirft sich dem Prozess des Werdens. Er ist kreativ, spontan und enthusiastisch. Er hat den *Willen zur Macht*, d. h. den Willen zu Unerschrockenheit und Selbstbestimmung.

Die größten Lügen christlicher und idealistischer Heilslehren bestehen für Nietzsche darin, dass sie eine Vorwärtsentwicklung der Menschheit auf ein Ziel (Telos) vorgaukeln. Es gibt weder ein Ziel im Sinne des Weltgeistes noch ein Ziel im Sinne einer jenseitigen Erlösung. Der Mensch ist gegenüber dem Tier kein Fortschritt, sondern er ist ein Mängelwesen.

- Das Dasein, so wie es ist, ist ohne Ziel und Sinn. Es existiert nur die Wiederkehr des ewig Gleichen. Folglich ist das *Sinnlose,* das *Nichts ewig.*
- Wenn man Kategorien wie *Zweck, Sinn, Einheit, Ordnung, Logik, Wahrheit* aus der Weltinterpretation verbannt, sieht die Welt wertlos aus.
- Kategorien und Werte wie *Zweck, Sinn, Einheit, Ordnung, Logik, Wahrheit* sind psychologisch betrachtet Resultate bestimmter Projektionen zur Aufrechterhaltung menschlicher Herrschaftsgefühle. Der Mensch projiziert in übertreibender Naivität auf sich einen *Sinn.*

Nietzsche weist darauf hin, dass der Mensch der Schöpfer Gottes und all der religiösen, moralischen und philosophischen *Wahrheiten* ist, und er zeigt, dass sich der Mensch mit diesen Wahrheiten selbst verleugnet und erniedrigt. In *Also sprach Zarathustra (Von den drei Verwandlungen)* werden drei alternative Möglichkeiten der Lebensführung gegenübergestellt:

Metaphysische Stufe:
der fremdbestimmte Mensch, der den Normen und Geboten gehorcht, der gut beladen sein will

> Drei Verwandlungen nenne ich euch des Geistes: wie der Geist zum Kamele wird, und zum Löwen das Kamel, und zum Kinde zuletzt der Löwe. Vieles Schwere gibt es dem Geiste, dem starken, tragsamen Geiste, dem Ehrfurcht innewohnt: nach dem Schweren und Schwersten verlangt seine Stärke. Was ist schwer?, so fragt der

tragsame Geist, so kniet er nieder, dem Kamele gleich, und will gut beladen sein. … Alles dies Schwerste nimmt der tragsame Geist auf sich: Dem Kamele gleich, das beladen in die Wüste eilt, also eilt er in seine Wüste. …
Aber in der einsamsten Wüste geschieht die zweite Verwandlung: Zum Löwen wird hier der Geist, Freiheit will er sich erbeuten und Herr sein in seiner eignen Wüste. Seinen letzten Herrn sucht er sich hier: Feind will er ihm werden und seinem letzten Gotte, um Sieg will er mit dem großen Drachen ringen. Welches ist der große Drache, den der Geist nicht mehr Herr und Gott heißen mag? *Du sollst* heißt der große Drache. Aber der Geist des Löwen sagt *ich will. Du sollst* liegt ihm am Wege, goldfunkelnd, ein Schuppentier, und auf jeder Schuppe glänzt golden *Du sollst!* Tausendjährige Werte glänzen an diesen Schuppen, und also spricht der mächtigste aller Drachen: Aller Wert der Dinge – der glänzt an mir. *Aller Wert ward schon geschaffen, und aller geschaffene Wert – das bin ich. Wahrlich, es soll kein „Ich will" mehr geben!* Also spricht der Drache.
Meine Brüder, wozu bedarf es des Löwen im Geiste? Was genügt nicht das lastbare Tier, das entsagt und ehrfürchtig ist? Neue Werte schaffen – das vermag auch der Löwe noch nicht; aber Freiheit sich schaffen zu neuem Schaffen – das vermag die Macht des Löwen. Freiheit sich schaffen und ein heiliges Nein auch vor der Pflicht: Dazu, meine Brüder, bedarf es des Löwen. Recht sich nehmen zu neuen Werten – das ist das furchtbarste Nehmen für einen tragsamen und ehrfürchtigen Geist. Wahrlich, ein Rauben ist es ihm und eines raubenden Tieres Sache. Als sein Heiligstes liebte er einst das *Du sollst:* Nun muss er Wahn und Willkür auch noch im Heiligsten finden, dass er sich Freiheit raube von seiner Liebe: Des Löwen bedarf es zu diesem Raube.
Aber sagt, meine Brüder, was vermag noch das Kind, das auch der Löwe nicht vermochte? Was muss der raubende Löwe auch noch zum Kinde werden? Unschuld ist das Kind und Vergessen, ein Neubeginnen, ein Spiel, ein aus sich rollendes Rad, eine erste Bewegung, ein heiliges Ja-Sagen. Ja, zum Spiele des Schaffens, meine Brüder, bedarf es eines heiligen Ja-Sagens.[10]

Du sollst!

Ablehnende Stufe: Der Mensch, der frei sein will, alle Werte vernichtet, ein heiliges Nein sagt (ein nihilistischer Mensch): Auf dieser Stufe sah sich Nietzsche.

Experimentelle Stufe: ein Neubeginn, die erste Bewegung, ein heiliges Ja-Sagen

AUFGABE

Entwerfen Sie einen Comic zu Nietzsches Philosophie. Die unten angeführten Begriffe sollten im Comic integriert sein.

Ich soll. Ich will. Du sollst. Kamel, Drache, Löwe, Kind,
Ablehnung, Wille zur Selbstbestimmung, Brücke, Übergang

10 Friedrich Nietzsche, Also sprach Zarathustra. Hrsg. von Karl Schlechta, aus: Digitale Bibliothek Band 2: Philosophie, S. 67742ff. (gekürzt und geringfügig bearbeitet).

3 Existenzphilosophie

NIETZSCHE deutet in seinem philosophischen Werk an, dass vor einem konstruktiven Neubeginn des Geistes ein konsequentes Nein gegenüber den Normen und Geboten des Christentums und einer übertriebenen Vernunftphilosophie gesprochen werden muss: *Die Werte müssen umgewertet werden!* NIETZSCHE sagt uns jedoch nicht, wie nach dem nihilistischen Stadium eine konstruktive Lebensführung (das heilige Ja des Kindes) aussehen kann. Die Existenzphilosophen des 20. Jhs. setzten die Gedanken der Vorläufer KIERKEGAARD und NIETZSCHE fort. Sie versuchen, konstruktive Lebensmodelle zu entwickeln.

- Innerhalb existenzphilosophischer Schriften werden immer wieder Themen behandelt wie die menschliche Subjektivität sowie die Wahl des Einzelnen und seine Grundbefindlichkeit, die meist als Erfahrung existentieller Angst definiert wird.
- Die persönliche Erfahrung sowie das Handeln nach eigener Überzeugung hat für die Erkenntnis der Wahrheit grundlegende Bedeutung.
- Die hervorragendste Eigenschaft des Menschen ist die Freiheit der Wahl; für den Menschen gibt es im Unterschied zum Tier keine determinierende Essenz. Die Wahl einer Daseinsmöglichkeit zieht jedoch auch Verantwortung nach sich. Da die Individuen ihren eigenen Weg frei wählen können, müssen sie auch die Verantwortung eingehen, die verbindlich gewordene Entscheidung zu befolgen, wo sie auch immer hinführen mag.

Essenz bedeutet das Wesentliche (vgl. Kapitelabschnitt 3.2 SARTRE).

Zentrale Fragen der Existenzphilosophie:

- Was ist *Existenz?* Was ist das Wesen unserer Existenz?
- Sind wir ausschließlich materielle Objekte oder haben wir auch einen nicht-materiellen Wesenszug, der wichtiger ist als unser Körper?
- Erlischt unsere Existenz mit unserem Tod, oder ist es auf irgendeine Weise vorstellbar, dass sie danach noch vorhanden ist? Und wenn das der Fall ist, woraus könnte diese fortgesetzte Existenz bestehen?

Existenzphilosophische Gedanken finden Sie auch bei V. FRANKL. Siehe Kernbereiche der Psychologie, S. 260ff.

Wenn wir uns mit diesen Fragen beschäftigen, können wir zu folgender Überlegung kommen: Ich weiß nicht, was ich bin, aber ich weiß, dass ich existiere. Wenn ich also das Wesen von *Existenz* untersuchen will, dann sollte ich da anfangen, wo ich mich am besten auskenne, nämlich mit dem Wesen meiner eigenen Existenz.

Der Mediziner und Philosoph Karl JASPERS formuliert es folgendermaßen:

> Was ist der Mensch? Unsere Erforschung des Menschen hat vielerlei Wissen gebracht, aber nicht das Wissen vom Menschen im Ganzen. Es ist die Frage, ob der Mensch überhaupt erschöpfend begriffen werden kann in dem, was von ihm wissbar ist. Oder ob er darüber hinaus etwas ist, nämlich Freiheit, die sich jeder gegenständlichen Erkenntnis entzieht, aber ihm doch als unentrinnbare Möglichkeit gegenwärtig ist. In der Tat ist der Mensch sich zugänglich in der doppelten Weise: als Objekt der Forschung und als Existenz der aller Forschung unzugänglichen Freiheit. In einem Fall sprechen wir vom Menschen als Gegenstand, im anderen Falle von dem Ungegenständlichen, das der Mensch ist und dessen er inne wird, wenn er sich seiner selbst eigentlich bewusst ist. Was der Mensch ist, erfahren wir nur im Ursprung unseres Denkens und Tuns. Der Mensch ist grundsätzlich mehr, als er von sich wissen kann.
> Der Sinn des Philosophierens ist Gegenwärtigkeit. Wir haben nur eine Wirklichkeit, hier und jetzt. Was wir durch unser Ausweichen versäumen, kehrt nie wieder, wenn wir uns vergeuden, verlieren wir das Sein. Jeder Tag ist kostbar: Ein Augenblick kann alles sein. Wir werden schuldig an unserer Aufgabe, wenn wir aufgehen in Vergangenheit oder Zukunft.[11]

Karl JASPERS (1883–1969)

3.1 Martin HEIDEGGER

HEIDEGGER studierte Theologie und Philosophie, u.a. bei Edmund HUSSERL in Freiburg. Später ging er als Professor nach Marburg, wo er bis zu seinem Tod blieb. 1933 wurde er Rektor der Universität und trat in die NSDAP ein. Obwohl er Parteimitglied war, wurde er angeblich vom Sicherheitsdienst überwacht. Von 1945 bis 1951 erhielt er wegen seiner Verstrickungen mit dem Nationalsozialismus Lehrverbot.

HEIDEGGER beschäftigt sich mit Fragen des Seins. Er unterscheidet das Sein vom Dasein: Das Dasein ist ein Seiendes, dem es um das Sein geht. Das Dasein, also das Subjekt, das sich seiner selbst bewusst ist, findet sich in der Zeit vor und sucht den Sinn seiner Existenz in der Zeit. Das Subjekt ist in die Welt geworfen. Der Einzelne wird den Grund seines Daseins nie fassen können. Dafür muss jedes Individuum sein eigenes Ziel suchen und es mit leidenschaftlicher Überzeugung verfolgen.

Martin HEIDEGGER (1889–1976)

[11] Karl JASPERS, Einführung in die Philosophie, München: Piper 1971, S. 50 (gekürzt) und 110.

Dasein = universelle Erfahrung des eigenen Lebens

Das Mitsein, die Mitwelt prägt zu sein und zu handeln. Die Mitwelt ist der Bereich der Unfreiheit, der Bestimmtheit.

Das Man ist die Unfreiheit von Seiten der Mitwelt; diese Unfreiheit ist anonym, strukturell bedingt, nicht auf eine Person bezogen.

Aufgaben der Philosophie: Uneigentlich zu sein, die Mitwelt durchsichtig zu machen, sie zu destruieren; die Erfahrung der Unbestimmtheit zu ermöglichen, das Sein des Daseins zu erschließen (Erschlossenheit).

Wenn man sich der Erschlossenheit verschließt, verfällt man in die Bestimmtheit und ist angepasst (man ist dem „Gerede" verfallen).

Erschlossenheitserfahrungen: Die Erfahrung der Langeweile (Womit könnte ich mich beschäftigen?)

Angst als Möglichkeitserfahrung (Wenn ich Prüfungsangst habe, kann ich weggehen oder nicht.)

Die Herrschaft des MAN

Das Belieben der Anderen verfügt über die alltäglichen Seinsmöglichkeiten des Daseins. Diese Anderen sind dabei nicht *bestimmte* Andere. Im Gegenteil, jeder Andere kann sie vertreten. Entscheidend ist nur die unauffällige, vom Dasein als Mitsein unversehens schon übernommene Herrschaft der Anderen. Man selbst gehört zu den Anderen und verfestigt ihre Macht. „Die Anderen", die man so nennt, um die eigene wesenhafte Zugehörigkeit zu ihnen zu verdecken, sind die, die im alltäglichen Miteinandersein zunächst und zumeist *„da sind"*. Das Wer ist nicht dieser und nicht jener, nicht man selbst und nicht einige und nicht die Summe Aller. Das *Wer* ist das Neutrum, *das Man.*

In der Benutzung öffentlicher Verkehrsmittel, in der Verwendung des Nachrichtenwesens (Zeitung) ist jeder Andere wie der Andere. Dieses Miteinandersein löst das eigene Dasein völlig in die Seinsart „der Anderen" auf, so zwar, dass die Anderen in ihrer Unterschiedlichkeit und Ausdrücklichkeit noch mehr verschwinden. In dieser Unauffälligkeit und Nichtfeststellbarkeit entfaltet das MAN seine eigentliche Diktatur. Wir genießen und vergnügen uns, wie man genießt; wir lesen, sehen und urteilen über Literatur und Kunst, wie man sieht und urteilt; wir ziehen uns aber auch vom „großen Haufen" zurück, wie man sich zurückzieht; wir finden „empörend", was man empörend findet. Das MAN, das kein bestimmtes ist, und das Alle, obzwar nicht als Summe, schreibt die Seinsart der Alltäglichkeit vor.

Diese Durchschnittlichkeit in der Vorzeichnung dessen, was gewagt werden kann und darf, wacht über jede sich verdrängende Ausnahme. Jeder Vorrang wird geräuschlos niedergehalten. Alles Ursprüngliche ist über Nacht als längst bekannt geglättet. Alles Erkämpfte wird handlich. Jedes Geheimnis verliert seine Kraft. Die Sorge der Durchschnittlichkeit enthüllt wieder eine wesenhafte Tendenz des Daseins, die wir die Einebnung aller Seinsmöglichkeiten nennen.

Das MAN ist überall dabei, doch so, dass es sich auch schon immer davongeschlichen hat, wo das Dasein auf Entscheidung drängt. Weil das MAN jedoch alles Urteilen und Entscheiden vorgibt, nimmt es dem jeweiligen Dasein die Verantwortlichkeit ab. Das MAN kann es sich gleichsam leisten, dass „man" sich ständig auf es beruft. Es kann am leichtesten alles verantworten, weil keiner es ist, der für etwas einzustehen braucht. Das MAN „war" es immer und doch kann gesagt werden, „keiner" ist es gewesen. In der Alltäglichkeit des Daseins wird das meiste durch das, von dem wir sagen müssen, keiner war es.

Das MAN *entlastet* so das jeweilige Dasein in seiner Alltäglichkeit. Nicht nur das; mit dieser Seinsentlastung kommt das MAN dem Dasein entgegen, sofern in diesem die Tendenz zum Leichtnehmen und Leichtmachen liegt. Und weil das MAN mit der Seinsentlastung dem jeweiligen Dasein ständig entgegenkommt, behält es und verfestigt es seine hartnäckige Herrschaft. Jeder ist der Andere und Keiner er selbst.[12]

Mitwelt

Zusammenfassung

- Die Anderen, also die Mitwelt (der Bereich der Unfreiheit und Determiniertheit), prägt meine Daseinsmöglichkeiten, meine Handlungsweisen.
- Diese Unfreiheit von Seiten der Mitwelt ist anonym, strukturell bedingt, sie ist das MAN.
- Das MAN übt seine Diktatur in der Unauffälligkeit und Durchschnittlichkeit aus. Das MAN gibt Urteile und Entscheidungen vor, es nimmt dem Dasein (meinem Leben) die Verantwortung ab.
- Die Berufung auf das MAN erleichtert das „Leichtnehmen": Jeder ist der Andere und Keiner er selbst. Man lebt uneigentlich.
- Die Existenzweise des MAN ist die Existenzweise der Uneigentlichkeit und des Habens: Man lebt selbstvergessen; man ist das, was man hat und was man konsumiert.
- Die Existenzweise des Seins ist die Existenzweise der Eigentlichkeit: die Mitwelt durchsichtig machen, sie destruieren, unbestimmt leben, das Dasein erschließen.
- Erschlossenheitserfahrungen: Erfahrungen, die das Dasein erschließen, sind Langeweile und Angst.

Langeweile

Angst

Wenn der Mensch sein Selbst ignoriert, wenn er die Beziehung zu seinem Selbst verloren hat, wenn er selbstvergessen lebt, wird das eigene Selbst nicht mehr wahrgenommen. Die existentialistische Philosophie war es, die die Existenzweise der Selbstvergessenheit ausführlich beschrieben hat. Die Existenzweise des MAN und des Habens ist das Gewöhnliche und Spontane, also jene Existenzweise, in der wir automatisch leben, wenn wir nichts dagegen tun. Der Mensch achtet darauf, so zu sein, wie es ihm die Anderen gebieten oder wie er es für nötig hält, um sich von den Anderen abzugrenzen. Die Anderen sind es also, die seine Existenzform bestimmen: Die Anderen (das MAN) haben ihm sein *Dasein* abgenommen. Dadurch tendiert der Mensch dazu, sich mit dem zu identifizieren, was er hat und was er konsumiert. Die Ursache dafür, dass wir an die Lebensform der Uneigentlichkeit und des Habens gefesselt sind, ist die *Angst* in ihren verschiedenen Facetten,

[12] Martin HEIDEGGER, Sein und Zeit, Tübingen: Niemeyer 1993, § 27 (gekürzt).

im Speziellen die Todesangst. Mehr als alles andere befriedigt der Besitz von Eigentum das Verlangen nach Unsterblichkeit und aus diesem Grunde ist die Orientierung am Haben so mächtig.

Der Sozialpsychologe Erich FROMM beschreibt die Existenzformen der *Uneigentlichkeit und Eigentlichkeit* als *Haben und Sein.*

Die Illusion der Unsterblichkeit wird jedoch mit dem Verzicht auf reales Leben erkauft. Wer ständig an seiner Karriere, seinem Ruhm, seinem Reichtum arbeitet, ist nicht bei sich und kann der Sehnsucht, *eigentlich zu werden,* nicht folgen: *Das Sein nichtet!* Ein Mensch, dem es gelingt, *das Dasein zu entbergen,* d.h., das Dasein vom Schleier des Uneigentlichen zu befreien, lebt in dem Bewusstsein, dass Besitz und Ruhm ihm letztlich nicht mehr Lebenschancen geben, sondern ihn nur daran hindern, in vollem Sinn zu leben. Wer eigentlich lebt, erlebt sich nicht als Gebrauchswert, sondern als Eigenwert, er erlebt sein Dasein, das um seiner selbst willen zur Verfügung steht.

AUFGABEN

1. **Das MAN und die moderne Einheitsgesellschaft**
   Mit dem *uneigentlichen MAN* beschreibt HEIDEGGER die Verantwortungslosigkeit, die Anonymität, die Durchschnittlichkeit. Mit der *unbestimmten Eigentlichkeit* beschreibt er die Entschlossenheit und Verantwortlichkeit des Individuums.
   Formulieren Sie je fünf Sätze.
   Das uneigentliche MAN ist …
   Die unbestimmte Eigentlichkeit ist …
2. **Langeweile**
   HEIDEGGER sieht in der Langeweile eine Möglichkeit, das In-der-Welt-Sein zu erschließen.
   a. Warum ist es im Paradies langweilig?
   Versetzen Sie sich in die Lage von Adam und Eva im Paradies. Nehmen wir an, nach einiger Zeit wird es Ihnen langweilig. Warum?
   Schreiben Sie die Gründe in Form einer Mindmap auf ein Plakat.
   b. Langeweile konstruktiv nutzen
   Ergänzen Sie:
   Ich langweile mich bei …
   Langeweile ist die Quelle für … (Geselligkeit, Nachdenken, Neubeginn)
   Erstellen Sie anhand Ihrer Assoziationen ein Plakat.
3. **HEIDEGGERS Sprache**
   HEIDEGGER analysiert das menschliche Dasein. Dabei versucht er auch sprachlich, die cartesianische Trennung von Subjekt (Innenwelt) und Objekt (Außenwelt) aufzuheben. Anstatt von *„Ich bin mir bewusst (Innenwelt), in der Welt zu sein (Außenwelt)"* sagt er *„In-der-Welt-Sein".*[13] Ordnen Sie richtig zu.

[13] Vgl. Holm TETENS, Philosophisches Argumentieren. Eine Einführung, München: Beck 2004, S. 208ff.

Cartesianische Trennung	HEIDEGGERS Sprache
1. Ich bin in der Welt.	a. Vergangenheit und Zukunft sind ein Nicht-Seiendes, zwar kein schlechthin Nichtiges, vielmehr Anwesendes, dem etwas fehlt.
2. Die Dinge draußen sind von mir und meinem Bewusstsein völlig getrennt.	b. Die Existenzweise des Seins ist die Existenzweise der Eigentlichkeit und Unbestimmtheit. Der Schleier des MAN wird entborgen.
3. Entfremdung ist der gesellschaftlich vorangetriebene Prozess der Aneignung der Natur samt der kulturellen Institutionen, die fremdbestimmt wirken, sobald sie die Menschen beherrschen.	c. Miteinander-Sein
4. Wahrheit ist die Übereinstimmung von Aussage und Sachverhalt.	d. Das Sein nichtet. Jeder ist der Andere und keiner er selbst.
5. Unter Zeit versteht man das Phänomen der Veränderung. Das Vergehen der Zeit macht aus Möglichkeiten Tatsachen, aus Zukunft Vergangenheit.	e. Mein Da-Sein ist In-der-Welt-Sein.

3.2 Jean-Paul SARTRE

Jean-Paul SARTRE war Philosoph, Schriftsteller und politischer Journalist. Seine Lebensgefährtin Simone de BEAUVOIR, die er bereits während seines Studiums kennengelernt hatte, und die Philosophie Edmund HUSSERLS bzw. Martin HEIDEGGERS nahmen großen Einfluss auf seine intellektuelle Entwicklung. Bereits während des Zweiten Weltkriegs befasste er sich mit dem Problem menschlicher Verantwortung und individueller Freiheit, 1943 wurde sein philosophisches Hauptwerk *L'Être et le Néant (Das Sein und das Nichts)* veröffentlicht. Nach dem Krieg engagierte sich SARTRE als unabhängiger Sozialist für den Marxismus.

Jean-Paul SARTRE (1905–1980)

1964 lehnte SARTRE den Nobelpreis für Literatur ab und provozierte damit den größten Skandal in der Geschichte des Preises.

SARTRE verstand es, abstraktes Denken mit lebendiger Beobachtungsgabe und poetischer Fantasie zu verknüpfen.

Existenz und Essenz

Die trügerischen idealistischen Abgleitungen von der Ursprünglichkeit der Philosophie ruinieren nach SARTRE unser Seinsbewusstsein. Die Abgleitungen des Idealismus versperren den Weg zur Philosophie. Das Philosophieren hat die Aufgabe, diese Sperren zu durchbrechen und den Menschen zu sich selbst zurückzubringen. SARTRE vertritt in seinem atheistischen Humanismus die Überzeugung, dass die Existenz des Menschen seiner Essenz vorausgehe, weshalb er zur Freiheit verurteilt ist, durch seine Existenz seine eigene Essenz zu bestimmen. Der für SARTRE zentrale Begriff der Freiheit erfährt auch in seinen Dramen eine vielfache exemplarische Ausgestaltung: *Gott existiert nicht, nur die Menschen sind da! Der Mensch ist das einzige Wesen, das zunächst einmal existiert.* Die Unterscheidung von Existenz und Essenz wird von SARTRE durch Beispiele erklärt:

- Bei Gegenständen, z. B. einem Messer, geht die Essenz der Existenz voraus: Die Summe der Rezepte und Eigenschaften, der Funktionen des Gegenstandes gehen seiner Existenz voraus. *Bevor ich ein Messer herstelle, weiß ich, wofür ich es brauche.*
- Wenn der Mensch an einen Gott glaubt, der mit einem Schöpfer verglichen wird, geht auch bei diesem Menschen die Essenz seiner Existenz voraus: *Es gibt mindestens ein Wesen, das vor meiner Existenz in etwa meine Essenz kennt.* So gesehen ist dieser Mensch (wie das Messer) fremdbestimmt.
- Auch bei Philosophen, die unvergängliche Ideen (PLATON) oder Anschauungsformen a priori (KANT) ansetzen, geht die Essenz der Existenz voraus: Nach KANT besitzt jeder Mensch dieselben Grundeigenschaften (Anschauungsformen und Kategorien). Somit geht auch hier die Essenz der Existenz voraus.

Der atheistische Existentialismus erklärt: Der Mensch ist nichts anderes, als wozu er sich macht.

Der atheistische Existentialismus

Der atheistische Existentialismus, für den ich stehe, erklärt, dass es, wenn Gott nicht existiert, mindestens ein Wesen gibt, bei dem die Existenz der Essenz vorausgeht, ein Wesen, das existiert, bevor es durch irgendeinen Begriff definiert werden kann, und dass dieses Wesen der Mensch oder die menschliche Wirklichkeit ist. Was bedeutet hier, dass die Existenz der Essenz vorausgeht? Es bedeutet, dass der Mensch zuerst existiert, sich begegnet, in der Welt auftaucht und sich danach definiert.

Der Mensch ist verantwortlich für das, was er ist.

Die existentialistische Auffassung des Menschen

Wenn der Mensch, so wie ihn der Existentialist begreift, nicht definierbar ist, so darum, weil er anfangs überhaupt nichts ist. Er wird erst in der weiteren Folge sein und er wird so sein, wie er sich geschaffen haben wird. Also gibt es keine menschliche Natur, da es keinen Gott gibt, um sie zu entwerfen. Der Mensch ist lediglich so, wie er sich konzipiert; der Mensch ist nichts anderes, als wozu er sich macht. Das ist der erste Grundsatz des Existentialismus. Aber was wollen wir denn damit anderes sagen, als dass der Mensch eine größere Würde hat als der Stein oder der Tisch? Denn wir wollen sagen, dass der Mensch zuerst existiert, das heißt, dass er zuerst ist, was sich in eine Zukunft hinwirft und was sich bewusst ist, sich in der Zukunft zu planen.

Der Entwurf

Der Mensch ist zuerst ein Entwurf; nichts existiert diesem Entwurf vorweg, nichts ist im Himmel und der Mensch wird zuerst das sein, was er zu sein geplant hat, nicht, was er sein wollen wird. Denn was wir gewöhnlich unter Wollen verstehen, ist eine bewusste Entscheidung, die für die meisten unter uns dem nachfolgt, wozu er sich selbst gemacht hat. Ich kann mich einer Partei anschließen wollen, ein Buch schreiben, mich verheiraten; alles das ist nur Kundmachung einer ursprünglicheren, spontaneren Wahl als das, was man Willen nennt.

Der Mensch ist nichts anderes als ein Entwurf. Er existiert nur in dem Maße, in dem er sich verwirklicht.

Der Mensch ist voll und ganz verantwortlich

Aber wenn wirklich die Existenz der Essenz vorausgeht, so ist der Mensch verantwortlich für das, was er ist. Somit ist der erste Schritt des Existentialismus, jeden Menschen in Besitz dessen, was er ist, zu bringen und auf ihm die gänzliche Verantwortung für seine Existenz ruhen zu lassen. Und wenn wir sagen, dass der Mensch für sich selber verantwortlich ist, so wollen wir nicht sagen, dass der Mensch gerade eben nur für seine Individualität verantwortlich ist, sondern dass er verantwortlich ist für alle Menschen.

Der Mensch ist nichts anderes als die Gesamtheit seiner Handlungen.

Der Mensch ist Freiheit

Wenn Gott nicht existierte, so wäre alles erlaubt. Das ist der Ausgangspunkt des Existentialismus. In der Tat, alles ist erlaubt, wenn Gott nicht existiert, und demzufolge ist der Mensch verlassen, da er weder in sich noch außerhalb seiner selbst eine Möglichkeit findet, sich anzuklammern. Vor allem findet er keine Entschuldigungen. Geht tatsächlich die Existenz der Essenz voraus, so kann man nie durch Bezugnahme auf eine gegebene und feststehende menschliche Natur Erklärungen geben; anders gesagt, es gibt keine Vorausbestimmung mehr, der Mensch ist frei, der Mensch ist Freiheit. Wenn wiederum Gott nicht existiert, so finden wir uns keinen Werten, keinen Geboten gegenüber, die unser Betragen rechtfertigen. So haben wir weder hinter uns noch vor uns Rechtfertigungen oder Entschuldigungen. Wir sind allein, ohne Entschuldigungen. Das ist es, was ich mit diesen Worten ausdrücken will: *Der Mensch ist verurteilt, frei zu sein.* Verurteilt, weil er sich nicht selbst erschaffen hat, andererseits aber dennoch frei, da er, einmal in die Welt geworfen, für alles verantwortlich ist, was er tut.[14]

Es gibt keine Vorherbestimmung, der Mensch ist Freiheit. Geburtshelfer der Freiheit sind das Angewidertsein (der Ekel) vor dem Determinierten, der Fremdbestimmung.

[14] Jean-Paul SARTRE, Ist der Existentialismus ein Humanismus?, in: Drei Essays, Frankfurt/Main: Ullstein 1980, S. 9ff. (gekürzt und strukturiert).

Seinstypen

In *Das Sein und das Nichts* untermauert Sartre die These, der Mensch sei das Wesen, das *für alles frei* und *verantwortlich* sei. Er unterscheidet zwischen Individuum (dem Für-sich-Sein des Bewusstseins) und Welt (dem An-sich-Sein der Dinge) und sagt, dass die menschliche Existenz durch die Fähigkeit des *Nichtens* gekennzeichnet sei, durch die Fähigkeit, etwas radikal zu verneinen, sich dagegen zu entscheiden und aufzulehnen, um sich für etwas anderes öffnen zu können.

Die Dinge der Welt sind ein An-Sich-Sein, sie sind.

Das *Seiende* (Welt, Dinge, Menschen, eigener Körper) ist; mehr kann man sinnvollerweise nicht sagen. Dieser Seinstyp des An-sich-Seins ist starr, massiv, mit sich identisch und funktioniert nach bestimmten festgelegten Prinzipien.

Das Bewusstsein ist ein Für-sich-Sein, ein Nicht-Sein.

Der zweite Seinstyp, das Bewusstsein, kann nicht sein, es hat kein Sein, denn alles Seiende ist ja An-sich-Sein. Folglich muss das Bewusstsein ein Nicht-Sein sein. Das Bewusstsein besteht im Nichts, es ist völlige Leere, im Vergleich zum An-sich-Sein ist es eine negative Wirklichkeit. Darin liegt der Grund, warum sich das Für-sich-Sein nach außen richtet, dorthin, wo *Sein* ist. Bewusstsein ist ein Suchen nach Sein.

Dadurch dass der Mensch in sich selbst das Nichts enthält, erfährt er sich als Mängelwesen und ist bestrebt, diesen Mangel zu beseitigen. Der Mensch versucht das An-sich-Sein im Für-sich-Sein festzumachen. Trotz dieser Versuche gelingt es ihm niemals *Sein zu werden,* sondern er bleibt letztlich im Für-sich-Sein stecken. Der *Mensch* ist verurteilt, sich ständig zu entwerfen. Im Entwurf liegt der Ursprung aller Möglichkeiten, wie Sartre am Beispiel von Orest in seinem Werk „Die Fliegen" veranschaulicht: Orest kann zwischen mehreren Alternativen wählen; er kann den Mord an seinem Vater Agamemnon rächen oder nicht; er kann den Liebhaber der Mutter Ägisthos töten und seine Mutter Klytämnestra verschonen; er kann beide töten, er kann von zu Hause wegbleiben etc.: **Die Situation ist das An-sich-Sein, die Möglichkeiten das Für-sich-Sein.**

Für-Sich-Sein
Nicht-Sein,
Streben nach Identität

An-Sich-Sein
starr, massiv

Entwurf, Ursprung aller Möglichkeiten

Differenz zum An-Sich-Sein

AUFGABE

Der griechische Fabeldichter Äsop (6. Jh. v. Chr.) erzählte folgende Geschichte. Diskutieren Sie die Fabel in Bezug auf An-sich-Sein und Für-sich-Sein:

Der Greis und der Tod
Ein Greis fällte einst Holz, lud es sich auf und ging eine lange Strecke. Der Weg ermüdete ihn. Er lud seine Last ab und rief nach dem Tod. Der erschien alsbald und fragte, weshalb er ihn gerufen habe. Der Greis antwortete: „Um mir die Last wieder aufzuladen."

3.3 Albert Camus

Albert Camus (1913–1960) erhielt 1957 den Nobelpreis für Literatur.

Camus wurde in Algerien geboren und studierte Philosophie. Danach arbeitete er als Journalist, Schauspieler und Regisseur. 1960 kam er bei einem Autounfall ums Leben. Sein philosophisches Hauptwerk ist *Der Mythos von Sisyphos.* Der Mensch ist nach Camus zur Sinnlosigkeit verdammt. Weder Selbstmord noch metaphysische Fluchtversuche in ideologische oder religiöse Glaubenswelten verheißen Rettung. Aus dieser Dialektik zwischen Hoffnungslosigkeit und Heilserwartung entwickelte Camus das Modell einer Revolte, bei der das Subjekt in der Art des Sisyphos gegen die Sinnleere ankämpft.

- Der Mensch ist allein auf sich gestellt. Von Gott kann keine Aufhebung der Absurdität erwartet werden. Was dem Menschen bleibt, ist die Freiheit, sich sein kurzes Dasein zu eigen zu machen, indem er nicht aufhört, gegen die Absurdität zu protestieren, und zwar im HIER und JETZT.
- Bevor der Mensch dem *Absurden* begegnet, lebt er mit Zielen, mit der Sorge um die Zukunft oder um eine Rechtfertigung dessen, was er hofft. Er glaubt, dass irgendetwas im Leben gelenkt werden könne. Er handelt, als wäre er frei.
- Nach der Konfrontation mit dem Absurden ist alles erschüttert. Die Vorstellung, dass alles einen Sinn hat, wird durch das Absurde Lügen gestraft. Der Mensch, der die Absurdität seiner Existenz erkennt, begreift, dass die Freiheit nicht existiert.
- Aber gleichzeitig begreift der absurde Mensch auch, dass er bisher durch die Illusion, von der er lebte, an dieses Postulat der Freiheit gebunden war: *Je mehr ich hoffe, je mehr ich mein Leben ordne, umso mehr Schranken schaffe ich, in die ich das Leben einzwänge. Das Absurde klärt mich über diesen Punkt auf: Es gibt kein Morgen – das ist die Begründung meiner tiefsten Freiheit.*[15]

Sisyphos beim Rollen des Steines (Ausschnitt von einer Amphore, um 510 v. Chr.)

[15] Vgl. Albert Camus, Der Mythos von Sisyphos. Ein Versuch über das Absurde, Reinbek: rororo 1974, S. 51.

Zur Verdeutlichung seiner Weltsicht verwendete CAMUS den *Mythos von Sisyphos.* Die Götter haben Sisyphos in der Hoffnung verurteilt, dass dies die furchtbarste Strafe sei. SISYPHOS ist jedoch der klügste Mensch; er ist ungehorsam gegen die Götter, er revoltiert.

Geschichten zu SISYPHOS

Die Götter hatten SISYPHOS dazu verurteilt, unablässig einen Felsblock einen Berg hinaufzuwälzen, von dessen Gipfel der Stein von selbst wieder hinunterrollte.

Es wird berichtet, SISYPHOS habe den Tod in Ketten gelegt und so den Menschen für kurze Zeit Unsterblichkeit geschenkt. Der Gott der Unterwelt konnte den Anblick seines verödeten Reiches nicht ertragen. Er verständigte den Gott des Krieges, der den Tod befreite.

Außerdem heißt es, dass SISYPHOS, den eigenen Tod vor Augen, die Liebe seiner Frau auf die Probe stellen wollte. Er befahl ihr, seinen Leichnam unbestattet auf den Markt zu werfen. SISYPHOS kam in die Unterwelt. Dort wurde er von ihrem Gehorsam, der aller Menschenliebe widersprach, derart aufgebracht, dass er von PLUTO die Erlaubnis erwirkte, auf die Erde zurückzukehren und seine Frau zu züchtigen. Als er aber diese Welt noch einmal sah, wollte er nicht mehr ins Schattenreich zurückkehren. Er lebte noch viele Jahre auf der lächelnden Erde.

SISYPHOS ist der Held des Absurden. Dank seiner Leidenschaften und dank seiner Qual. Seine Verachtung der Götter, sein Hass gegen den Tod und seine Liebe zum Leben haben ihm die unsagbare Marter aufgewogen, bei der sein ganzes Sein sich abmüht und nichts zustande bringt. Damit werden die Leidenschaften dieser Erde bezahlt. Über SISYPHOS in der Unterwelt wird uns nichts weiter berichtet. Mythen sind dazu da, von der Fantasie belebt zu werden. So sehen wir nur, wie ein angespannter Körper sich anstrengt, den gewaltigen Stein fortzubewegen, ihn hinaufzuwälzen und mit ihm wieder und wieder einen Abhang zu erklimmen; wir sehen das verzerrte Gesicht, die Wange, die sich an den Stein schmiegt, sehen, wie eine Schulter sich gegen den erdbedeckten Koloss legt, wie ein Fuß ihn stemmt und der Arm die Bewegung aufnimmt, wir erleben die ganz menschliche Selbstsicherheit zweier erdbeschmutzter Hände. Schließlich ist nach dieser langen Anstrengung das Ziel erreicht. Und nun sieht SISYPHOS, wie der Stein im Nu in jene Tiefe rollt, aus der er ihn wieder auf den Gipfel wälzen muss. Er geht in die Ebene hinunter.

Auf diesem Rückweg, während dieser Pause, interessiert mich SISYPHOS. Ein Gesicht, das sich so nahe am Stein abmüht, ist selber bereits Stein! Ich sehe, wie dieser Mann schwerfälligen, aber gleichmäßigen Schrittes zu der Qual hinuntergeht, deren Ende er nicht kennt. Diese Stunde, die gleichsam ein Aufatmen ist und ebenso zuverlässig wiederkehrt wie sein Unheil, ist die Stunde des Bewusstseins. In diesen Augenblicken, in denen er den Gipfel verlässt und allmählich in die Höhlen der Götter entschwindet, ist er seinem Schicksal überlegen. Er ist stärker als sein Fels.

Dieser Mythos ist tragisch, weil sein Held bewusst ist. Worin bestünde tatsächlich seine Strafe, wenn ihm bei jedem Schritt die Hoffnung auf Erfolg neue Kraft gäbe? Heutzutage arbeitet der Werktätige sein Leben lang unter gleichen Bedingungen, und sein Schicksal ist genauso absurd. Tragisch ist es aber nur in den wenigen Augenblicken, in denen der Arbeiter bewusst wird. SISYPHOS, der ohnmächtige und rebellische Prolet der Götter, kennt das ganze Ausmaß seiner unseligen Lage: Über sie denkt er während des Abstiegs nach. Das Wissen, das seine eigentliche Qual bewirken sollte, vollendet gleichzeitig seinen Sieg. Es gibt kein Schicksal, das durch Verachtung nicht überwunden werden kann.[16]

[16] Albert CAMUS, Der Mythos von SISYPHOS. a. a. O., S. 99.

Sinnloses Dasein	Absurdes Dasein
Verzweiflung, Selbstmord	Der Mensch hat die Freiheit, im HIER und JETZT zu revoltieren.
Streben nach Harmonie und gerechter Welt Suche nach Einheit	**Sisyphos als Modell:** Er verachtet die Götter, er liebt das Leben, er revoltiert.
Vertröstung auf das Jenseits	**Er ist bewusst:** Bewusstsein ist Qual und Sieg.

AUFGABE

Lesen Sie den Text der Psychotherapeutin Verena KAST. Worin besteht Ihrer Meinung nach das richtige Maß zwischen Wiederholung und Loslassen?

Im Zusammenhang mit der ewigen Wiederkehr fällt auf, dass Menschen dann von Sisyphosarbeit sprechen, wenn gar nicht die Arbeit als solche eine große Mühsal und nicht zu bewältigen ist, sondern wenn diese ewige Wiederholung an und für sich, dieses Fehlen von Veränderung zur Qual wird. So sprechen Menschen, die den Anfang lieben, das neu Aufbrechende, die auf ihre Art auch den Tod nicht akzeptieren, der ja das Ende setzt und von da aus unendlich vieles in unserem Leben in Rhythmen von Anfang und Ende, von Neubeginn und Ausklang bringt. Auch sie lassen zu wenig los, obwohl sie gerade dadurch imponieren, dass sie scheinbar ständig loslassen, weil sie ja nur den Anfang wollen und nicht die Fortsetzung. Sie lassen aber nicht vom Gedanken ab, dass das Leben so sein sollte, wie sie es sich wünschen. Sie wollen den ewigen Frühling. Und weil sie diesen Gedanken nicht opfern können, können sie die Wiederholung nicht akzeptieren. Sie sind aber auch nicht willens, innerhalb der Wiederholungen das Neue zu sehen und ewige Wiederholungen als den Rhythmus des menschlichen Lebens zu begreifen, der das Dasein auch strukturieren kann, denken wir zum Beispiel an unseren periodisch sich immer wieder meldenden Hunger.

Wenn sich diese Wiederholung aber mit der Schwere des Steins verbindet, den ein Mensch zu stemmen hat oder meint, stemmen zu müssen, dann stellt sich doch wiederum die Frage nach dem Loslassen, die Frage, ob denn vielleicht nicht die heroische Anstrengung des SISYPHOS zu heroisch nachgelebt wird, ob dadurch vielleicht zu wenig Raum und Zeit bleibt für andere Lebensbereiche, die den Niederschlag in anderen Mythen gefunden haben. Immerhin, auch SISYPHOS könnte zumindest vorübergehend aufatmen, dann nämlich, wenn der Stein von selbst ins Tal rollt, seinen

Verena KAST zum Sisyphosmythos: Das Bild des schweren Steins fordert zum Nachdenken heraus. Ist das Tun des Menschen letztlich vergeblich, oder lässt sich der Anstrengung ein Sinn abringen?

eigenen Weg nimmt. Sieht man den Mythos nur unter dem Aspekt des Scheiterns, dann ist der dem SISYPHOS entgleitende Stein als *Rückfall* zu bezeichnen. Es könnte darin aber auch der Moment abgebildet sein, in dem wir, nachdem wir alles gegeben haben, den Stein nicht mehr in der Hand haben, wo er seinen eigenen Weg nimmt, auf den wir keinen Einfluss mehr haben. Es wäre ziemlich unsinnig, den Stein auch noch beim Hinunterrollen kontrollieren zu wollen. Aber gerade das versuchen viele von uns zu tun.[17]

4 Übersicht 3

Idealistische und idealismuskritische Philosophen	
18./19. Jh. Idealismus	FICHTE (Ich und Nicht-Ich) SCHELLING (Gleichsetzung von Subjekt und Objekt, Identitätsphilosophie) HEGEL (dialektischer Dreischritt: These – Antithese – Synthese)
19. Jh. Idealismuskritik	KIERKEGAARD (Existenz ist keine allgemeine Idee, Existenz ist eine Kategorie, die sich auf den Einzelnen bezieht.) NIETZSCHE (Der Mensch muss vor der Fremdbestimmung, die von Idealismus und Christentum ausgeht, befreit werden.)
20. Jh. Existentialismus	JASPERS (Grenzerfahrungen wie Schuld, Leid und Tod führen zu Existenzerhellung.) HEIDEGGER (Der Mensch lebt in der Uneigentlichkeit; das Sein nichtet.) SARTRE (Der Mensch ist zur Freiheit verurteilt, er ist für seinen Entwurf selbst verantwortlich.) CAMUS (Der Mensch ist zur Sinnlosigkeit verdammt; SISYPHOS als Modell für Revolte, Bewusstheit und Sieg.)

[17] Verena KAST, SISYPHOS. Der alte Stein – der neue Weg, Zürich: Kreuz Verlag 1991, S. 90f.

Zusammenfassung

Deutscher Idealismus
Fichte

Johann Gottlieb Fichte sieht zwischen der Beziehung von Subjekt und Objekt, zwischen Ich und Nicht-Ich eine dialektische Einheit. Die Welt ist demnach eine Synthese von vielen Ich, ein absolutes Ich.

Hegel

Georg Wilhelm Friedrich Hegel erklärt die Einheit der Gegensätze in einem dialektischen Dreischritt von *These – Antithese – Synthese:* Der Herr hat die Macht, die Freiheit zu verwirklichen. Der Sklave hat den Wert der Freiheit erkannt und kann den Herrn unterweisen, frei zu sein. Im Moment der Anerkennung des anderen als Subjekt verwirklicht sich die Freiheit beider zu einem universellen Selbstbewusstsein.

Idealismuskritik
Kierkegaard

Sören Kierkegaard sieht im Existieren ein Heraustreten, eine Hinwendung zur Welt und zu Gott. Im ästhetischen Stadium existiert der Mensch uneigentlich, er gehorcht seinen Trieben und Neigungen. Im ethischen Stadium ersetzt er das Prinzip des Genusses durch das Prinzip der Freiheit; er erkennt durch ernsthaftes Reflektieren den Weg zum Absoluten. Im religiösen Stadium entscheidet sich der Mensch, christlich leben zu wollen: *Credo, quia absurdum est* (ich glaube, weil es absurd ist).

Nietzsche

Friedrich Nietzsche will den Menschen vom Zwang der Normen befreien: Der Mensch ist fremdbestimmt, beladen mit Geboten und Verboten, versklavt durch die christlichen und idealistischen Werte; er vergeudet seine Energie durch Zukunftshoffnungen und Jenseitsillusionen. Der Übermensch bejaht das Hier und Jetzt; er unterwirft sich dem Prozess des Werdens; er ist kreativ und enthusiastisch; er hat den Willen zur Macht, d.h. den Willen zu Unerschrockenheit und Selbstbestimmung.

Existenzphilosophie

Die Existenzphilosophie des 20. Jahrhunderts beschäftigt sich mit den individuellen Erfahrungen menschlicher Existenz. Die herausragende Eigenschaft des Menschen ist die Freiheit der Wahl. Da der Mensch seinen Weg frei wählen kann, muss er auch die damit verbundene Verantwortung für all seine Handlungen voll übernehmen.

Heidegger

Martin Heidegger beschäftigt sich vor allem mit der Seinsfrage. Der Mensch lebt zunächst in der Existenzweise des MAN, der Uneigentlichkeit, er lebt selbstvergessen. Ziel des Menschen ist es, das Dasein zu destruieren, das Dasein zu erschließen, um unbestimmt leben zu können. Erfahrungen, die das Dasein erschließen, sind die Langeweile und die Angst, im Speziellen die Angst vor dem Selbstsein (Leben) und die Angst vor dem Nicht-sein-Können (Tod).

SARTRE

Jean-Paul SARTRE unterscheidet zwei Seinstypen, das Für-sich-Sein und das An-sich-Sein. Dadurch dass der Mensch in sich selbst das Nichts enthält, erfährt er sich als Mängelwesen und ist bestrebt, diesen Mangel zu beseitigen. Der Mensch versucht, das An-sich-Sein im Für-sich-Sein festzumachen. Trotz dieser Versuche gelingt es ihm niemals *Sein zu werden,* sondern er bleibt letztlich im Für-sich-Sein stecken. Der Mensch ist verurteilt, sich ständig neu zu entwerfen: Im Entwurf liegt der Ursprung aller Möglichkeiten, wie SARTRE am Beispiel des OREST in seinem Werk „Die Fliegen" veranschaulicht.

CAMUS

Albert CAMUS sieht im Bewusstsein des Absurden eine Befreiung. Der absurde Mensch begreift: Je mehr er hofft, je mehr er sein Leben ordnet, umso mehr Schranken schafft er, in die er das Leben einzwängt. Das Absurde klärt über diesen Punkt auf: Es gibt kein Morgen – das ist die Begründung der tiefsten Freiheit.

Kapitel 4: Entwürfe zum Menschen[1]

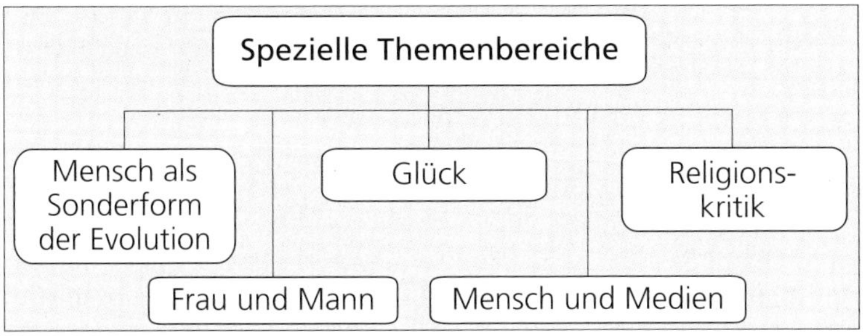

1 Mensch und Evolution

Die Evolutionstheorie von Charles Darwin erschütterte in mehrerer Hinsicht das Welt- und Menschenbild des Abendlandes:

- Der Mensch ist nicht die Krone der Schöpfung, sondern lediglich ein Teil des Kosmos; nach einer langen Entwicklungsphase ist er eher zufällig entstanden.
- Der Mensch stammt vom Tier ab und unterscheidet sich von diesem durch die Vernunft, die auch auf materielle und entwicklungsbedingte Faktoren zurückgeführt wird.
- Die biologisch-evolutionäre Theorie lässt keine allgemein gültigen, zeitübergreifenden Aussagen über den Menschen zu, weil sich alles Leben vom Urknall an ständig verändert. Das theoretische Wissen um diese ständige Veränderung fördert den Relativismus und erschwert es, Standpunkte einzunehmen.

Der Kulturanthropologe Arnold Gehlen (1904–1976) hat in Anknüpfung an Darwin versucht, den Menschen evolutionistisch ohne Gott zu erklären und als Mängelwesen beschrieben: Der Mensch hat nichts Übernatürliches an sich, das man als unsterbliche Geist-Seele bezeichnen kann. Er ist aber auch kein Tier, denn er ist weltoffen, nicht durch Instinkte und Reiz-Reaktions-Muster festgelegt; er muss sich dauernd entscheiden und er kann überlegt handeln. Er ist demnach ein *Sonderentwurf* der Natur.

Charles Darwin (1809–1882)

Darwin geht in seiner Theorie davon aus, dass die natürliche Auslese (Selektion) die Zahl der Arten erhöht. Die natürliche Auslese führt automatisch zu einer Verbesserung der meisten Organismen in Bezug auf ihre Lebenseignung, sie fördert die genetische Ausrüstung, die den Fortpflanzungserfolg begünstigt. Als Triebfeder für die Entwicklung und Erhaltung der Arten sah Darwin den Lebenswillen des Individuums an. Die moderne Biologie sieht das Handeln eines Lebewesens durch die Weitergabe des Genpools bestimmt.

> Der Mensch ist das handelnde Wesen. Er ist in einem noch näher zu bestimmenden Sinne nicht *festgestellt,* d.h., er ist sich selbst noch Aufgabe – er ist das Stellung nehmende Wesen. Die Akte seines Stellung-Nehmens nach außen nennen wir Handlungen, und gerade

[1] Hinweis: In Karl Lahmer u.a., Kernbereiche der Ethik 1 und 2. Entwürfe zum Leben, Wien: E. DORNER 2006 finden Sie weitere Themenbereiche ausführlich behandelt, z.B.: Umgang mit dem Fremden (Angst), Natur und Mensch, der religiöse Mensch (interreligiöser Dialog), Sinnfrage, Schöpfungsmythen, Gender.

konstitutionell = festgelegt (angeboren)

insofern er sich selbst noch Aufgabe ist, nimmt er auch zu sich selbst Stellung und *macht sich zu etwas.* Es ist dies nicht Luxus, der auch unterbleiben könnte, sondern das *Unfertigsein* gehört zu seinen physischen Bedingungen, zu seiner Natur, und in dieser Hinsicht ist er ein Wesen der Zucht: Selbstzucht, Erziehung, Züchtung als In-Form-Kommen und In-Form-Bleiben gehört zu den Existenzbedingungen eines nicht festgestellten Wesens. Sofern der Mensch auf sich selbst gestellt eine solche lebensnotwendige Aufgabe auch verpassen kann, ist er das gefährdete oder *riskierte* Wesen, mit einer konstitutionellen Chance zu verunglücken. Der Mensch ist schließlich vorsehend. Er ist als PROMETHEUS angewiesen auf das Entfernte, auf das Nichtgegenwärtige in Raum und Zeit, er lebt – im Gegensatz zum Tier – für die Zukunft und nicht in der Gegenwart. Es gehört diese Bestimmung zu den Umständen einer handelnden Existenz, und was am Menschen im eigentlichen Sinne menschliches Bewusstsein ist, muss von hier aus verstanden werden.
Der Mensch ist weltoffen, heißt: Er entbehrt der tierischen Einpassung in ein Ausschnitt-Milieu. Die ungemeine Reiz- oder Eindrucksoffenheit gegenüber Wahrnehmungen, die keine angeborene Signalfunktion haben, stellt zweifellos eine erhebliche Belastung dar, die in sehr besonderen Akten bewältigt werden muss. Die physische Unspezialisiertheit des Menschen, seine organische Mittellosigkeit sowie der erstaunliche Mangel an echten Instinkten bilden also unter sich einen Zusammenhang, zu dem die Weltoffenheit oder, was dasselbe ist, die Umweltenthebung den Gegenbegriff bilden. Umgekehrt entsprechen beim Tier die Organspezialisierung, das Instinktrepertoire und die Umweltfesselung einander. Das ist anthropologisch entscheidend wichtig. Wir haben damit einen Strukturbegriff des Menschen, der nicht auf dem Merkmal des Verstandes, Geistes usw. allein beruht, und bewegen uns also von nun an jenseits der oben erwähnten Alternative, entweder einen nur graduellen Unterschied zwischen dem Menschen und den ihm nächststehenden höheren Tieren anzunehmen oder den Wesensunterschied bloß in den Geist setzen zu müssen. Wir haben jetzt dagegen den *Entwurf* eines organisch mangelhaften, deswegen weltoffenen, d. h. in keinem bestimmten Ausschnitt-Milieu natürlich lebensfähigen Wesens und verstehen jetzt auch, was es mit den Bestimmungen auf sich hat, der Mensch sei nicht festgestellt oder sich selbst noch Aufgabe: Die bloße Existenzfähigkeit eines solchen Wesens muss fraglich sein und die bare Lebensfristung ein Problem, das zu lösen der Mensch allein auf sich selbst gestellt ist und wozu er die Möglichkeiten aus sich selbst herauszuholen hat.[2]

[2] Arnold GEHLEN, Der Mensch: seine Natur und seine Stellung in der Welt, Wiesbaden: UTB 1997, S. 32ff. (gekürzt und geringfügig bearbeitet).

AUFGABEN

1. Fassen Sie die Argumente, warum der Mensch ein Mängelwesen ist, zusammen. Suchen Sie alle Textabschnitte, die mit dem existenzphilosophischen Menschenbild (siehe Kapitel 3.3) vergleichbar sind.
2. Vergleichen Sie die Behauptungen von Arnold GEHLEN mit den Ausführungen von Günter ALTNER. Günter ALTNER (geb. 1936), Biologe und evangelischer Theologe, vertritt in seinen Schriften einen umfassenden Umweltschutz. Welche wesentlichen Unterschiede stellen Sie fest?

> Der Mensch ist nicht blind den Abläufen der Evolution ausgesetzt. Er kann sich anders verhalten als ein Lebewesen, das sich ohne Bewusstsein in einem Entwicklungsprozess befindet. In der Vetokompetenz des menschlichen Gehirns ist es begründet, dass zwischen uns als Naturwesen und der allgemeinen Natur eine Distanz vorhanden ist, die es uns erlaubt, das uns sinnlich Erscheinende nach den Gesetzen unseres Erkennens zu erfassen und nach den Maßstäben unserer sozialen Verantwortung zu gestalten. … Der Mensch ist von seinem Gewordensein her ein vielschichtiges Wesen, das seine endgültige Gestalt noch nicht gewonnen hat. Das Geheimnis des Werdens – ob säkular oder religiös gedeutet – ist nur dann angemessen beschrieben, wenn das Unterwegssein des Menschen von ihm selbst ungeachtet seiner Mitgestaltungsmöglichkeiten als etwas begriffen wird, das im Bereich des Unverfügbaren liegt.[3]

3. PLATON soll einmal gesagt haben, der Mensch gehöre der Tierwelt an, der Spezies der Zweibeiner; der einzige Unterschied: Der Mensch ist ein federloser Zweibeiner. Darauf soll DIOGENES ein Huhn gerupft und gesagt haben: *Das ist* PLATONS *Mensch!* Die Geschichte zeigt, dass es bis heute keine Wesensbestimmung des Menschen gibt, die nicht durch Gegenargumente entkräftet werden könnte. Die Geschichte zeigt aber auch, dass sie in mannigfacher Weise weitergedacht werden kann, wie die folgende Karikatur[4] zeigt:

[3] Günter ALTNER, Evolution und Schöpfung. Unverzichtbare Perspektiven im Streit um eine moderne Weltsicht, siehe Rupert RIEDL/Franz KREUZER (Hg.), Evolution und Menschenbild, Hamburg: Hoffman und Campe 1983, S. 274ff. (gekürzt).

[4] Karikatur von Jean EFFEL, aus Gabriele MÜNNIX, Menschlich? Mensch und Ethik, Leipzig: Klett 1997, S. 24.

4. Ohne Kommentar: Die Phylogenese des Homo sapiens sapiens!

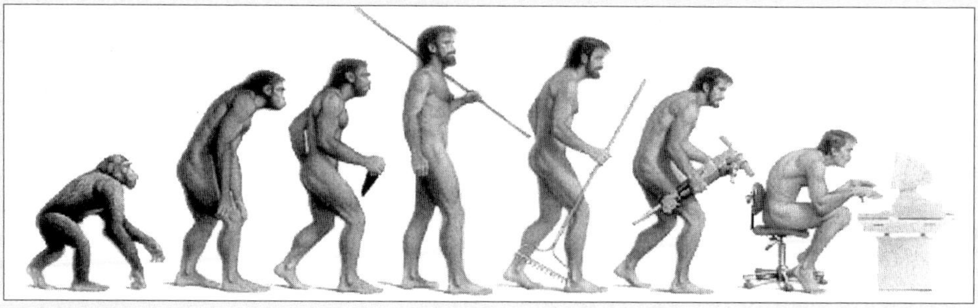

2 Frau und Mann

Seit den 1960er-Jahren zielt die gesellschaftliche Diskussion, angeregt durch die feministische Bewegung, auf eine grundlegende Veränderung der Norm- und Wertsysteme zugunsten einer Neubewertung und Stärkung der Rolle der Frau in der Gesellschaft. Carolyn MERCHANT (geb. 1936) und Fritjof CAPRA (geb. 1939) sehen in der abendländischen Kultur eine bis ins 20. Jahrhundert andauernde Überbetonung männlicher Werte und erklären dies anhand der archetypischen Pole von *Yin und Yang.*

Tao (der Weg) bedeutet in der chinesischen Philosophie den Urgrund des Seins und den Weg dorthin.

Yin und Yang

Aus der chinesischen Sicht entstehen alle Manifestationen des Tao aus dem dynamischen Wechselspiel dieser beiden Archetypen, die mit vielen gegensätzlichen Erscheinungsformen in der Natur und im gesellschaftlichen Leben assoziiert werden können.

- Mit Yin wird eher das Weibliche, Bewahrende, Empfängliche, Kooperative, Intuitive und nach Synthese Strebende assoziiert;
- mit Yang wird eher das Männliche, Fordernde, Aggressive, Rationale und Analytische assoziiert.

Diese beiden Pole sind als komplementäre Gegensätze zu verstehen. Wenn in einer Gesellschaft ein dynamisches Gleichgewicht zwischen diesen beiden besteht, ist das „gut" (im Sinne von vorteilhaft, nicht schädlich) für die Gesellschaft; ein Ungleichgewicht ist jedoch immer schlecht oder schädlich.

Die Paartherapie basisert auf dem dynamischen Gleichgewicht von Yin und Yang.

Neben New Age haben auch psychotherapeutische Richtungen das Bewusstsein für ein dynamisches Gleichgewicht von sogenannten weiblichen und männlichen Prinzipien und Verhaltensweisen geschärft: C. G. JUNG sprach von Anima und Animus, die gegengeschlechtlich gestärkt werden müssen: Der Mann muss sich um seine Anima kümmern, die Frau um ihren Animus.

2.1 Kugelmenschen

PLATON beschreibt die Beziehung zwischen Frau und Mann in Form eines Mythos. Während eines *Symposions,* eines Trinkgelages, wird der Frage nachgegangen, was der Eros sei.

Zuerst sollt ihr die menschliche Natur und ihre Geschichte kennen lernen. Unsere Natur war nämlich vor langer Zeit nicht die gleiche wie jetzt. Erstens gab es drei Geschlechter unter den Menschen, nicht nur zwei wie jetzt das männliche und das weibliche, sondern es gab noch ein drittes, das zu beiden gehörte; es gab nämlich noch das mann-weibliche, nach Gestalt und Namen eine Einheit von beiden, mit Anteil am Männlichen und Weiblichen.
Weiters war die Gestalt eines Menschen damals in sich geschlossen: Sie war rund, dazu hatte man vier Arme und Beine, weiters zwei Gesichter auf einem runden Hals; und über den beiden entgegengesetzten Gesichtern einen einzigen Schädel mit vier Ohren, dazu zwei Geschlechtsteile und alles Weitere so, wie man es sich wohl vorstellen kann. Man schritt aufrecht wie jetzt, und zwar beliebig in beide Richtungen; wenn man rasch laufen wollte, dann machte man es wie die, die Rad schlagen und dabei die Beine gerade in die Höhe strecken und herumwerfen; so stießen sie sich mit ihren acht Gliedmaßen ab und kamen flink herum. Dass es aber drei Geschlechter und von solcher Gestalt gab, kam daher, dass das männliche ursprünglich von HELIOS abstammte, das weibliche von der Erde und das an beiden beteiligte vom Mond, weil ja auch der Mond an beiden teilhat; und rund waren sie wegen ihrer Ähnlichkeit mit den Eltern. Sie waren auch gewaltig an Kraft und Stärke und hatten hohe Ziele: Sie ließen sich mit den Göttern ein und versuchten, sich einen Aufgang zum Himmel zu schaffen, um die Götter anzugreifen. Zeus und die anderen Götter hielten Rat, was man mit ihnen anfangen sollte: Sie wussten keinen Ausweg. Denn weder sahen sie die Möglichkeit, sie zu töten und das ganze Geschlecht zu vernichten – denn dann wären ihnen auch Verehrung und Opfer von den Menschen zunichte gewesen – noch sie weiter freveln zu lassen. Da hatte Zeus nun eine Idee und sprach: „Ich glaube, ich habe ein Mittel, wie die Menschen weiter bestehen und doch von ihrer Zügellosigkeit lassen könnten. Ich will jeden von ihnen mitten entzweischneiden; dadurch werden sie einerseits schwächer, andererseits nützlicher für uns, weil sie an Zahl zunehmen; und gehen sollen sie aufrecht auf zwei Beinen. Wenn es sich aber zeigen sollte, dass sie dann noch immer freveln, schneide ich sie nochmals durch, sodass sie auf einem Bein hüpfend daherkommen."
Er schnitt also die Menschen auseinander. Und wenn er einen durchgeschnitten hatte, befahl er dem APOLL, ihm das Gesicht nach

HELIOS ist die Sonne.

Der Mythos ist aitiologisch, d.h., er erklärt die Ursache für die verschiedenen Formen von Sexualität (heterosexuell, homosexuell).

vorn zu drehen, damit der Mensch, seine Zerschnittenheit vor Augen, besser werde. So drehte APOLL das Gesicht herum und zog von allen Seiten die Haut zusammen nach der Stelle, die man jetzt Bauch nennt, und ließ nur eine einzige Öffnung, die man jetzt Nabel nennt. Und die vielen übrigen Falten strich er glatt und gliederte die Brust; einige wenige Falten aber beließ er, die am Bauch und um den Nabel: Sie sollten Wahrzeichen des einstigen Zustandes sein. Da nun das Ursprüngliche entzweigeschnitten war, sehnte sich ein jedes nach seiner Hälfte und gesellte sich zu ihr; da umarmten sie einander voller Begierde und starben vor Hunger und überhaupt vor Untätigkeit, weil sie nichts getrennt voneinander tun wollten. Und wenn eine von den Hälften starb und die andere am Leben blieb, dann suchte die überlebende Hälfte eine andere und umarmte sie, ob sie nun auf die Hälfte einer Frau traf oder auf die Hälfte eines Mannes; und so quälten sie sich zu Tode. Da erbarmte sich Zeus und fand noch ein Mittel: Er versetzte ihre Geschlechtsteile nach vorn; denn bis dahin hatten sie sie noch außen und befruchteten und zeugten nicht ineinander, sondern in die Erde; so versetzte er die Geschlechtsteile nun nach vorn und bewirkte damit die Begattung ineinander, durch das Männliche im Weiblichen, damit sie bei der Umschlingung, wenn ein Mann auf ein Weib träfe, Kinder zeugten und Nachkommenschaft käme. Wenn aber ein Mann auf einen Mann träfe, wenigstens ihr Verlangen nach Zusammensein gestillt werde, sie dann davon abließen und sich an ihre Arbeit machten und sich überhaupt um den Lebensunterhalt kümmerten. Seit so alter Zeit ist der Eros den Menschen eingepflanzt: Er führt das Urwesen wieder zusammen und versucht, eins aus zweien zu machen und die Natur des Menschen zu heilen. … Das Begehren und der Drang nach dem Ganzen also, das ist der Eros.[5]

2.2 Differenzierungen

Es scheint ein Charakteristikum des Menschen zu sein, über Relationsbestimmungen zu einer Identität und zu einem Selbstbewusstsein zu gelangen: Ich kann mich als MaturantIn bestimmen, weil es auch Nicht-MaturantInnen gibt; als ÖsterreicherIn bestimme ich mich über die Nicht-ÖsterreicherInnen etc. Das heißt: A definiert sich in Relation zu B und B definiert sich in Relation zu A. Solche Relationsbestimmungen sind für alle Beteiligten unbedenklich, solange die RelationspartnerInnen auf gleicher Ebene agieren. Problematisch wird die Relationsbestimmung dann, wenn sich der eine Bezugspartner absolut sieht und der andere sich ausnahmslos in Relation auf das Absolute bestimmen muss. In diesem Missverhältnis sieht Simone de BEAUVOIR die Situation der Frau:

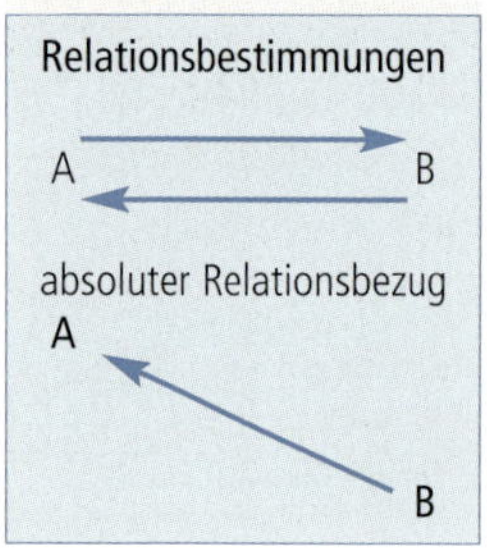

5 PLATON, Symposion 189d ff. (gekürzt).

Wenn ich mich zum Thema äußern will, so muss ich zunächst einmal klarstellen: „Ich bin eine Frau"; diese Feststellung liefert den Hintergrund, von dem sich jede weitere Behauptung abhebt. Ein Mann fängt niemals damit an, sich erst einmal als Individuum eines bestimmten Geschlechts vorzustellen: Dass er ein Mann ist, versteht sich von selbst. Dass in Standesamtsregistern und auf Personalbögen die Rubriken *Männlich, Weiblich* gleichgeordnet erscheinen, ist rein äußerlich. Das Verhältnis der beiden Geschlechter ist nicht das von zwei Elektrizitäten, zwei Polen: Der Mann ist so sehr zugleich der positive Pol und das Ganze, dass im Französischen das Wort *homme* (Mann) den Menschen schlechthin bezeichnet, wobei sich der spezielle Sinn des Wortes *vir* dem allgemeinen von *homo* angeglichen hat. Die Frau erscheint so sehr als das Negative, dass die bloße Begriffsbestimmung eine Beschränkung bedeutet, ohne dass es umgekehrt ebenfalls so wäre. Oft habe ich mich geärgert, wenn im Verlaufe ganz theoretischer Diskussionen Männer zu mir sagten: „Sie denken so, weil Sie eine Frau sind." Ich aber war mir bewusst, dass ich mich nur durch die Antwort rechtfertigen konnte: „Ich denke so, weil es wahr ist", d.h., indem ich meine subjektive Situation ausschaltete; beileibe hätte ich nicht antworten dürfen: „Und Sie denken das Gegenteil, weil Sie ein Mann sind"; denn es steht allgemein fest, dass ein Mann zu sein keine Besonderheit darstellt; ein Mensch ist im Recht, wenn er ein Mann ist; die Frau ist die, die im Unrecht ist. In der Praxis bedeutet das: Ebenso wie die Alten eine absolute Vertikale kannten, an der das Schräge als solches festgestellt wurde, gibt es einen absoluten Menschentypus, der eben der männliche ist.[6]

Simone de BEAUVOIR (1908–1986) war eine Vertreterin der Existenzphilosophie, die in ihren Werken vor allem die Situation der Frau in all ihren Lebensbereichen analysierte.

lat. *homo* = Mensch, Mann
lat. *vir* = Mann

2.3 Männer sind anders, Frauen auch

PsychologInnen und SprachforscherInnen beschäftigen sich in den letzten Jahren intensiv mit Fragen der weiblichen und männlichen Identität, ihren gesellschaftlichen Rollen und den unterschiedlichen Wahrnehmungs- und Verhaltensmustern. Ziel all dieser Forschungen ist es, Konflikte in der Beziehung zwischen Frau und Mann offenzulegen und Lösungsmuster zu entwickeln.[7]

Der Paartherapeut John GRAY beschreibt in Form eines Mythos die Unterschiede zwischen Mann und Frau. Er geht davon aus, dass sich Beziehungsprobleme dann gut lösen lassen, wenn sich Frau und Mann ihrer unterschiedlichen Denkstrukturen bewusst werden.

Den Text finden Sie als Download auf der Homepage des Verlages E. DORNER www.dorner-verlag.at

[6] Simone de BEAUVOIR, Das andere Geschlecht. Sitte und Sexus der Frau, Reinbek: rororo 1992, S. 10.

[7] Vgl. dazu die Ausführungen in Karl Lahmer, Kernbereiche der Psychologie, Wien: Verlag E. DORNER: 2005, S. 159ff.

AUFGABEN

1. **Kugelmenschen**
Jemand in der Gruppe liest die Geschichte von den Kugelmenschen. Die ZuhörerInnen zeichnen eine Szene der Geschichte. Im Anschluss diskutieren Sie: *Welche Haltung zur Homosexualität spiegelt der Mythos?*

2. **Simone de Beauvoir**
Erstellen Sie mit einem Präsentationsprogramm ein Porträt zu Simone de Beauvoir. Beziehen Sie die im Buch erwähnten Ausführungen mit ein.

3. **Männer sind anders, Frauen auch**[8]
Lesen Sie den Text von John Gray. Sie finden den Text als Download auf der Website von E. DORNER. Exzerpieren Sie die wichtigsten Charakteristika der Marsianer und der Venusianerinnen. Vgl. Sie dazu die Ausführungen in Karl Lahmer, *Kernbereiche der Psychologie,* Wien: Verlag E. DORNER 2006, S. 159ff.

Marsianer	Venusianerinnen

4. **Gibt es spezielle Traumberufe?**
Machen Sie in Ihrer Schule eine kurze Umfrage zu Traumberufen. Können Sie Unterschiede zwischen Mädchen und Burschen feststellen?

5. **Frauenbild der Philosophen**
Philosophen haben im Laufe der Geschichte eine Menge Unsinn über Frauen gesagt, z. B.: *Schon der Anblick der weiblichen Gestalt lehrt, dass das Weib weder zu großen geistigen noch körperlichen Arbeiten bestimmt ist* (Arthur Schopenhauer).
Unter „www.br-online.de/alpha (Bayern Alpha, Bildungskanal des Bayerischen Rundfunks) → Wissen und Bildung → Suchbegriff: Frauenbild" finden Sie umfangreiches Material zum Thema.
Diskutieren Sie einige dieser Aussagen und analysieren Sie, welche Ideologien bei solchen Aussagen im Hintergrund mitschwingen.

[8] John Gray, Männer sind anders. Frauen auch. Männer sind vom Mars. Frauen von der Venus, München: Goldmann 1998.

3 Glück

Glück heißt im Mittelhochdeutschen *Gelücke.* Das Wort kommt vom Verb *gelingen,* das sich vom Wort *leicht* ableitet. Glück ist demnach das Gelungene, das leicht Erreichte oder der günstige Ausgang eines Ereignisses. Wenn wir heute von *Glück* sprechen, wird es häufig in Zusammenhang mit *gelungenem* oder *gelingendem Leben* gebracht.

Glück kann sowohl den günstigen Zufall als auch einen dauerhaften Zustand des Wohlergehens meinen; wir können Glück haben oder glücklich sein.

- *Glück im Sinne von glücklich sein* bezeichnet einen inneren Zustand des Wohlbefindens: *griech. eudaimonía/lat. felicitas/engl. happiness, gelingendes Leben, Wohlergehen.* Diesen Begriffen ist gemeinsam, dass sie den prozessualen Aspekt des Glücks betonen; sie stellen das gute Leben nicht als gelungenes Leben hin (von seinem Ende her betrachtet), sondern als gelingendes Leben aus der Mitte des Lebensvollzugs, innere Glückszustände wie Ausgeglichenheit der Seele, Einfügen in den Kosmos, Zufriedenheit etc.
- *Glück im Sinne von Glück haben* bezeichnet einen angenehmen Zufall, eine günstige Fügung: *gr. tyche/lat. fortuna/engl. luck.*

3.1 Antike Glücksvorstellungen

Für Aristoteles (4. Jh. v. Chr.) war die *Eudaimonia* (Glückseligkeit) das, wonach jede/r strebt, weil sie einen Selbstzweck darstellt, der nicht um eines anderen willen begehrt wird. Weil der Mensch ein *Animal rationale* ist, erreicht er die Glückseligkeit nur, wenn er das ihm eigene Vermögen, eben die Vernunft, betätigt. Die Eudaimonia ist eine spezifische Tüchtigkeit (Tugend) des Menschen, die nur im Rahmen einer Gemeinschaft erreicht werden kann, die dem Menschen die Ausbildung seiner Tugenden, wie z. B. Gerechtigkeit und Klugheit, ermöglicht. Glückselig ist also, wer innerhalb einer Gemeinschaft die von Natur aus in ihm liegenden Tugenden entfaltet. Ziel jeder Handlung ist ein Gutes, das von einem Individuum wegen der Eudaimonia (Glück, Zufriedenheit) angestrebt wird. Als Orientierungsrahmen schlägt Aristoteles einen Mittelweg vor, die richtige Mitte zwischen zwei negativen Extremen. Tapferkeit ist die Mitte zwischen Feigheit und Tollkühnheit; Großzügigkeit ist die Mitte zwischen Geiz und Verschwendung.

Als vollkommen (an und für sich) bezeichnen wir das, was stets rein für sich gewählt wird und niemals zu einem anderen Zweck. Als solches Gut aber gilt in hervorragendem Sinne die Eudaimonia. Denn das Glück erwählen wir uns stets um seiner selbst willen und niemals zu einem darüber hinausgehenden Zweck. Die Ehre dagegen und die Lust und die Einsicht und jegliche Tüchtigkeit wählen wir einmal um ihrer selbst willen, dann aber auch um des Glückes willen, indem wir annehmen, dass sie uns zum Glück führen. Das Glück aber wählt kein Mensch um jener Werte – und überhaupt um keines weiteren Zwecks willen. So erweist sich das Glück als etwas Vollendetes, für sich allein Genügendes: Es ist das Endziel unseres Handelns. Das oberste dem Menschen erreichbare Gut stellt sich dar als ein Tätigsein der Seele im Sinne der ihr wesenhaften Tüchtigkeit.[9]

EPIKUR (ca. 300 v. Chr.)

EPIKUR gilt als Vertreter des Hedonismus, allerdings meint er damit nicht Genuss um jeden Preis. EPIKUR definierte die Lust (= hedoné) lediglich als das Freisein von Unlust. Wer im Leib keine Schmerzen und in der Seele keine Furcht spürt, hat die in sich selbst ruhende Lust erreicht. Maßstab für ein gelingendes Leben ist also das Freisein von Unlust. Während der Zustand physischer Schmerzfreiheit am besten durch eine strategische Reduktion auf die notwendigen Bedürfnisse erreichbar ist, kann die Seelenruhe (ataraxia) am günstigsten durch den Sieg über die Furcht vor dem Tod und die Furcht vor den Göttern verwirklicht werden. Wichtigstes Ziel der epikureischen Philosophie ist die Befreiung des Menschen von seinen Ängsten.

Das Motto von EPIKUR: *Lebe lieber ohne Angst in einem Zelt als gestresst in einer Luxusvilla!*

Wir halten die Selbstgenügsamkeit für ein großes Gut, nicht um uns in jedem Falle mit Wenigem zu begnügen, sondern damit wir, wenn wir das Viele nicht haben, mit dem Wenigen auskommen, in der echten Überzeugung, dass jene den Überfluss am süßesten genießen, die seiner am wenigsten bedürfen, und dass bescheidene Suppen ebenso viel Lust erzeugen wie ein üppiges Mahl. Sich also zu gewöhnen an einfaches und nicht kostspieliges Essen verschafft nicht nur volle Gesundheit, sondern macht den Menschen auch unbeschwert gegenüber den notwendigen Verrichtungen des Lebens, bringt uns in eine zufriedenere Verfassung, wenn wir in Abständen uns einmal an eine kostbare Tafel begeben, und erzeugt Furchtlosigkeit vor den Wechselfällen des Zufalls. Wenn wir also sagen, dass die Lust das Lebensziel sei, so meinen wir nicht die Lüste der Wüstlinge und das bloße Genießen, wie einige aus Unkenntnis und

[9] ARISTOTELES, Nikomachische Ethik I 1095a 14ff. (gekürzt)

weil sie mit uns nicht übereinstimmen oder weil sie uns missverstehen wollen, sondern wir verstehen darunter, weder Schmerz im Körper noch Beunruhigung in der Seele zu empfinden.[10]

Die Stoiker (benannt nach ihrem Versammlungsort *Stoa* = Säulenhalle) lehnten die Lust zugunsten der Tugend als Lebensprinzip ab. Als glückselig gilt nach stoischer Auffassung, wer gemäß der Natur lebt (secundum naturam vivere). Da die Natur durch eine göttliche Vernunft (Logos) bestimmt wird, heißt dies „vernünftig und im Einklang mit der Gesellschaft und kosmischen Ordnung leben". Vernünftig wiederum lebt nur, wer die Tugend zum Maßstab seines Handelns macht und seine Leidenschaften und Begierden zurückdrängt. Frei von Affekten wird der Mensch gleichgültig gegenüber dem, was ohnehin nicht zu ändern ist, z. B. naturbedingte Übel. Das stoische Lebensideal besteht somit in der Freiheit, sowohl vom äußeren Geschick unabhängig zu sein als auch den persönlichen Leidenschaften und Wünschen (apátheia) zu widerstehen.

Die Philosophie formt und gestaltet Geist und Seele, sie ordnet das Leben, sie lenkt die Handlungen, sie zeigt das, was zu tun und zu lassen ist, sie sitzt am Steuerrad und lenkt uns durch die Gefahren der Wogen den Kurs. Ohne diese kann niemand furchtlos leben, niemand sorglos.
Es wird irgendwer sagen: „Was nützt mir die Philosophie, wenn es Schicksal und Zufall gibt? Was nützt sie, wenn es die Willensfreiheit nicht gibt?" Auch wenn uns die Geschicke durch ihr unerbittliches Gesetz fesseln, sei es, dass ein Gott als Gebieter über das Universum alles einteilte, sei es, dass der Zufall die menschlichen Dinge ohne Ordnung hin- und hertreibt, muss die Philosophie uns schützen. Diese wird uns aufmuntern, dass wir Gott gerne gehorchen, dass wir dem Schicksal trotzig folgen; diese wird uns lehren, dass du Gott folgst, den Zufall erträgst.
Den Willigen (Glücklichen) geleitet das Schicksal, den Unwilligen schleppt es mit sich (ducunt volentem fata, nolentem trahunt).[11]

3.2 Moderne Glücksvorstellungen

Die gesellschaftliche Realität ist zunehmend durch Pluralisierung und Individualisierung gekennzeichnet.
Die gesellschaftlichen Rahmenbedingungen begünstigen Individualisierungen im Freizeitverhalten, in der Arbeitswelt etc. Man nennt

[10] Diogenes Laertius 10, 130 (gekürzt).
[11] Seneca, Epistulae morales 16 (gekürzt)

dies auch die „institutionalisierte Individualisierung". Der Prozess der Individualisierung ist jedoch kein geradliniger, sondern ein sehr ambivalenter Vorgang. Er bringt auch Unsicherheitsfaktoren mit sich:

- Die Vielfalt in der möglichen Lebensplanung nimmt zwar enorm zu, während die Berechenbarkeit der geplanten Lebensziele entsprechend abnimmt.
- In den individuellen Lebensplanungen entsteht ein Verlust von Sicherheit, das Bedürfnis nach Sicherheit – ein den Menschen angeborenes Verhaltensmuster – bleibt jedoch bestehen.

Menschen reagieren auf solche Ambivalenzen verschieden. Die einen kompensieren die Unsicherheitsgefühle durch ständige Veränderungen in ihrem Leben, sie befinden sich gleichsam ständig auf der Flucht. Bei den anderen verstärkt sich durch den Verlust von traditionellen Lebensformen der Wunsch nach Klarheit, Überschaubarkeit und Ordnung. Diese Ordnungsstrukturen werden des Öfteren in einfachen esoterischen (Un-)Sinnkonzepten gesucht.

Konsum

Eine besondere Form von Flucht zeigt sich im Konsumverhalten:

- Der Konsum nimmt rauschhafte Züge an. Der steigende Lebensstandard ermöglicht es der Mehrheit der Bevölkerung, über die Grundbedürfnisse hinaus einzukaufen.
- Freizeit entwickelt sich immer mehr zur Konsumzeit. Viele ErlebniskonsumentInnen leben über ihre Verhältnisse, bezahlen fast nur noch mit Plastikkarten und machen Schulden. Shopping wird zum Mittel gegen Langeweile und Einsamkeit.
- Der neue Freizeitmensch kann sich nicht mehr freuen; er langweilt sich und versucht sich durch außergewöhnlichen Nervenkitzel zu beschäftigen. *Thrilling* heißt das neue Freizeitphänomen: Nervenkitzel, Angstlust, Risikobereitschaft, die dem *unterforderten Normalmenschen* ein neues Selbstwertgefühl vermitteln sollen. (Anzeichen dafür findet man heute bei Autorasern oder Bungeejumpern.)

Erlebnis, Nervenkitzel

Individualität und Pluralismus fordern den Menschen heraus, sich seinen persönlichen Sinn zusammenzustellen. Jeder Einzelne muss sich stets neu entscheiden, wie seine ganz persönlichen Antworten auf die großen und kleinen Fragen des Lebens aussehen. Im Prozess der Individualisierung sind wir im Sinne SARTRES schonungslos zur Freiheit verurteilt.

Der Kultursoziologe Gerhard SCHULZE sieht im Druck, sich seinen individuellen Sinn zusammenzustellen, gleichzeitig auch eine anthropologische Gemeinsamkeit: Die Menschen gleichen sich darin, dass sie äußere Umstände für das Innenleben funktionalisieren, ein Prinzip, das er mit dem Begriff „Erlebnisrationalität" umschreibt: Das Subjekt wird sich selbst zum Objekt, indem es Situationen zu Erlebniszwecken instrumentalisiert. Der Mensch wird zum Manager seines Innenlebens. Beim erlebnisorientierten Handeln richtet sich der Anspruch auf Glückserfahrungen ohne Zeitverzögerungen auf die aktuelle Handlungssituation. Man investiert Geld, Zeit, Aktivität und erwartet im selben Moment den Gegenwert.

Das Projekt des schönen Lebens wird zum Massenphänomen. Man beginnt, über sich selbst nachzudenken. Die reflexive Grundhaltung des erlebnisorientierten Menschen verunsichert ihn und erzeugt eine Bereitschaft, kollektive Vorgaben zu übernehmen; dies umso mehr, als die naive Eindruckstheorie des Erlebnisses den Einzelnen nur schlecht dafür ausrüstet, der Kompliziertheit seines Lebensprojektes gerecht zu werden. Es entwickelt sich ein Geflecht von Gemeinsamkeiten: alltagsästhetische Schemata, soziale Milieus, typische Existenzformen, existentielle Anschauungsweisen, Rationalitätstypen, Szenen. Erlebnisorientierung richtet sich auf das Schöne. Wenn es gelingt, Vorstellungen vom Schönen zu charakterisieren, wird es möglich, Lebensauffassungen der Gegenwart genauer zu bestimmen. Das Schöne ist in unserem Zusammenhang ein Sammelbegriff für positiv bewertete Erlebnisse.[12]

Der Erlebnismensch wird durch Reflexion verunsichert und übernimmt kollektive Vorgaben.

Glück ist durch Erlebnisorientierung charakterisiert.

Flow

Der Begriff *Flow* stammt von Mihaly CSIKSZENTMIHALYI, der damit das Gefühl des völligen Aufgehens in einer Tätigkeit beschreibt. Wir können uns jede Form von Aktivität vorstellen, in einem Chor singen, einen Computer programmieren, tanzen, Karten spielen oder ein Buch lesen, ein mathematisches Problem lösen, jemandem beim Lernen helfen, intensiv studieren – gemeinsam ist solchen Momenten, dass das Bewusstsein voller Erlebnisse ist, die sich miteinander im Einklang befinden. Im Unterschied zu dem, was uns allzu oft im Alltag widerfährt, dass wir etwas tun, aber mit den Gedanken ganz woanders sind, befinden sich bei Flow-Erlebnissen unser Fühlen, unser Wollen und Denken in diesen

[12] Vgl. Gerhard SCHULZE, Die Erlebnisgesellschaft. Kultursoziologie der Gegenwart, Frankfurt am Main: Campus-Verlag 1992, S. 32 (wesentlich gekürzt).

Augenblicken in Übereinstimmung. Mit der Metapher des *Flow* wird das Gefühl mühelosen Handelns beschrieben, das sich in Augenblicken einstellt, die im Leben als besonders schön herausragen. Das Glück, das im *Flow* erfahrbar wird, haben wir selbst verursacht. Voraussetzung für Flow-Erlebnisse sind Ziele und soziale Interaktion. Fehlen Ziele und andere Personen, mit denen man sozial interagieren kann, verlieren die meisten Menschen allmählich ihre Motivation und ihre Konzentration. Ihre Gedanken beginnen sich zu zerstreuen und richten sich auf angstauslösende Probleme.

> Es gibt Momente, wo die Herausforderungen genauso groß sind wie die Fähigkeiten, die ich besitze, dann habe ich *Flow-Erfahrung*. Wenn meine Fähigkeiten größer werden, weil ich die gleichen Herausforderungen ständig suche, dann rutsche ich ab in das Feld der Routine, *der Langeweile.* Wenn ich zu starke Herausforderungen suche, die ich nicht bewältigen kann, dann besteht das Risiko, dass ich in das Feld der Frustration und Enttäuschung abgleite. Zwischen Langeweile und Frustration befindet sich der schmale Flow-Kanal. Die Menschen, die sich kontinuierlich neue Herausforderungen suchen und ihre Fähigkeiten ständig erweitern, das sind die Glückspilze, oder modern ausgedrückt: die *Flow-Pilze.*[13]

Es gibt nur einen Weg, sein Leben in die eigene Hand zu nehmen – zu lernen, wie wir unsere psychische Energie in Übereinstimmung mit unseren Absichten lenken können. Der spanische Philosoph Fernando SAVATER fasst es in eine einfache Formel: *Tu, was du willst!*

> Was will ich dir sagen mit dem *Tu, was du willst* als grundlegendem Motto dieser Ethik, an die wir uns herantasten wollen? Ganz einfach – auch wenn es dir schwer fallen wird: Du musst dich befreien von Befehlen und Gebräuchen, von Belohnung und Strafe, kurz von allem, was dich von außen lenken will, und du musst diese ganze Angelegenheit aus dir selbst heraus, aus deinem Gewissen und freien Willen entwickeln. Frage niemanden, was du mit deinem Leben anfangen sollst: Frage dich selbst.[14]

[13] Frei nach Mihaly CSIKSZENTMIHALYI, Lebe gut. Wie Sie das Beste aus Ihrem Leben machen, München: dtv 2001.

[14] Fernando SAVATER, Tu, was du willst. Ethik für die Erwachsenen von morgen, Weinheim: Beltz 2001.

Wer glücklich ist, ist gut

Kennen Sie jemanden, der vor lauter Glück böse ist und vor Freude seine Umgebung quält?

Je glücklicher und fröhlicher sich jemand fühlt, umso weniger Lust hat er, böse zu sein. Ist es dann nicht vernünftig zu versuchen, das Glück der anderen mit allen Mitteln zu fördern, anstatt sie unglücklich und daher für das Böse anfällig zu machen? Wer sein Teil zum Unglück der anderen beiträgt oder nichts zu dessen Linderung tut, der ist selbst schuld. Er soll sich dann nicht beklagen, dass so viele Böse frei herumlaufen![15]

Leo Tolstoi, Das Eichhörnchen und der Wolf

Ein Eichhörnchen hüpfte von Ast zu Ast und fiel auf einen schlafenden Wolf. Der Wolf sprang auf und wollte es fressen. Das Eichhörnchen aber bat: „Lass mich leben." Der Wolf erwiderte: „Gut, ich lasse dich leben, sage mir aber, warum ihr Eichhörnchen so lustig seid. Ich langweile mich den ganzen Tag und ihr springt immer dort oben herum." Das Eichhörnchen antwortete: „Lass mich erst auf den Baum, dann werde ich es dir verraten, hier unten fürchte ich mich vor dir." Der Wolf ließ es los. Das Eichhörnchen sprang auf den Baum und sagte: „Du langweilst dich, weil du böse bist. Die Bosheit verbrennt dir das Herz. Wir Eichhörnchen sind darum lustig, weil wir gut sind und niemandem etwas zuleide tun."[16]

AUFGABEN

1. Lebenskunst[17]
   Der Psychologe Viktor Frankl meint, dass Glück nicht verfolgt werden kann, es muss sich als *unbeabsichtigte Nebenwirkung einstellen, wenn sich ein Mensch einer Sache widmet, die größer ist als er selbst.* So ist die Suche nach Glück, dem individuellen Flow, eine Lebenskunst, Glücksmomente in allen möglichen Situationen des Alltags zu entdecken, z. B.: auf den Sonnenuntergang warten, Vogelstimmen lauschen, ein Gedicht lesen oder schreiben. Solche Momente können uns das Gefühl der Zufriedenheit, der Kreativität vermitteln.
   Schreiben Sie *Ihre persönlichen Glücksmomente* auf.

[15] Fernando Savater, Tu, was du willst. a. a. O., S. 104ff. (gekürzt).
[16] Zitiert aus Gabriele Münnix, Menschlich? Philosophie für Einsteiger, Leipzig: Klett 1997, S. 87.
[17] Literaturhinweise: Wilhelm Schmid, Auf der Suche nach einer neuen Lebenskunst. Die Frage nach dem Grund und die Neubegründung der Ethik bei Foucault, Frankfurt/Main: Suhrkamp 2000; Franco Volpi (Hg.), Arthur Schopenhauer: Die Kunst, glücklich zu sein. Dargestellt in fünfzig Lebensregeln, München: C. H. Beck 2000; Ursula Wolf, Die Philosophie und die Frage nach dem guten Leben, Reinbek bei Hamburg: Rowohlt 1999.

2. Podiumsdiskussion

Führen Sie eine Podiumsdiskussion zum Thema „Glück und Lebenskunst" durch. Losen Sie die folgenden Rollen aus. Bereiten Sie sich paarweise auf die zugeteilte Rolle vor. Einer von Ihnen sitzt am Podium, die andere kann sich vom Publikum aus melden.

- ModeratorIn (lenkt die Diskussion, gibt eine Einleitung, was Glück bedeutet)
- AristotelikerIn (vertritt die Ansichten von Aristoteles)
- EpikureerIn (vertritt die Ansichten von Epikur)
- StoikerIn (vertritt die Ansichten der Stoiker)
- VertreterIn einer erlebnisorientierten Auffassung (vertritt die Ansicht, Glück bestünde ausschließlich in einer erlebnisorientierten Aktion wie Kick und Fun)
- Flow-ForscherIn (vertritt die Ansicht von Mihaly Csikszentmihalyi, Informationen finden Sie u.a. in Karl Lahmer u.a., *Kernbereiche der Ethik 2*, Wien: Verlag E. DORNER 2006, S. 65ff.)
- MoralistIn (vertritt die Ansicht: Wer glücklich ist, ist gut)
- MotivationstrainerIn (Informationen finden Sie u.a. in *Kernbereiche der Ethik 2*, S. 64)
- LogotherapeutIn (vertritt die Ansichten von V. Frankl, vgl. Karl Lahmer, *Kernbereiche der Psychologie*, Wien: Verlag E. DORNER 2006, S. 260ff.)
- MedizinerIn (Medizinisch betrachtet sind es die Botenstoffe Dopamin und Serotonin, die Glücksgefühle auslösen. Der menschliche Körper schüttet diese Botenstoffe in unterschiedlichen Situationen aus, z.B. beim Sport. Auch Schokolade führt dazu, dass auf Umwegen im Körper der Glücksbotenstoff Serotonin entsteht. Die Botenstoffe transportieren die Botschaft *Sei glücklich* per Nervenzellen zum Gehirn.)

3. Zum Nachdenken

4 Religionskritische Aspekte

Zweifel und Kritik gehören zu den Charakteristika des Menschen. Alle bedeutenden Erfindungen und Anschauungen menschlicher Zivilisationen entstammen dem Zweifel, der Kritik, dem Fragen und dem anschließenden Forschen.

Religionskritik stellt den Wahrheitsanspruch einer bestimmten Religion oder des religiösen Denkens in Frage. Die Kritik an Religion ist in unserem Kulturkreis im Wesentlichen durch Vernunftgründe bestimmt. Philosophische Überlegungen versuchen, auf die Gefahren hinzuweisen, die dann entstehen, wenn Gruppierungen der Vernunft des Menschen misstrauen.

Vgl. auch NIETZSCHE, S. 106ff. und SARTRE, S. 117ff.

4.1 Fundamentalismus

Unter *Fundamentalismus* versteht man Anschauungen von religiösen und politischen Gruppen, die sich auf traditionelle Grundlagen (Fundamente) berufen und diese kompromisslos vertreten. *Fundamentalismus* ist ein übersteigerter Traditionalismus, der versucht, die eigenen, althergebrachten Werte zu bewahren und ihnen absolute Geltung zu verschaffen. Der Begriff Fundamentalismus wurde in den USA geprägt, wo Christen vor allem die Evolutionstheorie DARWINS attackierten, weil diese ihrer Meinung nach in Widerspruch zu den Schöpfungsgeschichten der Bibel stünde. Diese Strömung lehnt die moderne Bibelkritik ab, die sich mit den historischen und soziologischen Hintergründen der Bibel beschäftigt: Aussagen der Bibel werden als wörtlich zu verstehende Glaubenssätze, die von Gott inspiriert sind, aufgefasst.
Fundamentalistische Strömungen gibt es heute in allen monotheistischen Religionen (Judentum, Christentum, Islam), im Hinduismus, in pseudoreligiösen und esoterischen Bewegungen, auch in politischen Gruppierungen.

Charakteristika fundamentalistischer Auffassungen

- Ablehnung der Vernunft der *Moderne* (Zeit ab dem 16. Jh.): Die sogenannte *Moderne* geht davon aus, dass die aufgeklärte Vernunft das wichtigste Instrumentarium ist, die Phänomene der Welt richtig zu erkennen, zu beurteilen und zu kritisieren. Der Mensch müsse sich aus der Abhängigkeit von Naturzwängen, der Unmündigkeit im politischen Bereich befreien und zu einem selbstständigen Individuum wachsen.

- Ablehnung von Reformen: Reformbedarf besteht nicht, Neuinterpretationen von heiligen Schriften sind eine Form von Blasphemie.
- Absoluter Wahrheitsanspruch: Die eigene religiöse und/oder politische Überzeugung ist die einzig wahre. Ernsthafter Dialog ist dadurch nicht möglich, interreligiöser Dialog wird grundsätzlich abgelehnt. Pluralistische Weltanschauungen führen zu einem Sittenverfall, weil es infolge dieser mehrere *Wahrheiten* gibt. Anders Denkende werden mit Worten und auch mit Gewalt bekämpft.

Ludwig FEUERBACH (1804–1872): Gott ist eine erklärbare Projektion menschlicher Sehnsüchte.

4.2 Religion als Illusion

Ludwig FEUERBACH ist in der Neuzeit einer der bekanntesten Religionskritiker. In seinem Werk *Das Wesen der Religion* führt er aus, dass sinnliche Gegenstände außerhalb des Menschen da sind, während religiöse Vorstellungen in ihm sind. Während man über äußere Gegenstände kritische Urteile abgeben kann, gilt dies für innere Vorstellungen nicht. Denn wie der Mensch denkt, wie er gesinnt ist, so ist sein Gott.

Das Bewusstsein Gottes ist das Selbstbewusstsein des Menschen, die Erkenntnis Gottes die Selbsterkenntnis des Menschen. Aus seinem Gotte erkennst du den Menschen, und wiederum aus dem Menschen seinen Gott; beides ist eins. Was dem Menschen Gott ist, das ist sein Geist, seine Seele, und was *des Menschen Geist, seine Seele, sein Herz, das ist sein Gott:* Gott ist das *offenbare* Innere, das *ausgesprochne* Selbst des Menschen; die Religion die feierliche Enthüllung der verborgnen Schätze des Menschen, das Eingeständnis seiner innersten Gedanken, das *öffentliche Bekenntnis seiner Liebesgeheimnisse.* …
Die Religion ist das Verhalten des Menschen zu sich selbst. Das göttliche Wesen ist nichts andres als das menschliche Wesen – alle Bestimmungen des göttlichen Wesens sind darum Bestimmungen des menschlichen Wesens.[18]

Karl MARX (1818–1883): Religion ist ein Mittel sozialer Beschwichtigung, die durch den atheistischen Sozialismus abgelöst wird.

Ähnlich argumentiert Sigmund FREUD: Die religiösen Vorstellungen sind Illusionen und gedankliche Erfüllungen der wichtigsten Wünsche der Menschheit; der erschreckende Eindruck der kindlichen Hilflosigkeit erweckt das Bedürfnis nach Schutz. Diesen Schutz kann am besten der Vater gewähren – hier muss man die streng patriarchalische Zeit am Beginn des 20. Jhs. mit berücksichtigen.

[18] Ludwig FEUERBACH, Das Wesen des Christentums, Stuttgart: Reclam 1994, S. 51ff. (gekürzt).

> Die religiösen Vorstellungen sind nicht Niederschläge der Erfahrung oder Endresultate des Denkens; es sind Illusionen, Erfüllungen der ältesten, stärksten, dringendsten Wünsche der Menschheit; das Geheimnis ihrer Stärke ist die Stärke dieser Wünsche. Wir wissen schon, dass der erschreckende Eindruck der kindlichen Hilflosigkeit das Bedürfnis nach Schutz erweckt hat, dem der Vater abgeholfen hat. Die Erkenntnis von der Fortdauer dieser Hilflosigkeit durchs ganze Leben hat das Festhalten an der Existenz eines aber nun mächtigeren Vaters verursacht. Durch das gütige Walten der göttlichen Vorsehung wird die Angst vor den Gefahren des Lebens beschwichtigt. Die Einsetzung einer sittlichen Weltordnung versichert die Erfüllung der Gerechtigkeitsforderung, die innerhalb der menschlichen Kultur so oft unerfüllt geblieben ist. Die Verlängerung der irdischen Existenz durch ein zukünftiges Leben stellt den örtlichen und zeitlichen Rahmen bei, in dem sich diese Wunscherfüllungen vollziehen sollen. Antworten auf Rätselfragen der menschlichen Wissbegierde, wie nach der Entstehung der Welt und der Beziehung zwischen Körperlichem und Seelischem werden unter den Voraussetzungen dieses Systems entwickelt. Es bedeutet eine großartige Erleichterung für die Einzelpsyche, wenn ihr die nie ganz überwundenen Konflikte der Kinderzeit aus dem Vaterkomplex abgenommen und einer von allen angenommenen Lösung zugeführt werden. Zu den religiösen Lehren lässt sich wiederholend sagen: Sie sind sämtlich Illusionen, unbeweisbar, niemand darf gezwungen werden, sie für wahr zu halten, an sie zu glauben. Einige von ihnen sind so unwahrscheinlich, dass man sie mit den Wahnideen vergleichen kann. Über den Realitätswert der meisten von ihnen kann man nicht urteilen. So wie sie unbeweisbar sind, sind sie auch unwiderlegbar. Man weiß noch zu wenig, um ihnen kritisch näher zu rücken. Die Rätsel der Welt entschleiern sich unserer Forschung nur langsam, die Wissenschaft kann auf viele Fragen heute keine Antwort geben.[19]

Für FREUD ist Religion ein neurotischer Wirklichkeitsverlust, eine kollektive Zwangsneurose: Tatsächliche Gefahren des Lebens werden verschleiert, Verbote werden akzeptiert, die Energie für Veränderungen fehlt.

FREUD geht es in seiner Religionskritik darum, den Menschen von der Fremdbestimmtheit, von autoritativ gesetzten Verboten zu befreien; sein Credo: Die Neurose Religion ist heilbar.

Ludwig FEUERBACH sieht in der Religion ausschließlich den Aspekt der Projektion. Für Karl MARX ist Religion ein Opium für das Volk, ein Mittel sozialer Beschwichtigung und Vertröstung auf ein Jenseits, um Repressionen im Diesseits besser ertragen zu können. Sigmund FREUD sieht in der Religion eine Illusion, ein Indiz für psychische Unreife, Regression und Neurose.

[19] Sigmund FREUD, Massenpsychologie und Ich-Analyse, Frankfurt/Main: Fischer 1970, S. 110ff. (geringfügig verändert und gekürzt).

4.3 Sprachphilosophie und Religionskritik

Nach Rudolf CARNAP und Alfred J. AYER[20] ist die Rede von Gott weder wahr noch falsch, sondern sinnlos. Die These von der Sinnlosigkeit religiöser Begriffe wie „Gott" basiert darauf, dass empirisch nicht überprüfbare Aussagen kognitiv sinnlos sind, weil ihr Wahrheitsgehalt nicht objektivierbar ist. Rudolf CARNAP stellt fest, das Wort *Gott* sei so einzuschätzen wie das Wort *babig;* weder für Gott noch für *Babigkeit* gebe es empirische Befunde. Wir können beide Wörter lediglich als psychologische Fakten beschreiben: Ein Mensch verbindet mit dem Wort Gott irgendwelche Vorstellungen und Gefühle; dadurch bekommt aber das Wort keine Bedeutung.

Religiöse Sätze, aber auch Werturteile drücken also nicht aus, dass sich etwas so verhält, sondern geben lediglich Aufschluss über Gefühle oder Stimmungen der Person, die sie äußert.

> Alle Sicherheiten in der Erkenntnis sind selbstfabriziert und damit für die Erfassung der Wirklichkeit wertlos. Das heißt: Wir können uns stets Gewissheit verschaffen, indem wir irgendwelche Bestandteile unserer Überzeugungen durch Dogmatisierung gegen jede mögliche Kritik immunisieren und sie damit gegen das Risiko des Scheiterns absichern.[21]

AUFGABEN

1. **Textanalyse**
   Analysieren Sie die Texte von FEUERBACH und FREUD nach dem vorgegebenen Schema. Beispiele für Lösungsmöglichkeiten finden Sie auf der CD-ROM.

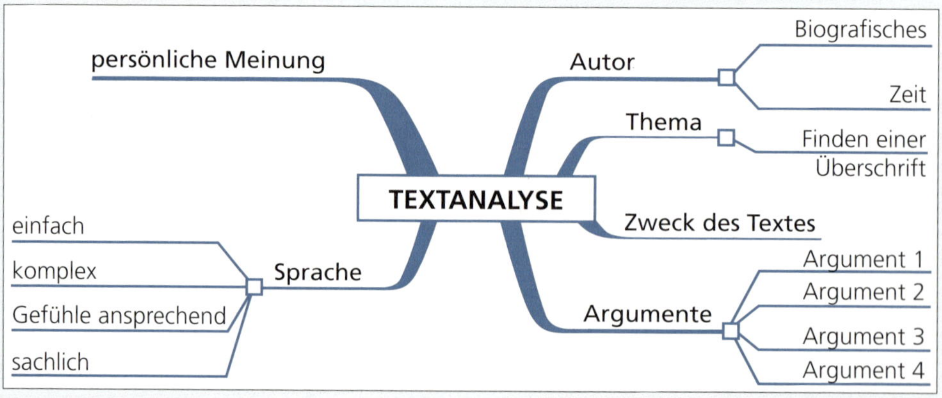

[20] Vgl. Edward KANTERIAN, Analytische Philosophie, Frankfurt/Main: Campus 2004; weiters Alfred Jules AYER, Sprache, Wahrheit und Logik, Stuttgart: Reclam 1970.

[21] Hans ALBERT, Traktat über kritische Vernunft, Tübingen: Mohr 1973, S. 30.

2. Religion bietet u. a. eine geistige Heimat durch gemeinsame Rituale und Symbole. Diskutieren Sie die Bedeutung der abgebildeten Symbole.

3. Der Philosoph Ernst CASSIRER (1874–1945) sah in der Beziehung des Menschen zu symbolischen und rituellen Formen etwas typisch Menschliches, das zu einer zivilisatorischen Gemeinsamkeit führt. Diskutieren Sie die Behauptungen von Ernst CASSIRER.

> Verglichen mit den anderen Wesen lebt der Mensch nicht nur in einer reicheren, umfassenderen Wirklichkeit; er lebt sozusagen in einer neuen Dimension der Wirklichkeit. Er lebt nicht mehr in einem bloß physikalischen, sondern in einem symbolischen Universum. Sprache, Mythos, Kunst und Religion sind Bestandteile dieses Universums. Alle diese Formen sind symbolische Formen. Deshalb sollten wir den Menschen nicht als animal rationale, sondern als animal symbolicum definieren. Auf diese Weise können wir begreifen, welcher neue Weg sich ihm öffnet – der Weg der Zivilisation. Wir können den Menschen nicht durch ein inneres Prinzip definieren, das sein metaphysisches Wesen ausmacht, ebenso wenig können wir ihn durch eine angeborene Anlage oder einen angeborenen Instinkt, der sich durch empirische Beobachtungen bestätigen ließe, definieren. Das Eigentümliche des Menschen ist sein Wirken. Sprache, Kunst, Mythos, Religion sind keine isolierten, zufälligen Schöpfungen. Sie werden von einem gemeinsamen Band zusammengehalten. Eine Philosophie des Menschen wäre daher eine Philosophie, die uns Einblick in die Grundstruktur jeder dieser verschiedenen Tätigkeiten gibt und uns zugleich in die Lage versetzt, sie als ein organisches Ganzes zu verstehen.[22]

4. **Diskussion**
Diskutieren Sie darüber, ob man die Wörter *Gott* und *babig* vergleichen kann. Welche Unterschiede in den Bedeutungen scheinen signifikant? Was verstehen Sie unter dem Begriff *sinnlos?*

5. **Diskutieren Sie folgende Fragen zu FEUERBACH, MARX und FREUD:**
   - Muss Religion immer Projektion sein? Kann sie nicht auch die Beziehung zu einer anderen Wirklichkeit ausdrücken?
   - Muss Religion immer Repression sein? Kann sie nicht auch ein Mittel zur sozialen Befreiung sein?
   - Muss Religion immer Ausdruck einer psychischen Unreife sein? Kann sie nicht auch Ausdruck von Suche nach Identität sein?

[22] Ernst CASSIRER, Versuch über den Menschen. Einführung in eine Philosophie der Kultur, Frankfurt/Main: Fischer 1990, S. 49ff. (stark gekürzt).

5 Mensch und Medien

Unter *Medien* versteht man allgemein die *Mittel* zur Übertragung und Verbreitung von Information durch Sprache, Schrift, Bild, Musik oder Mimik. Konkret werden heute technisch bestimmte Kommunikationskanäle wie Druck (Buch, Zeitungen, Zeitschriften), Fotografie, Film, Hörfunk, Fernsehen und elektronische Medien wie Computer oder Internet darunter verstanden.

Vor allem Massenmedien bestimmen immer mehr die Wirklichkeitswahrnehmung der Menschen; die moderne Gesellschaft wird daher auch als *Mediengesellschaft* bezeichnet. Medien beeinflussen die Wahrnehmungsformen des Menschen und die Strukturen seines Denkens nachhaltig. Es ist ein wesentlicher Unterschied, ob der Mensch Informationen durch Erzählen, durch Lesen, durch Fernsehen oder durch das Internet *konsumiert.*

In der *Medienphilosophie* geht es um eine Reflexion dessen, wie die Wirklichkeitswahrnehmung des Menschen durch die Medien geprägt wird.

5.1 Schreiben und Lesen

Die Griechen übernahmen die Konsonantenschrift der Phönizier und ergänzten sie durch Vokale.

HOMER schrieb um 700 v. Chr. die Epen *Ilias* und *Odyssee.*

Um 800 v. Chr. fand eine mediale Revolution statt, die durchaus vergleichbar ist mit der, die wir gegenwärtig durch Computer und Internet erleben. Die Griechen entwickelten die erste Buchstabenschrift. Diese ermöglichte es, Gedanken, die vorher ausschließlich mündlich tradiert wurden, niederzuschreiben und Menschen, die nicht anwesend waren, zu vermitteln. HOMER war der erste Dichter, der den mündlich überlieferten Erfahrungsschatz (Mythen) schriftlich fixierte.

Seit mehr als dreitausend Jahren bedienen wir uns eines Kommunikationssystems, das sich alle logischen Ressourcen der Sprache zunutze macht. *Die Worte selbst bedeuten nichts. Erst die Menschen geben ihnen Bedeutung.* Das trifft aber nur auf die Schrift und dann nur auf das vollständige Alphabet zu. Das griechische Alphabet ist das erste Schriftsystem, das sich den Sinn untertan machte, statt ihm zu dienen. Seit der Erfindung dieses Alphabets muss der Sinn, den die Schrift vermittelt, nicht mehr festgehalten werden. Vielmehr bringt die Schrift selbst jetzt Sinn hervor. In anderen Schriftformen muss man die Sprache, die sie reproduzieren, kennen, um diese lesen zu können. Das heißt, man muss ständig auf den Sinn rekurrieren, um den Text zu dechiffrieren. Beim griechischen oder beim lateinischen Alphabet kann man dagegen jede beliebige Reihe von linguistischen Lauten lesen, selbst wenn man deren Bedeutung nicht kennt.

1. Sie können jede Aussage zu einem beliebigen Thema lesen, ohne alle Wörter im Voraus zu kennen. Sie können sich also auf alle Produkte in Ihrer Kultur einlassen und Ihr Wissen bereichern. Ein spezielles Vokabular, das Sie vielleicht zunächst nicht verstehen, wird sich Ihnen durch Wiederholung und durch den Kontext erschließen, oder Sie befragen Fachkundige nach der Bedeutung der Wörter und der Sätze, die Ihnen entgangen sind. Alle Schriften bringen eine wissenschaftliche Herangehensweise hervor, denn Beobachtungen können in Archiven gesammelt werden. Die vollständig alphabetische Schrift aber demokratisiert das Archiv, da sich die Beobachtungen auch ungeachtet von anerkannten Expertisen verbreiten können, sodass potenziell die gesamte Bevölkerung an ihm teilhaben kann.
2. Sie können mit einer ganz neuen Freiheit schreiben und sich auf die Suche nach neuen Bedeutungen begeben, indem Sie einfach nur die Regeln der Grammatik und die Ordnung logischer Argumentation zur Grundlage nehmen. Sie könnten aber auch von zufälligen Begegnungen mit Bedeutungen profitieren, indem Sie z. B. Auszüge eines anderen Textes zitieren.
3. Die Möglichkeit, dass ein Text zu jeder Zeit, an jedem Ort, in jedweder Art von jeder Person gelesen werden kann, erlaubt es, spontane Interpretationen zu entwickeln, die sich nur nach den Bedürfnissen des Augenblicks richten.
4. Unsere Schrift hat uns von den Einengungen und dem Kontext der oralen Sprache befreit und dabei zugleich deren Artikulationsfähigkeit, ihre große Flexibilität und ihre Stärke bei der geistigen Durcharbeitung erhalten.
5. Das Alphabet hat aus der gesprochenen Sprache eine Form des Denkens gemacht und sie dem individuellen Nachdenken zur Verfügung gestellt. Die meisten Formen der Informationsverarbeitung verlagerten sich daraufhin vom oral-öffentlichen zum privat-still-denkenden Austausch. Das kollektive wurde zu einem privaten Bewusstsein. Der große Unterschied zwischen den Druckmedien und den elektronischen Medien besteht darin, dass erstere das Gesprochene verinnerlichen, während die anderen es veräußern. Die verinnerlichte Sprache ist privat und persönlich, und sie wird zum Eigentum desjenigen, der sie benutzt. Durch die Schrift eignet sich der Leser die ihn umgebenden Informationen gemäß seiner persönlichen Motive an. Wenn Sie Ihre Information kontrollieren, kontrollieren Sie auch sich selbst, sind Sie Ihr eigener Herr. Das ist Ursprung und Sinn von dem, was wir noch heute Demokratie nennen. Durch elektronische Medien wird diese Information dagegen für Sie verrechnet.

Charakteristika einer oralen Kultur

Orale (mündliche) Rede ist natürlich in dem Sinne, dass sie uns angeboren ist. Die grammatischen Regeln der gesprochenen Sprache laufen vorbewusst ab.

Orale Rede ist einfach, bildhaft und redundant (die Informationen werden des Öfteren wiederholt).

Kommunikation kann nur im interpersonalen Kontext stattfinden: Wer nicht anwesend ist, ist „informationslos".

Charakteristika einer skribalen Kultur

Schreiben ist eine Technologie, eine Kulturtechnik, die erlernt werden muss.

Schreiben wird von bewussten grammatischen Regeln gesteuert.

Schreiben ermöglicht es, Gedankenexperimente zu konstruieren, imaginäre Distanzen zu schaffen.

> Die eigene Kontrolle ist bis zur Belanglosigkeit zusammengeschrumpft. Aus diesem Grund sind wir im Begriff, in eine Art planetarisches Bewusstsein einbezogen zu werden.[23]

SOKRATES war ein Gegner der Kulturtechnik des Schreibens. Er selbst schrieb nichts auf. Das Schreiben mache vergesslich, es sei künstlich und in einer unnatürlichen und irrealen Welt angesiedelt (vgl. PLATON, *Phaidros)*.

Geschriebenes steht – besser als mündliche Information – dem individuellen Nach-Denken zur Verfügung:

- AutorInnen und LeserInnen können Gedanken hervorheben, verwerfen; sie können individuelle Standpunkte kreieren und mit den Möglichkeiten des Denkens experimentieren.
- Durch die Schrift eignet sich jeder Schreiber und Leser die Informationen nach seinen Motiven an. So gesehen ist das Schreiben ein wichtiger Faktor für die Entwicklung des Ich-Bewusstseins.

> Wer „Ich" sagen kann, hat einen eindeutigen Begriff von sich selbst. Reflexion und Artikulation der Identität benötigen eine lange Entwicklungszeit. Längerfristige Entwicklungen zeigen ein ähnliches Anwachsen der explizit philosophischen Auseinandersetzung mit dem Selbst, welches bei KANT genauer untersucht wird und dann bei FICHTE an zentraler Stelle steht. Bei KIERKEGAARD steht das Selbst im Brennpunkt des Interesses, es durchdringt die existentialistische Philosophie des 20. Jahrhunderts. Solche Bewusstseinsstufen hätte das Bewusstsein wahrscheinlich ohne das Schreiben niemals erreicht. Die Interaktion zwischen der Oralität, in die alle Menschen hineingeboren sind, und der Technik des Schreibens, in die niemand hineingeboren wird, reicht bis in die Tiefe der Psyche. Sowohl ontogenetisch als auch phylogenetisch gesehen, ist es das orale Wort, das zuerst das Bewusstsein vermittels artikulierter Sprache erhellt, das zuerst Subjekt und Objekt trennt und sie daraufhin in Beziehung setzt und das die Menschen zu Gesellschaften zusammenfügt. Das Schreiben führt Trennung und Entfremdung, aber ebenso eine höhere Einheit ein. Es beflügelt das Selbstgefühl und begünstigt eine bewusstere Interaktion zwischen Personen. Schreiben ist Bewusstseinserweiterung.[24]

[23] Derrick de KERCKHOVE, Vom Alphabet zum Computer. In: Claus PIAS u. a. (Hg.), Kursbuch Medienkultur. Die maßgeblichen Theorien von BRECHT bis BAUDRILLARD, Stuttgart: DVA 1999, S. 117ff. (gekürzt und vereinfacht).

[24] Walter ONG, Die Wende nach Innen. Bewusstheit und der Text. In: Claus PIAS u. a. (Hg.), Kursbuch Medienkultur, a. a. O., S. 117f. (gekürzt und vereinfacht).

AUFGABEN

1. Diskutieren Sie die Behauptung von Kerckhove, wir seien im Begriff, in eine Art planetarisches Bewusstsein einbezogen zu werden.
2. Erörtern Sie die Behauptung von Ong, dass sich Kant, Fichte und Kierkegaard zentral mit dem Selbst beschäftigen.
3. Überlegen Sie, was für Sie das Schreiben (z. B. von ausführlichen Briefen oder Tagebüchern) bedeutet. Erfüllt es die Funktion einer individuellen Psychohygiene, fühlen Sie sich nach dem Schreiben „befreiter"?
4. Platon experimentierte sehr intensiv mit den neuen Möglichkeiten der Kulturtechnik des Schreibens. In seinem Dialog *Symposion* wird über den Eros (Gott der Liebe) diskutiert. Das Werk ist folgendermaßen konzipiert: Ein Mann trifft seinen Freund, einen gewissen Apollodoros. Sie beginnen über ein Symposion zu sprechen, das schon Jahre zurückliegt. Apollodoros erzählt, er habe von einem gewissen Aristodemos über dieses Symposion erfahren; damals habe Sokrates eine Geschichte über den Eros erzählt, die er von einer Priesterin namens Diotima vor vielen Jahren gehört habe.

   Überlegen Sie, welche Funktion die Schaffung von solchen imaginären Distanzen haben könnte.

Imaginäre Distanz

Freund
↑
Apollodoros
↑
Aristodemos
↑
Sokrates
↑
Diotima
↑
Thema Eros

5.2 Fernsehen

Herbert Marshall McLuhan prophezeite vor einem halben Jahrhundert eine kulturelle Wende, die von den neuen Technologien, insbesondere den elektronischen Medien, herbeigeführt werden würde. Dieser Wandel führe zu einem *globalen Dorf*. Gemeint ist damit eine Welt, in der dank Radio, Fernsehen und Computernetzwerken ferne Ereignisse direkt übermittelt und erlebt werden können. Die neuen Technologien stellen Perspektiven und Standpunkte in Frage, die auf einer gewissen zeitlichen und räumlichen Distanz beruhen. Die Massenmedien bieten keinen Standpunkt, sondern lediglich ein Mosaik des allgemeinen Bewusstseins. Die gesamte Menschheit wächst dank CNN und Internet zu einem Stamm zusammen. Das globale Dorf wird nicht nur durch den unaufhörlichen Fluss von Informationen und Bildern geeint, sondern auch durch die Omnipräsenz von McDonald's, Coca Cola etc.

Charakteristika des Fernsehens

Fernsehen spricht das Kurzzeitgedächtnis an: kurze, amüsante Formeln und Slogans.

Auge und Geist kommen nicht zur Ruhe.

Das Übermaß an Informationen versetzt die NutzerInnen in Tiefschlaf (Wahrnehmungsselektion).

Jedes Thema wird als Unterhaltung verkauft, egal um welche Sendung es sich handelt (vgl. „Das Medium ist die Botschaft").

Durch das Fernsehen kommt die Welt zu uns.

Wenn die Welt zu uns kommt, bewegen wir uns nicht mehr, wir konsumieren.

Das Medium ist die Botschaft

Der Satz *Das Medium ist die Botschaft* bedeutet: Das Kommunikationsmittel (Medium) übt eine stärkere Wirkung (Botschaft) aus als die jeweilige Information, die es vermittelt. Die Kommunikationstechnologien wie Radio und Fernsehen sind gleichsam

Erweiterungen unseres Körpers und unserer Sinne. Die entscheidende Schlussfolgerung aus dieser Betrachtungsweise ist, dass Technologien nie neutral sind. Vielmehr verwandeln sie unsere Sinne, indem sie sie erweitern. Neue Technologien verändern unser Verhältnis zu Raum und Zeit und beeinflussen so unser Verhalten in der Welt.

Phantome sind Zweideutigkeiten.

Fernsehen vermittelt Phantome

Die Differenzierung zwischen Wissen und Scheinwissen, zwischen Realität und Scheinrealität beschäftigt uns heute zunehmend aufgrund der angesprochenen Unmittelbarkeit und Gleichzeitigkeit von Informationen. Günther ANDERS (1902–1992) thematisiert im folgenden Text dieses Problem.

Wer *im Bilde* sein, wer wissen will, was es draußen gibt, der hat sich nach Hause zu begeben, wo die Ereignisse, *zum Schauen bestellt,* schon darauf warten, Leitungswasser gleich für ihn aus dem Rohr zu schießen. Wie sollte er auch draußen, im Chaos des Wirklichen, in der Lage sein, irgendein Wirkliches von mehr als lokaler Bedeutung herauszupicken? Denn die Außenwelt verdeckt die Außenwelt. Erst wenn die Tür hinter uns ins Schloss gefallen ist, wird das Draußen für uns sichtbar.

An die Stelle des *Sieh, das Gute liegt so nah,* das unsere Väter über die Frage: *Warum in die Ferne schweifen?* hatte hinwegtrösten sollen, muss heute die Aussage treten: *Sieh, das Ferne liegt so nah;* wenn nicht sogar: *Sieh, nur Fernes liegt noch nah.* Und damit sind wir beim Thema. Denn, dass die Ereignisse – diese selbst, nicht nur Nachrichten über sie –, dass Fußballmatches, Gottesdienste, Atomexplosionen uns besuchen, dass der Berg zum Propheten, die Welt zum Menschen statt er zu ihr kommt, das ist, neben der Herstellung des Masseneremiten und der Verwandlung der Familie in ein Miniaturpublikum, die eigentlich umwälzende Leistung, die Radio und TV gebracht haben. Wie wir herausgefunden hatten, bleibt das dem Menschen *ins Haus gesendete Etwas* ontologisch zu zweideutig, sodass wir die Frage, ob wir es als anwesend oder abwesend, als Wirkliches oder Bildliches ansprechen sollten, nicht entscheiden konnten. Wir hatten dem Zweideutigen deshalb einen eigenen Namen gegeben und es *Phantom* genannt. So wie, wo das Leben als Traum gilt, Träume als Leben gelten, so wirkt nun, da jede Realität als Phantom auftritt, jedes Phantom real.[25]

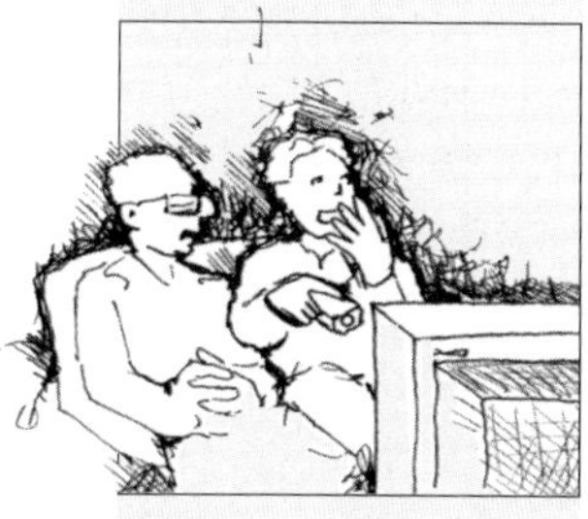

[25] Günther ANDERS, Die Antiquiertheit des Menschen. Band 1, München: Beck 1992, S. 110 (gekürzt und geringfügig verändert).

„Fernseh-Thesen" von Günther ANDERS[26]

1. Wenn die Welt zu uns kommt statt wir zu ihr, so sind wir nicht mehr „in der Welt", sondern nur noch Konsumenten.
2. Wenn die Welt zu uns kommt, aber doch nur als Bild, ist sie halb an- und halb abwesend, also phantomhaft.
3. Wenn wir die Welt zwar nicht verwalten, aber ein- und ausschalten können, sind wir Inhaber gottähnlicher Macht.
4. Wenn die Welt uns anspricht, ohne dass wir sie ansprechen können, sind wir dazu verurteilt, mundtot, also unfrei zu sein.
5. Wenn die Welt für uns zwar vernehmbar, aber nicht behandelbar ist, sind wir zu Lauschern und Voyeuren degradiert.
6. Wenn ein an einem bestimmten Orte stattfindendes Ereignis als „Sendung" zum Auftreten an jedem anderen Orte veranlasst werden kann, dann ist es in ein mobiles, ja in ein fast omnipräsentes Gut verwandelt und hat seine Raumstelle als *principium individuationis* eingebüßt.
7. Wenn das Ereignis erst in seiner Reproduktionsform, also als Bild sozial wichtig wird, ist der Unterschied zwischen Sein und Schein, zwischen Wirklichkeit und Bild aufgehoben.
8. Wenn das Ereignis in seiner Reproduktionsform sozial wichtiger wird als in seiner Originalform, dann muss das Original sich nach seiner Reproduktion richten, das Ereignis also zur bloßen Matrize ihrer Reproduktion werden.
9. Wenn die dominierende Welterfahrung sich von solchen Produkten nährt, dann ist der Begriff „Welt" abgeschafft, die Welt verspielt – sofern man unter „Welt" noch dasjenige versteht, worin wir sind.

Raumstelle = ein Ereignis, das an einen Ort gebunden ist

Principium individuationis heißt so viel wie Einzigartigkeit.

Fernsehen als Entertainment

Der amerikanische Medienfachmann Neil POSTMAN kombiniert verschiedene Hypothesen zum Thema *Fernsehen*: Es sende vor allem Trivialitäten und verhindere Urteilsbildung und Kritikfähigkeit.

> Es ist absurd zu glauben, das Fernsehen stütze die traditionellen Formen von Bildung. Weder setzt das Fernsehen die Schriftkultur fort, noch erweitert es sie. Es attackiert sie. Was ist das Fernsehen? Welche Arten von kommunikativem Austausch lässt es zu? Welche intellektuellen Tendenzen begünstigt es? Was für eine Kultur bringt es hervor?

[26] Referiert nach Günther ANDERS, Die Welt als Phantom und Matrize. Philosophische Betrachtungen über Rundfunk und Fernsehen. Zitiert aus Claus PIAS u. a. (Hg.), Kursbuch Medienkultur. a. a. O., S. 209ff.

Das sind Fragen, mit denen wir uns im Folgenden beschäftigen wollen, und um dabei möglichst wenig Verwirrung aufkommen zu lassen, möchte ich zunächst den Unterschied zwischen einer Technik und einem Medium verdeutlichen. Man könnte es so formulieren: Die Technik verhält sich zum Medium wie das Gehirn zum Verstand oder zum Denken. So wie das Gehirn ist die Technik ein gegenständlicher Apparat. So wie der Verstand ist das Medium die Art und Weise, in der man einen solchen materiellen Apparat gebraucht. Die Technik wird zum Medium, indem sie sich eines bestimmten symbolischen Codes bedient, indem sie ihren Ort in einer bestimmten sozialen Umgebung findet und indem sie in bestimmten ökonomischen und politischen Kontexten Fuß fasst. Mit anderen Worten, die Technik ist bloß eine Maschine; das Medium ist die soziale und intellektuelle Umwelt, die von einer Maschine hervorgebracht wird.

Das Fernsehen ist tatsächlich ein Genuss fürs Auge, ein wundervolles Schauspiel, das an jedem Sendetag Tausende von Bildern verströmt. Die durchschnittliche Länge einer Kameraeinstellung in den Sendungen der großen Fernsehgesellschaften beträgt nur 3,5 Sekunden, sodass das Auge nie zur Ruhe kommt, stets etwas Neues zu sehen bekommt. Außerdem bietet das Fernsehen den Zuschauern eine Vielfalt von Themen, stellt minimale Anforderungen an das Auffassungsvermögen und will vor allem Gefühle wecken und befriedigen. Selbst die Werbespots, die mancher als lästig empfindet, sind raffiniert gemacht, stets angenehm fürs Auge und mit erregender Musik unterlegt. Die beste Fotografie der Welt bekommt man heutzutage zweifellos in der Fernsehwerbung zu sehen. Mit anderen Worten, das Fernsehen hat sich ganz und gar der Aufgabe verschrieben, sein Publikum mit Unterhaltung zu versorgen.[27]

Fernseh-Thesen von Neil POSTMAN:

1. *Fernsehen wurde nicht für Idioten erschaffen – es erzeugt sie:* POSTMAN warnt vor einer Trivialisierung und Infantilisierung der Gesellschaft durch die Unkultur des bewegten Bildes. Das ununterbrochene Entertainment liefere eine Bildflut ohne Sinn und Verstand und zerstöre damit die Chance, ein Publikum auf rationale Weise mit Informationen und Inhalten zu erreichen. Die ZuschauerInnen säßen wie Affen in einer verschachtelten Guck-Guck-Welt, aus deren Pseudo-Realität es kein Entrinnen mehr gäbe.

[27] Neil POSTMAN, Wir amüsieren uns zu Tode. Urteilsbildung im Zeitalter der Unterhaltungsindustrie, Frankfurt/Main: Fischer 1992.

2. *Denken kommt auf dem Bildschirm nicht gut an.* Es gibt dabei nicht viel zu sehen: Fernsehen gefährde die Urteilsbildung der BürgerInnen und bedrohe die Meinungsbildung in Demokratien. Unsere Kultur verdanke ausschließlich der Schrift ihren Fortschritt, weil Schrift die Aktivität der RezipientInnen (LeserInnen) anrege, die die Zeichen in Sinn und Bedeutung umsetzen müssen. Film, TV und Computer dagegen sorgten für eine audiovisuelle Vollversorgung und Verdummung, bei der die abgeschlafften User alles hinnehmen und im Konsumwahn ihre Eigenleistung an der Konstruktion der Welt völlig unterschätzen. *Es ist ja so bequem, unmündig zu sein.*
3. *Fernsehen führt zu einem Geschichtsverlust:* Die AmerikanerInnen wüssten alles über die letzten 24 Stunden, aber so gut wie nichts über die vergangenen Jahrhunderte. Geschichtsverlust führe zu einer Identitätskrise.

AUFGABEN

1. Kritik an POSTMAN

Gedanken ohne Inhalt sind leer, Anschauungen ohne Begriffe blind. Damit hatte KANT das begriffliche Denken und das ästhetische Anschauen miteinander verknüpft.
- Kritisieren Sie von diesem Ansatz aus die Thesen von POSTMAN.
- Worin sehen Sie die positive Funktion des Fernsehens?

2. Textbestimmte und bildbestimmte Kulturen

Diskutieren Sie die Vor- und Nachteile von textbestimmten im Vergleich zu bildbestimmten Kulturen.

textbestimmte Kulturen	bildbestimmte Kulturen

3. Fragen zu „Medien"

Suchen Sie sich ein Medium aus (z.B. einen Fernsehsender) und versuchen Sie, folgende Fragen zu beantworten:
- Wer besitzt dieses Medium?
- Wessen Interessen werden primär vertreten?
- Wer nimmt Einfluss auf dieses Medium?
- Wie frei sind eigentlich öffentlich-rechtliche Medieneinrichtungen?

4. Was ist Medienphilosophie?

Recherchieren Sie im Internet, verwenden Sie u.a. **www.medienphilosophie.net**

5.3 Computer und Internet

„Mit Sicherheit hat es keine Periode in den letzten fünfhundert Jahren gegeben, in der sich das Leben durch die neuen Medien radikaler verändert hat, als dies in den kommenden dreißig Jahren der Fall sein wird. Dann nämlich wird die heutige Welt kaum wiederzuerkennen sein, denn schließlich geht eine ganze Ära, auf der letztlich unsere Bildung aufgebaut ist – das viel zitierte Gutenberg-Zeitalter –, zu Ende", behaupten Medienfachleute. Die wichtigsten Veränderungen thesenhaft zusammengefasst:

- Computer und Internet ebnen den Weg zum kollektiven Bewusstsein.
- Der Computer übernimmt (teilweise) das Denken in Bezug auf Datenanalyse, Klassifikation von Daten, Datenselektion, Design und Komposition.
- Informationen, die gleichzeitig zur Verfügung stehen, helfen nicht zu entscheiden, was wichtig ist und was nicht wichtig ist. Information wird zur Quelle der Unsicherheit.
- Wir müssen die gewohnte Perspektive aufgeben, der zufolge der Sinn einer Botschaft durch ihren Kontext erhellt wird. Das elementare, inzwischen obsolete Kommunikationsschema lautet: „A übermittelt ein Etwas (X) an B." Heute befinden wir uns in einem Netz von Informationen.

Das Auftreten neuer Medien ist regelmäßig begleitet von Befürchtungen, die vertrauten Formen der Informationsvermittlung würden nunmehr verdrängt werden. Besonders das Medium Buch wird immer wieder als gefährdet betrachtet, obwohl es sich bisher gegen Film, Rundfunk, Fernsehen und andere neu hinzugetretene Medien nicht nur behauptet hat, sondern nach Zahl der produzierten Titel und auch nach Umsatzziffern stetig zugenommen hat. Wenig deutet darauf hin, dass dies mit dem Auftreten des Internet anders kommen wird. Fast immer endet eine solche Konkurrenzsituation in einem Neben- und Miteinander der alten und der neuen Medien.
Elektronische Netzwerke versorgen uns jetzt schon mit einem kaum zu bewältigenden Maß an Daten. Abzusehen ist, dass die Überfülle der jederzeit an jedem Ort verfügbaren Information den Menschen vor schwierige Probleme stellen wird. Nicht die Beschaffung, sondern die Selektion von Information stellt die Herausforderung der Zukunft dar. Im Grunde verhält es sich ja so, dass Medien nur Zeichensätze übertragen; die Umwandlung in Information oder gar in verfügbares Wissen leistet erst das Gehirn des Rezipienten.
Schon sind aber Anpassungsleistungen zu beobachten, durch die sich die geistigen Prozesse selbst verändern. Hypertexte erfordern ein anderes Leseverhalten als der lineare Text des Buches, bei dem

Buch versus Hypertext

1. Linearität erweist sich als ein zu schwaches Medium, um der neuen Weltform des verzweigten und verknäuelten Wissens gewachsen zu sein.
2. Das Prinzip Zeile wird abgelöst vom Prinzip Knoten oder Schnittpunkt, jedes Wort könnte Ausgangspunkt sein zu einem Sprung in ein anderes Archiv, jeder Satz könnte gleichsam in mehreren Richtungen weitergehen.

es Anfang und Ende und für den Leser jederzeit Gewissheit darüber gibt, an welchem Punkt des Mitteilungskontinuums er sich befindet. Wenn es richtig ist, dass elektronische Netzwerke die Struktur menschlichen Denkens zutreffender abbilden als das Buch, dann wäre in dieser strukturellen Affinität zum assoziativen Denken das Faszinosum des Internet begründet, das als ein externes Gehirn betrachtet werden kann. Netzkommunikation tritt uns ähnlich wie Lesen bereits als eine eigene Kulturtechnik entgegen. Trotzdem – bei allem bleibt auch hier der Mensch das Maß aller Dinge.[28]

Anthropologische Grundprinzipien

Der Philosoph Peter SLOTERDIJK definiert den Menschen als audiovisuelles Tier.

Peter SLOTERDIJK (geb. 1947)

Der Mensch ist ein audiovisuelles Tier

Biologen haben darauf hingewiesen, dass 99 Prozent der Tiere sich durch Gerüche in ihren Umwelten orientieren und ingeniöse Techniken einer Weltdeutung auf dem chemischen Kanal entwickelt haben, während Menschen – zusammen mit einer kleinen Gruppe exzentrischer Tierarten wie Wale und Vögel – nur als Genies der Audiovisualität zu würdigen sind.
Sehen und Hören sind Prämissen eines ontologischen „Augenaufschlags", der unsere Gattung aus dem Sein in Umwelten zum Dasein in der Welt befördert. Weil Auge und Ohr Distanzorgane sind, sind sie von sich her wie keine anderen Sinne dazu geeignet, die Besitzer dieser riskanten Organe zu Weltwesen zu machen – das heißt zu Lebewesen, die ein Verhältnis zum Offenen, zum Unbekannten, zum Neuen entwickeln. Weil wir die hörend-sehenden Tiere sind, sind wir von einer relativ frühen Stufe der Hominisation an Tiere der Zukunft; Wesen, deren eigentlicher Ort im Sein das Noch-Nicht ist.

Der Mensch ist das Tier, das von innen kommt, das zur Welt kommende Wesen

Kein Menschenleben ist denkbar ohne einen großen Elementwechsel vom Feuchten ins Trockene. In jedem Einzelleben wiederholt sich das evolutionäre Abenteuer des An-Land-Gehens und der Aufrichtung zur zweibeinigen, freihändigen, weithörenden und weitsichtigen Seinsweise. Die Pointe dieses Übergangs freilich liegt darin, dass Menschen als geborene Hordenwesen auch in

[28] Ernst FISCHER, Buch und Internet – Medienkonkurrenz oder Medienverbund? Überlegungen und Thesen. In: Stephan FÜSSEL (Hg.), Im Zentrum: Das Buch, Mainz: 1997, S. 112ff. (gekürzt).

ihrer extrauterinen Existenz in einem spezifischen Sinn Innenweltwesen bleiben, nämlich Hordeninnenweltwesen, die im vitalen Kontinuum ihrer kleinen Gesellschaft, und zunächst nur in diesem, sich psychisch und physisch am Leben zu halten vermögen.

Die Horden, in denen sich die Genesis des Menschen vollzieht, sind ihrer Qualität nach soziale Brutkästen. Im Innern dieser Brutkästen erwarb der *Homo sapiens* seine auffälligen Züge. Hier und nur hier konnte es geschehen, dass die Menschenköpfe so merkwürdig groß wurden, die Häute merkwürdig dünn, die Frauen merkwürdig schön, die Beine merkwürdig lang, die Stimmen merkwürdig artikulationsfähig, die Sexualität merkwürdig chronisch, die Kinder merkwürdig infantil und formbar, die eigenen Toten merkwürdig unvergesslich. Das Tier, das von innen kommt, bleibt als Hordenwesen bis zuletzt immer auch geprägt von der Notwendigkeit, einem erweiterten sozialen Innenraum anzugehören, nicht zuletzt eben durch das audiovisuelle Band, welches den Mitgliedern der Horde erlaubt, in einem Kontinuum permanenten gegenseitigen Sich-Hörens und Sich-Sehens zu schweben.[29]

AUFGABEN

1. Textanalyse von Peter Sloterdijk

Analysieren Sie den Text von Peter Sloterdijk nach dem vorgegebenen Schema. Einen Lösungsvorschlag finden Sie auf der CD-ROM.

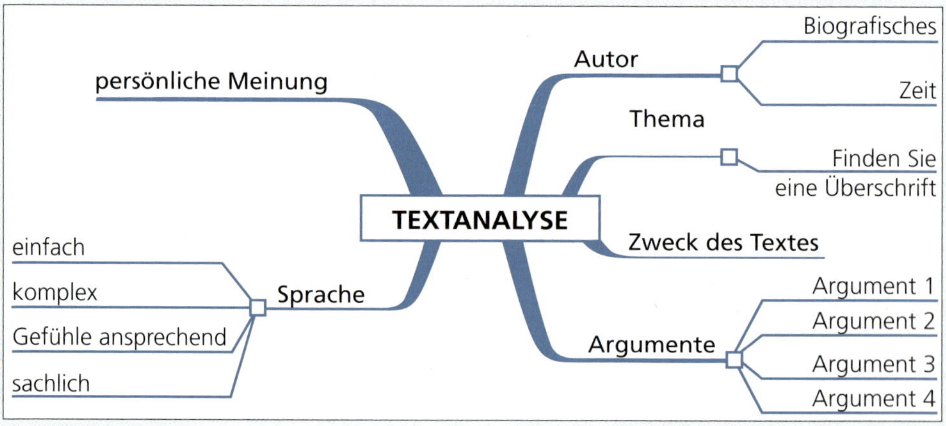

[29] Peter Sloterdijk, Medien-Zeit. Drei gegenwartsdiagnostische Versuche, Stuttgart: Cantz-Verlag 1993 (Schriftenreihe der Staatlichen Hochschule für Gestaltung Karlsruhe), S. 67ff. (gekürzt und teilweise vereinfacht).

2. Denken ist der Widerstand des Gehirns gegen die Informationsflut

Welche Voraussetzungen benötigen User, um das Internet sinnvoll nutzen zu können?

Lesen können	
Selektieren können	
Vorinformationen kennen	

3. Wie verwenden Sie Computer und Internet?

Schreiben Sie stichwortartig Ihr Medienverhalten auf. Sammeln Sie die Ergebnisse und erstellen Sie für Ihre Klasse ein Plakat.

- Wie oft verwenden Sie PC und Internet?
- Wofür? Information, Vergnügen, Spiele etc.
- Welche Inhalte finden Sie im Internet im Vergleich zu anderen Medien am besten?
- Wie verwenden Sie PC und Internet in der Schule? Welche Fächer?
- Sollte das Internet im Unterricht mehr oder weniger verwendet werden?

4. In diesem Kapitel wurde ausführlich darüber gesprochen, dass Medien (Buch, Fernsehen, Computer) die Wahrnehmung und das Denken der Menschen beeinflussen. Analysieren Sie den folgenden Ausschnitt einer Zeitungsseite und überlegen Sie, welche Wahrnehmungsmuster und Denkstrukturen durch ein derartiges Layout (Zeitung und Fernsehen) motiviert werden.

Mütter zweiter Klasse

Sie sind legal im Land und doch macht der umstrittene „Baby-Erlass“ ihre Kinder zu Illegalen. SEITEN 4, 5

Rückwirkend

Kann Ursula Haubner heute die Seiten vier und fünf dieser Zeitung lesen, ohne sich rückwirkend in Grund und Boden zu schämen?

Es geht um Menschen, die vom sogenannten „Haubner-Erlass“ betroffen sind. Menschen, die gut in Österreich integriert waren, bis sie den Fehler begingen, ein Kind zu bekommen. Jetzt stehen einige von ihnen wirklich vor dem Abgrund: Mütter etwa, die sich tatsächlich weder Windeln noch Milch leisten können. Die ihre Babys jetzt mit Geschirrtuch und Obstsackerl wickeln und mit Mehlwasser füttern. Anderen geht es besser: Sie können sich wenigstens das Allernötigste leisten. Ihr Dasein wurde ihnen nur bis an die Grenze des Erträglichen erschwert.

Eine „Sozial“-Ministerin, die ihre fragwürdige Ideologie durch härtestmögliche Auslegung eines Pfusch-Gesetzes auf dem Rücken von Säuglingen auslebt – das ist einfach nur schäbig. Hier geht es um nichts anderes, als „Ausländer“ so weit wie möglich bürokratisch zu schikanieren. In einzelnen Härtefällen sollen die Mütter rückwirkend Kindergeld bekommen, heißt es. Eine Migranten-Beraterin sagt dazu: „Kann man auch rückwirkend leben?“ - GUITAR

ÜBERBLICK

Bewölkt und kalt

Viele Wolken bis zum frühen Nachmittag. Regen- oder Schneeschauer möglich. SEITE 28

Kino	Seiten 14–16
Sudoku	Seite 26
Rätsel	Seite 27
Horoskop	Seite 28
TV-Programm	Seite 26

Redaktion: 1072 Wien, Lindengasse 52, Tel. (01) 52 100/0, Fax (01) 52 100/2263, 2265; leser@kurier.at. Abo-Service: Tel. 05 9030-600, Fax: -601; eMail: aboservice@kurierabo.at

Beispiel Zeitung

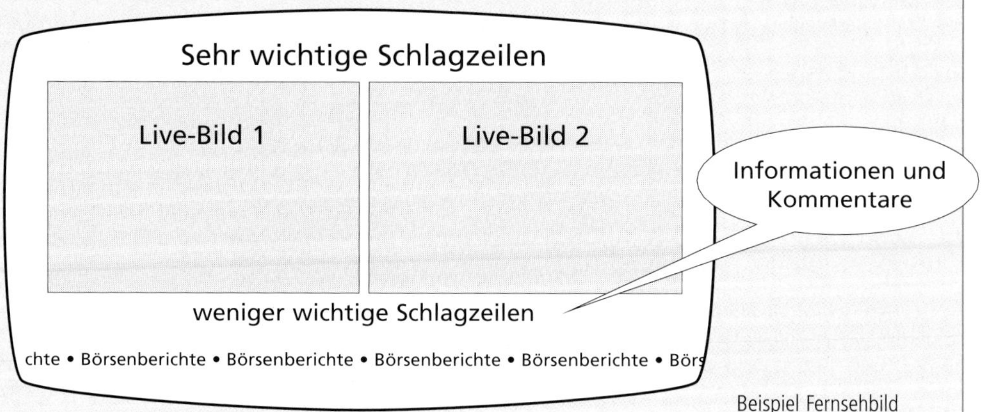

Beispiel Fernsehbild

5. Virtualität
   Virtuell kommt vom lateinischen Wort *virtus* (Tüchtigkeit). Als virtuell gilt die Eigenschaft einer Sache, die zwar nicht real ist, aber doch in der Möglichkeit existiert; Virtualität spezifiziert also ein konkretes Objekt über bestimmte Eigenschaften, die nicht physisch, aber doch in ihrer Funktionalität vorhanden sind.
   Geben Sie in Google **intitle:virtualität filetype:pdf** ein. Wählen Sie ein PDF-Dokument aus, dokumentieren Sie die Quelle. Notieren Sie anschließend eine oder zwei wichtige Aussagen. Schreiben Sie diese Aussagen an die Tafel (Flipchart) und versuchen Sie, die Aussagen zu systematisieren.

Zusammenfassung

Anthropologie als Lehre vom Wesen des Menschen

Philosophische Anthropologie beschäftigt sich mit dem Wesen des Menschen und den Fragen, die für das Selbstbewusstsein von Bedeutung sind.

Evolutionstheorie und die anthropologischen Folgen – der Mensch als Mängelwesen

Die Evolutionstheorie von Charles DARWIN erschütterte das Menschenbild des Abendlandes nachhaltig: Der Mensch ist nach dieser Theorie nicht mehr die Krone der Schöpfung, sondern nur ein Teil des Kosmos, der zufällig entstanden ist. Arnold GEHLEN beschreibt den Menschen nicht mehr als ein vernunftbegabtes Wesen (ARISTOTELES), sondern als Mängelwesen: Er hat nichts Übernatürliches an sich; sein Vorteil im Vergleich zum Tier ist seine Weltoffenheit, d. h., er ist nicht durch Instinkte festgelegt; er muss sich andauernd entscheiden; er ist ein Sonderentwurf der Natur, ein Spezialist im Nicht-spezialisiert-Sein (vgl. Konrad LORENZ).

Frau und Mann: androgyne Betrachtung

Die Frage „Wer bin ich?" führt auch zur Frage der geschlechtlichen Identität. C. G. JUNG hat in unserem Kulturkreis androgyne Betrachtungsmuster durch seine Anima-Animus-Problematik angeregt. Androgynität bedeutet, dass es eine ursprüngliche Einheit, Ganzheit und Vollkommenheit des Männlichen und des Weiblichen gegeben hat (vgl. die Kugelmenschen PLATONS). Im Gegensatz zu den Androgynitätsvorstellungen, die auch zum Ziel haben, die stereotypen Rollenerwartungen an Frauen bzw. Männer aufzuweichen, versucht Simone de BEAUVOIR die Differenzen, die sich aufgrund von unterschiedlicher Sozialisation im Laufe der Jahrhunderte entwickelt haben, aufzuzeigen. Es scheint ein Charakteristikum des Menschen zu sein, über Relationsbestimmungen zu einer Identität und zu einem Selbstbewusstsein zu gelangen: Ich kann mich als MaturantIn bestimmen, weil es auch Nicht-MaturantInnen gibt; als ÖsterreicherIn bestimme ich mich über die Nicht-ÖsterreicherInnen etc. Das heißt: A definiert sich in Relation zu B und B definiert sich in Relation zu A. Solche Relationsbestimmungen sind für alle Beteiligten unbedenklich, solange die RelationspartnerInnen auf gleicher Ebene agieren. Problematisch wird die Relationsbestimmung dann, wenn der eine Bezugspartner einen Absolutheitsanspruch entwickelt und der andere sich ausnahmslos in Relation zum Absoluten bestimmen muss. BEAUVOIR stellte dazu fest, dass Männerprobleme immer zu Menschheitsproblemen hochstilisiert werden, während sich Frauenprobleme als Frauenprobleme in feministischen Bewegungen Gehör verschaffen müssen.

Differenzierungen: Der Mann kommt vom Mars, die Frau von der Venus.

Sinnklärungen: der Erlebnismensch

Ein Aspekt philosophischer Anthropologie beschäftigt sich mit der Sinnklärung. Liegt der Sinn des Lebens im Konsumrausch, im grenzenlosen Genuss? Thrilling (Nervenkitzel und Risikobereitschaft) vermittelt dem unterforderten Normalmenschen in seiner Freizeit ein neues Selbstwertgefühl. Typisch für den Menschen unserer Kultur ist das Projekt des schönen Lebens, das man mit Erlebnisrationalität umschreiben kann: Erlebnisrationalität bedeutet, dass alle äußeren Umstände und Situationen für das Innenleben zweckmäßig verarbeitet werden; alle Erlebnisse werden positiv bewertet, alle Lebensumstände werden so arrangiert, dass sie als schön empfunden werden.

Der esoterische Mensch

Esoterische Bewegungen versprechen den Menschen Sinnklärungen, indem sie alte Naturreligionen und deren animistische Sichtweisen reaktivieren. Oft selbst ernannte Gurus und Schamanen versprechen den Menschen, die auf der Suche nach dem Sinn sind, integrales Bewusstsein, kosmisches Bewusstsein, Reinkarnation, das wahre Heil etc. (siehe Download www.dorner-verlag.at).

Religionskritik: Agnostizismus und Atheismus

Philosophie beschäftigt sich auch mit Religionskritik. Neben der Gleichgültigkeit gegenüber Religion und dem Zweifel an der Erkennbarkeit Gottes (Agnostizismus) werden auch atheistische Argumente formuliert: Gott ist eine Projektion oder Wunscherfüllung (idealisierte Vaterprojektionen). Die wichtigsten Religionskritiker sind Ludwig FEUERBACH, Karl MARX, Sigmund FREUD und Jean-Paul SARTRE.

Mensch und Medien

Bücher

Fernsehen

Die Medien bestimmen immer mehr die Wirklichkeitswahrnehmung und das Denken des Menschen. Während das Schreiben und Lesen Reflexion, Distanz und Individualität fördern, wird durch das Medium Fernsehen eher das gleichzeitige, spontane Wahrnehmen gefördert. Das Fernsehen vermittelt Phantome, d. h. eine Wirklichkeit, die nicht direkt vom Menschen erlebt und selektiv wahrgenommen wird.

Computer

Computer und Internet übernehmen teilweise das Denken für uns, und zwar in Bezug auf Datenanalyse, Datenselektion und Design. Eine Unzahl von Informationen stehen gleichzeitig zur Verfügung, was dann zu Unsicherheit und Hilflosigkeit führen kann, wenn User keine Selektionskompetenz besitzen.

Kapitel 5: Moral und Ethik

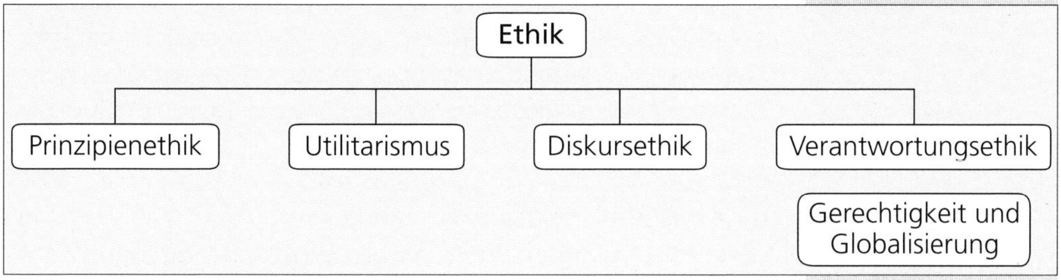

1 Begriffsdifferenzierung

Der Begriff *Ethik* wird vom griechischen Wort *ethos* abgeleitet; er bezeichnet

- das äußerlich sichtbare Verhalten von Menschen (Brauch und Sitte);
- den inneren Zustand eines Menschen, seinen Charakter.

Der philosophische Begriff *Ethik* wurde von ARISTOTELES als Terminus für Analysen des menschlichen Handelns eingeführt, wobei Freiwilligkeit, Bewusstheit und Intentionalität (Absicht) des Handelnden wichtig sind. Unter *Ethik,* einem Teilgebiet der Philosophie, versteht man heute die Wissenschaft von der Moral. Sie versucht, Begründungsprinzipien des moralisch Richtigen und Guten zu ermitteln, indem sie fragt, welche Möglichkeiten wir grundsätzlich haben, moralische Probleme zu lösen. *Ethik* aus philosophischer Sicht ist keine Rezeptsammlung für konkrete Handlungsentscheidungen. Die Beschäftigung mit *Ethik* sollte bewusst machen, welche oft unbewussten Prinzipien unser Handeln bestimmen, wie die Prinzipien begründet werden können und welche Prinzipien zu welchen Ergebnissen führen könnten.

Ethik oder Moralphilosophie ist die Wissenschaft von der Moral.

Ethik als wissenschaftliche Disziplin der Philosophie hat die Aufgabe, Konzepte des moralischen Handelns vernünftig zu begründen. Es werden drei Grundtypen ethischer Theorien unterschieden:

- **Normative Ethik oder Moralphilosophie:** Grundregeln des richtigen Handelns werden begründet und beurteilt; sittliche Werturteile werden in einen systematischen Zusammenhang eingeordnet.
- **Deskriptive Ethik:** Moralische Phänomene werden beschrieben; dabei bedient man sich der Methoden der empirischen Wissenschaften (Soziologie, Psychologie, Verhaltensforschung).
- **Metaethik:** Urteile und Sätze der Ethik werden sprachanalytisch und logisch untersucht.

Unter Moral versteht man das konkrete subjektive Handeln, das sich am Gewissen, an gesellschaftlichen Werten und Normen orientiert.

Der Begriff *Moral* (vom lateinischen Wort *mos, moris)* meint eher die Praxis, das konkrete subjektive Handeln, welches sich an gesellschaftlichen Normen oder Werten orientiert, die mehr oder weniger verbindlich sind und durch Lob oder Tadel, Belohnung oder Strafe festlegen, welches Handeln richtig bzw. falsch ist.

1.1 Ziele der Ethik

Die Beschäftigung mit Ethik verfolgt verschiedene Ziele:

- Aufklärung menschlicher Praxis hinsichtlich ihrer moralischen Qualität;
- Einübung in ethische Argumentationsweisen;
- Hinführung zu der Einsicht, dass moralisches Handeln nicht etwas Beliebiges ist, das man willkürlich tun oder lassen kann, sondern Ausdruck einer menschlichen Qualität, nämlich der Humanität.

Tiere ordnen sich instinktiv bestimmten Regeln der Gemeinschaft unter.

Diese Ziele enthalten sowohl ein kognitives Moment als auch ein nicht mehr allein durch kognitive Prozesse zu vermittelndes Moment: etwas, das man als Verantwortungsbewusstsein oder moralisches Engagement bezeichnen kann. Die Grundvoraussetzung jedoch, auf der jede Ethik aufbauen muss, ist der gute Wille. Guter Wille meint hier die grundsätzliche Bereitschaft, sich nicht nur auf Argumente einzulassen, sondern das als gut Erkannte auch tatsächlich zum Prinzip des eigenen Handelns zu machen. Wer von vornherein nicht gewillt ist, seinen eigenen Standpunkt in moralischen Angelegenheiten zu problematisieren – sei es, weil er prinzipiell keine anderen Überzeugungen als die eigenen gelten lässt, sei es, weil er in Vorurteilen verhaftet ist, sei es, weil er radikaler Skeptiker ist – lässt es aus verschiedenen Gründen an gutem Willen fehlen. Mangelnde Offenheit und Aufgeschlossenheit für das Moralische entziehen jeglicher ethischen Verständigung das Fundament. …
Das Leben in einer Gemeinschaft ist regelgeleitet. Die Notwendigkeit von Regeln bedeutet nicht Zwang oder gar Reglementierung, vielmehr signalisiert sie eine Ordnung und Strukturierung von Praxis um der größtmöglichen Freiheit aller willen. Ein regelloses Leben ist nicht menschlich. Selbst ROBINSON auf seiner Insel folgt selbst gesetzten Regeln, während der Wolfsmensch den Regeln der Natur folgt. Moderne Gesellschaften sind gekennzeichnet durch eine Pluralität von weltanschaulichen Standpunkten, privaten Überzeugungen und religiösen Bekenntnissen; hinzu kommt eine rasch fortschreitende soziokulturelle Entwicklung und damit verbunden eine fortgesetzte Veränderung ökonomischer, politischer

und gesellschaftlicher Zielvorstellungen. Bei dieser heterogenen Mannigfaltigkeit ist ein Konsens über Angelegenheiten der Moral keineswegs mehr selbstverständlich, ja bleibt aufgrund gegensätzlicher Interessen und Bedürfnisse oft sogar aus.[1]

AUFGABEN

1. Fragen beantworten, Teilsätze ergänzen

a. Die Ziele der Ethik beinhalten drei wichtige Momente, ____________________

b. Die Grundvoraussetzung jeder Ethik ist ____________________

c. Das Fundament ethischer Verständigung ist ____________________

d. Welche Funktion erfüllen Regeln? ____________________

e. Worin besteht das Problem einer multikulturellen Gesellschaft in Bezug auf ethische Fragestellungen? ____________________

2. Entscheiden Sie, was Sie für moralisch gut halten.

Moralisch gut ist, …	Ja	Nein
1. was den Gesetzen des Staates nicht widerspricht.	☐	☐
2. wenn man seinen Eltern gehorcht.	☐	☐
3. wenn man sich täglich die Zähne putzt.	☐	☐
4. was nützt.	☐	☐
5. wenn man von Herzen gibt.	☐	☐
6. was Gott will.	☐	☐
7. wenn man immer die Wahrheit sagt.	☐	☐
8. was meinem Nächsten nicht schadet.	☐	☐
9. wenn man seiner Freundin Blumen mitbringt.	☐	☐
10. was in der jeweiligen Situation das geringere Übel ist.	☐	☐
11. wenn man den Müll ordentlich trennt.	☐	☐
12. was mir selbst Spaß macht.	☐	☐
13. wenn man brav das tut, was einem befohlen wird.	☐	☐

[1] Annemarie PIEPER, Einführung in die Ethik, Tübingen: Francke UTB 1991, S. 13f. (gekürzt).

1.2 Handlungsmotivationen

Der Bereich der normativen Ethik diskutiert, welche Moral die richtige ist, und versucht, die moralischen Haltungen zu begründen und zu systematisieren. Meist vollzieht sich die Begründung so, dass alle moralischen Urteile auf ein oder mehrere fundamentale Prinzipien zurückgeführt werden.

griech. *telos* = Zweck, Ziel

griech. *deon* = Pflicht

Es gibt zwei verschiedene Typen moralischer Urteile. Entweder schreiben sie Pflichten vor (man soll dies tun) oder sie schreiben vor, welche Handlungsziele gut im Sinne von erstrebenswert sind. Die **Teleologen** oder VerantwortungsethikerInnen behaupten, Handlungen seien primär danach zu beurteilen, wie gut oder erstrebenswert ihre Folgen sind. Die gegenteilige Meinung vertreten die **Deontologen** oder GesinnungsethikerInnen: Handlungen dürfen nicht ausschließlich nach den Folgen beurteilt werden, die sich aus ihnen ergeben; auch die Motive, die einer Handlung zugrunde liegen, sind mit zu berücksichtigen.

Die normative Ethik stellt also die Frage: Wie sollen wir leben? Was sollen wir tun? Welchem Handlungsmodell sollen wir folgen? Dabei kann man eine Handlung in zwei Richtungen beurteilen:

Beweggrund, Motiv ⇐ **Handlung** ⇒ **Folgen, Wirkung**

Beurteilung der Handlung richtet sich nach

Maxime/Prinzip:
guter Wille

praktische Vernunft:
Gewissen, Pflicht

Zweck/Telos:
Glück, Gutes

- für den Einzelnen
- für die Gesellschaft

Entsprechend den Handlungsmotivationen wird die normative Ethik in zwei Teilbereiche gegliedert:

- **Deontologische Ethik** (Pflicht- und Prinzipienethik): Entscheidend für die Beurteilung ist die gute Handlungsabsicht. Die wichtigsten Vertreter sind Sokrates und Kant.
- **Teleologische Ethik** (Zweckethik und Utilitarismus): Die Konsequenzen einer Handlung sind entscheidend, nicht die gute Gesinnung. Die wichtigsten Vertreter sind Aristoteles und John Stuart Mill.

AUFGABEN

1. Wie soll sich der Chemiker Georg entscheiden? Lesen Sie die Geschichte und differenzieren Sie Ihre Argumente nach deontologischen bzw. teleologischen Gesichtspunkten.

> Georg, der gerade seinen Doktor in Chemie gemacht hat, hat große Schwierigkeiten, einen Job zu bekommen. Er ist gesundheitlich nicht sehr robust, was die Anzahl der Stellen einschränkt, in denen er vielleicht zufriedenstellend arbeiten könnte. Seine Frau muss arbeiten gehen, um die Familie zu ernähren, was an sich schon eine große Belastung verursacht, da sie kleine Kinder haben und es ernsthafte Probleme bei der Beaufsichtigung gibt. Die Folgen von alledem sind besonders für die Kinder schädlich. Ein älterer Chemiker, der die Lage kennt, teilt Georg mit, dass er ihm eine ganz gut bezahlte Arbeit in einem Labor vermitteln kann, in dem Forschungsarbeit für die chemische und biologische Kriegsführung betrieben wird. Georg sagt, dass er das nicht akzeptieren kann, da er gegen die chemische und biologische Kriegsführung eingestellt ist. Der ältere Chemiker antwortet, dass er darüber auch nicht besonders erfreut sei, dass aber Georgs Weigerung nicht bewirke, dass die Stelle oder gar das Labor verschwinden. Darüber hinaus weiß er zufällig, dass dann, wenn Georg die Stelle nicht annimmt, sie ein Gleichaltriger erhält, der nicht durch solche Skrupel gehemmt ist und der wahrscheinlich die Forschung mit größerem Eifer als Georg vorantreiben wird. Tatsächlich hat nicht nur die Anteilnahme für Georg und seine Familie, sondern auch die Beunruhigung über den Übereifer des Gleichaltrigen den älteren Chemiker dazu gebracht, seinen Einfluss geltend zu machen, sodass Georg die Stelle bekommt. Georgs Frau, die er sehr liebt, hat bestimmte Auffassungen, aus denen folgt, dass sie gegen eine Erforschung chemischer Kriegsführung zumindest nichts Besonderes einzuwenden hat. Was soll Georg tun?[2]

2. **Kreative Entscheidungen suchen**
Die meisten ethischen Entscheidungen im Alltag verlangen viel Kreativität, Kompromissbereitschaft und das Abwägen von Prinzipien. Suchen Sie mittels Brainstorming Kompromissvorschläge für Georgs Situation. Überlegen Sie dabei, welche Prinzipien bei Ihren Vorschlägen jeweils einem Kompromiss zum Opfer fallen.

Bei moralischen Entscheidungen geht es sehr häufig darum, sich über die Wertehierarchie klar zu werden: Was hat einen höheren Wert? Das Wohl der Familie, das eigene Gewissen ... Soll sich Georg voll um die Familie kümmern?

[2] Hans-Ludwig FREESE, Abenteuer im Kopf. Philosophische Gedankenexperimente, Berlin: Quadriga 1995, S. 271.

2 Prinzipienethik

Andere Beispiele für eine deontologische Moralorientierung: Gandhi, die Geschwister Scholl etc.

Robin Hood kann man als Beispiel für deontologische Moralorientierung heranziehen. Er ist zu einer Symbolfigur des Widerstandes der Unterdrückten gegen die Mächtigen geworden. Er wird als ausgezeichneter Bogenschütze beschrieben, der trotz adeliger Geburt als sogenannter *Vogelfreier* im Sherwood Forest bei Nottingham lebte und eine Schar von Getreuen anführte. Im Kampf für Gerechtigkeit beraubte oder tötete er politische und klerikale Würdenträger, die für ihn den Missbrauch von Macht durch Staat und Kirche repräsentierten, und verteilte ihren Besitz an die Bedürftigen und Unterdrückten. Robin Hood ist ein Musterbeispiel für einen Gesinnungsethiker. Er war zu der Überzeugung gelangt, dass es seine Plicht sei, den Unterdrückten zu helfen; daraus leitete er die Verpflichtung ab, unabhängig von den möglichen Konsequenzen einer Bestrafung nach seinem Gewissen zu handeln.

2.1 Sokratische Prinzipien

Sokrates wurde wegen Gottlosigkeit und Jugendverführung zum Tode verurteilt. Im Gefängnis versuchten ihn seine Freunde zur Flucht zu bewegen; sie hatten alles arrangiert: Die Wächter waren bestochen, Bekannte würden ihn aufnehmen. Sokrates war jedoch nicht dazu zu bewegen, aus dem Gefängnis zu fliehen. Er berief sich auf ein moralisches Prinzip von grundlegender Natur: *Man darf nicht Unrecht tun.*

Orientierung an Prinzipien

Moralische Entscheidungen müssen von Vernunftgründen geleitet sein.

1. Wir dürfen uns bei einer Entscheidung nicht von Gefühlen leiten lassen; wir müssen uns von Argumenten leiten lassen; wir müssen versuchen, die reinen Fakten zu ermitteln. Konkret: Was hätte Sokrates die Flucht gebracht? Er hätte sein gesamtes Lebenskonzept, nämlich die Athener durch bohrende Fragen zum Nachdenken anzuregen, aufgeben müssen. Dies war nach vernünftiger Überlegung für einen 70-jährigen Mann, der nur mehr eine kurze Lebenserwartung hatte, nicht sinnvoll.

Moralische Entscheidungen können sich nicht unbedingt an der Meinung der Mehrheit orientieren.

2. Wir können uns in einer wichtigen moralischen Fragestellung nicht auf das berufen, was die Mehrheit darüber denkt; diese kann irren. Wir dürfen uns das Denken nicht von anderen aufzwingen lassen. Konkret: Auch wenn sich die Freunde des Sokrates von Mitgefühl und Emotionen leiten ließen, war er davon überzeugt, dass seine Entscheidung die richtige war.

Man darf niemals jemandem Schaden zufügen.

3. Wir sollen nie jemandem Schaden zufügen. Konkret: Wenn Sokrates aus dem Gefängnis geflohen wäre, obwohl er von den zuständigen Gremien verurteilt worden war, dann hätte er der Gesellschaft Schaden zugefügt, weil er die Gesetze des Staates wissentlich missachtet hätte.

4. Wir sollen unsere Versprechen halten. Konkret: Wenn SOKRATES aus dem Gefängnis geflohen wäre, hätte er ein Versprechen gebrochen, und zwar insofern, als er sein ganzes Leben lang freiwillig in Athen gelebt und somit die Gesetze der Stadt stillschweigend anerkannt hatte.

Man muss seine Versprechen halten.

5. Wir sollen unseren Eltern und Lehrern Gehorsam und Respekt erweisen. Konkret: Wenn SOKRATES geflohen wäre, hätte er sich ungehorsam gegenüber der Stadt erwiesen, die quasi die Funktion von Eltern und Erziehern hatte.[3]

Man muss seinen Eltern Respekt erweisen.

SOKRATES orientierte sich an Normen oder Werten, die seine Entscheidungen bestimmten. Solche Normen sind z. B.: *Es ist stets falsch, jemanden zu schädigen*. Diese Werte oder Normen bilden einen Orientierungsrahmen für situative Entscheidungen.

SOKRATES im Gefängnis

AUFGABE

Werte

Begriffsklärung: Der Wertbegriff umfasst konventionelle Wertbegriffe wie *Treue, Tapferkeit, Ehrlichkeit,* auch alle als wertvoll erlebten Eigenschaften und Tätigkeiten, z. B. angenehm, nützlich, Spaß, Wohlbefinden. Weder in der Psychologie noch in der Philosophie gibt es eine klare Begriffsklärung. *Ein nüchterner Blick auf die Welt zeigt, dass der Wert des Menschen weder absolut noch überall gleich ist.*
Literaturhinweis: Konrad Paul LIESSMANN (Hg.), Der Wert des Menschen. An den Grenzen des Humanen, Wien: Zsolnay 2006.

[3] Frei nach PLATON, Kriton und William FRANKENA, Analytische Ethik. Eine Einführung, München: dtv 1994, S. 17 ff.

Erstellen Sie eine Wertehierarchie. Wählen Sie aus folgender Auflistung die für Sie (individuell) fünf wichtigsten Werte aus, einigen Sie sich auf die fünf wichtigsten Werte in der Gruppe. Vergleichen und diskutieren Sie die Ergebnisse.

Wert	Individuell	Gruppe	Wert	Individuell	Gruppe
Achtung			Mitgefühl		
Aktivität			Mut		
Altruismus			Nachkommen		
Anerkennung			Nachsicht		
Ausgeglichenheit			Nähe		
Bildung			Objektivität		
Charisma			Offenheit		
Demokratie			Ordnung		
Distanz			Persönlichkeit		
Disziplin			Pflichtbewusstsein		
Ehre			Pünktlichkeit		
Ehrlichkeit			Rechtmäßigkeit		
Einfluss			Redegewandtheit		
Erfolg			Reichtum		
Familie			Ruhe		
Fantasie			Ruhm		
Freiheit			Selbstverwirklichung		
Freude			Sexualität		
Freundschaft			Sicherheit		
Frieden			Sparsamkeit		
Gastlichkeit			Stärke		
Gerechtigkeit			Tapferkeit		
Geschmack			Toleranz		
Geselligkeit			Treue		
Gesundheit			Überlegenheit		
Glaube			Überzeugung		
Gleichheit			Umweltschutz		
Glück			Unabhängigkeit		
gute Laune			Verantwortung		
Harmonie			Vergnügen		
Heiterkeit			Vernunft		
Herkunft			Vertrauen		
Höflichkeit			Wahrheit		
Identität			Weisheit		
Individualismus			Weitblick		
Kollegialität			Zärtlichkeit		
Klugheit			Zeitlosigkeit		
Kompetenz			Zugehörigkeit		
Kreativität					
Lässigkeit			*eigene Werte:*		
Liebe					
Macht					
Menschlichkeit					

2.2 Immanuel KANT: Kategorischer Imperativ

KANT unterscheidet die theoretische (reine) und die praktische Vernunft: *Der gestirnte Himmel über mir und das moralische Gesetz in mir!* Die Grundsätze der praktischen Vernunft, die für moralische Handlungen relevant sind, argumentiert er folgendermaßen:

Teilbereiche der reinen Vernunft wurden in Kapitel 2.5 beschrieben.

Wille = Absicht

- Das einzig wirklich Gute ist ein guter Wille: Während Begabung, Charakter und günstige Umstände, wie Glück, auch zu schlechten Zwecken eingesetzt werden könnten, ist der gute Wille nicht wegen des von ihm Erreichten gut, sondern an sich gut.
- Um Erfolg und Glück zu haben, braucht der Mensch Instinkt, Intuition und Begabung. Um einen Willen zu erzeugen, braucht der Mensch die Vernunft. Die Vernunft wurde ihm verliehen, um einen Willen zu kreieren, der an sich gut ist, und nicht als Mittel zu einem anderen Zweck.
- Der gute Wille ist das höchste Gut und bedingt alle anderen guten Dinge, wie z. B. Glück.

Der Wille ist *frei,* das heißt: Der Wille oder die Absicht ist nicht ausschließlich von naturwissenschaftlichen Gesetzen gesteuert. Vernünftige Gebote sind nach KANT nicht im Sinne von „Du sollst", sondern im Sinne von „Du kannst" zu verstehen. Jener Teil des Menschen, der den freien Willen ausübt, steht außerhalb der empirisch erfahrbaren Welt. In diesem Sinn ist der Satz zu verstehen: *Der gestirnte Himmel über mir und das moralische Gesetz in mir.*

Die Ausgangsthese von KANT lautet also: Eine Handlung ist durch die praktische Vernunft bedingt. Die das Handeln bestimmenden Faktoren sind keine Naturgesetze, sondern praktische Grundsätze. Bei den Grundsätzen unterscheidet er:

- Maximen (subjektive Grundsätze): selbst gesetzte Handlungsregeln, die ein Wollen zum Handeln ausdrücken,
- Imperative (objektive Grundsätze): praktische Notwendigkeiten, die verschiedene Grade der Verbindlichkeit der praktischen Vernunft ausdrücken, z. B. Ratschläge der Klugheit, aber auch moralisch relevante Grundsätze.

Der kategorische Imperativ gebietet, Handlungen zu vollbringen, die nicht Mittel zum Zweck, sondern *an sich gut* sind.

An sich gut
ist eine Handlung, wenn der Handelnde der Maxime folgt, durch die er zugleich wollen kann, dass sie allgemeines Gesetz werde.

Bei den moralisch relevanten *objektiven Grundsätzen* werden der hypothetische und der kategorische Imperativ unterschieden:

- Hypothetische Imperative sind Regeln, die vorschreiben, was der Handelnde tun soll, wenn er erreichen will, was er begehrt: Wenn du dieses oder jenes Ziel erreichen möchtest, dann

Hypothetische Imperative sind Ratschläge der Klugheit:
Gut ist, wenn man der Mutter gehorcht.
Gut ist, wenn man sich solide auf die Prüfung vorbereitet.

handle so oder so! Beispiele für hypothetische Imperative sind: *Jeder Mensch strebt von Natur aus nach Glück* (ARISTOTELES)! Glück ist der Zweck, den sich ein Mensch normalerweise als Ziel setzt. *Was du nicht willst, das man dir tu', das füg' auch keinem andern zu* (Goldene Regel)! Der Verzicht auf eine Boshaftigkeit verfolgt den Zweck, von eben dieser Boshaftigkeit verschont zu werden.
- Der kategorische Imperativ ist ein synthetisches Urteil a priori, er gilt absolut, also immer und überall. Der kategorische Imperativ gebietet Handlungen zu vollbringen, die nicht als Mittel zu einem anderen Zweck oder zur Befriedigung einer bestimmten Begierde gut sind, sondern gut an sich: *Handle nur nach derjenigen Maxime, durch die du zugleich wollen kannst, dass sie ein allgemeines Gesetz werde!*

Pflichtbegriff

Gut handelt, wer ausschließlich seinem Gewissen folgt, allein der Pflicht gehorcht. Wer Reiche beraubt, um Armen zu helfen, und dies aus Gewissensüberzeugung tut, vollbringt eine Tat, die gerechtfertigt ist. Wer jedoch Armen hilft, um sein eigenes Ansehen zu erhöhen, handelt berechnend, aber nicht gut. Nicht was eine Handlung bewirkt, soll beurteilt werden, sondern wie die Absicht beschaffen ist. Wenn die Absicht oder der Wille gut sind, ist die Handlung moralisch gerechtfertigt.

- Jedes Handeln kann nur vom guten Willen her gerechtfertigt werden. Der gute Wille ist allein das, was moralisch gut ist. Der moralische Wert einer Handlung ist unabhängig von den Konsequenzen der Handlung.
- Jeder moralisch relevanten Handlung muss eine vernünftige Überlegung vorausgegangen sein. Kein Gesetz oder Befehl kann die Selbstverantwortung des Handelnden ablösen.
- Wenn die Gesinnung (das Gewissen) mir gebietet, auf eine bestimmte Weise zu handeln, habe ich die Pflicht, so zu handeln. Aus Pflicht handeln heißt nach KANT, den Ergebnissen der eigenen Vernunft Folge zu leisten. Die Pflicht soll das Motiv für das Handeln sein, nicht Freude oder Ähnliches.

Unterscheiden Sie:
Pflichtgemäßes Handeln ist, alles zu tun, was mir angeschafft wird.
Handeln aus Pflicht ist moralisch relevant:
Gewissen
⇩
vernünftige Überlegung
⇩
Pflicht

KANT unterscheidet zwischen Pflicht und Neigung. Aus Pflicht führt man eine Handlung dann aus, wenn man sie als pflichtgemäß erkennt und sie deshalb und nur deshalb ausführt. Aus Neigung führt man eine Handlung z. B. aufgrund egoistischer Interessen oder aufgrund von Mitgefühl aus.

Nur ein vernünftiges Wesen hat das Vermögen, nach der Vorstellung der Gesetze, d. h. nach Prinzipien, zu handeln. Da zur Ableitung der Handlungen von Gesetzen Vernunft erfordert wird, so ist der Wille nichts anderes als praktische Vernunft. Wenn die Vernunft den Willen bestimmt, so sind die Handlungen eines solchen Wesens, die als objektiv notwendig erkannt werden, auch subjektiv notwendig, das heißt, der Wille ist ein Vermögen, nur dasjenige zu wählen, was die Vernunft, unabhängig von der Neigung, als praktisch notwendig, daher als gut erkennt.[4]

AUFGABEN

1. Welche Maxime, welchen subjektiven Grundsatz kann man zu einem allgemeinen Gesetz erheben? Diese Frage drängt sich bei der Beschäftigung mit KANT immer wieder auf. Wenn alle nach der gleichen Maxime handeln, dann wird eine bestimmte Handlungsweise in ein unbedingtes Gesetz verwandelt. Wenn man dagegen bei einer Handlung dies nicht wollen kann (z. B. die Handlungsweise wäre vernunftswidrig), ist die Handlung unsittlich.
   Zum Beispiel: Ein Gesetz, jeden Menschen ermorden zu dürfen, wäre widersinnig, da es nicht nur die Selbstvernichtung dessen, der dieses Gesetz aufgestellt hat, zur Folge hätte, sondern sich das Gesetz damit auch selbst aufhöbe, da es bald nach seinem Inkrafttreten keine Menschen mehr gäbe, auf die es anwendbar wäre.
   Diskutieren Sie folgende Beispiele nach den Prinzipien KANTS:
   a) Wenn ich bankrott bin, könnte ich versucht sein, mir Geld auszuborgen, obwohl ich weiß, dass ich es nicht werde zurückzahlen können. Ich handle dann nach der Maxime: *Wenn ich in Geldnot zu sein glaube, so will ich Geld ausborgen und versprechen, es zurückzuzahlen, obwohl ich weiß, dass es niemals geschehen wird.*
   b) Jemand, dem es gut geht und der um Hilfe für Leidende gebeten wird, könnte versucht sein, sich zu sagen: *Was geht's mich an? Mag doch ein jeder so glücklich sein, als der Himmel will, oder er sich selbst machen kann; ihm in der Not beizustehen habe ich nicht Lust!*

   Zu Beispiel a): Dass jeder nach dieser Maxime handeln soll, kann ich aber nicht wünschen, denn dann würde niemand mehr etwas von Versprechen halten. Die Maxime kann also nicht zu einem allgemeinen Gesetz erhoben werden.

   Zu Beispiel b): Man kann nicht wollen, dass alle danach handeln, weil man selbst einmal auf das Mitleid der anderen angewiesen sein könnte.

2. Der Pflichtbegriff von KANT hat sehr oft zu Missverständnissen und Fehlinterpretationen geführt. So hat sich Adolf EICHMANN, SS-Obersturmbannführer, Hauptorganisator der Judentransporte in die verschiedenen Vernichtungslager, auf KANTS kategorischen Imperativ berufen. EICHMANN wurde 1960 in Argentinien aufgegriffen, nach Israel gebracht, verhört und anschließend vor Gericht gestellt. Dort berief er sich im Verhör auf die Ethik KANTS. Er habe die kantische Forderung zu seiner Norm erhoben; er war nichts anderes als ein getreuer, ordentlicher, korrekter, fleißiger und nur von idealen Regungen für sein Vaterland beseelter Angehöriger der SS.

[4] Immanuel KANT, Grundlegung zur Metaphysik der Sitten. In: Wilhelm WEISCHEDEL (Hg.), Immanuel Kant – Werke in 6 Bänden. Band 4, Frankfurt/Main: Insel 1964, S. 41f. (gekürzt, geringfügig verändert).

> „Trotz gewissenhafter Selbstprüfung muss ich für mich feststellen, dass ich weder ein Mörder noch ein Massenmörder war. Meine subjektive Einstellung zu den Dingen des Geschehens war mein Glaube an die Notwendigkeit eines totalen Krieges, weil ich an die steten Verkündigungen der Führung des damaligen Deutschen Reiches – Sieg in diesem totalen Krieg oder Untergang des deutschen Volkes – stets in zunehmendem Maße glauben musste. Aus dieser Einstellung heraus tat ich reinen Gewissens und gläubigen Herzens meine mir befohlene Pflicht."[5]

- Worin lag der entscheidende Fehler EICHMANNS?

3. Die deutsche Philosophin Hannah ARENDT, die als Jüdin vor dem Nationalsozialismus in die USA emigrieren musste, verfolgte aufmerksam den Prozess, der EICHMANN 1961 gemacht wurde. Sie wollte sich vor Prozessbeginn ein eigenes Bild des Menschen Adolf EICHMANN machen. Nachdem sie ihn in der Zelle aufgesucht und sich mit ihm unterhalten hatte, kam sie zu dem Schluss, dass das Böse sich in einer geradezu unauffälligen Form als Durchschnittsmensch zeigen könne. Sie prägte den Ausdruck von der *Banalität des Bösen.* Zu EICHMANNS Berufung auf den kategorischen Imperativ führte sie aus:

> EICHMANN betonte während des Verhörs mit großem Nachdruck, sein Leben lang den Moralvorschriften KANTS gefolgt zu sein und vor allem im Sinne des kantischen Pflichtbegriffs gehandelt zu haben. Das klang zunächst nur empörend und obendrein unverständlich, da KANTS Morallehre so eng mit der menschlichen Fähigkeit zu urteilen, also dem Gegenteil von blindem Gehorsam, verbunden ist.[6]

Formulieren Sie den kategorischen Imperativ so um, wie ihn wohl EICHMANN verstanden hat.

4. Ist es erlaubt zu lügen? Wahrheit ist die Übereinstimmung der Aussagen mit den Tatsachen, Lüge ist die bewusste Vertauschung des Richtigen mit dem Falschen, also eine bewusste Täuschung. Dazwischen gibt es Varianten von Halbwahrheiten oder sogenannten Notlügen: Halbwahrheiten oder Notlügen haben meist den Zweck, durch eine Täuschung Schaden abzuwenden.
Diskutieren Sie die beiden Textbeispiele; das erste Beispiel stellt Ihnen die Frage, wie Sie sich in einer konkreten Situation entscheiden würden, das zweite Beispiel formuliert eine klare moralische Orientierung.

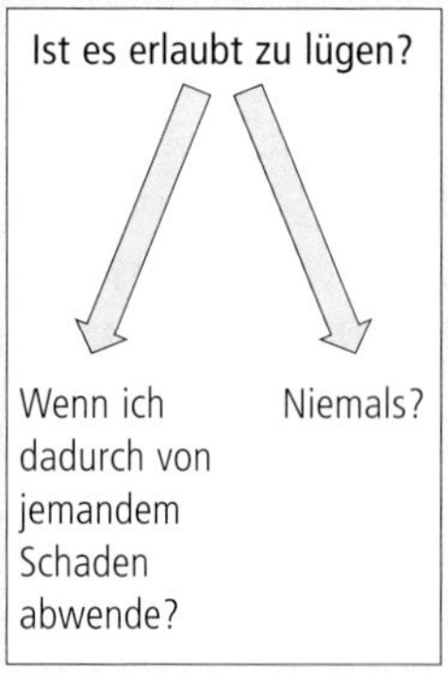

[5] Jochen von LANG, Das EICHMANN-Protokoll, Wien: Paul Zsolnay Verlag 1991, S. 252.

[6] Hannah ARENDT, EICHMANN in Jerusalem. Ein Bericht von der Banalität des Bösen. München: Piper 1999, S. 232.

Lüge oder Ehrlichkeit?
Versetzen Sie sich in die Zeit um 1940 in einer Stadt im nationalsozialistischen Deutschland. Es läutet an der Tür. Sie öffnen, zwei dunkle Gestalten in schwarzen Ledermänteln stehen vor Ihnen. Allein durch das Erscheinungsbild wissen Sie schon, um wen es sich handelt, es sind Leute der GESTAPO. Da Sie sich nicht vorstellen können, warum sie Ihnen einen Besuch abstatten, kommt das Gefühl der Angst in Ihnen auf. Sie haben schon einige Gerüchte darüber gehört, was mit den Leuten geschieht, die von der GESTAPO abgeholt werden. Sie verschwinden in Konzentrationslagern und tauchen nie wieder auf – niemand weiß genau, was mit ihnen passiert. Daher sind Sie erleichtert, dass sie Sie nur fragen, ob Ihr jüdischer Nachbar zu Hause ist. Da Sie wissen, dass er normalerweise eine Stunde vor Ihnen zu arbeiten aufhört, sind Sie also sicher, dass er sich in seiner Wohnung befindet. Wie entscheiden Sie sich?

Immanuel Kant, Aus Menschenliebe lügen?
Wahrhaftigkeit in Aussagen, die man nicht umgehen kann, ist formale Pflicht des Menschen gegen jeden. Es mag ihm oder einem andern daraus auch noch so großer Nachteil erwachsen; und ob ich zwar dem, welcher mich ungerechterweise zur Aussage nötigt, nicht Unrecht tue, wenn ich sie verfälsche, so tue ich doch durch eine solche Verfälschung, die darum auch Lüge genannt werden kann, im wesentlichen Stücke der Pflicht überhaupt Unrecht; d.h. ich mache, soviel an mir ist, dass Aussagen überhaupt keinen Glauben finden, mithin auch alle Rechte wegfallen und ihre Kraft einbüßen, welches ein Unrecht ist, das der Menschheit überhaupt zugeführt wird. Die Lüge also bedarf nicht des Zusatzes, dass sie einem anderen schaden müsse, um als falsch beurteilt zu werden. Denn sie schadet jederzeit einem andern, wenngleich nicht einem anderen Menschen, so doch der Menschheit überhaupt, indem sie die Rechtsquelle unbrauchbar macht. Jeder Mensch aber hat nicht allein ein Recht, sondern sogar die strengste Pflicht zur Wahrhaftigkeit in Aussagen, die er nicht umgehen kann: Sie mag nun ihm selbst oder anderen schaden. Er selbst tut also hiermit dem, der dadurch leidet, eigentlich nicht Schaden, sondern diesen verursacht der Zufall. Denn jener ist hierin gar nicht frei, um zu wählen, weil die Wahrhaftigkeit, wenn er einmal sprechen muss, unbedingte Pflicht ist.[7]

Wenn ich lüge, schade ich der Menschheit!
⇩
Kann ich wollen, dass ich eine Rechtsquelle unbrauchbar mache?
⇩
Die Wahrheit meiner Aussage verursacht keinen Schaden, sondern der Zufall.

5. **Goldene Regel – kategorischer Imperativ**
Worin unterscheiden sich die Goldene Regel und der kategorische Imperativ?

[7] Immanuel Kant, Über ein vermeintliches Recht – aus Menschenliebe lügen. Zitiert aus Wilhelm Weischedel (Hg.), Immanuel Kant. Werke in 6 Bänden, Band 4, Frankfurt/Main: Insel, 1964.

3 Utilitarismus (Zweckethik)

Die ethische Theorie des Utilitarismus geht von einer Situation aus, in der wir verschiedene Handlungsmöglichkeiten haben und eine Wahl treffen müssen; die Handlungsabsicht wird dabei nicht beurteilt, sondern nur ihre Folgen für alle Betroffenen.

Diejenige Handlung (oder Handlungsregel) ist moralisch richtig,			
deren Folgen	für das Wohlergehen	aller Betroffenen	optimal sind.
Konsequenzprinzip	**Hedonismusprinzip**	**Universalistisches Prinzip**	**Utilitätsprinzip**

John Stuart Mill (1806–1873) folgte der empiristischen Philosophietradition.

Zum sozialen Engagement: Es ist z. B. eine moralische Mindestanforderung, Kaffee oder Kakao zu kaufen, von dem man annehmen kann, dass er nicht von Kindersklaven produziert worden ist.

- **Konsequenzprinzip:** Dieses Prinzip charakterisiert die teleologische Ethik; die moralische Richtigkeit einer Handlung oder Handlungsregel wird von den Folgen bestimmt. Empirische Wissenschaften liefern dabei Informationen über die zu erwartenden Folgen. Vorausgesetzt wird ein Naturwissenschaftsideal, das relativ sichere Prognosen liefern kann.
- **Hedonistisches Prinzip:** Dieses Prinzip beschreibt die maximale Befriedigung der Bedürfnisse und Interessen der beteiligten Personen; die Frustrationen sollen möglichst minimiert werden.
- **Universalistisches Prinzip:** Ausschlaggebend ist das Wohlergehen aller von der Handlung Betroffenen; dieses Prinzip impliziert ein Mindestmaß an sozialem Engagement.
- **Utilitätsprinzip:** Maßstab für die Beurteilung der Folgen ist ihr Nutzen. Die Stärke des Utilitarismus liegt darin, dass er das Prinzip der Nützlichkeit mit empirischen Elementen (z. B. Kenntnisse über die Folgen einer Handlung und das Wohlergehen der Betroffenen) verbindet.

3.1 Klassischer Utilitarismus

Hauptvertreter des klassischen Utilitarismus ist John Stuart Mill. In seinem Buch *Utilitarismus* modifizierte er die Ideen seines Lehrers Jeremy Bentham.

Die Auffassung, für die die Nützlichkeit oder das Prinzip des großen Glücks die Grundlage der Moral ist, besagt, dass Handlungen insoweit und in dem Maße moralisch richtig sind, als sie die Tendenz haben, Glück zu fördern, und insoweit moralisch falsch, als sie die Tendenz haben, das Gegenteil von Glück zu bewirken. Unter Glück (happiness) wird dabei Lust (pleasure) und das Freisein von Unlust (pain), unter Unglück (unhappiness) Unlust und das Fehlen von Lust verstanden. Damit die von dieser Theorie aufgestellte

Norm deutlich wird, muss freilich noch einiges mehr gesagt werden, insbesondere darüber, was die Begriffe Lust und Unlust einschließen sollen und inwieweit dies von der Theorie offen gelassen wird. Aber solche zusätzlichen Erklärungen ändern nichts an der Lebensauffassung, auf der diese Theorie der Moral wesentlich beruht: Dass Lust und das Freisein von Unlust die einzigen Dinge sind, die als Endzwecke wünschenswert sind, und dass alle anderen wünschenswerten Dinge entweder deshalb wünschenswert sind, weil sie selbst lustvoll sind oder weil sie Mittel sind zur Förderung von Lust und zur Vermeidung von Unlust.[8]

Jeremy BENTHAM (1748–1832) gilt als Begründer des Utilitarismus, der sich am größtmöglichen Nutzen menschlichen Handelns und dem größtmöglichen Glück der Masse ausrichtet.

3.2 Präferenz-Utilitarismus

Der Präferenz-Utilitarismus baut auf dem klassischen Utilitarismus auf. Er fasst die maximale und unparteiische Befriedigung von Präferenzen (Interessen) ins Auge. Präferenzen sind Wünsche, die nach grundlegenden Gesichtspunkten gewichtet und gemessen werden:

- nach ihrer elementaren Dringlichkeit und Intensität, z.B. Schmerzvermeidung,
- nach ihrem Stellenwert aus der Perspektive des jeweiligen selbstbewussten Wesens, z.B. dem Wunsch, am Leben zu bleiben.

Der Präferenz-Utilitarismus versucht, die Wünsche und Interessen aller Beteiligten zu berücksichtigen, ohne Unterschied, welcher Bevölkerungsgruppe oder Spezies ein Wesen angehört.

⇩

Kritik am Anthropozentrismus:
Der Mensch steht nicht allein im Mittelpunkt des Interesses.

Wertvoll werden Wünsche und ihre Erfüllung erst durch die Rolle, die sie im Leben eines Wesens spielen. Dabei haben nicht alle Wünsche den gleichen Stellenwert.

Ein sehr wichtiger Aspekt des Präferenz-Utilitarismus, mit dem australischen Philosophieprofessor Peter SINGER als Hauptvertreter, ist die Überwindung eines *Anthropozentrismus:* Die Beachtung von Interessen lässt sich weit über den Kreis der Angehörigen der menschlichen Spezies hinaus erweitern. Gehen wir von den Prinzipien „Gleichheit und Schutz des Lebens" aus. Diese Prinzipien lassen sich jedoch nicht absolut beachten. Es kommt immer zu Konflikten, daher müssen die Interessen abgewogen werden. Wenn SINGER von Leben spricht, meint er nicht menschliches Leben allein. *Mensch* definiert er nicht als Gattungsbegriff, sondern als Begriff mit bestimmten Merkmalen (Schmerz, Freude etc.).

8 John Stuart MILL, Was heißt Utilitarismus? In: Dieter BIRNBACHER (Hg.), Der Utilitarismus, Stuttgart: Reclam 1976, S. 13ff. (gekürzt).

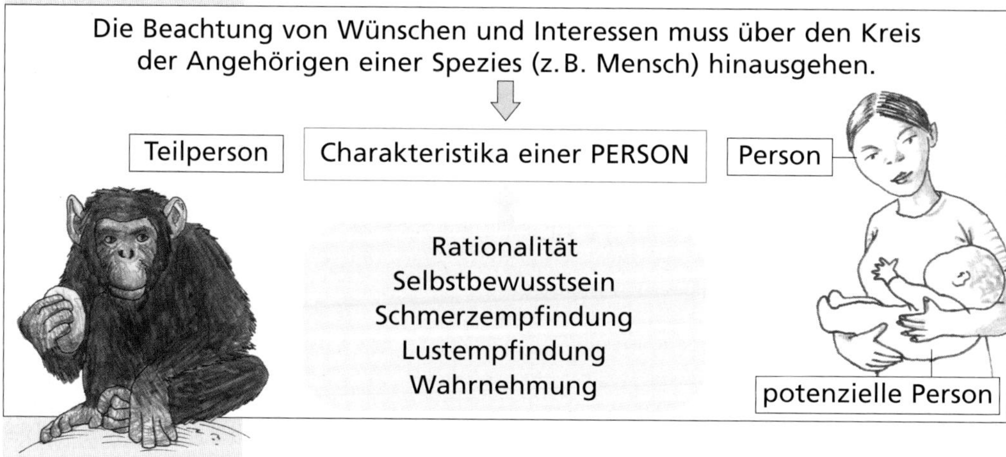

Peter Singer, Zwischen Leben entscheiden

Indem ich akzeptiere, dass moralische Urteile von einem universalen Standpunkt aus getroffen werden müssen, akzeptiere ich, dass meine eigenen Interessen nicht einfach deshalb, weil sie meine Interessen sind, mehr zählen als die Interessen von irgendjemand anders. Daher muss, wenn ich moralisch denke, mein ganz natürliches Bestreben, dass für meine Interessen gesorgt wird, ausgedehnt werden auf die Interessen anderer. Dies erfordert von mir, dass ich alle diese Interessen abwäge und jenen Handlungsverlauf wähle, von dem es am wahrscheinlichsten ist, dass er die Interessen der Betroffenen maximiert. Also muss ich den Handlungsverlauf wählen, der per saldo für alle Betroffenen die besten Konsequenzen hat. Dies ist eine Form von Utilitarismus. …

Wir benutzen den Begriff „Person" in dem Sinne, wie ihn der englische Philosoph John Locke eingeführt hat, der eine Person definierte als „ein denkendes, intelligentes Wesen, das mit Vernunft und Verstand begabt ist und sich selbst als sich selbst betrachten kann, als das gleiche denkende Ding zu verschiedenen Zeiten und an verschiedenen Orten". Mit anderen Worten, eine Person muss ein gewisses Maß an Selbstbewusstsein haben, das ausreicht, um zu begreifen, dass sie über einen Zeitraum existiert. Eine Person in diesem Sinne ist natürlich nicht dasselbe wie ein Menschenwesen, denn weder ein Fötus noch ein Neugeborenes sind eine Person, während Schimpansen und vielleicht auch andere Tiere Personen zu sein scheinen. Wir führen diesen Begriff hier ein, weil wir die Unterscheidung zwischen Personen und Nicht-Personen unter ethischen Gesichtspunkten für wesentlicher halten als andere Unterscheidungen, die auf diesem Gebiet üblicherweise gemacht werden, etwa der zwischen der Gattung der Menschen und anderen Gattungen oder der zwischen einem menschlichen Wesen, das sich noch im Mutterleib befindet, und einem, das gerade geboren wurde.

Keine dieser üblichen Unterscheidungen hat mit einem wirklichen Unterschied in den moralisch bedeutsamen Eigenschaften der Lebewesen zu tun. Zu einer Person gehört auch ein Mindestmaß an geistiger Kapazität, das nötig ist, um Präferenzen und Wünsche in Bezug auf die eigene zukünftige Existenz zu haben. Weder ein Fötus noch ein Neugeborenes können solche Wünsche haben. Damit ist der Verlust eines solchen Lebens eher der Nicht-Entstehung einer möglichen zukünftigen Person gleich als dem Tod einer realen Person.[9]

Singer bezieht seine Ausführungen auf schwerste Behinderungen (Spina bifida, Hämophilie – Bluterkrankheit etc.). Sein Fallbeispiel: Eine Frau ist im gebärfähigen Alter, sie hat einen Partner, ist sozial abgesichert. Geplant sind zwei Kinder, eines ist bereits drei Jahre alt; das zweite ist nun schwerstbehindert. Es wird zugunsten eines weiteren Kindes, das gesund ist bzw. sein wird und glücklich werden kann, *geopfert*, das heißt: Nach der Geburt, wenn die Behinderung klar diagnostiziert worden ist, wird das Neugeborene getötet, was man euphemistisch mit *Euthanasie* umschreibt. Singer argumentiert folgendermaßen:

- Die Amniozentese (Fruchtwasseruntersuchung) ist frühestens ab der 16. Schwangerschaftswoche möglich. Mit dieser Methode ist es möglich, während der Schwangerschaft eventuelle Behinderungen zu erkennen und einen Schwangerschaftsabbruch vorzunehmen. Wer einen behinderten Fötus zugunsten eines gesunden abtreiben lässt, sieht Föten als austauschbar und ersetzbar. Die Ersetzbarkeit vor der Geburt ist nach unserer Gesetzeslage erlaubt und moralisch scheinbar unbedenklicher als nach der Geburt.
- Bei Geborenen kann man Schäden tatsächlich feststellen, bei Ungeborenen dagegen nur die Wahrscheinlichkeit einer Behinderung. Singer beurteilt also im utilitaristischen Sinn den Austausch eines schwerstbehinderten Kindes zugunsten eines gesunden Kindes – wenn alle Für und Wider diskutiert sind – als moralisch unbedenklich.

Spina bifida ist eine schwere Erkrankung, bei der Kinder mit einem offenen Rückenmark auf die Welt kommen. Eine Heilung ist nach heutigen medizinischen Erkenntnissen nicht möglich.

Euthanasie (guter Tod) = Sterbehilfe

In Österreich ist der Schwangerschaftsabbruch durch das Strafrecht verboten. Unter bestimmten Bedingungen wird die Tat jedoch nicht bestraft, z. B. wenn der Schwangerschaftsabbruch innerhalb der ersten drei Monate erfolgt (Fristenlösung), oder bei Vorliegen einer Indikation.
Wenn bei einer Amniozentese eine sehr schwere Behinderung des Fötus festgestellt wird, ist ein Schwangerschaftsabbruch aufgrund einer medizinischen Indikation auch noch zu einem späteren Zeitpunkt möglich.

Unsere ethische Position lässt sich folgendermaßen zusammenfassen: Wenn es um ein mögliches oder aktuell existierendes menschliches Wesen geht, das aber noch keine Person ist, wenn seine Aussichten auf eine befriedigende Lebensqualität gering sind, so ist es für andere gerechtfertigt, zu entscheiden, dass dieses mögliche

[9] Peter Singer/Helga Kuhse, Zwischen Leben entscheiden. In: Analyse & Kritik 12 (1990), S. 127ff.

Menschenleben nicht entsteht oder dass ein aktuell existierendes Wesen nicht weiterleben soll. Wenn andererseits eine Person bereits entstanden ist und weiterleben will, so darf man ihr das Recht darauf keinesfalls nehmen. Mehr noch, diese Person hat dann, wie alle anderen Personen, den Anspruch darauf, dass ihre Bedürfnisse und Interessen berücksichtigt werden. …
Zum Schluss möchte ich zu zwei weiteren Fragen Stellung nehmen. Die erste Frage betrifft, wer die Entscheidung fällen sollte. Es ist selbstverständlich, dass niemand ein Paar zwingen kann, ein Kind, das es nicht haben will, hervorzubringen. Im Falle eines nur möglichen Kindes kann also nur das betroffene Paar die negative Entscheidung treffen, dieses Kind nicht haben zu wollen. Aber sollte man ihnen auch zugestehen, die positive Entscheidung zu fällen für ein Kind, das an einer schweren Behinderung leiden wird? Wir wollen hoffen, dass die Beratung ausreicht, um dieses Paar zu einer Entscheidung dagegen zu bewegen; aber wenn die Beratung nicht dazu führt, so kann man kaum etwas tun. … Die schwierigste Frage entsteht im Fall des Neugeborenen. Wir glauben, dass hier die Entscheidung bei den Menschen liegen sollte, die am meisten von ihr betroffen sind. In den meisten Fällen werden das die Eltern sein. Wenn aber ein Kind eine einigermaßen hoffnungsvolle Aussicht auf ein lebenswertes Leben hat, und die Eltern dennoch nicht wollen, dass es lebt, so sollte es möglich sein, dass andere Paare oder die Gesellschaft als Ganzes die Verantwortung und Sorge für das Kind übernehmen. Mit anderen Worten, die Eltern haben das Recht zu sagen, dass sie für ein schwerstbehindertes Kind nicht sorgen wollen; sie haben aber nicht das Recht, auf seinem Tod zu bestehen, solange es andere Menschen gibt, die ihm ein lebenswertes Leben garantieren können. Die zweite Frage hat auch mit Neugeborenen zu tun. Wenn eine Entscheidung gefällt wurde, dass das Kind besser nicht leben sollte, wie soll man diese Entscheidung ausführen? Nur dadurch, dass man eine medizinische Behandlung beendet? Das geschieht jetzt in der Regel. ... Uns erscheint das unmenschlich. Wenn einmal die Entscheidung für den Tod des Kindes getroffen ist, so gibt es unseres Erachtens keinen ethischen Grund dafür, den Tod durch Unterlassen anstatt durch Tun herbeizuführen. Eine tödliche Injektion ist daher manchmal ethisch gesehen besser, als wenn man der Natur erlaubt, ihren langsamen und quälenden Lauf zu nehmen.[10]

[10] Aus Peter SINGER/Helga KUHSE, Zwischen Leben entscheiden. In: Analyse & Kritik 12 (1990), S. 127ff. (gekürzt). Gegendarstellung vgl. Till BASTIAN (Hg.), Denken – schreiben – töten. Zur neuen Euthanasie-Diskussion und zur Philosophie P. SINGERS, Stuttgart: 1990.

AUFGABEN

1. Analysieren Sie die Argumentation Peter SINGERS und arbeiten Sie die Schwächen und Widersprüche heraus. Welche Punkte werden in der Argumentation nicht bzw. zu wenig berücksichtigt? Ausführlich ist die Thematik im Lehrbuch Karl LAHMER u. a., *Kernbereiche der Ethik 2*, Wien, Verlag E. DORNER 2006, S. 21ff. behandelt.

Pro	Kontra

2. Während Peter SINGER in der Euthanasiefrage wohl die Grenzen humaner Wertkategorien überschreitet, sind seine Verdienste für eine Tierschutzethik unbestritten. Dadurch, dass er den Anthropozentrismus hinterfragt, kommt er zu sehr bedenkenswerten Lösungsansätzen. Lesen und diskutieren Sie das folgende Beispiel:

> Wenn ein Schwein, das Lust und Unlust empfindet, jedoch nicht weit in die Zukunft denken kann, lustvoll gelebt hat, und wenn gewährleistet ist, dass es ohne Schmerz getötet werden kann, so ist es vom ethischen Standpunkt nicht verwerflich, dieses Fleisch zu essen. Die Interessen des Schweins wie des Fleisch essenden Menschen sind berücksichtigt. Wenn dagegen beispielsweise ein Huhn unter grauenvollen Umständen gemästet und grauenvoll getötet wurde, dann ist es vom ethischen Standpunkt aus nicht zu rechtfertigen, dieses Fleisch zu essen, weil die Interessen des Huhns nicht berücksichtigt wurden.[11]

3. **Perspektiven**
Betrachten Sie die Bilder und beschreiben Sie, was Sie sehen. Was können Sie aufgrund der Darstellung ableiten?

[11] Vgl. Peter SINGER, Praktische Ethik, Stuttgart: Reclam 1984, S. 70ff.

Jürgen HABERMAS (geb. 1929), wichtiger Vertreter der *kritischen Theorie* (der sogenannten *Frankfurter Schule)*

4 Diskursethik

Unter *Diskursethik* versteht Jürgen HABERMAS ein Argumentationsverfahren, das dann notwendig wird, wenn Werte und moralische Normen im Alltag brüchig werden, z. B. dadurch, dass sie in der Konfrontation mit neuen Werten relativiert werden. HABERMAS geht von folgenden Prämissen aus:

- Es gibt eine moralische Vernunft. Diese befähigt die Menschen, Unterschiede in Werthaltungen zu einem Konsens zu führen.
- Auch normative Sätze haben einen Wahrheitsanspruch. HABERMAS stellt sich gegen den heute so weit verbreiteten Werterelativismus. In einer normalen Sprechsituation vollzieht sich die Urteilsbildung relativ aus der Perspektive Einzelner. In der von HABERMAS vertretenen idealen Sprechsituation (Diskurs) sind Normen dann verallgemeinerungsfähig, wenn sie ein gemeinsames Interesse aller Betroffenen repräsentieren und auf allgemeine Zustimmung rechnen dürfen. Die am Diskurs Beteiligten müssen bei der Interessenabwägung die Perspektiven aller anderen mit berücksichtigen.

Beinahe alle Ethiken knüpfen an jene Intuition an, die KANT im kategorischen Imperativ ausgesprochen hat. Das Moralprinzip wird so gefasst, dass es die Normen als ungültig ausschließt, die nicht die qualifizierte Zustimmung aller Betroffenen finden konnten. Das Konsens ermöglichende Brückenprinzip soll also sicherstellen, dass nur die Normen als gültig akzeptiert werden, die einen allgemeinen Willen ausdrücken: Sie müssen sich zum allgemeinen Gesetz eignen. Der kategorische Imperativ lässt sich als ein Prinzip verstehen, welches die Verallgemeinerungsfähigkeit von Handlungsweisen und Maximen bzw. der von ihnen berücksichtigten Interessen fordert.

Maximen müssen verallgemeinerbar sein.

Die Intuition, die sich in der Idee der Verallgemeinerungsfähigkeit von Maximen ausdrückt, meint aber noch mehr: Gültige Normen müssen die Anerkennung von seiten aller Betroffenen verdienen. Dann reicht es aber nicht hin, dass Einzelne prüfen, ob sie das Inkrafttreten einer strittigen Norm in Ansehung der Folgen und Nebenwirkungen, die einträten, wenn alle sie befolgen würden, wollen können; oder ob jeder, der sich in ihrer Lage befände, das Inkrafttreten einer solchen Norm wollen könnte.

Gültige Normen müssen von allen Betroffenen anerkannt werden.

In beiden Fällen vollzieht sich die Urteilsbildung relativ zum Standort und zur Perspektive einiger und nicht aller Betroffenen. ... Urteilsbildung drückt sich mithin in einem Prinzip aus, das jeden im Kreise der Betroffenen zwingt, bei der Interessenabwägung die Perspektive aller anderen einzunehmen.

Unparteiliche Urteilsbildung drückt sich im Prinzip der Interessenabwägung aller Betroffenen aus.

So muss jede gültige Norm der Bedingung genügen, dass die Folgen, die sich jeweils aus ihrer allgemeinen Befolgung für die

Befriedigung der Interessen eines jeden Einzelnen voraussichtlich ergeben, von allen Betroffenen akzeptiert werden können. ...
Nur ein intersubjektiver Verständigungsprozess kann zu einem Einverständnis führen: Nur dann können die Beteiligten wissen, dass sie sich gemeinsam von etwas überzeugt haben.
Aus dieser Perspektive bedarf auch der kategorische Imperativ einer Umformulierung in dem vorgeschlagenen Sinne: Statt allen anderen eine Maxime, von der ich will, dass sie ein allgemeines Gesetz sei, als gültig vorzuschreiben, muss ich meine Maxime zum Zweck der diskursiven Prüfung ihres Universalitätsanspruchs allen anderen vorlegen. Das Gewicht verschiebt sich von dem, was jeder Einzelne ohne Widerspruch als allgemeines Gesetz wollen kann, auf das, was alle in Übereinstimmung als universale Norm anerkennen wollen.[12]

Der diskursethische Imperativ: Ich muss meine Maxime zum Zweck der diskursiven (rationalen und logischen) Prüfung ihres Universalitätsanspruchs allen anderen vorlegen.

Der deutsche Philosoph Karl-Otto Apel hat wesentlichen Anteil an der Entwicklung der Diskursethik. Die Letztbegründung der Diskursethik liegt nach Apel darin, dass man in der Philosophie hinter das Argumentieren nicht zurückgehen kann. Wir bedienen uns einer Sprache, die bestimmten Sprachregeln (Grammatik) folgt. Ohne diese Basis können wir nicht sinnvoll diskutieren.

Unter Diskurs versteht Apel das argumentative Betrachten eines ethischen Problems von allen möglichen Perspektiven.

1. Wenn wir alles durch Vorverständnisse relativieren, verabschieden wir uns von der Möglichkeit der Wahrheitsfindung. Dies hat besonders fatale Auswirkungen auf Fragen der Moral.
2. Letztbegründung in der Philosophie heißt: Zum Argumentieren gehören Präsuppositionen, stillschweigende Voraussetzungen, die man nicht bestreiten kann.
3. Ich setze meine Existenz, die Existenz einer realen Kommunikationsgemeinschaft, einer Sprache und einer realen Welt voraus.

Einfach ausgedrückt: Wenn wir über Meerschweinchen reden, zweifeln wir nicht, dass wir von Meerschweinchen reden.

Apel versteht den Diskurs, die Auseinandersetzung mit den anderen, als Grundlage für eine demokratische Ethik: Solange Menschen miteinander sprechen, *fliegen keine Fäuste*. Demokratisch ist die Diskursethik vor allem deshalb, weil alle GesprächsteilnehmerInnen im Diskurs gleichberechtigt sein sollen. Voraussetzung für einen solchen herrschaftsfreien Diskurs ist absolute Ehrlichkeit, d. h., die anderen nicht zu hintergehen.

Karl-Otto Apel (geb. 1922)

[12] Jürgen Habermas, Moralbewusstsein und kommunikatives Handeln, Frankfurt/Main: Suhrkamp 1983, S. 73ff. (gekürzt).

AUFGABEN

1. **Unterschiede zwischen Diskursethik und Präferenz-Utilitarismus**
Arbeiten Sie in der Gruppe die wichtigsten Unterschiede zwischen den beiden Ethikrichtungen heraus. Recherchieren Sie auch im Internet.

Anregungen	Diskursethik	Präferenz-Utilitarismus
Vorbilder		
VertreterInnen		
Wer ist für Entscheidungen hilfreich?		
Welche Methoden werden bevorzugt?		

2. **Führen Sie einen Diskurs zum Thema *Freundschaft*.**
Sie können für Ihre Argumentation die folgenden Hinweise verwenden.
   - Ein Freund ist das zweite Ich. (lat. alter ego; PYTHAGORAS)
   - Freunde gewinnt man, indem man sich eine Gunst erweisen lässt, nicht indem man eine Gunst erweist.
   - Einen Freund erkennt man in einer unsicheren Sache.
   - Gegenseitiges Vertrauen ist der Pfeiler der Freundschaft.
   - Tiger und Hirsch gehen nicht miteinander.
   - Das ist keine wahre Freundschaft, dass der eine zum Lügen bereit ist, wenn der andere die Wahrheit nicht hören will.
   - Freundschaft ist ein Verhältnis aus gegenseitiger individueller Zuneigung bei rückhaltloser Vertrautheit mit den Lebensumständen des Freundes oder der Freundin.
   - Der bloße Begriff ist für die echte Tugend so unfruchtbar wie für die echte Kunst. Alle wahre und reine Liebe ist Mitleid, und jede Liebe, die nicht Mitleid ist, ist Selbstsucht. Mischungen von Selbstsucht und Mitleid finden häufig statt. Sogar die echte Freundschaft ist immer eine Mischung von Selbstsucht und Mitleid: Erstere liegt im Wohlgefallen an der Gegenwart des Freundes, dessen Individualität der unsrigen entspricht, und sie macht fast immer den größten Teil aus; Mitleid zeigt sich in der aufrichtigen Teilnahme an seinem Wohl und Wehe und den uneigennützigen Opfern, die man diesem bringt. (Arthur SCHOPENHAUER)[13]

3. **Ethikkommissionen**
Ethikkommissionen arbeiten (bewusst oder unbewusst) nach diskursethischen Prinzipien. Recherchieren Sie, ob es in Österreich Ethikkommissionen gibt. Wann werden diese Kommissionen eingesetzt? Welche Aufgaben haben sie?

[13] Arthur SCHOPENHAUER, Die Welt als Wille und Vorstellung, aus: Digitale Bibliothek Band 2: Philosophie, S. 63814f.

4.1 Ethische Argumentationsmuster

Wenn wir ethisch argumentieren, brauchen wir ein gewisses theoretisches Rüstzeug, das uns in die Lage versetzt, moralische Bewertungen differenziert einzuordnen. Im Laufe der Menschheitsgeschichte haben sich – kulturübergreifend – moralische Maximen (Handlungsanweisungen) herauskristallisiert.[14]

Neminem laedere – niemandem schaden

Die Maxime *Neminem laedere* besagt, dass man im Rahmen einer moralischen Lebensführung *niemanden verletzen* bzw. *niemandem schaden* soll.

Wer dieser Maxime (Handlungsanweisung, Aufforderung, Empfehlung) folgt, handelt moralisch richtig oder gut; jeder, der die Maxime nicht befolgt, hingegen moralisch schlecht oder falsch.

> Die Handlung H der Person A ist genau dann moralisch unbedenklich, wenn durch H niemandem geschadet wird.

Die Goldene Regel

Was du nicht willst, das man dir tu', das füg' auch keinem andern zu! Diese Maxime beschreibt zweiseitige, potenziell umkehrbare Handlungsweisen. Beispiele, was die Goldene Regel nicht meint:

1. Ein wenig attraktiver Bursche hätte nichts dagegen, wenn seine schöne Nachbarin ihn küsst: Also küsst er sie.
2. Ein Raucher hätte nichts dagegen, wenn sich die Mitfahrer im Nichtraucherabteil eine Zigarette anstecken würden: Also zündet er sich eine an.

Der Sinn der Goldenen Regel kommt klarer in dem Gedankenexperiment des *Rollentauschs* zum Ausdruck: Versetze dich in die Situation des anderen. Wenn du dann nicht willst, dass man dir H antut, dann darfst du umgekehrt dem anderen nicht H antun.

Die Goldene Regel geht von der eigenen Person aus und leitet daraus ein bestimmtes Verhalten gegenüber anderen ab.

> Die Handlung H der Person A gegenüber dem Individuum B ist genau dann moralisch bedenklich, wenn B nicht will, dass A die Handlung H ausführt.

Utilitarismus – Nutzenoptimierung

> Das Ziel jeder Handlung H liegt darin, den Nutzen für die Gesamtheit der durch H Betroffenen zu maximieren.

[14] Vgl. Wolfgang Lenzen, Liebe, Leben, Tod. Eine moralphilosophische Studie, Stuttgart: Reclam 1999.

Deontologischer und diskursethischer Ansatz

Der kategorische Imperativ gebietet, Handlungen zu vollbringen, die nicht Mittel zum Zweck, sondern *an sich gut* sind.

Handle nur nach derjenigen Maxime, durch die du zugleich wollen kannst, dass sie ein allgemeines Gesetz werde! Ich muss allerdings meine Maxime zum Zweck der rationalen Prüfung ihres Universalitätsanspruchs allen anderen vorlegen.

4.2 Minimalkonsens

Ethisches Argumentieren beinhaltet – trotz des Versuchs, einen Konsens zu erreichen – das Akzeptieren der Wertevielfalt: Vergangenes Handeln zu erzählen, bereits gedachte Sichtweisen mit zu berücksichtigen, daraus ein Verständnis der Gegenwart und eine Anleitung für zukünftiges Handeln zu gewinnen. Dies führt zu einem Wertepluralismus, weil verschiedene Personen aufgrund unterschiedlicher „Lebensgeschichten" notwendigerweise verschiedene Perspektiven haben. Wertepluralismus ist grundsätzlich nichts Negatives. Heute ist nicht der Werteagnostizismus oder die Wertevielfalt das Problem. Wenn jedoch der Pluralismus selbst zum obersten Prinzip avanciert, befinden wir uns in der Situation, dass wir keine allgemein verbindlichen Werte mehr haben. Daraus folgt: Alles ist relativ!

1. Wir müssen uns in einem Gespräch auf einen Minimalkonsens einigen, auf dessen Grundlagen wir diskutieren: *Eine Gemeinschaft kann ohne das Akzeptieren einiger moralischer Regeln auf Dauer nicht existieren.*

2. Wir akzeptieren zwei rationale Prinzipien:
   - Fundamentale Rationalität: Eine rationale Person lässt sich in ihren Überzeugungen und Handlungen von guten Gründen bestimmen.
   - Zweckrationalität (praktischer Syllogismus): Eine rationale Person handelt zielstrebig und nutzt in optimaler Weise das verfügbare Wissen aus, um die Ziele zu erreichen.

Orientierung für einen interkulturellen Minimalkonsens bietet das Projekt *Weltethos*. Hier wird diskursethisch die Idee verfolgt, einen Grundkonsens bezüglich verbindender Werte zu entwickeln. Informationen finden Sie in Karl LAHMER u. a. *Kernbereiche Ethik 2*, Wien: Verlag E. DORNER 2006, S. 46ff. und *www.weltethos.org*.

AUFGABEN

1. **Argumentationsmuster zuordnen**
   Lassen sich die Argumentationsmuster einer bestimmten ethischen Richtung zuordnen?
   a. Ungeborene haben ein Recht auf Leben, auch wenn der Fötus kein voll ausgebildeter Mensch ist. Wir müssen uns um das Leben des Fötus sorgen, weil er ein potenzieller Mensch ist.
   b. Jede Schwangerschaft, die eine Frau nicht abbrechen darf, ist eine *erzwungene Schwangerschaft* und widerspricht somit dem Recht auf Selbstbestimmung.
   c. Todesstrafe ist in Österreich zurzeit kein Thema, weil alle gesellschaftlich relevanten Gruppen (Kirchen, Gewerkschaften, politische Parteien etc.) sich dagegen aussprechen.
   d. Der Schutz von Lebewesen muss über die Spezies *Mensch* ausgedehnt werden und alle Geschöpfe dieser Erde berücksichtigen.
2. **Minimalkonsens**
   Erarbeiten Sie in einer Diskussion die Regeln, die für eine Gesellschaft Ihrer Meinung nach unerlässlich sind.
   Vorschläge für einen Minimalkonsens moralischer Regeln:
   - Du sollst nicht töten!
   - Du sollst Mitleid empfinden, mit den anderen mitfühlen!
   - Du sollst deinen Nächsten lieben wie dich selbst!
   - Behandle jeden so, wie du selbst an seiner Stelle behandelt zu werden wünschtest!
   - Das Mittragen von Verantwortung ist für heutige Demokratien der einzig vernünftige Mittelweg zwischen Alleinverantwortung und Verantwortungslosigkeit.
   - Du sollst die demokratischen Grundrechte schützen helfen, vor allem auch die Rechte der Schwächeren, der Minderheiten und der AußenseiterInnen!
3. **Podiumsdisussion**
   An einer Podiumsdiskussion zum Thema Sterbehilfe nehmen folgende Personen teil:
   a. Eine Ärztin, die auf einer Krebsstation arbeitet. Sie ist gegen aktive Sterbehilfe.
   b. Ein praktischer Arzt, der für aktive Sterbehilfe eintritt,
   c. ein Zivildiener, der in einem Pflegeheim seinen Dienst leistet,
   d. eine Juristin,
   e. die Frau eines schwer kranken Mannes, der sich den Tod wünscht,
   f. eine Hospizschwester, die für eine umfassende Sterbebegleitung eintritt.
   Nicht alle Rollen sind in ihrer Position Pro oder Kontra festgelegt. Die Rollen werden ausgelost. Nach einer Vorbereitungszeit, in der die TeilnehmerInnen ihre Argumente überlegen können, wird die Podiumsdiskussion abgehalten. Ein/e MitschülerIn beobachtet jeweils eine/n DiskussionsteilnehmerIn und notiert die Argumente.

5 Ethik der Verantwortung

Die Verantwortung als ethisches Prinzip hat im 20. Jahrhundert aufgrund faktischer und fakultativer Globalkatastrophen eine wesentliche Erweiterung erfahren. Bis ins 19. Jahrhundert galt im Wesentlichen die Bestimmung CICEROS, dass der Mensch aufgrund seiner Vernunft Verantwortung für seine Umgebung und die Mitwelt trage, wobei diese Verantwortung sowohl räumlich als auch zeitlich begrenzt war.

Marcus Tullius CICERO (106–43 v. Chr.) schrieb über die Verantwortung in seinem Werk *De officiis.*

Verantwortungsethik geht heute in zwei Richtungen:

- Verantwortung muss eine zukunftsbezogene räumlich-globale Verantwortung sein;
- Verantwortung wird in einem kommunikativen Diskurs bestimmt: Wilhelm WEISCHEDEL differenziert die soziale Verantwortung im Dialog des Menschen mit anderen Menschen, die religiöse Verantwortung im Dialog mit Gott und die Selbstverantwortung in einem inneren Monolog des Menschen mit sich selbst. Die Selbstverantwortung ist der letzte Grund aller anderen Formen: Nicht jemand anderer soll die Verantwortung übernehmen, sondern ich verantworte mich vor mir selbst!

> Jemand steht vor der Möglichkeit, einer religiösen Gemeinschaft beizutreten. Er ist sich nicht darüber im Klaren, ob er es verantworten könne, und geht deshalb mit sich zurate. Schließlich sagt er, er könne es vor sich selbst verantworten, und erklärt seinen Beitritt.
> Das Beispiel wurde absichtlich so gewählt, um die Abgrenzung gegen die anderen Arten von Verantwortung deutlich werden zu lassen. Es handelt sich um eine Gemeinschaft, aber die Verantwortung findet nicht vor deren Anspruch statt. Die Gemeinschaft ist eine religiöse Gemeinschaft, aber die Verantwortung ist nicht eine Verantwortung vor Gott, sondern sie kennzeichnet sich als Verantwortung „vor sich selbst".
> Das Resultat der Beratschlagung mit sich selbst ist: Ich kann den Beitritt vor mir selbst verantworten. Etwas verantworten können, in der Verantwortung bestehen können, ist das Kennzeichen der Verantwortung im eigentlichen Sinne. Sie ist das positive Ergebnis der Beratschlagung, in der es darum geht, ob der Mensch verantworten kann oder nicht. Diese Beratschlagung selbst als Vollzug der Verantwortung ohne Rücksicht auf ihr Gelingen oder Nicht-Gelingen ist Selbstverantwortung.[15]

[15] Wilhelm WEISCHEDEL, Das Wesen der Verantwortung, Frankfurt/Main: Klostermann 1972, S. 58.

Jemand ist für **jemanden**/für **etwas** vor **jemandem** verantwortlich.

Subjekt	**Bereich**	**Instanz**
Individuum, Gemeinschaft	Handlungsfolgen für Mikro-, Meso-, Makrosystem	religiöse Verantwortung vor Gott, rechtliche Verantwortung vor dem Staat moralische Verantwortung vor mir selbst

Ich bin für **meine Handlungen** vor **mir selbst** verantwortlich.

Die Verantwortungsethik des 20. Jahrhunderts versucht, die großen normativen Strömungen der Ethik, die deontologische und die teleologische Ethik, zu vereinen: Sowohl das Gewissen des Einzelnen (sein Gefühl, seine Intuition und Vernunft) als auch die Handlungsfolgen sind für ethische Urteile und Handlungsentscheidungen wichtig.

5.1 Mitleidsethik

Im Gegensatz zu den rational begründeten Ethikmodellen, die bisher besprochen wurden, geht Arthur SCHOPENHAUER davon aus, dass ethisches Verhalten einem spezifischen Gefühl entspringt. Normalerweise sind wir in allen Handlungen vom Egoismus geleitet; es geht uns primär um das individuelle Wohl. Es gibt aber ein Gefühl, bei dem die Trennung zwischen mir und den anderen schwindet: Dieses Gefühl ist das Mitleid. Im Mitleid oder Mitgefühl empfinde ich das fremde Leiden als eigenes. Während der Egoismus die Quelle des Bösen ist, entspringt aus dem Mitgefühl das Gute im Sinne des uneigennützigen Handelns. Im Mitgefühl wird sich der Mensch der Trennung bewusst und fühlt intuitiv das einheitliche Prinzip der Welt. SCHOPENHAUER empfiehlt, sich in seinem Glücksstreben nicht auf äußere Güter wie Besitz oder Ansehen zu richten, sondern die Ausbildung der eigenen Persönlichkeit in den Mittelpunkt zu stellen. Dabei sind Schmerz und Langeweile für ihn die größten Feinde des Glücks; zumindest die Langeweile kann durch den Reichtum des Geistes überwunden werden. So ist es für ihn zwar konsequent, dass die Wünsche der meisten Menschen auf Geld gerichtet sind, denn es ist ein Mittel zur Bedürfniserfüllung. Wird es aber dazu verwendet, überflüssige Bedürfnisse zu erfüllen, so wird das Glück verfehlt.

Arthur SCHOPENHAUER (1788–1860)

SCHOPENHAUERS Philosophie ist pessimistisch und optimistisch zugleich: Wenn der Mensch seinen egoistischen Trieben folgt, schafft er sich Leid. Wenn er intuitiv auf das vorhandene moralische Mitgefühl horcht, kann er glücklich werden.

Glück ist das Ausbleiben von Unglück.

Die Philosophen haben die Menschenliebe (caritas) noch nicht als Tugend aufgestellt. Praktisch und faktisch ist zwar zu jeder Zeit Menschenliebe da gewesen, aber theoretisch zur Sprache gebracht und förmlich als Tugend aufgestellt, sogar auch auf die Feinde ausgedehnt, wurde sie zuerst vom Christentum, dessen allergrößtes Verdienst eben hierin besteht; wiewohl nur hinsichtlich auf Europa; da in Asien schon tausend Jahre früher die unbegrenzte Liebe zum Nächsten sowohl Gegenstand der Lehre wie der Ausübung gewesen war. … Mitleid hält nicht bloß mich ab, den anderen zu verletzen, sondern es treibt mich sogar an, ihm zu helfen. Je nachdem ob jene unmittelbare Teilnahme lebhaft und tief gefühlt wird oder die fremde Not groß und dringend ist, werde ich durch jenes moralische Motiv bewogen, ein größeres oder geringeres Opfer dem Bedürfnis oder der Not des anderen zu erbringen, welches in der Anstrengung meiner leiblichen oder geistigen Kräfte für ihn in meiner Gesundheit, Freiheit, sogar in meinem Leben bestehen kann. Hier also, in der unmittelbaren, auf keine Argumentation gestützten Anteilnahme, liegt der alleinige Ursprung der Menschenliebe, also derjenigen Tugend, deren Maxime *omnes, quantum potes, iuva – hilf allen, so viel du kannst!* ist, und aus welcher all das fließt, was die Ethik unter dem Namen Tugendpflichten und Liebespflichten vorschreibt. Diese ganz unmittelbare, ja, instinktartige Teilnahme am fremden Leiden, also das Mitleid, ist die alleinige Quelle solcher Handlungen, wenn sie moralischen Wert haben, d.h. von allen egoistischen Motiven rein sein, und eben deshalb in uns selbst diejenige innere Zufriedenheit erwecken sollen, welche man das gute, befriedigte, lobende Gewissen nennt.[16]

SCHOPENHAUERS Hund hieß „Mensch" (hier in einer Karikatur von Wilhelm BUSCH).

Handlungen sind motiviert durch

- **Egoismus**
- **Mitleid**
  - Fremdes Leid wird zum eigenen Leid.
  - Quelle für uneigennütziges, ethisches Handeln
  - Wurzel für Gerechtigkeit und Menschenliebe

Im Mitleid werde ich mir der Trennung bewusst und fühle die Einheit.

- Der Mensch ist durch den freien Willen und sein Verantwortungsgefühl bestimmt.
- Mitleid erfolgt über die Identifikation mit dem Leid des anderen, mit dem Versuch, dessen Not zu lindern.
- Menschenliebe und Gerechtigkeit sind Tugenden des Mitleids und Ausdruck der Überwindung des Egoismus.

[16] Arthur SCHOPENHAUER, Über die Grundlage der Moral, Zürich: Diogenes 1977, S. 266ff. (gekürzt und geringfügig bearbeitet).

AUFGABE

Die folgende Geschichte von SCHOPENHAUER spiegelt seine philosophischen Ansichten wider. Inwiefern?

Stachelschweine drängten sich an einem kalten Wintertag recht nahe zusammen, um sich durch die gegenseitige Wärme vor dem Erfrieren zu schützen. Jedoch empfanden sie die gegenseitigen Stacheln, die sie wieder voneinander entfernten. Immer wenn das Bedürfnis nach Erwärmung sie wieder näher zusammenbrachte, wiederholte sich jenes zweite, sodass sie zwischen beiden Leiden hin- und hergeworfen wurden, bis sie eine mäßige Entfernung voneinander herausgefunden hatten, in der sie es am besten aushalten konnten. Und diese Entfernung nannten sie Höflichkeit und feine Sitte.[17]

5.2 Ökologische Ethik

Albert SCHWEITZER war Theologe, Arzt und Kulturphilosoph. Allgemein bekannt ist seine Tätigkeit als Urwaldarzt in Lambarene. Als er einmal im Urwald unterwegs war, um einer kranken Frau medizinische Hilfe zu leisten, aufgrund verschiedener Unwegsamkeiten jedoch nicht vorwärtskam, sah er im Fluss Nilpferde, wie sie – junge und alte – im Spiel füreinander da waren. In diesem Moment der Ruhe kam ihm der Gedanke von der „Ehrfurcht vor dem Leben":

Wahrhaft ethisch ist der Mensch nur, wenn er der Nötigung gehorcht, allem Leben, dem er beistehen kann, zu helfen und sich scheut, irgendetwas Lebendigem Schaden zu tun. Er fragt nicht, inwiefern dieses oder jenes Leben als wertvoll Anteilnahme verdient und auch nicht, ob und inwieweit es noch empfindungsfähig ist. Das Leben als solches ist ihm heilig. Er reißt kein Blatt vom Baume ab, bricht keine Blume und hat Acht, dass er kein Insekt zertritt. Geht er nach dem Regen auf die Straße und erblickt einen Regenwurm, so bedenkt er, dass er in der Sonne vertrocknen muss, wenn er nicht rechtzeitig in die Erde kommt, in der er sich verkriechen kann, und befördert ihn von dem todbringenden Steinigen hinunter ins Gras. Kommt er an einem Insekt vorbei, das in einen Tümpel gefallen ist, so nimmt er sich die Zeit, ihm ein Blatt oder einen Halm zur Rettung hinzuhalten.
Er fürchtet sich nicht, als sentimental belächelt zu werden. Es ist das Schicksal jeder Weisheit, vor ihrer Anerkennung ein Gegenstand des Lächelns zu sein. Einst galt es als eine Torheit, anzunehmen,

Albert SCHWEITZER (1875–1965)

[17] Aus Peter GLOTZ/Wolfgang LANGENBUCHER, Versäumte Lektionen, Entwurf eines Lesebuches, Gütersloh: Bertelsmann 1960, S. 249.

> dass die farbigen Menschen wahrhaft Menschen seien und menschlich behandelt werden müssten. Die Torheit ist zur Wahrheit geworden. Heute gilt es als übertrieben, die stete Rücksichtnahme auf alles Lebendige bis zu seinen niedersten Erscheinungen herab als Forderung einer vernunftgemäßen Ethik auszugeben. Es kommt aber die Zeit, wo man staunen wird, dass die Menschheit so lange brauchte, um gedankenlose Schädigung von Leben als mit Ethik unvereinbar einzusehen. Ethik ist ins Grenzenlose erweiterte Verantwortung gegen alles, was lebt.[18]

In *Ökologie* stecken die griechischen Begriffe *oikos* (= das Haus) und *logos* (= die Lehre). Ökologie ist also die Lehre, die darauf bedacht ist, mit der Natur hauszuhalten.

Albert SCHWEITZER hat lange vor den Ökologie- und Grünbewegungen, lange vor Tierschutzappellen etc. einen pädagogischen Appell formuliert, der den Begriff der Verantwortung globalisiert. SCHWEITZER ist damit sicherlich der geistige Vater aller Ökologiebewegungen. Von seiner ursprünglichen Wortbedeutung her ist Ökologie das Wissen um die Zusammenhänge, um die Wechselbeziehung zwischen einzelnen Lebewesen und ihrem Lebensraum. Ihre Grundaussage ist, dass nichts im Haushalt des Lebens, der Natur ohne Wirkung und ohne Ursache ist. Der Mensch lebt nicht für sich allein, sondern ist Teil eines ökologischen Gesamthaushaltes. Demgemäß ist ökologische Ethik in den meisten ihrer Ansätze ein Versuch, das anthropozentrierte Denken zu problematisieren und den Bereich der Verantwortung auf mehrere oder alle Lebewesen auszudehnen.

Vgl. den Präferenz-Utilitarismus von Peter SINGER, Kapitelabschnitt 3.2

- Pathozentristische Umweltethik: Der pathozentristischen Umweltethik geht es um das Wohl und die Schmerzvermeidung bei Menschen und Tieren. Tiere sind wie Menschen schmerz- und leidensfähig. Menschen müssen sich über diese Ähnlichkeit im Klaren sein. Aus der Fähigkeit des Fühlens und Leidens ergibt sich ein Recht der Tiere auf verantwortlich-ethische Behandlung. Tiere dürfen nicht gequält werden, auch wenn Menschen sie als Nutztiere halten. So ist die Nutztierhaltung als Kompromiss zwischen den Rechten der Tiere und den Anforderungen der Menschen zwar grundsätzlich möglich, muss aber bestimmten qualitativen Anforderungen genügen. Hingegen ist die Verwendung von Tieren zu sogenannten Tierexperimenten nur in extremsten Fällen erlaubt. Im Pathozentrismus wird das Prinzip des optimalen Wohlergehens und der Schmerzvermeidung auch auf Tiere angewendet. So ist aus der utilitaristischen Menschenethik eine pathozentristische Mensch-Tier-Ethik geworden.

[18] Albert SCHWEITZER, Kultur und Ethik, München: C. H. Beck 1972, S. 331.

- Biozentristische Umweltethik: Es geht um den Erhalt des Lebens um seiner selbst willen. Die Ehrfurcht vor der belebten Natur bringt für die Menschen auch bestimmte Pflichten mit sich. Biozentrismus heißt: Das Leben in den Mittelpunkt stellen. Das Leben oder der Lebensdrang selbst ist der Wert und auch die Quelle der zuteilwerdenden Rechte. Alles, was lebt, hat aus dem Leben heraus grundsätzlich ein Recht auf Existenz, und dieses Recht steht ebenso grundsätzlich nicht zur Disposition. Alles, was lebt, hat Rechte und muss ohne Ansehen der Lebensform auch dementsprechend behandelt werden.[19]

Vergleichen Sie dazu Albert SCHWEITZERS Theorie der Ehrfurcht vor dem Leben. SCHWEITZER verwarf alle Unterschiede zwischen den verschiedenen Stufen des Lebens.

AUFGABEN

1. Alfred TREML hat Maximen einer Überlebensethik formuliert. Halten Sie diese subjektiven Grundsätze für geeignet, Grundlagen für politische Gesetze zu werden?
   - Schaffe bei ethischen Überlegungen die Unterscheidung zwischen Mensch und Natur radikal ab!
   - Versuche nichts zu tun, was Folgen hat, die in einer Generation nicht wieder repariert werden können.
   - Wenn du die Folgen nicht abschätzen kannst, unterlasse die Handlung!
   - Denke komplex, dadurch dass du die Folgen und Nebenfolgen mitberücksichtigst; handle einfach, dadurch dass du die Folgen überschaust![20]

2. **Tierethik**
   Wenn Tiere in Massen zusammengepfercht, transportiert und unter größten Stressbedingungen getötet werden, wenn ihre Gene manipuliert werden, um den Ertrag ihrer Produkte (Milch, Fleisch) zu steigern, dann regen sich heute bei vielen Menschen moralische Bedenken. Es ist sicherlich so, dass sich Leben immer auf Kosten anderen Lebens vollzieht. Albert SCHWEITZER hat gesagt: *Ich bin Leben, das leben will, inmitten von Leben, das leben will.*
   a. Der Philosoph Wolfgang LENZEN will uns mit den folgenden Überlegungen dazu anregen, über den Unterschied von Quälen und Töten von Tieren nachzudenken.

Tierethik beschäftigt sich u.a. mit Tierhaltung und Tierversuchen.

Wer Gänseleberpastete verzehrt, der quält die Gans zwar nicht selber, aber er bewirkt doch durch sein Konsumverhalten, dass andere die Gans gegen deren Willen unnatürlich und qualvoll so lange *stopfen,* bis ihre Leber die vom Gourmet begehrte Quantität und Qualität besitzt. Wer seinen Räucherlachs, sein gegrilltes Rinderfilet oder

---

[19] Referiert nach Michael HAFEMANN, Die Suche nach einer Umweltethik. In: Psychologie heute 2/1988, S. 41ff.
[20] Vgl. Alfred TREML, Überlebensethik. In: Entwicklungspädagogik 4/1985.

Vergleichen Sie als Grundlage die Kapitelabschnitte 3.2, Präferenz-Utilitarismus, und 5. Ethik der Verantwortung.

auch nur sein bescheidenes Schweineschnitzel verzehrt, der tötet den Fisch, das Rind und das Schwein zwar nicht selber; aber auch er bewirkt durch sein Verhalten, dass diese Tiere getötet werden. Schließlich bewirkt selbst der Lakto-Vegetarier, der bloß sein morgendliches Frühstücksei verzehrt, indirekt, dass Legehennen in viel zu kleinen Käfigen gequält werden. Ist das alles nicht zutiefst unmoralisch?[21]

b. Was halten Sie vom Fortschritt, der eine Fliege mit 14 Augen hervorbringt? Nehmen Sie zu diesem Bericht Stellung.

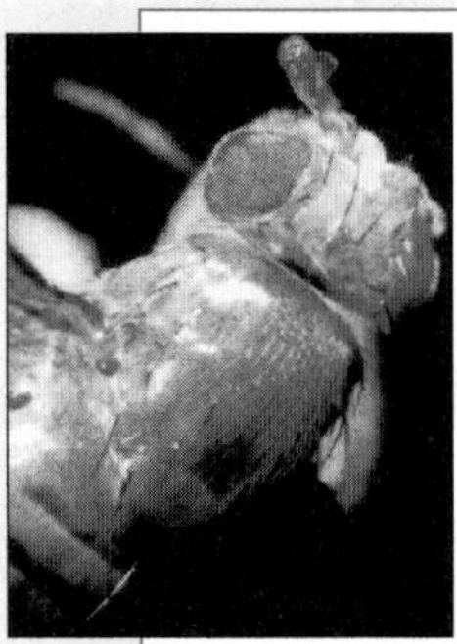

Eine Forschergruppe vom Biozentrum in Basel hat das *Master-Kontroll-Gen* gefunden, das die Augenentwicklung in Gang setzt. Die Forscher können nun Fliegen herstellen, die 14 Augen haben. Master-Kontroll-Gene für die Augen hätten sie auch beim Menschen gefunden. Mit dieser Entdeckung, so das Forscherteam, müsse die Evolutionstheorie neu geschrieben werden.

Zurück bleibt aber ein beklemmendes Gefühl, und dies vor allem aus zwei Gründen: Zum einen ist es das Bild. Das spektakuläre Bild der Fliege mit den 14 Augen wird so zum Symbol für den molekularbiologischen Fortschritt; ein lebendiger Beweis dafür, dass Forscherinnen und Forscher dem Lebensplan auf der Spur sind. Doch was bewirken solche Bilder von genmanipulierten Krüppelfliegen in unseren Köpfen? Wie verändert diese neue Ästhetik der künstlich hergestellten Gentech-Welt unsere Wahrnehmung? Was dachten sich die zahlreichen Schülerinnen und Schüler, die auf der Ausstellung „20 Jahre Gentechnik", die im Basler Naturhistorischen Museum stattfand, unter dem Mikroskop eine Fliege betrachten konnten, der Beine aus dem Kopf wuchsen? Und denen dann auf Schautafeln erklärt wurde, das sei der wissenschaftliche Fortschritt, und man sei dem Bauplan des Lebens auf der Spur? Eine Fliege mit Beinen im Kopf? Eine Fliege mit 14 Augen?

Ich erinnere mich noch gut: In der Schule hatten wir als Biologiebuch den „Leitfaden der Tierkunde". Dessen farbige Bilder machten auf mich großen Eindruck. Dasjenige zu „Fliegen" zeigte Schmeiß-, Gold- und Schwebfliegen, und die Fliegen schwirrten umher, landeten auf Blumen, krochen auf einem toten Vogel herum oder entschwanden schwirrend am Horizont. Ein wunderbares Bild, und mithilfe von kleinen Nummern konnte man jeweils die richtigen Fliegen-Bezeichnungen finden. … Es liegt mir fern, die Vergangenheit zu glorifizieren, doch dieses Bild könnte auch ein Symbol für den wissenschaftlichen Fortschritt sein. … Vor einiger Zeit bemerkte ein Professor des Biozentrums zu einem Journalisten: „Schauen Sie, es kann dieser Fliege hier auf der Glasscheibe ja egal sein, ob sie ihre Gene von mir oder von Gott hat."[22]

[21] Wolfgang Lenzen, Vegetarismus. Zitiert aus Günter Altner/Wolfgang Gebhard, Bioethik, Frankfurt/Main: Diesterweg 1999, S. 37.

[22] Florianne Koechlin, Die Fliege mit den 14 Augen. Zitiert aus Günter Altner/Wolfgang Gebhard, Bioethik, Frankfurt/Main: Diesterweg 1999, S. 37f. (geringfügig verändert).

5.3 Technik und Verantwortung

Die technischen Entwicklungen beinhalten neben den unbestrittenen Erleichterungen, die sie den Menschen brachten und bringen, ein großes Zerstörungspotenzial. Die Ambivalenz gegenüber dem technischen Fortschritt hat auch Auswirkungen im Bereich der Ethik. Wer schützt den Menschen vor seiner eigenen Hybris (Übermut) oder vor dem unkalkulierbaren Einsatz bestimmter Technologien? Mit der immer größer werdenden Verfügungsmacht des Menschen über die Natur ist zwar eine steigende Kenntnis von Naturgesetzlichkeiten verbunden, andererseits wird auch die Unkenntnis möglicher Folgen der zunehmenden Naturherrschaft immer größer. So stellt sich die Frage nach einer Ethik, die dieser neuen Situation gerecht werden kann.

Hans JONAS (1903–1993)

Einen Versuch findet man bei Hans JONAS in seinem Hauptwerk *Prinzip Verantwortung*. JONAS studierte u.a. bei Martin HEIDEGGER in Freiburg. 1933 emigrierte er; er lebte in England, Palästina, Kanada und zuletzt in den USA. 1987 erhielt JONAS den Friedenspreis des deutschen Buchhandels.

Hans JONAS hat mit seinen Analysen und Appellen versucht, die Menschen auf die Nachhaltigkeit in ihrem Denken und Handeln aufmerksam zu machen. Die Erreichung nachhaltiger Ziele setzt nicht nur verantwortliche Entscheidungen in Politik und Wirtschaft voraus, sondern braucht auch Bewusstseinsprozesse bei allen Menschen, damit sie durch ihr tägliches nachhaltiges Handeln die Welt mitgestalten können. Nachhaltiges Denken und Handeln lässt sich als Dreieck darstellen: wirtschaftlicher Gewinn – Soziales – Umwelt/Ökologie. Im Idealfall werden alle drei Bereiche gleichwertig berücksichtigt.

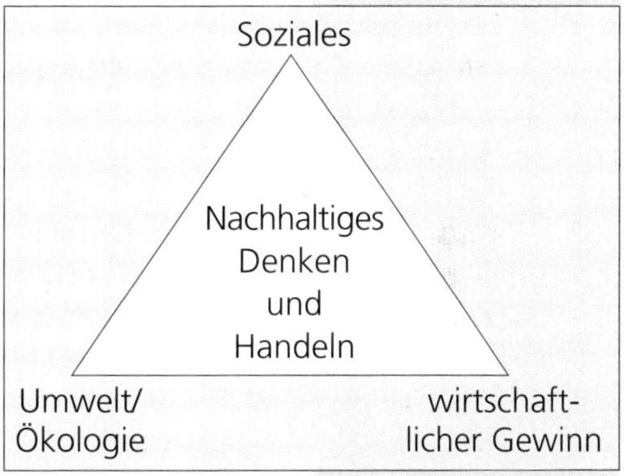

JONAS geht davon aus, dass KANTS kategorischer Imperativ sich nicht dafür eignet, die Folgen von Handlungen abzuschätzen. Hauptidee seiner neuen Ethik für eine technologische Zivilisation ist eine sittliche Erweiterung des Verantwortungskonzeptes angesichts der gewachsenen technologischen Macht des Menschen. Grundlage der neuen Verantwortungsethik ist die Forderung nach der Existenz einer Welt für nachfolgende Generationen. Die Natur als Ganzes wird zum Gegenstand menschlicher

Verantwortung, und das durch Naturordnung entstandene Leben muss bewahrt werden. JONAS fordert: *Handle so, dass die Wirkungen deiner Handlung verträglich sind mit der Permanenz echten menschlichen Lebens auf Erden!*

PROMETHEUS als Symbol für Technologie und Fortschritt; er brachte den Menschen das Feuer. Dafür wurde er von ZEUS bestraft: Er wurde an einen Felsen gekettet und ein Adler fraß seine Leber (links sein Bruder ATLAS).

Der in unserer Zeit endgültig entfesselte PROMETHEUS ruft nach einer Ethik, die sich freiwillig Zügel anlegt. Was der Mensch von heute tun kann und womit er konfrontiert ist, sucht in der Vergangenheit seinesgleichen. Die Ethik der Global-Verantwortung erstreckt sich auf die ganze Biosphäre des Planeten und versucht, auch mögliche Fernwirkungen von neuen Technologien einzukalkulieren. JONAS wandelt das Sprichwort *In dubio pro reo* (Im Zweifel für den Angeklagten) ab zu *In dubio pro malo:* Aufgrund der Tatsache, dass der Mensch nicht befähigt ist, alle Vernetzungen zu analysieren, muss er, wenn er im Zweifel ist, der schlimmeren Prognose vor der optimistischen Gehör schenken. Der zweite ethische Imperativ muss heute lauten: *Schließe in deine gegenwärtige Wahl die zukünftige Integrität des Menschen als Mit-Gegenstand deines Wollens ein! Handle im Zweifelsfall nach der pessimistischen Prognose!*

An die Stelle der Liebe zum höchsten Gut, das der Mensch sich in seinem Tugendstreben selber zum Ziele setzen kann, muss heute die Furcht vor dem größten Übel treten. Eine gewisse negative Motivierung der Moral ist heute nötig geworden. Da, wo man nach der Verwirklichung des höchsten Gutes strebt, entweder für sich selber oder sogar in großherziger Ausbreitung der Arme für die ganze Menschheit, da tritt ein, was wir ja kennengelernt haben: ein utopisches Streben, ein Streben nach einem vollkommenen Zustand, der genau das ist, was nicht erreichbar ist auf Erden. Ein Streben danach verführt eigentlich dazu zu ignorieren, dass hier Grenzen gesetzt sind, über die wir nicht hinaus können und die uns zu einer gewissen Bescheidung nötigen.

Dagegen lässt sich die Furcht vor dem größten Übel erwecken, indem man in den lebhaftesten Formen an die Wand malt, und zwar auch eindrucksfähigen jungen Gemütern gegenüber, was sie und wir anrichten durch den jetzigen Lebensstil und durch das Weitergehen der im Gange befindlichen Ruinierung der Umwelt. …

Aber bleiben wir bei dem einfachsten Faktum, dass in einer begrenzten verwundbaren Umwelt, in der wir ja leben, nicht alles unbegrenzt so weitergehen kann, wie es jetzt geht. Das Gefühl oder das Bewusstsein davon, dass es so einfach nicht weitergeht, ist eigentlich leicht zu vermitteln. Wie weit das zu einer persönlichen Motivierung führt, ist aber eine andere Frage. Denn es könnte sein, dass die Menschheit die unausrottbare Neigung hat, stets das Nächste zunächst zu tun; und das ist, für sich und die Seinen zu sorgen und für sein Fortkommen, und das Entfernte sich selbst zu überlassen.[23]

AUFGABEN

1. Nicht mehr Ziele, die man erreichen will, sind entscheidend, sondern Zustände und Entwicklungen, die man vermeiden will. Für wie praktikabel halten Sie solche Vorschläge bezüglich ihrer Realisierung? Inwiefern kann das Konzept von JONAS hilfreich sein, die Folgen technischer Entwicklungen abzuschätzen?
2. Führt die Ethik von JONAS möglicherweise in eine Paralysierung des menschlichen Handelns, weil immer schlimmstmögliche Folgen aufgezeigt werden könnten, sodass nicht mehr entschieden werden kann, was zu tun ist?
3. Was schlagen Sie vor? Ein Eisbär drohte, einen Hund zu töten, daher musste der Hundebesitzer den Eisbären erschießen, denn ohne den Hund kann er in der Eiswüste bei Spitzbergen nicht leben. Die Eisbären wiederum sind zwar geschützt und geschätzt, aber die Hunde des Menschen sind noch geschätzter. So sprach das Gericht den Mann frei. Niemand kam auf die Idee: Vielleicht sollte sich der Mann aus der Eiswüste zurückziehen, wenn ihm das Leben dort so schwerfällt, und sie denjenigen Kreaturen überlassen, die mit einem dicken Fell und vier Füßen ausgestattet sind.
4. Wer zuerst kommt …? In Kenia mussten 300 Elefanten erschossen werden, weil sie immer wieder in das Gebiet einer neuen Farm eingedrungen waren und deren Maisfelder zertrampelt hatten. Die Elefanten waren zwar schon vor den Farmern dort, aber nicht immer gilt der Satz: „Wer zuerst kommt, mahlt zuerst."
5. **Nachhaltigkeit**
   Recherchieren Sie: Was versteht man unter Nachhaltigkeit? Besuchen Sie die Website **http://www.nachhaltigkeit.at.**
6. **Ambivalenz von Technik**
   Inwiefern zeigt der Mythos von DÄDALUS und IKARUS die Ambivalenz von Technik auf? Recherchieren Sie.

DÄDALUS sprach und versenkte seinen Geist in die unbekannten Künste. Er erneuerte kühn die Natur. Auch den Knaben belehrte er: „Ich mahne dich, IKARUS, fliege stets auf dem mittleren Pfad! Denn wenn du dich tiefer hinabsenkst, lastet das Nass auf den Federn, wenn höher, verbrennt sie das Feuer. Flieg in der Mitte der Bahn! Nicht wende den Blick von mir! Lass dich geleiten von mir!" Auch im Fliegen erteilte er ihm

[23] Hans JONAS, Warum die Technik ein Gegenstand der Ethik ist. In: H. LENK/ G. ROPOHL (Hg.), Technik und Ethik, Stuttgart: Reclam 1987, S. 86ff. (gekürzt).

Weisung, und an den Schultern befestigte er ihm das fremde Gefieder. Er ermahnte ihn zu folgen und lehrte ihn die schädlichen Künste, selber schwang er die Flügel und schaute nach den Schwingen des Knaben. Irgendein Mensch, der Fische mit schwankender Rute sich angelte, oder ein Hirt, gestützt auf den Stab, ein Bauer am Pfluge mochte sie sehn und erstaunen und glauben, die Segler der Lüfte seien wohl Götter. Und schon lag Samos, die Insel der Juno, links – sie waren an Delos und Paros vorübergeflogen. Da begann sich der Knabe des kühnen Fluges zu freuen und verließ seinen Führer: Von Himmelssehnsucht gezogen, stieg er noch höher hinan. Die Nähe der raffenden Sonne schmolz das duftende Wachs, das Bindemittel der Federn.[24]

7. Zum Nachdenken: Friedensreich HUNDERTWASSER, Friedensvertrag

Friedensreich HUNDERTWASSER (1928–2000): Maler, Architekt und Visionär, u.a. erbaute er in Wien das sogenannte „HUNDERTWASSER-Haus".

- Wir müssen die Sprache der Natur lernen, um uns mit ihr zu verständigen.
- Rückgabe von Territorien an die Natur, die der Mensch sich widerrechtlich angeeignet und vergewaltigt hat.
- Die Schöpfung des Menschen (Kunst) und die Schöpfung der Natur müssen wiedervereinigt werden. Die Entzweiung dieser Schöpfungen hatte katastrophale Konsequenzen für die Menschheit.
- Leben in Harmonie mit den Gesetzen der Natur. Wir sind nur Gäste der Natur und müssen uns entsprechend verhalten. Der Mensch ist der gefährlichste Schädling, der je die Erde verwüstet hat.
- Die menschliche Gesellschaft muss wieder eine abfalllose Gesellschaft werden. Denn nur der, der seinen eigenen Abfall ehrt und wiederverwertet in einer abfalllosen Gesellschaft, wandelt Tod in Leben um und hat das Recht, auf dieser Erde fortzubestehen: dadurch, dass er den Kreislauf respektiert und die Wiedergeburt des Lebens geschehen lässt.
- Wenn einer allein träumt, bleibt es ein Traum. Wenn viele gemeinsam träumen, ist das der Anfang einer neuen Wirklichkeit.[25]

[24] OVID, Metamorphosen 8, S. 198ff.
[25] Aus Manon ANDREAS-GRISEBACH, Eine Ethik für die Natur. Dem Weg eine neue Richtung geben, Frankfurt/Main: Fischer 1994.

5.4 Wissenschaft und Verantwortung

Wissenschaftsethik ist eine Bereichsethik, sie bezieht sich vor allem auf die Gruppe von ExpertInnen und WissenschaftlerInnen. Hier stellt sie die Handlungsbedingungen heraus, die die WissenschaftlerInnen im Interesse der *Wahrheitsfindung* befolgen sollten:

- allgemeine Handlungsregeln wie intellektuelle Redlichkeit, keine Forschungsergebnisse fälschen,
- Verhältnis von allgemeinen moralischen Orientierungen zu den Folgen und Problemen, die durch die Erzeugung und Verwendung wissenschaftlichen Wissens hervorgerufen werden,
- verständliche Vermittlung der wissenschaftlichen Ergebnisse, um in einem demokratischen Gefüge auch den Laien eine kompetente Mitsprache zu ermöglichen und Verantwortung zu übertragen.

WissenschaftlerInnen und ExpertInnen haben in unserer Gesellschaft eine besondere Verantwortung. Man denke an Fragen der Gentechnik, des Klonens. Karl R. Popper schlägt drei Prinzipien vor, die besonders von Intellektuellen zu beachten wären.

1. Das Prinzip der Fehlbarkeit: Vielleicht habe ich unrecht, und vielleicht hast du recht. Aber wir können auch beide unrecht haben.
2. Das Prinzip der vernünftigen Diskussion: Wir wollen versuchen, möglichst unpersönlich unsere Gründe für und wider eine bestimmte, kritisierbare Theorie abzuwägen.
3. Das Prinzip der Annäherung an die Wahrheit. Durch eine sachliche Diskussion kommen wir fast immer der Wahrheit näher; und wir kommen zu einem besseren Verständnis; auch dann, wenn wir nicht zu einer Einigung kommen.

Es ist bemerkenswert, dass alle drei Prinzipien erkenntnistheoretische und gleichzeitig ethische Prinzipien sind. Denn sie implizieren unter anderem Duldsamkeit, Toleranz: Wenn ich von dir lernen kann und im Interesse der Wahrheitssuche lernen will, dann muss ich dich nicht nur dulden, sondern als potenziell gleichberechtigt anerkennen; die potenzielle Einheit und Gleichberechtigung aller Menschen sind eine Voraussetzung unserer Bereitschaft, rational zu diskutieren. Wichtig ist auch das Prinzip, dass wir von einer Diskussion viel lernen können; auch dann, wenn sie nicht zu einer Einigung führt.[26]

[26] Karl R. Popper, Wissenschaft als Wahrheitssuche. In: Angela Hausner (Hg.), Denkanstöße 2004. Ein Lesebuch aus Philosophie, Kultur und Wissenschaft, München: Piper 2003, S. 21.

AUFGABEN

1. **Fehler zugeben oder Fehler vertuschen?**
   Welche Berufsgruppen haben es in unserer Gesellschaft besonders schwer, Fehler zuzugeben? Warum?

2. **Gleichnis**
   Welche Konsequenzen können WissenschaftlerInnen aus dem folgenden Gleichnis ziehen?

> Wenn Leute in einem Raum zusammensitzen und sich darüber verständigen wollen, ob oder in welchem Maß geraucht werden darf, so gibt es prinzipiell sehr viele Methoden, sich darüber zu einigen: Wir können etwa der Meinung des Arztes oder des gesundheitlich Schwächsten in diesem Kreis ein besonderes Gewicht geben oder es dem Gutdünken des Vorsitzenden überlassen oder einfach mehrheitlich abstimmen. Auf welche Weise verfahren wird, macht keinen wesentlichen Unterschied. Wenn aber dieser Raum knöcheltief voller Benzin steht, dann stehen wir vor einer radikal neuen Situation. Hier kann die Entscheidung nur lauten: alles zu unternehmen, um die Überflutung des Raums mit Benzin zu beseitigen und dies auch zukünftig zu verhindern. Denn in Brand geratenes Benzin ist in seiner Auswirkung schlicht nicht mehr steuerbar, nicht mehr beherrschbar. Wir würden uns in diesem Fall kaum damit begnügen, die Raucher nur zu einem vorsichtigen Gebrauch ihrer Zigaretten aufzufordern.[27]

5.5 Verantwortung nach Auschwitz

Theodor W. ADORNO (1903–1969)

In Deutschland und Österreich kann und darf Auschwitz in keinem soziokulturellen Bereich verschwiegen oder verharmlost werden. Verantwortung zeigt sich hier im Umgang mit der Vergangenheit, und zwar auf privater wie politischer Ebene. Eindringlich und differenziert hat darüber Theodor W. ADORNO geschrieben.

> Die Forderung, dass Auschwitz nicht noch einmal sei, ist die allererste an Erziehung. Sie geht so sehr jeglicher anderen voran, dass ich weder glaube, sie begründen zu müssen noch zu sollen. …
> Unter den Einsichten von FREUD, die wahrhaft auch in Kultur und Soziologie hineinreichen, scheint mir eine der tiefsten die, dass die Zivilisation ihrerseits das Antizivilisatorische hervorbringt und es zunehmend verstärkt. Seine Schriften *Das Unbehagen in der Kultur* und *Massenpsychologie* und *Ich-Analyse* verdienten die allerweiteste Verbreitung gerade im Zusammenhang mit Auschwitz. Wenn im Zivilisationsprinzip selbst die Barbarei angelegt ist, dann hat es etwas Desperates, dagegen aufzubegehren. …

[27] Hans-Peter DÜRR, Das Netz des Physikers. Naturwissenschaftliche Erkenntnis in der Verantwortung, München: dtv 2000, S. 174.

Der Völkermord hat seine Wurzel in jener Resurrektion des angriffslustigen Nationalismus, die seit dem Ende des neunzehnten Jahrhunderts in vielen Ländern sich zutrug. …
Da die Möglichkeit, die objektiven, nämlich gesellschaftlichen und politischen Voraussetzungen, die solche Ereignisse ausbrüten, zu verändern, heute aufs Äußerste beschränkt ist, sind Versuche, der Wiederholung entgegenzuarbeiten, notwendig auf die subjektive Seite abgedrängt. Damit meine ich wesentlich auch die Psychologie der Menschen, die so etwas tun. Ich glaube nicht, dass es viel helfen würde, an ewige Werte zu appellieren, über die gerade jene, die für solche Untaten anfällig sind, nur die Achseln zucken würden; ich glaube auch nicht, Aufklärung darüber, welche positiven Qualitäten die verfolgten Minderheiten besitzen, könnte viel nutzen. Die Wurzeln sind in den Verfolgern zu suchen, nicht in den Opfern, die man unter den armseligsten Vorwänden hat ermorden lassen. Nötig ist, was ich unter diesem Aspekt einmal die Wendung aufs Subjekt genannt habe. … Die Menschen sind davon abzubringen, ohne Reflexion auf sich selbst nach außen zu schlagen. Erziehung wäre sinnvoll überhaupt nur als eine zu kritischer Selbstreflexion. …
Man kann von der Klaustrophobie der Menschheit in der verwalteten Welt reden, einem Gefühl des Eingesperrtseins. Je dichter das Netz, desto mehr will man heraus, während gerade seine Dichte verwehrt, dass man herauskann. Das verstärkt die Wut gegen die Zivilisation. Gewalttätig und irrational wird gegen sie aufbegehrt. … Soziologisch möchte ich wagen, dem hinzuzufügen, dass unsere Gesellschaft, während sie immer mehr sich integriert, zugleich Zerfallstendenzen ausbrütet. Diese Zerfallstendenzen sind, dicht unter der Oberfläche des zivilisatorischen Lebens, äußerst weit fortgeschritten. Der Druck des herrschenden Allgemeinen auf die einzelnen Menschen hat eine Tendenz, das Besondere und Einzelne samt seiner Widerstandskraft zu zertrümmern. Mit ihrer Identität und mit ihrer Widerstandskraft büßen die Menschen auch die Qualitäten ein, kraft derer sie es vermöchten, dem sich entgegenzustemmen, was zu irgendeiner Zeit wieder zur Untat lockt. Vielleicht sind sie kaum noch fähig zu widerstehen, wenn ihnen von etablierten Mächten befohlen wird, dass sie es abermals tun, solange es nur im Namen irgendwelcher Ideale geschieht. … Sicher ist anzunehmen, dass der Faschismus und das Entsetzen, das er bereitete, damit zusammenhängen, dass die alten, etablierten Autoritäten des Kaiserreichs zerfallen, gestürzt waren, nicht aber die Menschen psychologisch schon bereit, sich selbst zu bestimmen. … Ich glaube, es ist wichtig, dass wir hier festhalten, dass natürlich der Ablösungsprozess von dieser Autorität notwendig ist, dass aber die Identitätsfindung ohne die Begegnung mit Autorität wiederum nicht möglich ist. Man kann vielleicht das Problem der

Resurrektion = Auferstehung

Die kritische Selbstreflexion nach ADORNO befähigt zur Mündigkeit, weil sie aus einem Ablösungsprozess von der Autorität hervorgeht. Mündigkeit macht Verantwortung erst möglich, sie verhindert Barbarei und Unmenschlichkeit.

Der amerikanische Philosoph George SANTAYANA (1863–1952) sagt: „Wer sich nicht an die Vergangenheit erinnern kann, ist dazu verdammt, sie zu wiederholen."

Jeder Fortschritt verlangt das Erinnerungsvermögen von Individuum und Gesellschaft. Dies bildet die Grundlage der menschlichen Evolution. Nur Dumme und Barbaren sind außerstande, sich zu erinnern: Sie begrüßen jeden Tag staunend als etwas Neues, weil sie die Erfahrungen des Vortags vergessen haben. Solche Menschen sind nicht fähig, historisch zu denken.

Unmündigkeit heute noch unter einem anderen Aspekt sehen, der vielleicht gar nicht so bekannt ist. Man sagt im Allgemeinen, dass die Gesellschaft von außen her gesteuert wird, und man unterstellt dabei, dass die Menschen mehr oder minder widerstandslos das schlucken, was das überwältigende Seiende ihnen vor Augen stellt und außerdem ihnen einbläut, als ob, was nun einmal ist, so sein müsste.[28]

AUFGABE

Beantworten Sie die folgenden Fragen zum Text.

a. Welche Einsicht von FREUD wird zitiert? ____________________

____

b. Worin hat der Völkermord seine Wurzeln? ____________________

____

c. Welchen Zweck hat Erziehung und Aufklärung?

____

____

d. Was macht Erziehung sinnvoll? ____________________

____

e. Was könnte mit dem *herrschenden Allgemeinen* gemeint sein? ____________________

____

____

f. Warum konnte sich der Faschismus ausbreiten? ____________________

____

g. Was benötigt Identitätsfindung? ____________________

____

[28] Theodor W. ADORNO, Erziehung zur Mündigkeit, Frankfurt/Main: Suhrkamp 1970, S. 88ff. (gekürzt und vereinfacht).

6 Aktuelle Problembereiche

Sie finden im Folgenden einige ausgewählte Problembereiche der Ethik. Ausführliche Informationen und Aufgabenstellungen zu weiteren Themen finden Sie in Karl LAHMER u. a. *Kernbereiche Ethik 1 und 2*, Wien: Verlag E. DORNER 2006.

6.1 Elektronische Medien[29]

Die sprunghafte Entwicklung der Informationstechnologie bringt neben ihrem positiven Potenzial vielfältige Fragwürdigkeiten mit sich. Einerseits steht durch die neuen Medien eine riesige Flut von Informationen zur Verfügung, die der Einzelne jedoch andererseits kaum mehr filtern, selektieren und bewerten kann. Beim Streit um Machtinteressen geht es heute immer mehr um Informationsmärkte. Information ist eine Ware mit einem Preis und ein Rohstoff, den man verarbeitet und mit Gewinn weiterzuverkaufen versucht.

Information overkill

Einerseits verfügen wir heute über einen nie da gewesenen potenziellen Reichtum an Wissen, der aber andererseits zu Informationsüberflutung (information overflow, information overkill) und Handlungsunfähigkeit führen kann; denn wegen der Masse an Informationen hat der Benutzer meistens nicht die Möglichkeit, wirklich handlungsrelevante Informationen herauszufiltern.

Die Euphorie bezüglich neuer Informationsmedien wird aus wirtschaftlichen Interessen bewusst hochgeschaukelt. Trotz dieser Euphorie beschleicht eine zunehmende Zahl von Menschen angesichts der faszinierenden Möglichkeiten der Technik ein Gefühl der Unsicherheit oder gar Bedrohung.

Bisherige Speichermedien (Aktenordner, Formulare, Karteikarten etc.) wurden eher lästig als bedrohlich empfunden. Man konnte sich zumindest vorstellen, wie ein Aktenordner aus dem Schrank genommen, ein Formular abgeheftet oder eine Karteikarte angelegt wurde. Sollten Daten weitergegeben oder dupliziert werden, so war dies mit hohem Aufwand verbunden. Es musste kopiert oder abgeschrieben, per Post verschickt und neu eingeordnet werden. Kurz: Die Verfahren der Speicherung und Verarbeitung von Daten waren übersichtlich, nachvollziehbar; zudem waren größere Informationsmengen nicht ohne riesigen Aufwand verarbeitbar.

[29] Zusammenstellung nach R. CAPURRO u. a. (Hg.), Informationsethik, Konstanz: Universitätsverlag 1995.

Bei der elektronischen Speicherung von Daten ergeben sich hingegen eine Reihe von zusätzlichen Gesichtspunkten, die letztlich für das oben erwähnte Gefühl der Unsicherheit oder Bedrohung verantwortlich sein könnten: Das Abrufen, Sortieren, Kopieren und Vergleichen von großen Datenmengen über große Entfernungen ist kein technisches Problem, vielmehr gängige Praxis. Das Verknüpfen reiner Persönlichkeitsdaten mit sonstigen, sachgebundenen Informationen ist ohne weiteres möglich. Das Speichern und die Verarbeitung von Informationen geschieht nicht mehr sichtbar, sondern innerhalb von Computern, die für den normalen Betroffenen als *Blackbox* erscheinen.

Blackbox meint hier die Tatsache, dass die Informationsverarbeitung für User nicht mehr durchschaubar ist.

Online-Mythos

Online-Dienste verzeichnen einen ungeahnten Boom. Sie locken mit dem Mythos des Informationszeitalters, dem Versprechen des zeitlich und räumlich unbeschränkten Zugriffes auf unbegrenzte Informationsmengen. Die Qualität dieser Informationen steht außerhalb jeder kritischen Reflexion. Der amerikanische Mathematiker und Astrophysiker Clifford Stoll, einer der Gründerväter des Internet, sagte: „Das Internet lässt sich mit einem Durstigen vergleichen, der versucht, aus einem Feuerwehrschlauch zu trinken. Er wird zwar klitschnass, ist aber weiter durstig."

Weltweit sind Daten von Millionen Internet-NutzerInnen gespeichert, ohne dass diese sich dessen bewusst sind. Diese Daten sind wertvollste Grundlage für Direktwerbeunternehmen, die möglichst viel über ihre potenziellen Kunden wissen wollen, bevor sie teure Werbemaßnahmen starten. Die enormen Streuverluste konventioneller Werbung können so wesentlich reduziert werden.

Der eigene Computer verrät dabei die privaten Interessen. Stößt ein User im Internet auf Werbeangebote bestimmter Firmen, können Anbieter durch spezielle Programme ihren Computer dazu veranlassen, Informationen über den momentanen Nutzer herauszufinden. Dadurch kann es geschehen, dass dieser einen Tag später unvermittelt einen Anruf durch einen Verkäufer dieser Firma erhält, deren Angebot er mehr oder weniger zufällig überflogen hat.

Softwarefirmen verschaffen sich bei der Installation von Programmen vollständige technische Informationen über den Computer sowie alle installierten Programme. Was als Online-Registrierung bezeichnet wird, ist in Wirklichkeit ein großer Lauschangriff auf den Inhalt der jeweiligen Festplatte, denn mit dem O.k. für die Online-Registrierung gibt man unwissentlich auch das O.k. für die Übermittlung von Daten.

Entfremdung

Digitale Verwaltung schafft Distanz zum verwalteten Objekt. Die Erklärung, *der Computer* habe eine falsche Rechnung zu früh ausgestellt, also einen Fehler gemacht, schaltet zumindest oberflächlich menschliche Mitverantwortung aus.
Anwendungen mit großen Verbreitungschancen sind die elektronische Geldbörse und die Kreditkarte. Komplette Bewegungs- und Konsumprofile von Einzelpersonen können erstellt werden, wenn jeder per Karte bezahlte Konsumartikel in Verbindung mit den Persönlichkeitsdaten gespeichert wird. Jemand, der Zugriff auf diese Daten hat, kann also genau sagen, wer sich wann, wo und wie lange aufgehalten hat und was er dort getan bzw. konsumiert hat.

Überwachung

Die Kontrolle des Arbeitsplatzes ist ein weiteres, boomendes Geschäft. Die Arbeitsleistung von Angestellten an Telefonarbeitsplätzen wird per Steuersignal über die Sprechgarnitur im Sekundentakt überprüft. Die Daten werden zentral gesammelt und täglich werden entsprechende Berichte über die Arbeitsleistung ausgegeben. Bei TelefonverkäuferInnen wird die durchschnittliche Sprechdauer und die Anzahl der Gespräche in Relation zum Verkaufserfolg gesetzt. Bei Schreibkräften wird automatisch die Anzahl der täglich erledigten Vorgänge, die Anzahl der Anschläge und die Fehlerquote registriert. Das Pflegepersonal in manchen Krankenhäusern muss Minicomputer mit sich tragen, die die durchschnittliche Verweildauer bei PatientInnen, in der Pause und auf der Toilette ermitteln. Supermarktkassen werden bei jedem ungewöhnlichen Vorgang durch Videokameras kontrolliert.

Das Recht auf Datenschutz, Geheimhaltung personenbezogener Daten und Schutz der Privatsphäre besteht in Österreich seit über zwanzig Jahren. Auf der Website der Datenschutzkommission finden Sie alle erforderlichen Informationen sowie ein umfangreiches Angebot an Gesetzestexten, Berichten und Hyperlinks: www.dsk.gv.at. Siehe auch www.argedaten.at

Chancen

Demokratisch bleibt die Entwicklung dann, wenn möglichst viele Menschen an dieser Entwicklung partizipieren und sie nicht den sogenannten SpezialistInnen überlassen. Ablehnung der neuen Technologien ist hier sicher nicht der richtige Weg; gesunde Skepsis schon eher. Wir können einen Großteil unserer Unsicherheit gegenüber diesen neuen Medien überwinden, indem wir uns das Verhalten von Kindern zum Vorbild nehmen. Kinder begegnen neuen Spielzeugen zunächst durch vorbehaltlose Neugier. Sie experimentieren, probieren und nutzen ihre neuen Möglichkeiten.

AUFGABEN

1. Der Franzose Paul Virilio (geb. 1923) gehört zu den schärfsten Kritikern der neuen Medien: Sie führen zum Verlust der Urteilskraft und letztlich zur Unmündigkeit. Lesen Sie den Text. In welchen Punkten können Sie Virilio zustimmen?

> Da das optische Vorüberrauschen nicht mehr aufhört, ist es schwer, wenn nicht sogar unmöglich, an die Stabilität des Realen zu glauben, an die Fixierung eines Sichtbaren, das sich fortwährend verflüchtigt. Der öffentliche Raum des Gebäudes tritt schlagartig hinter die Instabilität eines allgegenwärtig gewordenen öffentlichen Bildes zurück.
> Angesichts dieser Wahrnehmungsstörung, die jeden von uns betrifft, müsste das Problem der Ethik der kollektiven Wahrnehmung vielleicht nochmals gründlich beleuchtet werden: Werden wir unseren Status als Augenzeugen der wahrnehmbaren Realität einbüßen zugunsten von technischen Substituten, (Video- oder Fernüberwachungs-) Prothesen jeder Art? Sind sie verantwortlich für die Hervorbringung einer Art paradoxer Blindheit, die sich aus der Überbelichtung des Sichtbaren sowie aus der Entwicklung der Sehmaschinen ohne Blick ergibt?
> Durch Videotechnik und digitalisierte Computergrafik ist diese Bedrohung heute zu einem Fakt geworden, sodass bald die Bildung einer Art Ethikkommission der Wahrnehmung notwendig sein wird, ohne die wir vielleicht die Auswüchse einer Abrichtung der Augen erleiden müssten, eines unterschwelligen, optisch korrekten Konformismus. Wenn wir nicht auf der Hut sind, werden wir morgen die wahrscheinlich unbewussten Opfer einer Art Verschwörung des Sichtbaren sein, ein durch die ungeheure Beschleunigung der herkömmlichen Darstellungen gefälschtes Sichtbares.[30]

2. Ein zweiter vehementer Kritiker der neuen Technologien ist der Mathematiker und Computerfachmann Joseph Weizenbaum. Worin sieht er das Problem neuer Technologien?

> Ich beginne mit einer sehr einfachen Aussage: „Computer wurden erfunden und entwickelt, um Menschen bei der Lösung menschlicher Probleme zu helfen." Die Aussage wird kaum bestritten, aber sie stimmt nicht. Computer wurden entwickelt, um den Massenmord an Menschen effizienter zu machen. Ihr Ursprung liegt im Militärwesen.
> „Computer wurden erfunden und entwickelt, um Menschen bei der Lösung menschlicher Probleme zu helfen." Ich wende mich nun der zweiten Satzhälfte zu. Dabei geht es mir um die Kopplung der Begriffe „Problem" und „Lösung", um das „problem solving", wie wir auf Englisch sagen. Hier gilt es wiederum die einfachsten Tatsachen in den einfachsten Worten auszusprechen, nämlich dass es im Bereich menschlicher Probleme nichts gibt, was als Lösung bezeichnet werden kann. Menschliche Probleme werden nicht „gelöst". Wenn jemand eine unglückliche Ehe führt, kann man mit gewissem Recht von einem Eheproblem sprechen; und vielleicht sieht es manchmal so aus, als ob eine Scheidung eine Lösung des Problems sei. Aber sie ist keine Lösung. Sie ist die Verwandlung des Problems in ein anderes. Zwar ist zehn bis zwanzig Jahre später das erste Problem so weit vergessen, dass man glaubt, es sei einmal gelöst worden. Aber im

[30] Paul Virilio, Augen zu. In: Ruthard Stäblein (Hg.), Moral, Bühl-Moos: Elster-Verlag 1993, S. 19f. (gekürzt).

> menschlichen Bereich – und ich schließe hier den sozialen und politischen Bereich ein – gibt es keine solchen Lösungen. Denn bei der menschlichen und sozialen Wirklichkeit handelt es sich nicht um Mathematik. Was wir in dieser Kopplung, die besonders in Amerika beliebt und verbreitet ist, vor uns haben, ist die Entwertung der Sprache, die Zerstörung der Denkfähigkeit überhaupt, die Verkürzung der Reichweite unserer Gedanken: Die Sprachverbindung „Problem“ und „Lösung“ impliziert die Reduktion aller menschlichen Konflikte auf technische Fragen, für die dann nur noch entsprechend technische Lösungen gesucht und natürlich auch gefunden werden.[31]

6.2 Medizinische Ethik

Ist moralisch alles erlaubt, was machbar ist? Diese Frage stellt sich aufgrund des wissenschaftlichen Fortschritts immer öfter. Als Beispiel für die sehr komplizierten Entscheidungsfindungen im Bereich medizinischer Ethik ist der Fall des sogenannten „Erlanger Babys" ausgewählt.

> *Erlangen, 14. Oktober 1992 (dpa).* Erstmals soll in Deutschland eine hirntote Frau eine Schwangerschaft austragen. An der Universitätsklinik Erlangen wird seit einer Woche eine 18-Jährige, die Opfer eines schweren Verkehrsunfalls war, künstlich am Leben erhalten, da sie im vierten Monat schwanger ist.
>
> Der verantwortliche Arzt an der chirurgischen Klinik, Johannes SCHEELE, verwies auf das Lebensrecht des Kindes, das aus ethischen und rechtlichen Überlegungen auch den Anspruch auf den Einsatz moderner medizinischer und technischer Hilfen beinhalte. Unter dem Gesichtspunkt der Verhältnismäßigkeit sei „der verstorbenen Mutter die Benutzung ihres Körpers zu Gunsten des Kindes sicherlich zumutbar“. Das Baby soll im März 1993 auf die Welt kommen. Das Fahrzeug der jungen Zahnarzthelferin war am 5. Oktober auf dem Weg zur Arbeit in einer Kurve von der Straße abgekommen und gegen einen Baum geprallt. Dabei hatte die junge Frau so schwere Kopfverletzungen erlitten, dass sie drei Tage später starb. Das ungeborene Kind ist jedoch, so die Erkenntnis der behandelnden Ärzte, bislang nicht in Mitleidenschaft gezogen worden. Im vorliegenden Fall sei allerdings eine ungewöhnlich lange Behandlungsdauer erforderlich. Die Entscheidung, die junge Frau erst nach Beendigung ihrer Schwangerschaft sterben zu lassen, hatte SCHEELE gemeinsam mit Kollegen der Frauen-, Kinder- und Nervenklinik sowie mit Vertretern der Rechtsmedizin und Juristen getroffen.

[31] Joseph WEIZENBAUM, Über Computer, Prognosen und Sprache. In: Volker SPIERLING, Lust an der Erkenntnis. Die Philosophie des 20. Jahrhunderts, München: Piper 1986, S. 460ff. (gekürzt).

Die Eltern der jungen Frau seien bereit, die erheblichen seelischen Belastungen zu tragen, betonte SCHEELE. Anfangs hatte die Mutter der 18-Jährigen noch den Wunsch geäußert, ihre Tochter nicht länger beatmen und ernähren zu lassen, doch habe sie ihre Haltung geändert. Auch die Kostenfrage hätte, so SCHEELE, an der Entscheidung nichts geändert. Sollte es tatsächlich gelingen, den Körper der Frau bis zum Ende der Schwangerschaft funktionsfähig zu erhalten, ergäbe sich ein maximaler rechnerischer Finanzbedarf von knapp 100 000 Mark (ca. 50 000 €). Zur Übernahme der Kosten habe sich eine öffentliche Organisation bereit erklärt.[32]

Der Fötus verstarb nach einigen Wochen an Blutvergiftung.

AUFGABEN

1. Diskutieren Sie die folgenden Fragestellungen.

- Ging es im beschriebenen Fall um das Lebensrecht eines 16 Wochen alten Fötus? Oder war das primäre Interesse der unbedingte Wille zur Forschung und die Erweiterung medizinisch-technischer Möglichkeiten?
- Werden Frauen durch ein solches Vorgehen von MedizinerInnen entmündigt, ausgenutzt und instrumentalisiert? Oder soll eine Mutter ihren Körper in der Schwangerschaft dem Überleben des Fötus zur Verfügung stellen?
- Kann man in diesem Fall von einer bewussten Tötung des Fötus sprechen, wenn die Beatmung der hirntoten Mutter eingestellt wird?
- Gesetzt den Fall, der Fötus hätte fünf Monate im Mutterleib überlebt und es hätte sich dann herausgestellt, dass das Kind behindert sein würde: Hätten die Ärzte nun das Recht, einen Schwangerschaftsabbruch vorzunehmen?

Der Zahnarzthelferin Marion P. war es nicht gestattet, ihr Sterben, das mit dem Hirntod unwiderruflich ist, zu beenden. Ihr Tod hätte freilich zur traurigen Konsequenz gehabt, dass das allein nicht lebensfähige Ungeborene sofort mitgestorben wäre. Doch in dieser Einheit von Schwangerer und Fötus liegt vielleicht mehr Trost, als die Intensivmedizin vielen Menschen geben kann.

2. Wie würden Sie entscheiden?

Ein junger US-Amerikaner hat sich im Internet zu einem Meinungsaustausch (chat) mit folgender Frage gemeldet. Der Schüler, der diese Frage ins Internet stellte, leidet an Spina bifida (siehe Seite 179). Er ist vom vierten Brustwirbel abwärts gelähmt. Er ist ein ausgezeichneter Schachspieler, liebt Tiere, reist gern und freut sich, mit anderen Menschen im Internet zu chatten. Trotz vieler Operationen fühlt er sich insgesamt zufrieden und findet sein Leben schön:

Wenn wir eine Technik hätten, Behinderungen aus der Bevölkerung zu entfernen, wäre es eine gute Sache, das zu tun? Was spricht dafür, was dagegen? Wie lautet Ihre Antwort? Wie sind Sie zu einer solchen Einstellung gekommen? Neulich habe ich gehört, dass Eltern jetzt häufig einen Test machen, und wenn sie hören, dass ihr Kind so einen offenen Rücken hat, entscheiden sich die meisten (95 %) für eine Abtreibung. Dann

[32] Fallbeschreibung nach www.uni-duisburg.de (geringfügig verändert).

> bin ich auch mal im Oregon Museum für Wissenschaft und Industrie gewesen. Dort hatten sie ein Kind mit offenem Rücken und Wasserkopf beschrieben, und man konnte abstimmen, ob das Kind leben oder sterben sollte. Ich habe dafür gestimmt, dass das Kind leben sollte, aber an dem Tag, als ich da war, hat das Kind die Abstimmung verloren.[33]

6.3 Gentechnik und Ethik

Unter Gentechnik versteht man das Verfahren zur gezielten Veränderung vererbter Eigenschaften eines Organismus durch Eingriff in dessen Erbmaterial. Ein wichtiges Gebiet der Gentechnik oder DNA-Rekombinationstechnik ist die medizinische Gentherapie. Dabei werden bei genetischen Störungen oder Erkrankungen Gene in bestimmte Körperzellen eingeschleust. Bei der sogenannten somatischen Gentherapie geht es um die gezielte Behebung von Gendefekten durch die Übertragung von gesunden Genen in Körperzellen. Dieses Verfahren ist von der Keimbahntherapie zu unterscheiden: Hier wird in die Gene von Keimzellen (Ei-, Samenzellen) zum Vor- und Nachteil nachfolgender Generationen eingegriffen.

Das klassische Genexperiment

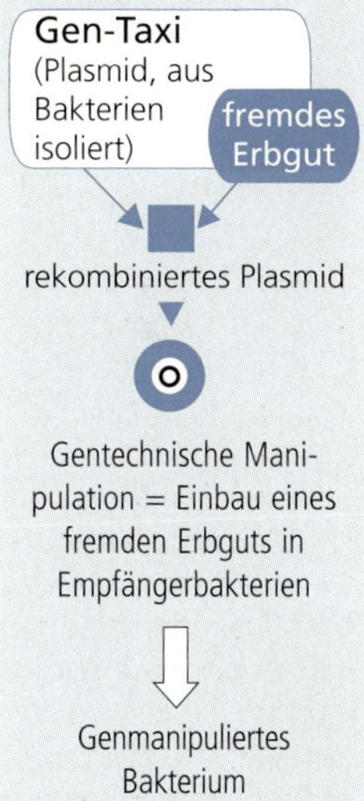

Vor allem bei der Keimbahntherapie ist die Gefahr von unkontrollierten genetischen Veränderungen und schädlichen Nebenwirkungen gegeben, weil fundamental in die Funktionsweise des Organismus eingegriffen wird. Fehler können nie völlig ausgeschlossen werden und jede genetische Manipulation kann Mutationen bewirken. Diese Veränderungen betreffen dann nicht nur einen einzelnen Menschen, sondern auch alle seine Nachkommen. Ein solcher Fehler wird in den menschlichen Genpool eingeschleust, er kommt in das kollektive Erbe aller zukünftigen Generationen.

Das technische Risiko besteht bei der Rekombination. Die „Schnittstellen" an den Rändern können die danebenliegenden Erbmaterialien beeinflussen.

Aus ethischer Sicht eröffnen sich durch die Gentechnik völlig neue Problemfelder. Da Fachleute zumeist interessengeleitete Entscheidungen forcieren, ist es Pflicht mündiger BürgerInnen, sich über mögliche Entwicklungen zu informieren, um bei Entscheidungsfindungen kompetent mitwirken zu können. Politische Gremien sind für die Transparenz von gentechnischen Entwicklungen verantwortlich. Sie sind auch dafür verantwortlich, dass die BürgerInnen in Entscheidungsprozesse eingebunden

Wir dürfen uns nicht auf die sogenannten Fachleute allein verlassen.

Politische Gremien müssen für Transparenz und Mitsprachemöglichkeit sorgen.

[33] Aus Günter ALTNER/Wolfgang GEBHARD, Bioethik, Frankfurt/Main: Diesterweg 1999, S. 4.

Gentechnisch hergestelltes Insulin ist humanverträglich, wenn es ohne Nebenwirkungen hilft. Insulin ist humanförderlich, wenn es besser hilft als semisynthetisches Insulin.

werden. Für die Beurteilung konkreter Handlungen können die folgenden Punkte Orientierungshilfen bieten:

- *Humanorientierung:* Humanverträglich ist eine Technik dann, wenn weder ihr beabsichtigter Einsatz noch unbeabsichtigte Folgen der Sicherheit des individuellen Lebens schaden. Humanförderlich ist eine Technik, die die Sicherheit des menschlichen Lebens, seine Identität und Integrität unterstützt.
- *Sozial- und Umweltorientierung:* Ein technisches Mittel ist dann verantwortbar, wenn sein Gebrauch keine Schäden oder Nachteile für die menschliche Gesellschaft mit sich bringt bzw. Missstände beseitigen hilft.
- *Zukunftsorientierung* fordert, dass die Fernwirkungen technischer Aktionen berücksichtigt werden. Es muss mit Nachdruck darauf verwiesen werden, dass technische Neuerungen niemals neutral sind.[34]

Wichtige Begriffe

Adulte Stammzellen entstehen nach dem embryonalen Stadium: Aus diesen Zellen werden während der Lebensphase des Organismus spezialisierte Zellen gebildet. Adulte Stammzellen, die in Organen (besonders im Knochenmark, aber auch im Fettgewebe, in der Nabelschnur und im Nabelschnurblut, im Gehirn, der Leber oder der Bauchspeicheldrüse) zu finden sind, können sich aber nicht so spezialisieren wie embryonale Stammzellen.

Blastozyste: Die Blastozyste ist ein sehr frühes Entwicklungsstadium während der Embryogenese (ca. 5 Tage nach Befruchtung).

Eizelle: Als Eizelle bezeichnet man die weibliche Keimzelle, sie dient zur sexuellen Fortpflanzung durch Befruchtung.

Embryo: Ein Embryo ist ein Lebewesen in der frühen Form der Entwicklung. Bei Tieren und auch beim Menschen wird der sich aus einer befruchteten Eizelle (Zygote) neu entwickelnde Organismus als Embryo bezeichnet, solange er sich noch im Muttertier oder in einer Eihülle oder Eischale befindet.

Embryonale Stammzelle: Embryonale Stammzellen können sich in alle unterschiedlichen Gewebe eines Menschen entwickeln. Von allen Arten der Stammzellen haben sie die größte Differenzierungsfähigkeit.

Embryosplitting: Zu dem Zeitpunkt, an dem ein Embryo erst aus acht Zellen besteht, ist es möglich, ihn unter dem Mikroskop

[34] Weiterführende Literatur: Andreas FREUDENBERG u.a., Gentechnik. Grundwissen für den politisch-ethischen Dialog, Frankfurt/Main: Campus, 1990.

mikrochirurgisch zu teilen. Aus den Fragmenten entstehen künstliche Mehrlinge, die genetisch ident sind. Sie können einzeln in die Gebärmutter verpflanzt und ausgetragen werden.

Fötus: Als Fötus bezeichnet man den menschlichen Embryo nach Ausbildung der inneren Organe während der Schwangerschaft (ab der 9. Schwangerschaftswoche bis zur Geburt).

In-vitro-Fertilisation (künstliche Befruchtung): Nach einer hormonellen Stimulation der Eierstöcke werden die Eizellen aus dem Körper der Frau entnommen und in einem Reagenzgefäß mit den Spermien des Mannes zusammengebracht. Die Spermien befruchten die Eizellen und die so entstandenen Embryonen werden in die Gebärmutter eingepflanzt. Dort wachsen sie im Idealfall an und es kommt zur Schwangerschaft.

Klonen: einen genetisch identen Organismus herstellen.

Mutation: Veränderung im Erbgut. Nicht jede Mutation hat Auswirkungen. Manche Mutationen führen zu Krankheiten oder Behinderungen, andere bringen Vorteile. Selektion und Mutation sind der Motor der Evolution.

Nabelschnurstammzellen kommen im Nabelschnurblut eines Neugeborenen vor. Die Gewinnung von Nabelschnurblut-Stammzellen erfolgt nach der Abnabelung des Kindes, durch die Entnahme des restlichen, noch in der Nabelschnur und Plazenta befindlichen Bluts.

Präimplantationsdiagnostik: Genetische Diagnostik an Zellen eines künstlich befruchteten Embryos, bevor dieser in die Gebärmutter verpflanzt wird. Routinemäßig werden bei der In-vitro-Fertilisation mehrere Eizellen befruchtet, um die Chance auf eine erfolgreiche Befruchtung zu erhöhen. Haben die Eltern aufgrund ihrer Erbanlagen ein erhöhtes Risiko, ein *krankes* Kind zur Welt zu bringen, so könnten mit dieser Methode Embryonen, die diese Erbanlage tragen, vor der Verpflanzung in die Gebärmutter aussortiert werden. Die PID ist sehr umstritten und derzeit in Österreich und Deutschland verboten, in einigen anderen EU-Ländern aber erlaubt.

Reproduktives Klonen: Reproduktives Klonen ist eine Art des Klonens, die zum Ziel hat, einen neuen Organismus zu schaffen, der genetisch (weitgehend) identisch mit seinem Vorbild ist.

Screening: Untersuchung von Personen oder Laborproben auf bestimmte Merkmale, um anhand auffallender Ergebnisse Krankheiten erkennen und frühzeitig behandeln zu können; z. B. Untersuchungen zur Krebsfrüherkennung, Reihenuntersuchungen auf Lungentuberkulose, routinemäßige Untersuchungen bei Krankenhausaufnahme oder vor einer Operation.

Ethisch besonders umstritten ist das Genscreening. Mit dieser Methode können Dispositionen für bestimmte Krankheiten festgestellt werden.

Stammzellen: Undifferenzierte Zellen, die die Fähigkeit haben, sich in unterschiedliche Zelltypen zu entwickeln (embryonale Stammzellen stammen aus einem sehr frühen Embryonalstadium, adulte Stammzellen werden in verschiedenen Geweben Erwachsener in sehr geringer Menge gefunden).
totipotent: Zelle, die noch zu nahezu allen Zelltypen differenzieren kann. Frühe embryonale Stammzellen sind totipotent. Im Gegensatz dazu sind adulte Stammzellen pluripotent.
Zygote: Miteinander verschmolzene Ei- und Samenzelle, Ursprungszelle eines neuen Lebewesens.

AUFGABEN

1. **Wird durch gentechnische Selektion die Einmaligkeit des Menschen aufgehoben?**
   Gelten die folgenden Grundwerte noch?
   - Die Einzigartigkeit des menschlichen Lebens verbietet es, die Würde des Menschen durch den Vergleich mit anderen in Frage zu stellen.
   - Es ist normal, verschieden zu sein. Jeder Mensch erfüllt die Lebensaufgabe für sich selbst und andere, unabhängig davon, ob er behindert ist oder nicht.
   - Das Lebensglück des Menschen kann nicht normativ bestimmt werden, sondern hängt vom eigenen Erleben ab.
   - Behinderung ist keine von der Normalität abgrenzbare Existenzform. Menschen mit einer Behinderung können ebenso sinnerfüllt und glücklich leben.

2. **Lernreflexion**
   Am Ende eines jeden Kapitels werden Sie aufgefordert, über das bisher Gelernte nachzudenken und zu reflektieren. Lernen ist ein Prozess, der ein Leben lang stattfindet. Es ist sinnvoll, nach einer gewissen Zeit über Lernfortschritte nachzudenken. Die folgenden Fragen sollen für Sie lediglich Anregung sein, Sie brauchen die Fragen nicht Punkt für Punkt beantworten.
   - Welche Themen haben mich angesprochen?
   - Welche Themen haben mich nicht so sehr interessiert?
   - Welche Ideen habe ich zu den Themen beigetragen?
   - Mit welchen Inhalten habe ich mein Lernprotokoll gefüllt?
   - Welche Methoden sagen mir im Unterricht besonders zu? (Vortrag, Arbeiten am PC, Gruppenarbeit, offene Lernformen)
   - Gibt es Inhalte, die meine bisherigen Ansichten verändert haben?

Projekt: Gerechtigkeit und Globalisierung

Bilden Sie Gruppen und teilen Sie die folgenden Aufgaben den jeweiligen Gruppen zu. Bearbeiten Sie die Aufgabenstellungen. Am Schluss präsentieren Sie Ihre Ergebnisse in geeigneter Form, z. B. Rollenspiel, Plakat, Präsentation mit Beamer, Diskussion.

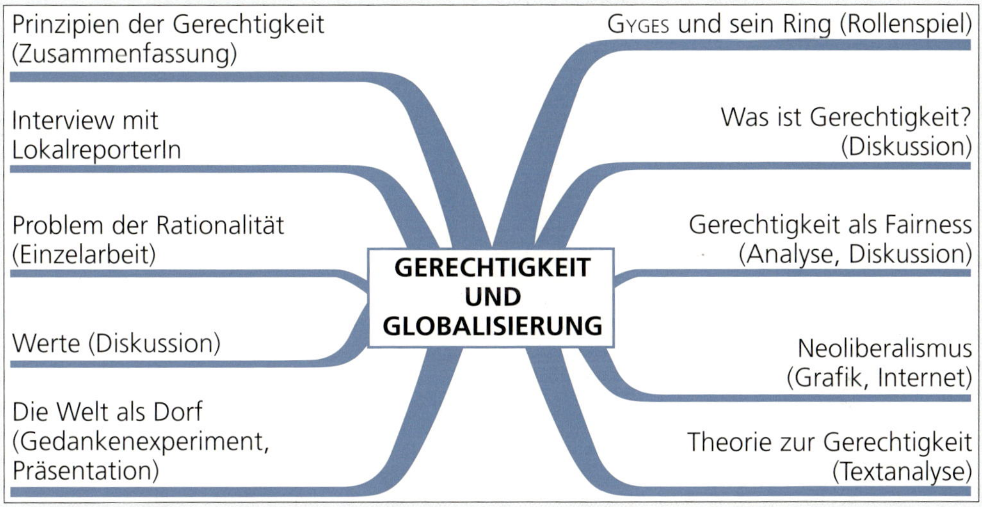

1. Gyges und sein Ring (Rollenspiel)

Platon beschäftigt sich in der *Politeia* mit der Frage der Gerechtigkeit. Lesen Sie den Text und bearbeiten Sie im Anschluss die Arbeitsaufträge.

Gyges war ein Hirte des Herrschers von Lydien (Kleinasien). Infolge starken Regens und eines schweren Erdbebens ist ein Riss in der Erde entstanden. Diese Erdöffnung befand sich zufällig genau dort, wo er weidete. Als Gyges das sah, stieg er in die höhlenartige Öffnung hinab. Da sah er, unter anderen wunderbaren Sachen, auch ein hohles bronzenes Pferd mit Türen. Im Bauch des Pferdes erblickte er einen Leichnam. Dieser hatte sonst nichts gehabt als an der Hand einen goldenen Ring. Gyges nahm den Ring an sich, steckte ihn an seinen Finger und stieg wieder aus der Höhle.

Platon (4. Jh. v.Chr.)

Bei der üblichen Zusammenkunft der Hirten, um dem König den Monatsbericht über die Herden zu erstatten, war auch Gyges dabei, mit dem Ring am Finger. Wie er so unter den übrigen saß, hat er zufällig den Ring gegen sich, das heißt dem Innern der Hand zu, gedreht; da war er für die neben ihn Sitzenden unsichtbar geworden, und sie haben von ihm als einem Abwesenden gesprochen. Gyges hat sich gewundert, wieder den Ring angefasst und dessen Kasten nach außen gedreht, und darauf war er wieder sichtbar. Er machte mit dem Ring noch mehrere Versuche – tatsächlich, es funktionierte: Immer wenn er den Ring nach innen drehte, wurde er unsichtbar. Nach dieser Entdeckung setzte er alles daran, ein Gesandter des Königs zu werden, was ihm auch gelang …[35]

[35] Frei nach Platon, Politeia 359b ff.

a. Stellen Sie diese Geschichte szenisch dar (Rollenspiel). Schreiben Sie ein kleines Drehbuch. Finden Sie einen Schluss.
b. Was ist das Resümee der Geschichte? Wenn es nun zwei solcher Ringe gäbe und den einen der Gerechte sich ansteckte, den andern der Ungerechte, wäre der Gerechte von so starker Festigkeit, dass er bei der Gerechtigkeit bliebe und es über sich brächte, sich fremden Gutes zu enthalten und es nicht zu berühren, trotzdem dass er ohne Scheu sogar vom Markte wegnehmen dürfte, was er wollte, und in die Häuser hineingehen und beiwohnen, wem er wollte, und morden und aus dem Gefängnis befreien, wen er wollte, und überhaupt handeln wie ein Gott unter den Menschen?

2. Meinungen zur Gerechtigkeit (Diskussion)
Im Laufe der Geschichte sind verschiedene Aspekte der Gerechtigkeit betont worden. Lesen Sie die folgenden Ansichten über Gerechtigkeit durch.

		Notizen
1.	Von Natur ist nichts gerecht oder ungerecht.	
2.	Gerechtigkeit ist ein Trug. Es gibt nichts als Gewalt.	
3.	Jedem das Seine fordert die Gerechtigkeit, jedem das Gleiche der Neid.	
4.	Gerechtigkeit darf nicht mit Gleichheit verwechselt werden.	
5.	Gerechtes Verhalten ist die Mitte zwischen Unrecht tun und Unrecht leiden.	
6.	Eine gerechte Gesellschaft wäre eine solche, der jedes Mitglied zustimmen könnte, auch wenn es über seine eigene Stellung in dieser Gesellschaft noch nichts wüsste.	
7.	Die Gerechtigkeit einer Gesellschaft lässt sich danach bewerten, welche Chancen sie ihren Randgruppen einräumt.	
8.	Fortschritt kann nie etwas anderes sein als die Entwicklung von Freiheit und Gerechtigkeit.	
9.	Es ist nötig die Ungleichheit aufrechtzuerhalten, um Kapital zu erzeugen.	
10.	Wo alle Werte auf den Marktwert reduziert werden, wird auch die Gerechtigkeit auf den Marktbegriff reduziert.	

a. Wählen Sie drei Ansichten aus und erklären Sie diese durch konkrete Beispiele.
b. Protokollieren Sie die Ergebnisse Ihrer Diskussion.
c. Ordnen Sie drei der Ansichten einem Philosophen zu. Verwenden Sie dazu das Internet.

3. Gerechtigkeit als Fairness (Diskussion, Analyse)
Was ist „politisch gerecht"? Welche Grundsätze würden die Mitglieder einer Gesellschaft selbst für die Gestaltung ihrer gemeinsamen Institutionen wählen, wenn sie unter fairen Bedingungen darüber zu entscheiden hätten? Dazu bedienen wir uns eines Gedankenexperiments.

Schleier des Nichtwissens
Stellen wir uns vor, wir wären Mitglied eines Parlaments, das alle Gesetze einer zukünftigen Gesellschaft beschließen soll. Wir müssen gemeinsam mit den anderen Parlamentariern alles bedenken, denn sobald die Gesetze unterschrieben sind, sterben wir. Kurze Zeit später erwachen wir – welch Wunder – genau in der Gesellschaft wieder, deren Gesetze wir vorher gemacht haben.
Wir müssen alles vorher bedenken, denn wir haben keine Ahnung, in welchem sozialen Umfeld wir aufwachen, welche gesellschaftliche Position wir einnehmen. Hinter dem „Schleier der Unwissenheit" soll darüber beraten werden, nach welchen Grundsätzen eine Gesellschaft strukturiert werden soll.[36]

a. Welche Wahrheitstheorie schwingt bei diesem Gedankenexperiment mit?
b. Sind soziale Ungleichheiten zu rechtfertigen? Dazu RAWLS: „Soziale und ökonomische Ungleichheiten sind zulässig, wenn sie zum größten zu erwartenden Vorteil für die am wenigsten Begünstigten führen und mit Positionen und Ämtern verbunden sind, die allen unter Bedingungen fairer Chancengleichheit zur Verfügung stehen."
c. Wenn Menschen zusammenleben, müssen sie aufeinander Rücksicht nehmen. Was würden Sie als „faire Einschränkungen" zulassen?
d. Voraussetzung für die Fairnesstheorie ist ein Menschenbild, das eine moralische Person voraussetzt. Im Ergebnis entsteht dann eine wohlgeordnete Gesellschaft, in der die BürgerInnen freiwillig tun, was die Institutionen von ihnen verlangen, weil diese nur das fordern, was die BürgerInnen ihnen vorher aus eigenem Interesse freiwillig schon bei der Gründung gegeben haben. Welche klassische ethische Theorie schwingt bei RAWLS unausgesprochen mit? Warum?

John RAWLS (1921–2002), amerikanischer Philosoph, geht von einem Urzustand aus, in dem alle Menschen vernünftig und gleich sind. Der Schleier des Nichtwissens bedingt, dass die Menschen im eigenen Interesse nur gerechte gesellschaftliche Zustände anstreben.

4. Neoliberalismus (grafische Darstellung, Internet)
Der amerikanische Philosoph Robert NOZICK ist ein Vertreter des Neoliberalismus. Er propagiert den *„minimal state"* und setzt sich kritisch mit der Fairnesstheorie von RAWLS auseinander. Jeder Mensch hat grundsätzlich zwei Möglichkeiten, auf gerechte Weise zu Besitz zu kommen:

[36] Vgl. John RAWLS, Eine Theorie der Gerechtigkeit, Frankfurt/Main: Suhrkamp 1993

Robert Nozick (1938–2002)

1. Er hat den Besitz rechtmäßig geschaffen oder sich angeeignet, ohne dass dieser vorher jemand anderem gehört hatte.
2. Er hat den Besitz durch eine rechtmäßige Transaktion (Handel, Geschenk etc.) mit einer anderen Person erworben.

Gerecht ist jeder Zustand, der aus einem anderen gerechten Zustand durch eine dieser zwei Aktionen herbeigeführt wurde. Unwichtig sind hingegen moralische Verteilungskriterien oder Gleichheitsgrundsätze. Nozick ist der Ansicht, dass die Zusammenarbeit zwischen besser und schlechter gestellten sozialen Gruppen frei und unreglementiert bleiben muss. Schließlich profitieren alle Gruppen von einer Zusammenarbeit. Im freien Spiel der Kräfte profitieren nach Nozick die unteren Schichten mehr als die oberen, denn die oberen Schichten brächten neue Erfindungen und Knowhow ein, wovon die unteren Schichten Nutzen ziehen, ohne dafür etwas geleistet zu haben. Daher warnt er ausdrücklich davor, diese Art von Vertrag im Namen der Fairness sozialer zu gestalten, denn damit profitierten die noch mehr, die sowieso schon den größten Nutzen davontrügen. Würde sich der Staat reglementierend einmischen, würden die sozial Schwachen auf Kosten der sozial Starken noch mehr profitieren.

- Der Mensch hat ein Recht auf seine naturgegebenen Privilegien, auch darauf, diese Privilegien zu erhalten. Dieses Recht kann nicht durch moralische Bedenken verändert werden.
- Diese naturgegebenen Vorteile kommen der Gesellschaft wieder zugute, denn die anderen Menschen profitierten im Handel und in der Zusammenarbeit mit dem Privilegierten von seinen Vorteilen. Sollte ihr entstehender Profit dabei zu klein werden, können sie die Zusammenarbeit aufkündigen.

a. Stellen Sie die Informationen grafisch dar.
b. Ergänzen Sie die Informationen durch eine Recherche im Internet.
c. Diskutieren Sie folgende Fragen.
   - Wie leben Kranke und Behinderte in einem neoliberalen Staat?
   - Verarmt der *„minimal state"* dadurch, dass er immer mehr Arme erzeugt?

5. Gerechtigkeit nach John Rawls (Textanalyse)

Das 1971 erschienene Buch *Eine Theorie der Gerechtigkeit* machte John Rawls zu einem der bekanntesten politischen Philosophen der Gegenwart. In der Tradition normativer Vertragstheorien entwickelte er darin ein Gerechtigkeitskonzept, das auf dem Prinzip der Fairness beruht.

> In der Theorie der Gerechtigkeit als Fairness spielt die ursprüngliche Situation der Gleichheit dieselbe Rolle wie der Naturzustand in der herkömmlichen Theorie des Gesellschaftsvertrags. Dieser Urzustand wird natürlich nicht als ein wirklicher, geschichtlicher Zustand vorgestellt, noch weniger als primitives Stadium der Kultur. Er wird als rein theoretische Situation aufgefasst, die so beschaffen ist, dass sie zu einer bestimmten Gerechtigkeitsvorstellung führt.
>
> Zu den wesentlichen Eigenschaften dieser Situation gehört, dass niemand seine Stellung in der Gesellschaft kennt, seine Klasse oder seinen Status, ebenso wenig sein Los

bei der Verteilung natürlicher Gaben wie Intelligenz oder Körperkraft. Ich nehme sogar an, dass die Beteiligten ihre Vorstellung vom Guten und ihre besonderen psychologischen Neigungen nicht kennen. Die Grundsätze der Gerechtigkeit werden hinter einem Schleier des Nichtwissens festgelegt. Dies gewährleistet, dass dabei niemand durch die Zufälligkeiten der Natur oder der gesellschaftlichen Umstände bevorzugt oder benachteiligt wird. Da sich alle in der gleichen Lage befinden und niemand Grundsätze ausdenken kann, die ihn aufgrund seiner besonderen Verhältnisse bevorzugen, sind die Grundsätze der Gerechtigkeit das Ergebnis einer fairen Übereinkunft. Denn in Anbetracht der Symmetrie aller zwischenmenschlichen Beziehungen ist dieser Urzustand fair gegenüber den moralischen Subjekten, d.h. den vernünftigen Wesen mit eigenen Zielen und – das nehme ich an – der Fähigkeit zu einem Gerechtigkeitsgefühl. Den Urzustand könnte man den angemessenen Ausgangszustand nennen, und damit sind die in ihm getroffenen Grundvereinbarungen fair …
Ich behaupte, dass die Menschen im Urzustand zwei Grundsätze wählen würden: Einmal die Gleichheit der Grundrechte und -pflichten; zum anderen den Grundsatz, dass soziale und wirtschaftliche Ungleichheiten, etwa verschiedener Reichtum oder verschiedene Macht, nur dann gerecht sind, wenn sich aus ihnen Vorteile für jedermann ergeben, insbesondere für die schwächsten Mitglieder der Gesellschaft.[37]

a. Exzerpieren Sie die wichtigsten Aussagen des Textes.
b. Präsentieren Sie Ihre Ergebnisse.

6. Die Welt als Dorf

Wir können uns Fernbereiche und nicht überschaubare Phänomene schwer vorstellen. Was sagen uns Zahlen in Milliardenhöhe? Nur, dass es sehr viel ist. Wir reduzieren daher die Welt auf ein überschaubares Dorf mit hundert EinwohnerInnen.[38]

57 AsiatInnen 21 EuropäerInnen 14 AmerikanerInnen 8 AfrikanerInnen	89 Heterosexuelle 11 Homosexuelle
52 Frauen 48 Männer	20 haben zufriedenstellende Wohnverhältnisse. 80 haben keine ausreichenden Wohnverhältnisse.
70 Nicht-Weiße 30 Weiße	50 sind unterernährt. 6 aus den USA besitzen 60% des Welteigentums.
70 Nicht-Christen 30 Christen	70 sind AnalphabetInnen. 1 hat einen PC. 1 ist AkademikerIn.
	Während 1 stirbt, werden 2 geboren.

Stellen Sie die Informationen in geeigneter Form mit einem Computerprogramm grafisch dar. Ein Beispiel dazu finden Sie auf der CD-ROM.

[37] John Rawls, Eine Theorie der Gerechtigkeit, Frankfurt/Main: stw 1993, S. 20f. (gekürzt).
[38] Idee und Informationen nach www.friedenspaedagogik.de (Jänner 2006).

7. Persönliche, europäische, universale Werte

a. Erstellen Sie zunächst Ihre persönlichen Werte. Differenzieren Sie diese in materiell – nicht-materiell[39].
Beispiele für persönliche Werte: *meine Fähigkeiten entfalten, das Leben genießen, unabhängig sein, durchsetzungsfähig sein, etwas leisten, pflichtbewusst sein, mich gegen Bevormundung wehren, anderen Menschen helfen, ein hohes Einkommen, eine gute Partnerschaft, Rücksicht auf andere nehmen, Verantwortung übernehmen, machen können, was mir Spaß macht, mitentscheiden können*

persönliche Werte	
materiell	
nicht-materiell	

b. Gibt es spezifisch europäische Werte? Wie sind diese zu begründen? Recherchieren Sie im Internet: Welche Werte sind im Entwurf zu einer europäischen Verfassung aufgenommen?
http://europa.eu.int/futurum/index_de.htm
Welche der Werte sind typisch europäisch? Welche universal?

europäisch	universal

c. Welche Werte sind universal? Orientieren Sie sich bei Ihrer Auswahl auch an den Werten, die in der Stiftung Weltethos erarbeitet wurden.
http://www.weltethos.org

universale Werte

[39] Vgl. www.friedenspaedagogik.de (Jänner 2006).

8. Problem der Rationalität

Stellen Sie sich eine Weide vor, die jedermann zugänglich ist und die alle benutzen dürfen. Man kann annehmen, dass jeder Hirte versuchen wird, so viel Vieh wie möglich auf die Weide zu treiben. Das kann jahrhundertelang zufrieden stellend funktionieren, weil Stammeskriege, Wilderei und Seuchen die Anzahl der Menschen wie auch der Tiere unterhalb einer Zahl halten, die das Weideland verkraften kann. Schließlich aber kommt der Tag der Abrechnung.

Als rationales Wesen strebt jeder Hirte danach, seinen Gewinn zu maximieren. Mehr oder weniger bewusst fragt er sich: Was ist der Nutzen für mich, wenn ich meiner Herde ein weiteres Tier hinzufüge? Dieser Nutzen hat eine positive und eine negative Komponente.

a. Die positive Komponente bezieht sich auf die Zunahme um ein Tier. Da der Hirte alle Einkünfte aus dem Verkauf des zusätzlichen Tieres bekommt, ist der positive Nutzen nahezu 1.
b. Die negative Komponente bezieht sich auf die Überweidung, die das eine weitere Tier verursacht. Da jedoch die Auswirkungen der Überweidung von allen Hirten getragen werden, beträgt der negative Nutzen für jeden Hirten, der diese Entscheidung trifft, nur einen Bruchteil von 1.

Wenn der rationale Hirte die einzelnen Nutzen zusammenrechnet, kommt er zu dem Schluss, dass für ihn der einzig vernünftige Weg der ist, seiner Herde ein weiteres Tier hinzuzufügen. Und ein weiteres und noch ein weiteres.

Das ist die Folgerung, die jeder rational denkende Hirte zieht. Jedermann ist in ein System gesperrt, das ihn zwingt, seine Herde unbegrenzt zu vergrößern – in einer Welt, die begrenzt ist.[40]

a. An welchen Werten orientiert sich der rational denkende Hirte? ____________

____

b. An welchen Werten sollte er sich Ihrer Meinung nach orientieren? __________

____

c. Finden Sie vergleichbare Beispiele aus Gesellschaft und Politik. ___________

____

9. Interview mit einer/m LokalpolitikerIn

Entwickeln Sie einen Fragebogen für ein Interview mit LokalpolitikerInnen zum Thema „Gerechtigkeit".

[40] Wolfgang Ziefle, Fischerspiel und Verfassungsspiel. In: Gotthard Breit/Siegfried Schiele (Hg.), Werte in der politischen Bildung. Schwalbach: 2000, S. 425 (gekürzt).

Sechs Prinzipien der Gerechtigkeit

1. Gleichheitsprinzip

Seit ARISTOTELES wird die Gerechtigkeit differenziert in eine „austeilende" und eine „ausgleichende" Gerechtigkeit. Als Grundprinzipien dieser Vorstellung gelten die Sätze „Jedem das Seine" (PLATON) und „Jedem das Gleiche" (ARISTOTELES):

- Jedem das Gleiche: Daraus resultiert der Gleichheitsgrundsatz vor dem Gesetz.
- Jedem das Seine: Je nach individueller Lage soll die Gerechtigkeit das bereithalten, was dem Einzelnen zukommt und was ihm zumutbar ist, nicht um das Gleichheitsprinzip zu verletzen, sondern es zu ergänzen.

Dieser Grundsatz allein würde aber dann in Ungerechtigkeit umschlagen, würde man beispielsweise von jedem gleich viel Steuern verlangen.

2. Goldene Regel

Die „Goldene Regel" findet sich sinngemäß in allen Weltreligionen. Da ich nicht getötet, verletzt, misshandelt, verachtet, entwürdigt werden will, darf ich selbst auch nicht töten, verletzen, misshandeln, verachten, entwürdigen.

Da ich, wenn ich in Not bin, von meinem Mitmenschen Hilfe erwarte, darf ich dann auch ihnen eine solche Hilfe nicht verweigern, wenn sie derer bedürfen.

3. Kategorischer Imperativ

Der kategorische Imperativ fordert uns auf: Frage dich bei allem, was du tust, ob es dir recht wäre, dass alle so handeln. Also das viel gebrauchte Argument: *Wohin kämen wir, wenn das alle so machten!*

Der kategorische Imperativ gebietet, Handlungen zu vollbringen, die nicht Mittel zum Zweck, sondern *an sich gut* sind.

4. Prinzip der Fairness

Handle so, dass alle Betroffenen sowohl an den Vorteilen wie an den Lasten gleichermaßen beteiligt sind. Diese Regel bedeutet, allen Gruppen die gleichen Rechte und Chancen zu gewähren.

Diese Haltung ist eine Grundbedingung jeder Politik und müsste auch zum Leitprinzip unter den Nationen werden.

5. Prinzip der Verantwortung

Handle so, dass die Folgen deines Tuns nicht die Möglichkeit menschlichen Lebens und seiner Umwelt jetzt und in Zukunft zerstören, gefährden oder mindern können (Hans JONAS).

Dieses Prinzip betont die Verantwortung für die Erde und für das Leben auf ihr.

6. Prinzip der Toleranz

Achte und anerkenne deine Mitmenschen und ihre Auffassungen gerade auch dann, wenn sie dir nicht gelegen kommen; respektiere das menschliche Leben in allen seinen Ausprägungen: ob weiß oder schwarz, ob hoch oder gering, ob geboren oder ungeboren, ob gesund oder geschädigt.[41]

[41] Vgl. Arthur KAUFMANN, Gerechtigkeit – Der vergessene Weg zum Frieden. Gedanken eines Rechtsphilosophen zu einem politischen Thema, München: Piper 1991.

Zusammenfassung

Ethik

Ethik als wissenschaftliche Disziplin der Philosophie hat die Aufgabe, Konzepte des moralischen Handelns vernünftig zu begründen. Die normative Ethik begründet und beurteilt Grundregeln des richtigen Handelns.

Gesinnungsethik und Verantwortungsethik

Es gibt zwei verschiedene Typen moralischer Urteile. Entweder schreiben sie Pflichten vor (man soll dies tun) oder sie schreiben vor, welche Handlungsziele gut im Sinne von erstrebenswert sind. Die Teleologen oder VerantwortungsethikerInnen behaupten, Handlungen seien primär danach zu beurteilen, wie gut oder erstrebenswert ihre Folgen sind. Die gegenteilige Meinung vertreten die Deontologen oder GesinnungsethikerInnen: Handlungen dürfen nicht ausschließlich nach den Folgen beurteilt werden, die sich aus ihnen ergeben; auch die Motive, die einer Handlung zugrunde liegen, sind mit zu berücksichtigen.

Gesinnungsethik von Kant

Der bedeutendste Gesinnungsethiker ist Immanuel Kant. Die Ausgangsthese von Kant lautet: Eine Handlung ist durch die praktische Vernunft bedingt. Die das Handeln bestimmenden Faktoren sind keine Naturgesetze, sondern praktische Grundsätze. Bei den Grundsätzen unterscheidet er subjektive Grundsätze (Maximen) und objektive Grundsätze (Imperative). Imperative können hypothetisch sein, d. h. Regeln, die vorschreiben, was der Handelnde tun soll, wenn er erreichen will, was er begehrt. Beispiele für hypothetische Imperative: Jeder Mensch strebt von Natur aus nach Glück (Aristoteles)! Glück ist der Zweck, den sich ein Mensch normalerweise als Ziel setzt. *Was du nicht willst, das man dir tu', das füg' auch keinem andern zu (Goldene Regel)!*

Maximen

Hypothetische Imperative

Kategorischer Imperativ

Der kategorische Imperativ ist ein synthetisches Urteil a priori; er gilt absolut, also immer und überall. Der kategorische Imperativ gebietet Handlungen zu vollbringen, die nicht als Mittel zu einem anderen Zweck oder zur Befriedigung einer bestimmten Begierde gut, sondern an sich gut sind: Handle nur nach derjenigen Maxime, durch die du zugleich wollen kannst, dass sie ein allgemeines Gesetz werde!

Teleologische Ethikkonzepte

Die ethische Theorie des Utilitarismus geht von einer Situation aus, in der wir verschiedene Handlungsmöglichkeiten haben und eine Wahl treffen müssen; die Handlungsabsicht wird dabei nicht beurteilt, sondern nur ihre Folgen für alle Betroffenen. Diejenige Handlung (oder Handlungsregel) ist moralisch richtig, deren Folgen

Utilitarismus

für das Wohlergehen aller Betroffenen optimal sind. Die wichtigsten Vertreter des klassischen Utilitarismus sind Jeremy BENTHAM und John Stuart MILL.

Prinzip Verantwortung

Die Verantwortungsethik des 20. Jahrhunderts versucht, die großen normativen Strömungen der Ethik, die deontologische und die teleologische Ethik zu vereinen: Sowohl das Gewissen des Einzelnen als auch die Handlungsfolgen für andere sind für ethische Urteile und Handlungsentscheidungen wichtig.

Hans JONAS: Globalverantwortung

Der einflussreichste Verantwortungsethiker ist Hans JONAS. Er geht davon aus, dass KANTS kategorischer Imperativ als Mittel zur Abschätzung von Folgen ungeeignet ist. Hauptidee seiner neuen Ethik für eine technologische Zivilisation ist eine sittliche Erweiterung des Verantwortungskonzeptes angesichts der gewachsenen technologischen Macht des Menschen. Grundlage der neuen Verantwortungsethik ist die Forderung nach der Existenz einer Welt für nachfolgende Generationen. Die Natur als Ganzes wird zum Gegenstand menschlicher Verantwortung. Der in unserer Zeit endgültig entfesselte PROMETHEUS ruft nach einer Ethik, die sich freiwillig Zügel anlegt. JONAS wandelt das Sprichwort *In dubio pro reo (Im Zweifel für den Angeklagten)* ab zu *In dubio pro malo:* Aufgrund der Tatsache, dass der Mensch nicht befähigt ist, alle Vernetzungen zu analysieren, muss er, wenn er im Zweifel ist, der schlimmeren Prognose vor der optimistischen Gehör schenken. Der verantwortungsethische Imperativ muss heute lauten: *Schließe in deine gegenwärtige Wahl die zukünftige Integrität des Menschen als Mit-Gegenstand deines Wollens ein! Handle im Zweifelsfall nach der pessimistischen Prognose!*

In dubio pro malo!

Kommunikative Ethikkonzepte

Diskursethik von HABERMAS

Der gegenwärtige Wertepluralismus bringt es mit sich, dass sich die wissenschaftliche Ethik verstärkt mit Argumentationsverfahren beschäftigt, die Werte und Normen von der subjektiven Willkür und Beliebigkeit abstrahieren. Jürgen HABERMAS versuchte, mit seiner Diskursethik ein Argumentationsverfahren zu entwickeln, das den Wahrheitsanspruch von Werten und moralischen Normen, die im Alltag brüchig geworden sind, begründet.

Kapitel 6: Strukturen und Konstrukte

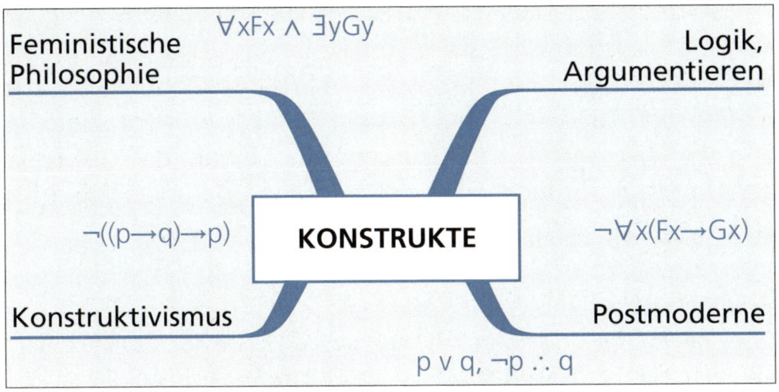

1 Philosophische Rätsel

Lesen Sie die sogenannten *Paradoxa.* Ein *Paradoxon* ist eine nicht einleuchtende Aussage, ein widersprüchlicher Satz. Wenn Sie solche Paradoxa diskutieren, überlegen Sie Folgendes:

1. Zeigen Sie, dass mindestens eine Prämisse, die wahr erscheint, unwahr ist.
2. Zeigen Sie, dass die Schlussfolgerung, die wahr erscheint, unwahr ist.
3. Finden Sie allgemein in der Beweiskette logische Schwachstellen.[1]

Krokodil und Mutter

Nachdem ein Krokodil einer Mutter das einzige Kind geraubt hat, verspricht es der Mutter, ihr das Kind zurückzugeben, falls sie richtig errät, was das Krokodil mit dem geraubten Kind tun wird. Die Mutter überlegt einen Augenblick und sagt dann zu dem Krokodil: „Du wirst mir mein Kind nicht zurückgeben."
Muss das Krokodil nach dieser Antwort der Mutter das Kind zurückgeben oder nicht? Die Mutter meint: Ja! Das Krokodil dagegen: Nein! Wer von beiden hat recht?

Lügen die Bewohner der Insel Kreta?

Von einem Einwohner Kretas wird folgende Behauptung überliefert: Gegenüber einem Fremden soll er einmal gesagt haben: „Alle Kreter lügen!" Der Fremde stutzte daraufhin mehrere Male und wusste nicht so recht, ob er diesem Kreter glauben könne. Kann er es oder nicht?

Verträge

Ein junger Mann schließt mit einem berühmten Rechtsgelehrten, bei dem er Unterricht nehmen will, folgenden Vertrag: Er, der

[1] Sollten Sie Lust auf mehr philosophische Rätsel und Paradoxa haben: Martin Cohen, 99 philosophische Rätsel, München: Piper 2005.

junge Mann, zahlt dem Rechtsgelehrten im Voraus das halbe Honorar; die zweite Hälfte aber erst dann, wenn er nach Absolvierung des Unterrichts einen Prozess gewinnt. Sollte er aber wider alles Erwarten seinen ersten Prozess verlieren, dann braucht er dem Rechtsgelehrten die zweite Hälfte nicht mehr zu bezahlen. Der Rechtsgelehrte geht auf diesen „Kuhhandel" ein, verklagt aber den jungen Mann einige Zeit später auf die Zahlung der zweiten Honorarhälfte, nachdem dieser zwar den Unterricht abgeschlossen hat, aber nicht bereit ist, irgendeinen Prozess zu führen.
Vor dem Gericht entspinnt sich dann zwischen den beiden folgende Diskussion:
Der junge Mann: „Ich brauche die zweite Hälfte des Honorars auf keinen Fall zu bezahlen! Denn das ist ja mein erster Prozess! Verliere ich ihn, bin ich ja gemäß unserer Abmachung von der Zahlung befreit. Gewinne ich ihn aber, so brauche ich auch nicht zu zahlen. Der Richter spricht mich ja gegen deine Zahlungsforderung frei!" Der Rechtsgelehrte: „Du musst in jedem Fall zahlen! Verlierst du nämlich, so musst du laut Richterspruch – der Klage entsprechend – zahlen. Gewinnst du aber, so musst du zahlen gemäß unserer Honorarvereinbarung!" Wer von beiden hat recht?[2]

2 Logik

Der Wunsch der Philosophie ist es, die Wirklichkeit, ihre Strukturen und Gesetzmäßigkeiten zu erkennen und zu erklären. Dazu gehört ganz wesentlich die Fähigkeit, richtig und logisch zu denken. Ausgehend von Begriffen und Aussagen beschäftigt sich ein Teilgebiet der Philosophie, nämlich die Logik, mit allgemein gültigen Denkgesetzen. Ziel der Logik, im Speziellen der Aussagenlogik, ist es herauszufinden, wann eine Aussage wahr bzw. falsch und ein Schluss gültig bzw. ungültig ist.

Ein Schluss ist genau dann gültig, wenn es keine Einsetzung gibt, bei der alle Prämissen wahr sind, die Konklusion aber falsch.

Logik kommt vom griechischen Wort *logos* = vernünftige Rede, Gedanke, Argument.

Logik ist die Wissenschaft von den Regeln oder Gesetzen des richtigen Denkens und Sprechens. Um sich ein Bild vom gegenwärtigen Stand der Logik machen zu können, muss man zunächst einige Grundbegriffe kennen. *Formal* heißt eine Logik, insoweit sie von den Inhalten der Ausdrücke absieht.
Die Hauptströmungen der Logik sind das Resultat einer langen Entwicklung, an deren Anfang ARISTOTELES steht. Er hat die Logik als Syllogistik begründet, als Lehre vom richtigen Schlussfolgern.

[2] Beispiele aus Michael WITTSCHIER, Abenteuer Philosophie, München: Piper 1997, S. 50f. und Douglas R. HOFSTADTER, Gödel, Escher, Bach. Ein endlos geflochtenes Band, München: dtv 1993, S. 19.

Für die Entwicklung der modernen Logik ist vor allem Gottlob FREGE zu nennen, der eine Formelsprache des reinen Denkens konstruiert hat.[3]

Gottlob FREGE (1848–1925)

2.1 Aussagenlogik

Aussagenlogik beschäftigt sich primär damit, ob Aussagen formal wahr oder falsch sind.

Begriffe und Aussagen

Ein Begriff ist die sprachliche Fassung einer Vorstellung. Das Wesen eines Begriffs versucht man durch eine Definition zu erfassen. Dabei wird das *Definiendum (das zu Bestimmende, das Festzulegende)* durch das *Definiens (das Bestimmende, das Festlegende)* festgelegt.

Beispiel: Mensch (Definiendum) = Vogel ohne Flügel (Definiens)
Schimmel (Definiendum) = weißes Pferd (Definiens)

Die Begriffe werden zu Aussagen oder Urteilen verknüpft.
Beispiel: Der Mensch ist ein Vogel ohne Flügel.
Der Schimmel ist ein weißes Pferd.

Schlüsse, Argumente

Ein Schluss besteht aus einer Anordnung von Aussagen oder Urteilen, wobei aus den Voraussetzungen (Prämissen) eine Folgerung (Konklusion) abgeleitet wird.

Beispiel:	Prämisse 1	SOKRATES ist ein Mensch.
	Prämisse 2	Jeder Mensch ist sterblich.
	∴ Konklusion	Also ist SOKRATES sterblich.

∴ Zeichen für Konklusion

Schlussfolgern oder Argumentieren heißt also, aus der angenommenen Wahrheit von Prämissen auf die Wahrheit eines anderen Satzes zu schließen.

Beispiel:	Prämisse 1	Wenn es regnet, ist die Straße nass.
	Prämisse 2	Es regnet.
	∴ Konklusion	Die Straße ist nass.

Schlüsse können gültig oder ungültig sein.
Dieser Schluss ist gültig (ein Modus ponens).

Junktoren

Die Aussagenlogik beschäftigt sich mit der Zusammensetzung komplexer Sätze mithilfe von Junktoren (Verknüpfungszeichen). Aussagen – sie werden mit Kleinbuchstaben (p, q, r, s, t …) abgekürzt – sind entweder wahr oder falsch.

[3] Ferdinand FELLMANN, Philosophie. Was sie kann, was sie will, Reinbek: Rowohlt 1998, S. 46ff. (gekürzt und adaptiert).

Alltagssprachliche ¬:
nicht, kein, nie, auf keinen Fall, es ist nicht der Fall, un-

Negation: Zeichen ¬

$\neg p$ (nicht p): Beispiel: Hermann ist kein Lehrer.
Wahrheitswert: Die Negation einer Aussage hat den gegenteiligen Wahrheitswert.

p	$\neg p$
w	f
f	w

Alltagssprachliche ∧:
und, sowohl … als auch, auch, aber, sogar, obwohl, weil, während, Appositionen

Konjunktion: Zeichen ∧

$p \wedge q$ (p und q): Beispiel: Doris und Renate sind Schifahrerinnen.
Wahrheitswert: Die Konjunktion zweier Aussagen ist nur wahr, wenn beide Aussagen wahr sind; sonst ist die Aussage falsch.

p	q	$p \wedge q$
w	w	w
w	f	f
f	w	f
f	f	f

Alltagssprachliche ∨:
oder, außer wenn, es sei denn, dass

Das ausschließende „Oder" kann man aussagenlogisch so formulieren:
$(p \vee q) \wedge \neg (p \wedge q)$
Beispiel: Renate fährt nach Griechenland oder Norwegen; d.h., entweder fährt sie nach Griechenland oder nach Norwegen.

Disjunktion (einschließendes Oder): Zeichen ∨

$p \vee q$ (p oder q): Beispiel: Renate fährt nach Spanien oder Frankreich (d.h., sie kann nach Spanien oder Frankreich fahren; sie kann aber auch nach Spanien und Frankreich fahren).
Wahrheitswert: Die Disjunktion zweier Aussagen ist nur falsch, wenn beide Aussagen falsch sind; sonst ist die Aussage wahr.

p	q	$p \vee q$
w	w	w
w	f	w
f	w	w
f	f	f

Vorderglied ist der erste Teil der Aussage (wenn …), Hinterglied ist der zweite Teil der Aussage.

Subjunktion: Zeichen →

$p \rightarrow q$ (wenn p, dann q): Beispiel: Wenn das Wasser 100 °C hat, dann kocht es.
Wahrheitswert: Die Subjunktion zweier Aussagen ist nur falsch, wenn das Vorderglied der Aussage wahr und das Hinterglied falsch ist; sonst ist die Aussage wahr.

p	q	$p \rightarrow q$
w	w	w
w	f	f
f	w	w
f	f	w

Beispiele

Gegeben: p ist wahr, q ist falsch;
gesucht ist der Wahrheitswert von

$$\neg\langle(p\rightarrow q)\rightarrow p\rangle$$

w f f w

w

[f] ← *Gesamtaussage ist falsch.*

Gegeben: p ist falsch, q ist falsch;
gesucht ist der Wahrheitswert von

$$\neg\langle(p\rightarrow q)\rightarrow p\rangle$$

f w f f

f

[w] ← *Gesamtaussage ist wahr.*

Gegeben: p ist wahr, q ist wahr, r ist falsch, s ist falsch;
gesucht ist der Wahrheitswert von

$$(p\wedge q)\vee\neg(r\rightarrow s)$$

w w w [w] f f w f

↑ *Gesamtaussage ist wahr.*

Wahrheitstafeln

Mithilfe von Wahrheitstafeln lassen sich die Wahrheitswerte von komplexen Aussagen festlegen. Dabei werden alle Wahrheitswerte für die vorkommenden Aussagen eingesetzt. Wenn man alle möglichen Wahrheitskombinationen anschreibt und wenn man immer den Wahrheitswert *wahr* erhält, so ist die Aussage logisch *wahr;* es handelt sich um eine allgemein gültige Aussage. Erhält man immer den Wahrheitswert *falsch,* so ist die Gesamtaussage logisch falsch. Erhält man unterschiedliche Ergebnisse *(wahre und falsche),* spricht man von einer kontingenten Aussage.

Beispiel 1:

p	q	$(p\rightarrow q)$	$\wedge$	$(q\rightarrow p)$
w	w	w	[w]	w
w	f	f	[f]	w
f	w	w	[f]	f
f	f	w	[w]	w

Kontingente Aussage

Beispiel 2:

p	p	$\vee$	$\neg p$
w	w	[w]	f
f	f	[w]	w

Logisch wahre Aussage

Bezeichnung für eine logisch wahre Aussage: **Tautologie**

Beispiel 3:

p	p	$\wedge$	$\neg p$
w	w	f	f
f	f	f	w

Logisch falsche Aussage

Bezeichnung für eine logisch falsche Aussage: **Kontradiktion**

Beispiel 4: Überprüfen Sie folgende – logisch wahre – Aussage mithilfe der Wahrheitstafel: $\langle (p \rightarrow q) \wedge (q \rightarrow r) \rangle \rightarrow (p \rightarrow r)$

Gültigkeit von Schlüssen

Wenn in keiner Zeile der Wahrheitstafel der Fall eintritt, dass alle Prämissen wahr sind, die Konklusion jedoch falsch ist, so ist der Schluss gültig; sonst ist er ungültig.

Beispiel 1: $p \rightarrow q,\ p \therefore q$

p	q	$p \rightarrow q$	p	$\therefore\ q$
w	w	w	w	w
w	f	f	w	f
f	w	w	f	w
f	f	w	f	f

gültiger Schluss

Überprüfen Sie mithilfe der Wahrheitstafel die Gültigkeit der Schlüsse:

Beispiel 3 (gültiger Schluss): $p \wedge q \therefore p \vee q$

Beispiel 4 (gültiger Schluss): $p \vee q \therefore p \wedge q$

Beispiel 2: $p \rightarrow q,\ q \therefore p$

p	q	$p \rightarrow q$	q	$\therefore\ p$
w	w	w	w	w
w	f	f	f	w
f	**w**	***w***	***w***	*f* ←
f	f	w	f	f

ungültiger Schluss

Reductio ad absurdum = die umgekehrte Wahrheitstafelmethode

Reductio ad absurdum

Die Methode der Wahrheitstafeln ist bei längeren Aussagen bzw. Schlüssen in ihrer Ausführung zu langwierig. Man verwendet daher die Methode der *Reductio ad absurdum.* Wir gehen davon aus, dass die Gesamtaussage falsch ist, und bestimmen davon ausgehend die Wahrheitswerte ihrer Teilaussagen. Wir gehen schrittweise von außen nach innen, von den komplexeren zu einfacheren Teilaussagen vor. Ist in einer Zeile ein Widerspruch hinsichtlich der Wahrheitswerte enthalten, so ist die betreffende Gesamtaussage logisch wahr. Erhält man eine Zeile ohne Widerspruch, so ist die Gesamtaussage nicht logisch wahr.

Beispiel 1: $(p \rightarrow q) \rightarrow \langle (p \wedge r) \rightarrow q \rangle$

f (= Annahme)
w f f
w f w f f
w f w w w f f
w [w] f f w w w f f

Wie wir bereits erwähnt haben, ist eine Subjunktion logisch falsch, wenn das Vorderglied wahr und das Hinterglied falsch ist. Wir erhalten einen Widerspruch, daher ist die Aussage logisch wahr.

Beispiel 2: $(p \rightarrow q) \rightarrow \langle p \rightarrow (q \vee r) \rangle$

f (= Annahme)
w f f
w [w] f f w f f f f

Unmögliche Subjunktion, daher ist die Aussage logisch wahr.

Überprüfen Sie mithilfe der Reductio ad absurdum den Wahrheitswert der Aussagen:

Beispiel 3: logisch wahre Aussage $\neg(p \wedge \neg p)$

Beispiel 4: nicht logisch wahre Aussage $p \rightarrow (p \wedge q)$

Zur Gültigkeit von Schlüssen ist mit der Methode der Reductio ad absurdum festzuhalten: Wir setzen alle Prämissen wahr und die Konklusion falsch. Erhalten wir in allen Zeilen einen Widerspruch, so ist der Schluss gültig. Ist eine Zeile widerspruchsfrei, ist der Schluss ungültig.

Beispiel 1: $p,\ p \rightarrow q \therefore q$

w w f
w w w f f

Widerspruch, daher ist der Schluss gültig.

Beispiel 2:
$p \vee p,\ \neg p \therefore q$
w w f
f w f …

Widerspruch, daher ist der Schluss gültig.

AUFGABEN

1. Formulieren Sie die Beispiele aussagenlogisch:
   - Fritz und Franz sind intelligent.
   - Beethoven komponierte neun Sinfonien, auch die Musik zu „Fidelio" stammt von ihm.
   - Die Römer wurden in der Schlacht von Cannae geschlagen, obwohl sie zahlenmäßig überlegen waren.
   - Unser Hund beißt nicht, außer wenn er angegriffen wird.
   - Morgen regnet es, es sei denn, dass Föhn kommt.
2. Überprüfen Sie mit der Reductio ad absurdum die Gültigkeit des folgenden Arguments: Bellende Hunde beißen nicht. Ich belle nicht. Folglich beiße ich.

Gebundene Variable
Fx x ist gut
Pxy x ist größer als y

2.2 Prädikatenlogik

- Die Prädikatenlogik enthält alle aussagenlogischen Junktoren wie *nicht, und, oder, wenn.*
- Prädikatenvariablen bezeichnen im weitesten Sinn Eigenschaften wie „gut, brav, rot, grün, Tiger, Mensch". Es werden Großbuchstaben F, G, H, … P, R verwendet.
- Freie Individuenvariablen bezeichnen Einzeldinge wie „Peter, Graz, die Blume da". Es werden Kleinbuchstaben a, b, c … verwendet.
- Gebundene Individuenvariablen dienen als Platzhalter. Es werden x, y, z verwendet.

Durch folgende Beispiele werden die Punkte konkret dargestellt:

Fa Peter ist gut.
a = Peter, F = die Eigenschaft, gut zu sein

Gab Peter ist größer als Paul. a = Peter b = Paul
G = die Eigenschaft größer

Quantoren

In der neueren Literatur wird statt ∀ das Zeichen Λ verwendet, statt ∃ das Zeichen V.

∀ Allquantor = alle;
∃ Existenzquantor = einige, mindestens ein

$\forall x(Mx \rightarrow Sx)$

Für alle x gilt: Wenn x ein M hat, dann ist x ein S.
Mx --- x ist ein Mensch, Sx --- x ist sterblich.
Beispiel: Alle **M**enschen sind **s**terblich.

$\neg\exists x(Mx \wedge Vx)$

Es ist nicht der Fall, dass für mindestens ein x gilt: x ist M und V.
Mx --- x ist ein Mensch, Vx --- x ist vollkommen.
Beispiel: Kein **M**ensch ist **v**ollkommen.

Beispiel
Alle Eisbären sind weiß: Für alle x gilt: Wenn es sich um die Spezies Eisbär handelt, dann sind sie weiß.
$\forall x(Ex \rightarrow Wx)$

$\neg\forall x(Mx \rightarrow Gx)$

Nicht für alle x gilt: Wenn x ein M ist, dann ist x ein G.
Mx --- x ist ein Mensch, Gx --- x ist gesund.
Beispiel: Nicht alle **M**enschen sind **g**esund.

AUFGABEN

Formulieren Sie prädikatenlogisch:
- Susanne ist eifriger als Sabine.
- Es gibt einige Hunde, die beißen.
- Alle Äpfel sind rund.
- Es gibt Eisbären, die zwei Meter lang sind.

2.3 Syllogismus

Eine andere Form, die Gültigkeit von Argumenten zu überprüfen, ist die Methode der Syllogistik (des richtigen Schlussfolgerns), die auf ARISTOTELES zurückgeht. Ein (sogenannter dreigliedriger) Syllogismus hat folgende Struktur: Aus zwei Urteilen (Prämissen, Voraussetzungen) wird auf ein drittes Urteil (Konklusion) geschlossen.

Prämisse 1 (oder Obersatz): Alle Menschen (= Mittelbegriff) sind sterblich (= Prädikat).

Prämisse 2 (oder Untersatz): Alle ÖsterreicherInnen (= Subjekt) sind Menschen (= Mittelbegriff).

Konklusion (oder Schlusssatz): Also sind alle ÖsterreicherInnen (= Subjekt) sterblich (= Prädikat).

Folgende Beziehung ist wichtig: Das Prädikat (P) kommt auf der rechten Seite der Konklusion und im Obersatz vor, das Subjekt (S) auf der linken Seite der Konklusion und im Untersatz, der Mittelbegriff (M) im Obersatz und im Untersatz, nicht aber in der Konklusion.

Typen von Aussagen

Eine Aussage (oder ein Urteil) in einem Syllogismus setzt immer zwei Begriffe in eine Beziehung. Dabei werden vier Typen von Urteilen bezüglich der Beziehung zwischen einem Subjekt (S) und einem Prädikat (P) unterschieden:

- Allgemein bejahendes Urteil: Alle Hunde (S) sind treu (P).
- Allgemein verneinendes Urteil: Kein Hund (S) ist treu (P).
- Partikulär bejahendes Urteil: Einige Hunde (S) sind treu (P).
- Partikulär verneinendes Urteil: Einige Hunde (S) sind nicht treu (P).

Das sogenannte **logische Quadrat** ist ein Diagramm, das die Relation zwischen bestimmten Aussagen und deren Verneinungen darstellt.

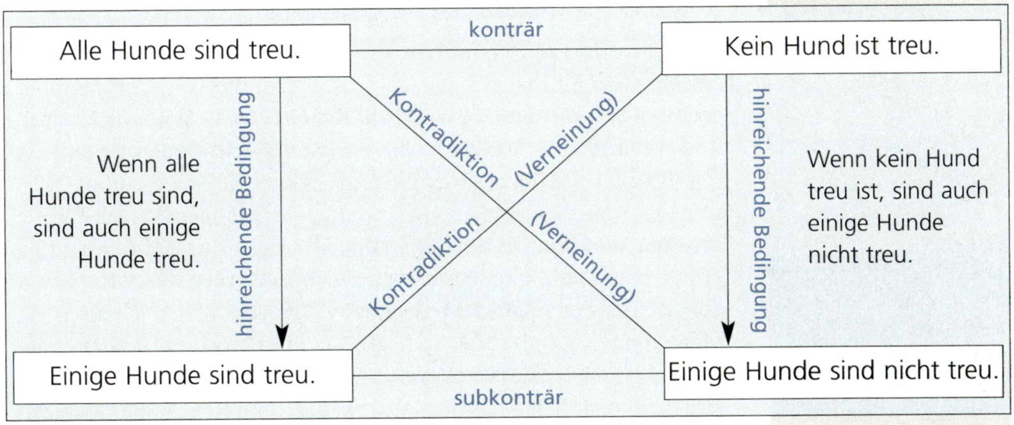

Erklärungen

konträr: Beide Urteile können zwar zugleich falsch sein, aber nicht zugleich wahr.

subkonträr: Beide Urteile können zugleich wahr sein.

kontradiktorisch: Nicht beide Urteile können wahr bzw. falsch sein.

hinreichend: Die Urteile oben implizieren die Urteile unten, nicht aber umgekehrt.

2.4 Fuzzy-Logik

Fuzzy-Logik bedeutet undeutliche Logik: Neben den herkömmlichen Werten „wahr" oder „falsch" kann ein Ergebnis noch die Werte „wahrscheinlich wahr", „möglicherweise wahr", „möglicherweise falsch", „wahrscheinlich falsch" annehmen.

Die Lehrsätze und Gesetze der Mathematik und traditionellen Logik eignen sich ausgezeichnet zur Erledigung bestimmter Aufgaben. Wir wissen beispielsweise mit absoluter Gewissheit, dass 2 + 2 die Summe 4 ergibt und dass die Winkel eines Dreiecks insgesamt 180 Grad ergeben – es handelt sich dabei um eine logische Folge der Axiome. Mathematik lässt sich auch auf feststehende physikalische Größen anwenden. EINSTEIN nutzte die Mathematik, um zu demonstrieren, dass es nichts Schnelleres gibt als die Lichtgeschwindigkeit, bei der es sich um eine feststehende Größe handelt. Die MeteorologInnen bedienen sich der Zahlen, um zu prophezeien, ob es morgen regnen wird oder nicht. Solche Berechnungen beruhen auf den Methoden der Logik.

Vor einiger Zeit hat eine kleine Schar von Ingenieuren und Physikern diese harte Logik fürs Erste verabschiedet und sich statt dessen der sogenannten *Fuzzy-Logik,* einer unscharfen Logik zugewandt, also der Wissenschaft der unbestimmten Größen. Den Fuzzy-Logikern zufolge ist es schön und gut davon zu sprechen, dass es mit 60-prozentiger Wahrscheinlichkeit regnen wird, solange man definieren kann, was *Regen* bedeutet. Der Meteorologe geht davon aus, dass es zwei Möglichkeiten gibt: Entweder es regnet oder es regnet nicht.

Doch in Wirklichkeit ist der Begriff *Regen* ziemlich unscharf. Regnet es schon, wenn zwei Tropfen Wasser vom Himmel fallen? Und wie sieht es bei fünfzig Tropfen aus? Nehmen wir an, der Nebel sei so dicht und bodennah, dass man die Wassertropfen auf der Haut spürt. Handelt es sich um Regen? Wo verläuft die Grenze, fragen die Fuzzy-Logiker. Wann wird aus Nicht-Regen Regen? …

Was ist Regen?

Ein Beispiel: Die Menge der geraden Zahlen und die der ungeraden sind klar umrissen, und auch die Menge der Männer und die Menge der Frauen stehen im Prinzip fest, auch wenn Hermaphroditen und Transsexuelle die Grenze etwas aufweichen. Aber wie steht es mit der Menge der großen Menschen? Niemand würde einen 1,50-Meter-Mann als groß bezeichnen, doch jeder eine 2-Meter-Frau. Doch wo zieht man die Grenze? Gehört ein 1,80-Meter-Mann zur Menge der großen Menschen oder nicht? Wäre ein Asiate sich dabei mit einem Europäer einig, oder ein Italiener mit einem Schweden? Da Körpergröße sowohl etwas Subjektives als auch etwas Kontinuierliches ist, ist es unmöglich, eine bestimmte Höhe festzulegen, die eindeutig bestimmt, was groß ist.[4]

Was ist groß?

[4] Michael MACRONE, Heureka! Das archimedische Prinzip und 80 weitere Versuche, die Welt zu erklären, München: dtv 1998, S. 156ff. (gekürzt und adaptiert).

3 Argumentieren

Unter *Argumentation* verstehen wir den sinnvollen Zusammenhang von Behauptungen. Die logische Analyse von sprachlichen Formulierungen dient u.a. dazu, das Argumentieren zu präzisieren. Die Auseinandersetzung mit Fragen wie „Was ist ein korrektes Argument?" und „Wie heißen die Regeln korrekten Argumentierens?" ist Thema der philosophischen Disziplin der *Logik*.

Dieses Kapitel wurde in Zusammenarbeit mit Elke SCHLAGER und Astrid GRABNER entwickelt.

3.1 Fehler beim Argumentieren

Fehlt bei der Argumentation der sinnvolle Zusammenhang von Behauptungen, so können wir den Eindruck einer Argumentation haben, bei genauerem Hinsehen erkennen wir jedoch, dass Behauptungen ohne Zusammenhang und Begründung gleichsam im leeren Raum stehen.

Auch im Rahmen von Eignungstests wird logisch korrektes Argumentieren überprüft. Vgl. www.berufsstrategie.de (Testtraining)

Logische Fehler können z.B. durch unbegründete Behauptungen, durch nicht korrektes Folgern, mehrdeutige Ausdrücke und Zirkelschlüsse entstehen.

1. **Plausibilität ohne Begründung:** Argumente werden durch Hinweise auf Tradition, Natur, Mehrheit, Erfahrung etc. zu untermauern versucht.
   - *Schon mein Großvater hat gesagt …*
   - *Es ist ganz natürlich, dass Männer lügen und Frauen Schuhe kaufen.*
   - *Aufgrund meiner Erfahrung weiß ich, dass die Schüler immer dümmer werden.*
2. **Prestigewerte:** Durch Hinweise auf Autoritäten wird versucht, das Behauptete zu untermauern, Belege fehlen allerdings.
   - *Experten haben mir gesagt, dass es keine Probleme gibt. Es gibt nur Lösungen.*
   - *Schon KREISKY war ein Agnostiker. Deshalb bin ich auch skeptisch gegenüber Gott.*
3. **Scheinlogik:** Es wird Ursache und Wirkung verwechselt, es werden falsche Alternativen gestellt, es werden unangemessene Vergleiche angestellt.
   - *Weil immer weniger SchülerInnen Anspruchsvolles lesen wollen, müssen wir anspruchsvolle Lektüre einschränken.*
   - *Entweder wir sorgen an unseren Schulen für äußerste Disziplin oder wir haben das Chaos.*
   - *Die gesundheitsschädigende Wirkung der Atomstrahlung in Österreich, die durch Tschernobyl bedingt wurde, kann man mit dem Rauchen einer Zigarette vergleichen.*

Entweder wir sind für Vorschlag A oder B. Sonst können wir einpacken.

Die richtige Folgerung würde in diesem Beispiel lauten (= Modus ponens):
Wenn es regnet, ist die Straße nass.
Es regnet.
Daher ist die Straße nass.

4. **Nicht korrektes Folgern (Reductio):** Aus den Prämissen „Wenn es regnet, wird die Straße nass" und „Die Straße ist nass" kann nicht unbedingt gefolgert werden, dass es geregnet hat. Ein zweites Beispiel: *Wenn jemand Salzburger ist, dann ist er Österreicher. Herr N.N. ist Österreicher. Daher ist er Salzburger.*
5. **Mehrdeutige Ausdrücke:** Aus den Prämissen „Alle Füchse haben vier Beine" und „Sokrates ist ein Fuchs" lässt sich nicht ableiten, dass Sokrates vier Beine hat. Der Ausdruck „Fuchs" wird in zwei verschiedenen Bedeutungen verwendet. Ein zweites Beispiel: *Menschen sind frei, solange ihr Denken frei ist. Häftlinge sind in ihrem Denken frei. Daher sind Häftlinge frei.*

Zirkelschluss = Circulus vitiosus

6. **Zirkuläre Argumente:** Darunter sind Argumente gemeint, die *sich im Kreise drehen,* weil sie das, was sie begründen wollen, in ihren Prämissen bereits voraussetzen. Sucht man etwa einen Grund dafür, warum es in der Natur ein „Überleben der Tüchtigsten" gibt, so würde man offenbar zirkulär argumentieren, wenn man dafür wieder die Tatsache des Überlebens selber anführen würde. Es wird also das vorausgesetzt, was erst bewiesen werden soll.
   Beispiel: *Die SchülerInnen werden in ihren Leistungen immer schlechter. Warum? Weil die LehrerInnen immer schlechter werden. Warum werden die LehrerInnen immer schlechter? Weil die Unis immer schlechter werden. Warum werden die Unis immer schlechter? Weil die SchülerInnen bzw. StudentInnen immer schlechter werden …*

AUFGABEN

1. **Information durch Beispiele ergänzen**
   Ergänzen Sie die Punkte 1 bis 6 durch je ein eigenes Beispiel.
2. **Tageszeitung durchblättern**
   Suchen Sie aus einer Tageszeitung fünf Beispiele für *Fehler in der Argumentation.*
3. **Analyse von Beispielen**
   Analysieren Sie die folgenden Beispiele und stellen Sie Hypothesen auf: Welche Sätze können umgedreht werden?
   - Alle Eichen sind Bäume. Folglich sind alle Bäume Eichen.
   - Alle Modellflugzeuge sind Spielsachen. Folglich sind alle Spielsachen Modellflugzeuge.
   - Kein Adler ist ein Löwe. Folglich ist kein Löwe ein Adler.[5]

[5] Beispiele aus Matthew Lipman, Harry Stottelmeiers Entdeckung, Wien: hpt 1990.

3.2 Plausible Argumente

Ist eine Argumentation schlüssig und für das Publikum oder die LeserInnen nachvollziehbar, so können mit ihrer Hilfe neue Einsichten vermittelt und Überzeugungen transportiert werden. **Plausible Argumente** stützen sich auf den gesunden Menschenverstand, auf Meinungen der Mehrheit, auf Traditionen und Gewohnheiten. In Bezug auf die Plausibilität können wir uns an den Wahrheitskriterien orientieren:

- Evidenz: Wir gehen davon aus, dass der Mensch nach Wissen strebt; andernfalls wäre er sehr wahrscheinlich schon ausgestorben.
- Konsens: Die Mehrzahl von angesehenen ForscherInnen stimmt dem Argument zu, weil …
- Nutzen: Argumente setzen sich dann durch, wenn sie nützlich sind, wenn sie eine nützliche Prognose abgeben.
- Kohärenz: Die Argumentation ist in sich schlüssig.

AUFGABEN

1. **Beispiele finden**
   Suchen Sie Beispiele für Evidenz, Konsens, Pragmatik und Kohärenz.
2. **Schreibaufgabe**
   Schreiben Sie eine plausible Argumentation zum Thema
   a. Gleichberechtigung für homosexuelle Paare *oder*
   b. Spenden für Licht ins Dunkel.
   Stützen Sie Ihre Argumente durch Berufung auf die eigene Erfahrung, auf Plausibilität, ZeugInnen, ExpertInnen etc.
3. **Abbruch des Begründungsverfahrens**
   Der Versuch, alle Thesen zu begründen, führt sehr rasch in eine ausweglose Situation, die Hans ALBERT als „MÜNCHHAUSEN-Trilemma" bezeichnet hat. Wir haben die Wahl zwischen drei gleich unbefriedigenden Alternativen:
   a. Man setzt das Begründen ohne Ende fort. Ein solcher infiniter Regress ist jedoch in der Praxis undurchführbar.
   b. Man schmuggelt die zu begründende These heimlich unter die Prämissen. Damit begeht man jedoch einen *Zirkelschluss,* der ja keine Begründung liefert.
   c. Man bricht das Begründen irgendwo ab und behauptet die zuletzt erreichten Prämissen als *evident.* Ein solcher Abbruch ist nach ALBERT jedoch ein *Dogmatismus.*[6]

   Diskutieren Sie, welche der drei Möglichkeiten Sie am ehesten bevorzugen.

Hans ALBERT (geb. 1921) ist einer der wichtigsten Vertreter des kritischen Rationalismus.
Die Forderung, alles begründen zu wollen, gleicht dem Freiherrn von MÜNCHHAUSEN, der sich und sein Pferd am eigenen Schopf aus dem Sumpf zog.

[6] Vgl. Martin MORGENSTERN/Robert ZIMMER, Hintergründe. Die Philosophie und ihre Fragen, München: dtv 1998, S. 58ff.

3.3 Logische Argumente

Logische und rationale Argumente sprechen vor allem den Verstand an, sie beruhen auf nachprüfbaren Tatsachen, auf verlässlichen Daten oder einer logischen Gedankenführung.

Beispiel 1: Alle Menschen sind sterblich. SOKRATES ist ein Mensch. Folglich ist SOKRATES sterblich.
Beispiel 2: Aufgrund der Tatsache, dass in Österreich von 1971 bis 2001 die durchschnittliche Kinderzahl pro Familie von 1,36 auf 1,10 zurückgegangen ist[7], ist zu erwarten, dass in 20 Jahren zu wenige österreichische Erwerbstätige in die Pensionskassen einzahlen werden.

Eine Beweisführung kann auf zweierlei Art erfolgen, nach der induktiven oder deduktiven Methode. Bei der (unvollständigen) Induktion wird vom Besonderen auf das Allgemeine geschlossen, von einer möglichst großen Zahl von Einzelbeobachtungen wird auf eine allgemeine Gesetzmäßigkeit geschlossen. Sie ist das klassische Beweisverfahren unserer Alltagsargumentation, aber auch in den Naturwissenschaften finden sich überwiegend induktive Beweisverfahren.

Beispiel 1: *Ich sehe einen weißen Schwan.*
Ich sehe zwei weiße Schwäne.
Ich sehe drei, vier ... weiße Schwäne.
Ich schließe: Alle Schwäne sind weiß.
Beispiel 2: *Ich halte eine gute Rede.*
Ich halte eine zweite gute Rede.
Ich schließe: Ich bin ein guter Redner.

Dazu K. POPPER: *Erfahrungsgesetze sind nie vollständig verifizierbar. Denn sie können durch ein einziges Gegenbeispiel widerlegt werden.*

Durch Induktion gewonnene Schlüsse sind lediglich mehr oder weniger wahrscheinlich. Ein Beispiel: Aus der Beobachtung von 4000 schwarzen Raben kann man logisch nicht ableiten, dass alle Raben schwarz sind. Diese Konklusion stimmte so lange, bis in der Wüste Negev ein weißer Rabe gesichtet wurde.

Vgl. S. 231

Bei der Deduktion schließt man vom Allgemeinen auf das Besondere. Die bekannteste Form ist die des Syllogismus. Dieser besteht aus zwei Vordersätzen und einem Schlusssatz. Aus zwei Prämissen (Voraussetzungen) wird eine Konklusion (Schlussfolgerung) gezogen:

[7] Quelle: STATISTIK AUSTRIA (Hg.), Statistisches Jahrbuch Österreichs 2004, Wien: Verlag Österreich 2004.

Prämisse 1:	Immer wenn es regnet, wird die Straße nass.
Prämisse 2:	Nun regnet es.
Konklusion:	Also ist die Straße nass.
Prämisse 1:	Alle Menschen sind sterblich.
Prämisse 2:	SOKRATES ist ein Mensch.
Konklusion:	Also ist SOKRATES sterblich.

Die Sätze (1) und (2), aus denen gefolgert wird, heißen *Prämissen;* Satz (3), der gefolgert wird, nennt man *Konklusion.* Die Konklusion folgt logisch aus den Prämissen, weil es unmöglich ist, dass die Prämissen wahr sind und zugleich die Konklusion falsch ist. Dass eine bestimmte Aussage aus anderen logisch folgt, sagt allerdings nichts darüber aus, ob die Prämissen und die Konklusion inhaltlich wahr oder falsch sind. Entscheidend ist der formale Folgerungszusammenhang: Wenn die Prämissen wahr sind, dann muss auch die Konklusion gültig sein.

Formal richtig ist auch folgende Schlussfolgerung:
Wenn die Sonne eckig ist, freut sich der Mond.
Die Sonne ist eckig.
Also freut sich der Mond.

Logische Schlussfolgerungen

induktiv:
vom Einzelnen
auf das Allgemeine

deduktiv:
vom Allgemeinen
auf das Einzelne

Beispiel 1: Der Gottesbeweis nach DESCARTES

Vgl. S. 68

1. Wir Menschen verfügen über die Idee Gottes als des vollkommensten Wesens.
2. Als selbst unvollkommene, endliche Wesen können wir diese Idee nicht selbstständig von uns aus entwickelt haben.
3. Wenn wir die Idee Gottes nicht selbstständig von uns aus entwickelt haben können, wir aber über diese Idee verfügen, muss das vollkommenste Wesen selber uns diese Idee eingepflanzt haben.

→ Also muss Gott tatsächlich existieren.

Beispiel 2 aus der Tagespolitik (der Inhalt der Prämissen muss nicht wahr sein):

1. Die Regierung N. N. enttäuscht die Erwartungen vieler WählerInnen.
2. Wenn die Regierung N. N. die Erwartungen vieler WählerInnen enttäuscht, sind auch viele WählerInnen der Partei X über die Regierung verunsichert.

→ Also sind auch viele WählerInnen der Partei X verunsichert.

Beispiel 3 nach John LOCKE

1. Wir machen den wachen SOKRATES nicht für die Gedanken des schlafenden verantwortlich.
2. Die Annahme, dass die Identität einer Person in der Identität ihres Bewusstseins besteht, erklärt am besten, warum wir den wachen SOKRATES nicht für die Gedanken des schlafenden SOKRATES verantwortlich machen.

→ Also besteht die Identität einer Person in der Identität ihres Bewusstseins.

Beispiel 4

deskriptiv (beschreibend): Es ist so.
normativ: Es soll so sein.

1. Ludwig WITTGENSTEIN lehrte an der Universität Cambridge.
2. Die Lehrenden an dieser Elite-Universität sind hervorragende WissenschaftlerInnen.

→ Also musste WITTGENSTEIN ein hervorragender Philosoph sein.[8]

AUFGABEN

1. Lesen Sie die Schulordnung durch und analysieren Sie die Sätze nach deskriptiven, normativen und verschleierten normativen Aussagen.
2. Diskutieren Sie, ob es sich bei den folgenden Sätzen um verschleierte normative Aussagen handelt:
   - Die Würde des Menschen ist unantastbar.
   - Der Mensch ist ein soziales Wesen (zóon politikón).
   - Von Natur aus ist es schändlicher Unrecht zu erleiden, aufgrund von Konventionen ist es schändlicher Unrecht zu tun.
3. **Logische Argumentation erkennen**
   Filtern Sie aus dem Text die Prämissen und die Konklusion heraus.

> Im Dialog *Phaidon* spricht SOKRATES über die Unsterblichkeit der Seele. KEBES, einer der Gesprächspartner, fasst zusammen: *Wenn es richtig ist, was du immer wieder sagst, dass unser Lernen nichts anderes als Wiedererinnerung ist, und dass wir deshalb notwendig in einer früheren Zeit gelernt haben müssen, dessen wir uns wiedererinnern, und dass dies unmöglich wäre, wenn unsere Seele nicht schon da war, ehe sie in diese menschliche Gestalt kam, dann muss wohl die Seele etwas Unsterbliches sein.*

[8] Literaturhinweise: Holm TETENS, Philosophisches Argumentieren. Eine Einführung, München: Beck 2004.
Jürgen HESSE/Hans Christian SCHRADER, Testtraining Logik. Eignungs- und Einstellungstests sicher bestehen, Frankfurt/Main: Eichborn 2006.
www.berufsstrategie-exakt.de (kostenlose Downloads von Logikaufgaben zum Üben).

3.4 Moralische Argumente

Solche Argumente greifen auf verbreitete Wertvorstellungen und Normen in der Gesellschaft zurück. Beim Publikum oder Leser wird meist an das Mitgefühl appelliert.

Ethisch vorbildliche Persönlichkeiten werden als Autorität für die Argumente angeführt.

> Die Tötung auf Verlangen ist die Einstiegsdroge in die Euthanasiegesellschaft. Die Legalisierung einer solchen Praxis würde bedeuten, dass alle persönlichen und materiellen Aufwendungen für einen chronisch kranken Menschen plötzlich in dessen eigene Verantwortung fallen. Das können und wollen wir nicht akzeptieren.

Ein häufiger Fehler bei moralischen Argumenten ist der **naturalistische Fehlschluss:** Damit meint man die Vermischung von Fakten und Bewertungen. Dieses Argumentationsmuster entsteht, wenn von faktischen Informationen eine normative Aussage abgeleitet wird.

- Du sollst die Umwelt schonen, sonst geht die Menschheit zugrunde. Richtig wäre: *Du sollst die Umwelt schonen, denn die Menschheit soll nicht zugrunde gehen.*
- Es ist naturwidrig, wenn der Mensch die Nacht zum Tag macht (SENECA). Richtig wäre: *Der Mensch soll gemäß der Natur handeln und nicht die Nacht zum Tag machen, indem er sich den verschiedenen Nachtvergnügungen hingibt.*

Wer die Prämissen eines schlüssigen Arguments akzeptiert, muss, wenn er vernünftig ist, auch die Konklusion akzeptieren. Beim naturalistischen Fehlschluss wird jedoch aus deskriptiven Sätzen (Behauptungen) ein normativer Satz abgeleitet.

- Vom Sein (wie etwas ist) kann nicht auf ein Sollen (wie etwas sein soll) geschlossen werden. Aus Tatsachen folgt keine Norm.
- Aus beschreibenden Aussagen folgen keine Bewertungen, Bewertungsmaßstäbe oder Ziele.

Die Naturwissenschaften beschreiben und erklären Beziehungen und Zusammenhänge. Diese Beschreibungen liefern aber keine normativen Aussagen. Normative Schlussfolgerungen können zwar gemacht, jedoch nicht begründet werden.

AUFGABEN

1. **Naturalistischen Fehlschluss umformulieren**
   Korrigieren Sie das folgende Beispiel so, dass Sie den naturalistischen Fehlschluss beseitigen.
   Mutter oder Vater sagt zum Kind: *Du sollst aufessen. Sonst kommt das Christkind nicht.*

2. **Leserbrief analysieren**
   Analysieren Sie einen Leserbrief in einer aktuellen Tageszeitung auf seine Argumente, im Speziellen auf die moralischen Argumente und eventuelle Fehler.

Übersicht: Strategien beim Argumentieren

Argumentationsart	Vorteile	Schwächen
Berufung auf Autoritäten	Kompetenz der zitierten Persönlichkeit	Meinungsunterschiede gleich wichtiger Autoritäten
Berufung auf vorherrschende, gesellschaftliche Normen	Verbindlichkeit einer Norm schafft eine Basis.	Wertepluralismus
Berufung auf nachprüfbare Forschungsergebnisse (Statistiken)	Nachprüfbarkeit ist gegeben.	konkurrierende und sich widersprechende Statistiken (Wahlprognosen)
Berufung auf eigene Erfahrungen	persönlich nachvollziehbar	Problem bei der Verallgemeinerung
Berufung auf gleichartige Vorgänge (Analogie)	Vergleichbarkeit ist gegeben.	Vergleiche können unzutreffend sein, Scheinvergleiche
Berufung auf die Gesetze des Denkens	logisch unbestreitbar	praktische Relevanz des Öfteren nicht erkennbar

3.5 Gliederung von Argumenten

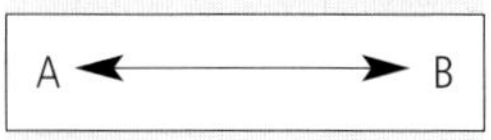

Zwei-Punkte-Gliederung

Nebeneinanderstellen von Gegensatzpaaren:

- Schein und Wirklichkeit: *Die anderen behaupten, … Tatsache ist jedoch, …*
- Theorie (Wunsch, Vision) und Praxis (Ergebnis, Faktum, erreichbarer Sachverhalt)
- negativ und positiv: der falsche Weg – der richtige Weg
- einfach (oberflächlich) und kompliziert (bei genauerem Hinschauen)

Einerseits – andererseits
Die Vorteile des Gruppenunterrichts sind einerseits, dass man zum selbstständigen Arbeiten motiviert wird und eigene Meinungen einbringen kann. Andererseits verleiten Gruppenarbeiten auch zum Abschalten, zum Abschieben von Verantwortung und zum Sich-der-Gruppe-Fügen, vor allem, wenn man sich nicht gegen seine Gruppe durchsetzen kann.

Drei-Punkte-Gliederung

- Gestern – heute – morgen
- Ist-Zustand – Soll-Zustand – Lösungsweg
- A behauptet – B behauptet – ich schlage vor
- Pro – Kontra – Kompromiss

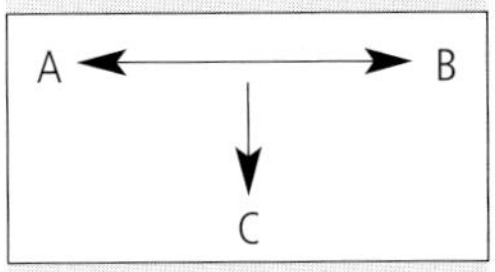

> Als Lehrer eurer Gruppe habe ich festgestellt, dass eine große Zahl von Schülern beim letzten Test geschwindelt hat. Eine andere Gruppe hat alles ohne Schwindeln erledigt – diese Diskrepanz finde ich nicht fair. Ich schlage daher für den nächsten Test Folgendes vor: Alle dürfen fünf Minuten vor Ende des Tests für eine kurze Zeit die Unterlagen ganz offiziell einsehen und Wissenslücken füllen.

Fünf-Punkte-Gliederung

1. Tatsache ist …	1. Eingangsthese
2. Argument 1	2. Argument
3. Argument 2	3. Gegenargument
4. Kompromiss (entscheidend ist …)	4. neuer Vorschlag
5. Appell (darum sollten wir so handeln)	5. Appell zum Handeln

> Die Beschäftigung mit Rhetorik trägt zur Persönlichkeitsentwicklung bei. (These)
> Erstens lerne ich, mich zielgerichtet und strukturiert mit einem Thema zu beschäftigen. (Argument 1)
> Zweitens bin ich damit konfrontiert, Situationen richtig einzuschätzen, ich muss also immer auch in die Zukunft denken. (Argument 2)
> Das Entscheidende: Indem ich das Vorbereitete einer kritischen Gruppe präsentiere und Rückmeldung bekomme, lerne ich sehr viel darüber, wie andere mich sehen. (entscheidender Vorschlag)
> Das Kennenlernen des blinden Flecks ist ein wichtiger Beitrag zur Persönlichkeitsentwicklung. (Appell zur Beschäftigung)

Argumentationsketten

Unter *Argumentationsketten* verstehen wir die Aneinanderreihung von Argumenten. Die Argumente können gewichtet werden.

> *Beispiel 1:* Ich gehe wählen, weil das ein Recht, ja eine Pflicht in unserer Demokratie ist, weil ich mich dazu verpflichtet fühle, weil Politikverdrossenheit genau der falsche Weg ist, weil jede nicht abgegebene Stimme gegen Demokratie und Freiheit ist.
>
> *Beispiel 2:* Längeres Sonnenbaden ist ungesund, weil die Sonnencreme nicht dauerhaft vor Schäden schützt, weil die gefährlichen UV-Strahlen die Haut schädigen.

Argumentationsmodell nach Toulmin

Um Argumentieren systematisch üben zu können, benötigen wir gewisse Strukturen. Der Philosoph Stephen Toulmin hat in Anlehnung an den Redner Cicero folgendes Argumentationsschema vorgeschlagen:

1. Daten, Fakten, Argumente:
   Johannes hat gelogen.
   Daniela ist eine gute Schülerin.
2. Schlussfolgerung:
   Johannes hat moralisch schlecht gehandelt.
   Daniela wird es im Beruf weit bringen.
3. Stützung der Schlussfolgerung:
   Lügen ist moralisch schlecht, weil dadurch das Vertrauen zerstört wird.
   Dass gute Schüler im Beruf gute Chancen haben, bestätigen neueste Statistiken.
4. Berücksichtigung von Ausnahmen:
   Johannes hat deshalb gelogen, weil er seinen Freund dadurch schützen wollte.
   Daniela wird es im Beruf weit bringen, wenn nicht ihre Neigung zur Depression durchbricht.

Beispiel 1: Glück

Fakten

Statistische Untersuchungen haben ergeben, dass Menschen, die aktiv ihre Freizeit gestalten und dabei ihre Fähigkeiten ausreizen, glücklicher sind als solche, die passiven Tätigkeiten wie Fernsehen und Faulenzen nachgehen.

Schlussfolgerung

Folglich müssen Jugendliche dazu motiviert werden, sich von Fremdbestimmung zu befreien und ihr Leben selber in die Hand zu nehmen. Sie müssen sich selber fragen, was sie mit ihrem Leben anfangen wollen.

Stützung der Schlussfolgerung

Jeder von uns wird bestätigen, dass Aktivitäten mit klaren Zielsetzungen und persönlichem Engagement (z. B. in einem Chor singen, mit Freude Sport betreiben, ein Buch lesen, intensiv studieren) Zufriedenheit und Glück nach sich ziehen.

Beispiel 2: Singers Argumentation zur Euthanasie

1. Faktum: Ein Kind kommt mit Spina bifida (einer schweren Fehlentwicklung des Rückenmarks) auf die Welt.
2. Schlussfolgerung: Das Kind hat keine Chancen auf Heilung und keine Aussicht, den Status einer Person im oben beschriebenen Sinn zu erreichen. Deshalb spricht aus moralischer Sicht alles für eine Euthanasie.

Vgl. S. 177ff.

3. Stützung der Schlussfolgerung: Alle ExpertInnen bestätigen, dass die Heilungschancen gleich null sind.
4. Berücksichtigung von Ausnahmen: Von der Euthanasie ist dann abzusehen, wenn die Eltern bereit sind, das Kind aufzuziehen; wenn ein anderes Paar bereit ist, das Kind zu adoptieren; wenn das Gemeinwesen (Gemeinde, Land, Staat) für soziale Einrichtungen sorgt, damit das Kind *würdevoll* versorgt wird.

AUFGABEN

1. **Toulmin-Schema**
   Konzipieren Sie ein Argumentationsmuster nach Toulmin zu folgenden Themen:
   a. Gegen Schwindeln ist nichts einzuwenden
   b. Schwindeln ist Betrug
   c. Gruppenunterricht ist super
   d. Gruppenunterricht – nein danke
2. **Argumentationsketten bilden**
   Überlegen Sie einfache Argumentationsmuster und analysieren Sie diese nach der Argumentationsart.
   - Ich bin Nichtraucher, weil …
   - Tierversuche sind grundsätzlich zu unterlassen, weil …
   - Minderheiten müssen in einer Demokratie geschützt werden, weil …
   - Das Unterrichtsfach N. finde ich völlig sinnlos, weil …
   - Das Unterrichtsfach N. finde ich sinnvoll, weil …

3.6 Philosophischer Essay

Im Unterschied zu einem Aufsatz bzw. einer Erörterung ist ein Essay kürzer und formal freier. Er kann durchaus subjektiv sein und (Denk-)Anstoß erregen. Wichtige Kriterien sind:

- Konzentration (Fokussierung) auf das Thema,
- Kohärenz (innere Stimmigkeit) der Arbeit,
- argumentative Überzeugungskraft,
- gewisse Philosophiekenntnisse (aber nicht isolierte Wissenswiedergabe),
- Originalität und Kreativität.

AUFGABE

Schreiben Sie einen philosophischen Essay.
Auf **http://philoessay.at.gg** finden Sie Themen und weitere Hinweise zum Schreiben von Essays.

4 Analytische Philosophiesysteme

Ein zentrales Anliegen der analytischen Philosophie besteht in der Untersuchung natürlicher oder umgangssprachlicher Äußerungen, auch im Hinblick auf den Gebrauch philosophischer Begriffe wie Zeit oder Freiheit im Kontext alltäglicher Rede. Gemeinsam ist allen Ansätzen der analytischen Philosophie die Behauptung, dass die nach naturwissenschaftlicher Methodik verfahrende Analyse von Sprache bzw. Sprachkonzepten eine der wesentlichen Aufgaben der Philosophie generell darstellt.

Unter dem Einfluss der englischen Empiristen John LOCKE, George BERKELEY, David HUME und John Stuart MILL sowie des deutschen Philosophen und Mathematikers Gottlob FREGE schufen die britischen Denker George Edward MOORE und Bertrand RUSSELL die Grundlagen der zeitgenössischen analytischen und linguistischen Strömungen. Sie vertreten die Ansicht, dass eine genaue Analyse der Sprache zur notwendigen Voraussetzung jeder philosophischen Betrachtung gehört. RUSSELL versucht, eine den logischen Gesetzmäßigkeiten entsprechende Fachsprache zu konzipieren, die die Objektwelt genau widerspiegeln soll. Grundlage hierbei ist die These, dass jede komplexe Aussage in einfachste Grundbestandteile, sogenannte *atomare Propositionen,* zerlegbar ist, die den kleinsten Bausteinen des Universums, den Atomen, gegenüberstehen. Der *logische Atomismus* basiert demnach auf der Annahme, dass den Propositionen nur dann Bedeutung zukommt, wenn sie in der Welt außersprachlicher Tatsachen ihre adäquate Entsprechung finden. Weiters wird zwischen der grammatikalischen und der logischen Form einer Aussage differenziert. So unterscheiden sich die Sätze „John ist gut" und „John ist groß" nicht nach ihrer grammatikalischen Struktur, wohl aber nach dem logischen Gehalt.

Proposition = Aussage

Auguste COMTE (1798–1857)

4.1 Klassischer Positivismus

Auguste COMTE ist der Hauptvertreter des klassischen Positivismus, zugleich gilt er als einer der Begründer der Soziologie. COMTE geht von folgenden Grundsätzen aus:

- In der Natur gibt es Gesetze, die man erkennen kann.
- Die Ursachen der Dinge können nicht erkannt werden. Nur die Beziehungen zwischen den Dingen und Tatsachen können erkannt werden.

Der gesellschaftliche Wandel beruht auf dem Fortschritt der geistigen Entwicklung. Die geistige Entwicklung der Menschheit beschreibt COMTE mit dem Dreistadiengesetz:

1. Das theologische Stadium: Alles wird durch magische und göttliche Mächte erklärt.
2. Das metaphysische Stadium: Die göttlichen Mächte werden zu abstrakten Wesenheiten.
3. Das positive Stadium: Nur die Phänomene und ihre Wechselbeziehungen werden betrachtet. Alles, was außerhalb der Empirie liegt, ist irrelevant und spekulativ. Das Erkenntnisinteresse richtet sich auf beobachtbare Tatsachen.

> Allein der positive Geist kann, aufgrund seiner im hohen Maße relativen Natur, alle großen Geschichtsepochen ebenso wie viele bestimmte Phasen einer gleichen grundlegenden Entwicklung darstellen, wobei jede aus der vorangehenden hervorgeht und die folgende aufgrund unwandelbarer Gesetze vorbereitet, die ihren speziellen Beitrag zum gemeinsamen Vorwärtsschreiten festlegen, sodass er es stets gestattet, ohne Inkonsequenz oder Parteilichkeit allen möglichen Verfahrensweisen strenge philosophische Gerechtigkeit widerfahren zu lassen. Obgleich dieses unbestreitbare Privileg der rationalen Positivität zunächst rein theoretisch erscheinen muss, werden die echten Denker in ihr bald die erste notwendige Quelle des aktiven sozialen Einflusses erkennen, der schließlich der neuen Philosophie vorbehalten ist. Denn man kann heute versichern, dass die Lehre, die die gesamte Vergangenheit ausreichend erklärt haben wird, aufgrund dieser einzigen Leistung unvermeidlich die geistige Führung der Zukunft erhalten wird.[9]

4.2 Logischer Positivismus

Im Wien der 1920er-Jahre entstand die Schule des logischen Positivismus, die sich aus Philosophen und Mathematikern zusammensetzte. Mit dem von Moritz SCHLICK und Rudolf CARNAP begründeten „Wiener Kreis" begann eines der wichtigsten Kapitel in der Geschichte der analytischen Philosophie. Für SCHLICK und CARNAP bestand die Herausforderung philosophischer Forschung vornehmlich in der Klärung von Bedeutung, nicht aber in der Entdeckung neuer Tatsachen.

Moritz SCHLICK (1882–1936)

Die Positivisten des Wiener Kreises lassen nur zwei Klassen von sinnvollen Aussagen als logisch gelten: analytisch wahre und

[9] Auguste COMTE, Rede über den Geist des Positivismus. Hamburg: Meiner Verlag 1956, S. 127f.

Kritisiert wurde die Verifikationstheorie u. a. von Karl R. POPPER. Er sagt, dass die enge Bedeutungstheorie ein umfassenderes Verständnis von Sprache verhindert: Das Prinzip der Verifikation muss durch das der Falsifikation ersetzt werden.

empirisch verifizierbare Behauptungen. Dabei verstehen sie unter „analytisch wahren Behauptungen" all jene Propositionen, deren Richtigkeit ausschließlich auf der durch Konventionen festgelegten Bedeutung ihrer benutzten Begriffe beruht (ein berühmtes Beispiel hierfür ist die Formel „zwei plus zwei gleich vier"). Als zweite Klasse sinnvoller Propositionen werden all jene Aussagen über die Welt aufgefasst, die sich empirisch überprüfen lassen. Wahrheit und Verifizierbarkeit gelten somit als synonym. Dieses Verifikationskriterium begründet einerseits die Legitimität naturwissenschaftlicher Aussagen und belegt andererseits die Gehaltlosigkeit religiöser und ethischer Sätze.

CARNAP bezieht sich auf sogenannte „metaphysische Philosophen" wie ANAXIMANDER, PLATON, ARISTOTELES, HEGEL und FICHTE.

Die meisten metaphysischen Termini sind ohne Bedeutung, z. B. *Idee, das Absolute, das Unbedingte, das Unendliche, das Sein des Seienden, das Nicht-Seiende, Ding an sich, absoluter Geist, objektiver Geist, Wesen, An-sich-Sein, An-und-für-sich-Sein, das Ich, das Nicht-Ich usw.* ... Der Metaphysiker sagt uns, dass sich empirische Wahrheitsbedingungen nicht angeben lassen; wenn er hinzufügt, dass er mit einem solchen Wort trotzdem etwas *meine*, so wissen wir, dass damit nur begleitende Vorstellungen und Gefühle angedeutet sind, durch die das Wort aber keine Bedeutung erhält. Die metaphysischen angeblichen Sätze, die solche Wörter enthalten, haben keinen Sinn, besagen nichts, sind bloße Scheinsätze.[10]

AUFGABE

Welche Philosophen kritisiert CARNAP, wenn er ihre metaphysischen Termini als bedeutungslos hinstellt?

- das Unendliche: ______________________________
- das Ding an sich: ______________________________
- absoluter und objektiver Geist: ______________________________
- An-und-für-sich-Sein: ______________________________
- Ich und Nicht-Ich: ______________________________

4.3 Ludwig WITTGENSTEIN

Der österreichische Philosoph Ludwig WITTGENSTEIN leistete bedeutende Beiträge zur analytischen Philosophie und Sprachphilosophie. Sein Interesse an der Mathematik brachte ihn in Kontakt mit Gottlob FREGE und Bertrand RUSSELL. 1918 vollendete WITTGENSTEIN sein erstes großes Werk, den *Tractatus logico-philosophicus,* sein einziges zu

[10] Rudolf CARNAP, Überwindung der Metaphysik durch logische Analyse der Sprache. In: Volker SPIERLING (Hg.), Lust an der Erkenntnis: Die Philosophie des 20. Jahrhunderts, München: Piper 1986, S. 375 (gekürzt).

Lebzeiten veröffentlichtes Werk. Da er meinte, alle wesentlichen Fragen seien nun endgültig gelöst, wandte sich WITTGENSTEIN von der Philosophie ab und unterrichtete als Volksschullehrer von 1920 bis 1926 an mehreren niederösterreichischen Dorfschulen. Danach arbeitete er eine Zeit lang als Gärtner und schließlich als Architekt. 1929 kam er nach Cambridge, wo er sein zweites großes Werk *Die philosophischen Untersuchungen* schrieb.

Ludwig WITTGENSTEIN (1889–1951)

Abbildtheorie der Sprache

Die Welt besteht aus Menschen, Tieren, Pflanzen und Gegenständen; um uns herum sind Sonne, Mond und Sterne. Alles existiert unabhängig von uns in Raum und Zeit. Wir nehmen alles wahr, wie es in Wirklichkeit ist. Die Welt wird – vergleichbar dem Vorgang des Fotografierens – in unserem Geist abgebildet. WITTGENSTEIN vertritt in seinem ersten Werk, dem *Tractatus logico-philosophicus,* eine Abbildtheorie der Sprache. In dieser Theorie geht es um den Bezug von Sprache und Wirklichkeit, d. h. von Sachverhalten bzw. Tatsachen:

- Die Welt ist unabhängig von uns und unseren Zwecken „da".
- Diese Struktur der Welt bildet sich in der logischen Form des Satzes ab.

Im *Tractatus* ist es das Ziel WITTGENSTEINS, eine formal präzise Idealsprache zu entwickeln, die frei von den Vieldeutigkeiten der Alltagssprache und den damit verbundenen Missverständnissen sein sollte. Wichtig für eine exakte Sprache ist die Grenzziehung zwischen sinnvollen und sinnlosen Sätzen. Ein Satz hat *Bedeutung,* ist also sinnvoll, wenn er „Bild eines möglichen Sachverhaltes" ist. Zwischen den Elementen des Satzes und Elementen des Sachverhaltes muss eine eindeutige Beziehung gegeben sein.
Dazu ein Beispiel: „Hans ist größer als Peter" (aRb). Dem Namen Hans bzw. dem Symbol a entspricht das Individuum Hans; dem Namen Peter bzw. dem Symbol b entspricht das Individuum Peter. R drückt die Relation aus. Diese Theorie schließt nun alle Sätze als sinnlos aus, die sich auf nichts Empirisches beziehen; so ist z. B. der Satz „Gott ist" deshalb sinnlos, weil man nicht von einem nicht sicher existierenden Wesen behaupten kann, es würde sicher existieren.

1 Die Welt ist alles, was der Fall ist.
1.1 Die Welt ist die Gesamtheit der Tatsachen, nicht der Dinge.
1.11 Die Welt ist durch die Tatsachen bestimmt und dadurch, dass es *alle* Tatsachen sind.

Aus dem *Tractatus* sind der Beginn und das Ende zitiert. Die Nummern der einzelnen Sätze deuten das logische Gewicht der Sätze an, den Nachdruck, der darauf liegt. Beispiele: Die Sätze 1.1, 1.2 etc. sind Bemerkungen zum Satz Nr. 1.
Die Sätze 6.51, 6.52 etc. sind Bemerkungen zum Satz Nr. 6.5.

1.12 Denn, die Gesamtheit der Tatsachen bestimmt, was der Fall ist, und auch, was alles nicht der Fall ist.

1.13 Die Tatsachen im logischen Raum sind die Welt.

1.2 Die Welt zerfällt in Tatsachen.

1.21 Eines kann der Fall sein oder nicht der Fall sein und alles Übrige gleichbleiben …

6.5 Zu einer Antwort, die man nicht aussprechen kann, kann man auch die Frage nicht aussprechen.
Das Rätsel gibt es nicht.
Wenn sich eine Frage überhaupt stellen lässt, so *kann* sie auch beantwortet werden.

6.51 Skeptizismus ist *nicht* unwiderleglich, sondern offenbar unsinnig, wenn er bezweifeln will, wo nicht gefragt werden kann. Denn Zweifel kann nur bestehen, wo eine Frage besteht; eine Frage nur, wo eine Antwort besteht, und diese nur, wo etwas *gesagt* werden *kann.*

6.52 Wir fühlen, dass selbst, wenn alle *möglichen* wissenschaftlichen Fragen beantwortet sind, unsere Lebensprobleme noch gar nicht berührt sind. Freilich bleibt dann eben keine Frage mehr; und eben dies ist die Antwort.

6.521 Die Lösung des Problems des Lebens merkt man am Verschwinden dieses Problems. (Ist nicht dies der Grund, warum Menschen, denen der Sinn des Lebens nach langen Zweifeln klar wurde, warum diese dann nicht sagen konnten, worin dieser Sinn bestand.)

6.522 Es gibt allerdings Unaussprechliches. Dies *zeigt* sich, es ist das Mystische.

6.53 Die richtige Methode der Philosophie wäre eigentlich die: Nichts zu sagen, als was sich sagen lässt, also Sätze der Naturwissenschaft – also etwas, was mit Philosophie nichts zu tun hat –, und dann immer, wenn ein anderer etwas Metaphysisches sagen wollte, ihm nachzuweisen, dass er gewissen Zeichen in seinen Sätzen keine Bedeutung gegeben hat. Diese Methode wäre für den anderen unbefriedigend – er hätte nicht das Gefühl, dass wir ihn Philosophie lehrten – aber sie wäre die einzig streng richtige.

6.54 Meine Sätze erläutern dadurch, dass sie der, welcher mich versteht, am Ende als unsinnig erkennt, wenn er durch sie – auf ihnen – über sie hinausgestiegen ist. (Er muss sozusagen die Leiter wegwerfen, nachdem er auf ihr hinaufgestiegen ist.) Er muss diese Sätze überwinden, dann sieht er die Welt richtig.

7 Worüber man nicht sprechen kann, darüber muss man schweigen.[11]

[11] Ludwig WITTGENSTEIN, Tractatus logico-philosophicus. Logisch-philosophische Abhandlung, Frankfurt/Main: Suhrkamp 1999, S. 11 und 114f.

Gebrauchstheorie der Sprache

Nach der Fertigstellung des *Tractatus* war für WITTGENSTEIN die Philosophie zu Ende gedacht. Wie bereits erwähnt, wurde er Dorfschullehrer, Gärtner, Architekt. Schließlich befasste er sich konträr zum *Tractatus* in Form von Gedankensplittern noch einmal mit Philosophie. In den *Philosophischen Untersuchungen* gibt er die Idee einer Idealsprache auf: Sprache ist ein Spiel, ein Sprachspiel, ein Instrument für viele Tätigkeiten. Die Bedeutung des Wortes ist sein Gebrauch in der Sprache. Wenn man die Bedeutung eines Wortes erfassen will, muss man dessen Gebrauch in der Sprache untersuchen; die Frage nach der Bedeutung sprachlicher Ausdrücke kann nur über die Untersuchung ihres Gebrauchs beantwortet werden. Mit der Einsicht, dass es verschiedene Sprachformen gibt, unterschiedlich strukturierte Sprachen, verschiedene Sprachspiele, also sprachliche Anwendungen und Elemente der Sprache, hat WITTGENSTEIN die Beschäftigung mit Sprache wesentlich geprägt.

Die *Philosophischen Untersuchungen* wurden posthum veröffentlicht (englisch 1953, deutsch 1970). Die im *Tractatus* gezogenen Schlüsse wurden darin verworfen.

Propositionen sind sehr viel mehr als die bloße Abbildung von Tatsachen.

WissenschaftlerInnen, PhilosophInnen, DichterInnen und TheologInnen sind in unterschiedliche Sprachspiele verwickelt, bei denen es zwingend notwendig ist, dass dem Sprechenden die Regeln des Gebrauchs geläufig sind.

Die Bedeutung von Aussagen ergibt sich aus ihrem pragmatischen Kontext.

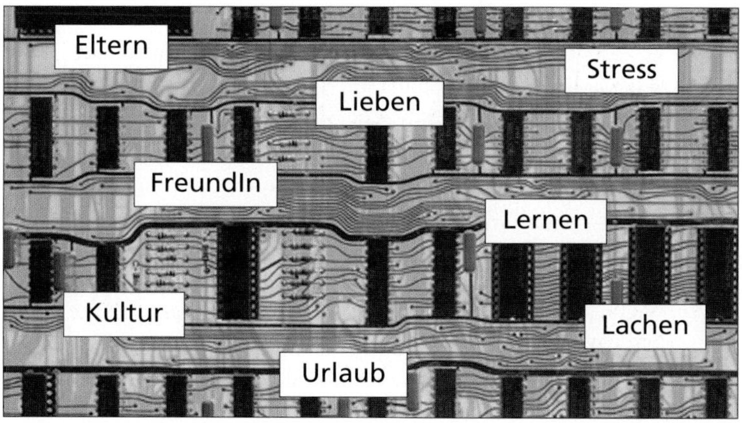

120. Wenn ich über Sprache rede, muss ich die Sprache des Alltags reden …
121. Man könnte meinen: Wenn die Philosophie vom Gebrauch des Wortes „Philosophie" redet, so müsse es eine Philosophie zweiter Ordnung geben. Aber es ist eben nicht so; sondern der Fall entspricht dem der Rechtschreiblehre, die es auch mit dem Wort „Rechtschreiblehre" zu tun hat, aber dann nicht eine solche zweiter Ordnung ist.
122. Es ist eine Hauptquelle unseres Unverständnisses, dass wir den Gebrauch unserer Wörter nicht übersehen. – Unserer Grammatik fehlt es an Übersichtlichkeit. – Die übersichtliche Darstellung vermittelt das Verständnis, welches eben darin

Aus der Bildtheorie wird eine Gebrauchstheorie: Die Bedeutung eines Wortes ist sein Gebrauch in der Sprache. Sprache ist etwas Dynamisches, vergleichbar einer Stadt mit Zubau- und Abrissobjekten.

besteht, dass wir die Zusammenhänge sehen. Daher die Wichtigkeit des Findens und des Erfindens von *Zwischengliedern.*

Der Begriff der übersichtlichen Darstellung ist für uns von grundlegender Bedeutung. Er bezeichnet unsere Darstellungsform, die Art, wie wir die Dinge sehen.

123. Ein philosophisches Problem hat die Form: „Ich kenne mich nicht aus."

124. Die Philosophie darf den tatsächlichen Gebrauch der Sprache in keiner Weise antasten, sie kann ihn am Ende also nur beschreiben. Denn sie kann ihn auch nicht begründen. Sie lässt alles, wie es ist. …

126. Die Philosophie stellt eben alles bloß hin und erklärt und folgert nichts. – Da alles offen daliegt, ist auch nichts zu erklären. Denn, was etwa verborgen ist, interessiert uns nicht. „Philosophie" könnte man auch das nennen, was vor allen neuen Entdeckungen und Erfindungen möglich ist.

127. Die Arbeit des Philosophen ist ein Zusammentragen von Erinnerungen zu einem bestimmten Zweck.

128. Wollte man *Thesen* in der Philosophie aufstellen, es könnte nie über sie zur Diskussion kommen, weil alle mit ihnen einverstanden wären.

129. Die für uns wichtigsten Aspekte der Dinge sind durch ihre Einfachheit und Alltäglichkeit verborgen. (Man kann es nicht bemerken, – weil man es immer vor Augen hat.) Die eigentlichen Grundlagen seiner Forschung fallen dem Menschen gar nicht auf. Es sei denn, dass ihm dies einmal aufgefallen ist. – Und das heißt: das, was, einmal gesehen, das Auffallendste und Stärkste ist, fällt uns nicht auf.[12]

AUFGABE

Das Projekt einer Idealsprache in der Weise, dass alles exakt ausgedrückt werden kann, ist erstens unmöglich und zweitens wahrscheinlich gar nicht wünschenswert. Stellen Sie sich einen Androiden vor, der eine vollständige Sprachkompetenz besitzt, allerdings ohne Erfahrungen mit der konkreten Welt. Diskutieren Sie die Schwierigkeiten, die sich aufgrund von Bedeutungsvielfalt ergeben können.

- Auf dieser Baustelle sind Helme zu tragen.
- Auf dieser Rolltreppe sind Hunde zu tragen.
- (Aus einem Modejournal) In diesem Frühjahr trägt *Frau* bunt.

[12] Ludwig WITTGENSTEIN, Philosophische Untersuchungen, Frankfurt/Main: Suhrkamp 1971, S. 80ff.

5 Strukturalismus

Der *Strukturalismus* und die *Semiotik* beschäftigen sich mit der Untersuchung kultureller Zeichensysteme:

- *Strukturalismus* bezeichnet die Suche nach gemeinsamen Tiefenstrukturen, die eine Fülle unterschiedlichster kultureller Phänomene miteinander verbinden. Ein typisches Beispiel ist die Untersuchung der Mythen verschiedener Kulturen von Claude LEVI-STRAUSS. Sehr viele, scheinbar unterschiedliche Mythen bedeuten im Grunde dasselbe, d. h., sie dienen demselben Zweck und funktionieren auf dieselbe Weise, haben also die gleiche Struktur.
- Die *Semiotik* ist ein Zweig des Strukturalismus. Sie gründet in der Annahme, dass alle möglichen Verhaltensweisen mit Kommunikation und *Bedeutungen* zu tun haben. Alles – von der Farbe des eigenen Pullovers bis zu kriegerischen Handlungen, von der Waschmittelverpackung bis zur Architektur, von der Aufmachung einer Illustrierten bis zum wissenschaftlichen Buch – lässt sich als *Zeichen, das eine Bedeutung hat,* interpretieren.

Mythen haben, egal aus welchem Kulturkreis sie stammen, eine antithetische Struktur (es geht z. B. um die Auseinandersetzung von Gut und Böse); sie beschäftigen sich in der Tiefenstruktur mit typischen menschlichen Fragen wie der Frage nach der Identität.

Der bekannteste Vertreter der Semiotik ist Umberto ECO (geb. 1932), der Verfasser des Romans „Der Name der Rose".

5.1 Klassischer Strukturalismus

Der Schweizer Sprachwissenschaftler Ferdinand de SAUSSURE (1857–1913) gilt als Begründer des Strukturalismus. Er unterscheidet zunächst innerhalb der Regeln der Sprache zwei Aspekte: Die *langue,* die Struktur und Regeln der Sprache, sowie die *parole,* die Sprache, so wie sie von Fall zu Fall konkret gesprochen wird. Die *langue* ist im Wesentlichen synchron – ein nach genauen Regeln funktionierendes, abstraktes System, das im Kern zu allen Zeiten dasselbe ist. Die *parole* hingegen ist diachron, d. h., sie befindet sich in ständigem Fluss. Die *parole* ist ein Aneinanderreihen von Wörtern und Sätzen in der Zeit; sie wird von den Regeln der *langue* geleitet, doch ihrem Wesen nach ist sie dynamisch und verändert sich ständig.

Bei der *langue* handelt es sich um eine Struktur von Zeichen, die für sich, unabhängig voneinander, keine Bedeutung besitzen, sondern nur als Teile eines Systems Bedeutung gewinnen. Das Wort „Hund" ist ein sprachliches Zeichen, das für einen Deutsch Sprechenden eine bestimmte Bedeutung hat. Aber wenn man einen nicht Deutsch Sprechenden mit diesem Zeichen konfrontiert, so besitzt es keine Bedeutung für ihn. Ein Wort bedeutet nur dann etwas, wenn es einen bestimmten Platz in einem Zeichensystem, etwa der deutschen Sprache, einnimmt, d. h., linguistische Zeichen haben keine ihnen innewohnende Bedeutung, sie sind inhaltsleer. Bedeutung verleiht ihnen erst das System von Zeichen.

- Diese Zeichen sind arbiträr, also willkürlich und beliebig.
- Zwischen dem Bezeichnenden und Bezeichneten gibt es kein natürliches, notwendiges Verhältnis.

Bezeichnendes: Hund	← willkürlich →	Bezeichnetes:

5.2 Poststrukturalismus

Claude Levi-Strauss (geb. 1908)

Die Erkenntnis, dass Zeichen beliebig sind, war der erste Schritt der strukturalistischen Analyse. In weiterer Folge wurde die zugrunde liegende Struktur im System untersucht. Der wichtigste Vertreter dafür ist Claude Levi-Strauss. Er geht davon aus, dass man bestimmte Riten, Glaubensformen oder Mythen nur dann versteht, wenn man die Gesamtstruktur einer Kultur bzw. die ihr zugrunde liegenden, unbewussten Muster kennt. So lässt sich ein Mythos nicht unabhängig von anderen analysieren, indem man ihn etwa psychoanalytisch deutet oder seinen historischen Wurzeln nachgeht. Vielmehr muss man die Gesamtheit der Mythen einer Kultur untersuchen, um die tieferliegende mythologische Sprache darunter zu entdecken. Diese Sprache ist im Wesentlichen antithetisch organisiert, d. h., sie besteht aus Gegensatzpaaren wie harmonisch – feindlich, rein – unrein, göttlich – menschlich, männlich – weiblich, roh – gekocht etc.

- Wenn man von „Mensch" spricht, so meint man primär seine Sprache. Wenn man die Sprache untersucht, erfasst man die zugrunde liegenden Strukturen der Kultur.
- Die Sprache und die Strukturen der Kultur zeigen sich am klarsten in den Mythen. Der Mythos bildet die Symbolsysteme einer Kultur ab, wie die Menschen in dieser Kultur fühlen und denken.

Denken meint in diesem Kontext: Der Mythos bildet die unbewussten Strukturen des Geistes ab, unverfälscht von Rationalisierungen und ideologischen Einflüssen.

Der zweite bedeutende Poststrukturalist ist Michel Foucault. Von Nietzsches „Willen zur Macht" ausgehend untersucht Foucault die innerhalb der Gesellschaft und innerhalb der Sprache greifenden Machtstrukturen und die Beziehung zwischen Macht und Individuum. Dabei stellt er einen direkten Bezug zwischen Wissen und Macht her. Foucault bemüht sich aufzuzeigen, dass traditionelle Denkmodelle nicht mehr ausreichen, um die neuen Machtstrukturen und Kontrollsysteme der abendländischen Gesellschaft zu erklären.

AUFGABEN

1. LEVI-STRAUSS und FOUCAULT gehen davon aus, dass man bei einem Text die zugrunde liegende Struktur erkennen kann, indem man die bipolare Struktur herausarbeitet. Analysieren Sie den Text der Gruppe EAV in Bezug auf seine bipolare Struktur:

ERSTE ALLGEMEINE VERUNSICHERUNG, Neandertal
Am Anfang lebte der Mensch im Baum, doch verändert hat er sich seit damals kaum.
Er geht zwar aufrecht und fliegt ins All, doch er ist immer noch im Neandertal.
Der Mensch von heute, der telefaxt, sein Opel Manta ist frisch gewachst,
doch gibt es irgendwo ein Problem, benimmt er sich wie ehedem.
Im prähistorischen Rachewahn heißt es Auge um Auge und Zahn um Zahn.
Und bist du nicht willig, schon gibt es Krawall, und schon sind wir wieder im Neandertal.
Willkommen im Neandertal, willkommen, willkommen! Willkommen im Neandertal, der Yeti haut den Rübezahl. Seit Menschengedenken wird emsig aufgebaut, damit man's nachher wieder niederhaut.
Denn aus Blut und Schutt und nach jedem Krieg die Wirtschaft wie Phönix aus der Asche stieg. Humanismus und menschliche Ethik bringen keine Kohle, drum hamm wir's auch nicht nötig. SOKRATES, PLATO, HEGEL und KANT waren an der Börse stets unbekannt.
Voll Bedauern sieht der Homo sapiens das Schicksal der Kurden Arabiens im TV, ganz genau, doch keiner mischt sich ein: Ich fürchte, da dürfte kein Erdöl sein.
Willkommen im Neandertal, willkommen, willkommen!
Willkommen im Neandertal, der Yeti haut, und noch einmal!

Neandertaler (links) und Homo sapiens sapiens

hamm = haben
hamma = haben wir

Das zweite Jahrtausend geht zu Ende, die Mauern sind gefallen, jetzt hamma unsre Wende. Europa ist frei, Europa wird neu, nur am Balkan gibt's grad a kleine Keilerei. Auch Zucht und Ordnung kehren wieder ein, und in Deutschland brennt ein Ausländerheim.
Trotz Mikrochip und Megabyte: Wir sind wieder in der guten alten Zeit.
Willkommen im Neandertal, willkommen, zum letzten Mal! Willkommen im Neandertal, wo ich dir einen auf die Rübe knall. Willkommen im Neandertal, willkommen, willkommen! Willkommen im Neandertal, es sei denn, du bist in der Überzahl.

2. **Linguistic Turn in der Philosophie**
Das wichtigste Merkmal der linguistischen Wende ist die Fokussierung der Philosophie auf die Sprache als wirklichkeitstragend und zugleich wirklichkeitsproduzierend. Diskutieren Sie die folgenden Fragen.
   a. Kann die Welt durch die Sprache erschlossen werden?
   b. Ist die Wahrnehmung der Welt von der Sprache abhängig?
   c. Können zwischenmenschliche Probleme mit den Mitteln der Logik gelöst werden?
   d. Können wissenschaftliche Probleme mit den Mitteln der Logik gelöst werden?
   e. Sind die Bedeutungen der Begriffe willkürlich entstanden? Könnten wir also Meerschweinchen und Apfel beliebig vertauschen?
   f. Was ist die Aufgabe einer Grammatik, also einer Metasprache (= über das jeweilige Sprachsystem nachdenken)?

6 Abschied von der Moderne

Unter *Moderne* verstehen wir in der Philosophie den Zeitraum von etwa 1500 (Entdeckung Amerikas und Einfluss auf den Empirismus BACONS) bis 1970. Charakteristisch für die Moderne sind z. B.:

- der Glaube an die Vernunft: die klassischen Systeme des Empirismus und Rationalismus,
- die Säkularisierung in Folge der Aufklärung (Kritizismus),
- die Autonomie des Individuums in Fragen der Moral (KANT),
- der Fortschrittsglaube (HEGEL und MARX) in geistigen wie materiellen Belangen.

6.1 Postmoderne

Axiom = Grundlage

Jacques DERRIDA (1930–2004)

Die *Postmoderne* bedient sich ebenfalls der aufgeklärten Vernunft, betont aber die Wichtigkeit der Sprach- und Strukturreflexion: Postmoderne Denker stellen die unreflektierten Axiome der abendländischen Philosophie in Frage. Die Wunschvorstellung der Philosophen bis zur Moderne war es, Grundprinzipien wie Wahrheit, Schönheit, Idee oder Weltgeist transparent zu machen. Alle Konzepte dieser Art gehen aber von Grundlagen aus, die sich nicht beweisen lassen. Im historischen Kontext sind solche Grundprinzipien verabsolutiert und jeder kritischen Prüfung entzogen worden. Vor allem französische Denker wie z. B. Jean-François LYOTARD (1924–1998) und Jacques DERRIDA nehmen provokant Abschied von allen oben genannten Grundprinzipien und vertreten einen *totalen Pluralismus* von Lebensformen, Ideen und sprachlichen Diskursen, wobei alle möglichen Lebens- und Denkformen gleichberechtigt sind.

dekonstruieren = wegnehmen

Postmoderne Denker bedienen sich der Methode der Dekonstruktion. Diese Methode beschreibt Gegensatzpaare, z. B. Sein – Nichts, wahr – falsch, gut – schlecht, Natur – Kultur. Sie wollen beweisen, dass solche transzendenten Begriffe erst im historischen Prozess gewachsen sind. Sie dekonstruieren Vorstellungen, die sich im Laufe der Geschichte angehäuft haben.[13]

In letzter Konsequenz richtet sich die philosophische Postmoderne – veranlasst durch die Erfahrung mit politischen Terrorsystemen – gegen die Tradition der Aufklärung, mithin auch gegen die Einschätzung der Vernunft als der geschichts- und fortschrittsbewegenden Kraft. Stattdessen propagieren die

[13] Vgl. Michael MACRONE, Heureka! Das archimedische Prinzip und 80 weitere Versuche, die Welt zu erklären, München: dtv 1998, S. 232ff.

postmodernen Denker einen Pluralismus von Ideologien und Lebensformen und negieren folgerichtig jede Form von geschichtlichem Fortschritt.

Der Philosoph und Politikwissenschaftler Christian SCHÜLE (geb. 1970) beschreibt in seinem Buch *Deutschlandvermessung* sehr anschaulich postmoderne Lebensgefühle.

Postmoderne Lebensgefühle

Jeder ist seines Glückes Schmied. Jeder ist seine Ich-AG mit beschränkter Haftung. Das Jahr 1985 ist der Gründungsmythos einer Kohorte, die anders denkt und handelt. Sie denkt horizontal, will sagen pluralistisch. Vertikal, will sagen hierarchisch, denkt sie nicht. 1985 ist das Jahr, um das herum sich das duale Rundfunksystem zu etablieren begann und mit ihm die Trivialität des Totalboulevards; das Jahr, als der französische Philosoph Jean-François LYOTARD unter Bezug auf eine neue Formsprache in der Architektur mit *postmodern* den Begriff einer Epoche prägen sollte, der alles *Danach* in sich trägt, eine Abkehr vom Purismus der Moderne, vom alten Grundsatz *Weniger ist mehr* zugunsten des neuen Grundsatzes *Erlaubt ist, was gefällt.* Auf die ganze Gesellschaft in ständiger Veränderung und Beschleunigung, auf ein neues Wirklichkeitsverständnis bezogen, hieß das vor allem eines: Nichts bleibt, wie es ist.

Die größte Errungenschaft meiner Generation ist die Subjektivität (die ohnehin mehr ein Geschenk ist; errungen wurde sie von unseren Vorfahren und ihren Philosophen). …

Sagen wir es so: WIR sind eine Ansammlung von ICHlingen zwischen dreißig und vierzig, die sich ständig selbst zu entwerfen genötigt sehen. Im ICH sammeln sich Sehnsüchte und Bedürfnisse. Das ICH ist die Chiffre für den Lebensentwurf in der späten Moderne, die seit zwanzig Jahren eine Evolution durchläuft. Jeder ICHling lebt das Projekt seines eigenen, legitimen Lebensentwurfs. Millionen von gleichrangigen Lebensentwürfen koexistieren ohne Anspruch auf Allgemeingültigkeit. …

Der ICHling jedenfalls handelt. Er lässt sich nichts mehr vormachen. Er macht selbst. Er ist der Verfechter des Pragmatismus. Herrschte in den Siebzigerjahren die Theorie, schlug sie ab Mitte der Achtziger um in den Pragmatismus. Man diskutierte nicht mehr herrschaftsfrei. Man diskutierte gar nicht mehr. Man sorgte sich nicht. Man lebte. So wie es der Werbeslogan der Hypo-Vereinsbank einige Jahre später fasste: *Leben Sie. Wir kümmern uns um die Details. …*

Die ICHlinge sind total individualisiert. Sie sind, kultursoziologisch betrachtet, die Selbstverwirklicher der Erlebnisgesellschaft in einem Leben ohne Notwendigkeit. Und ihre Losung heißt: *Erlebe dich!*[14]

[14] Christian SCHÜLE, Deutschlandvermessung. Abrechnung eines Mittdreißigers, München: Piper 2006, S. 21ff. (gekürzt).

AUFGABEN

1. Tabelle ergänzen

Ergänzen Sie die Tabelle und finden Sie konkrete Beispiele zu den Schlagworten.

Charakteristiken der Moderne	*Charakteristiken der Postmoderne*
	Dissens, Beliebigkeit
	Erlebnisorientierung
	Hinwendung zu Aspekten menschlicher Emotionalität
	Koexistenz verschiedener Lebensentwürfe und Weltanschauungen
	Individualisierung
	Verzicht auf Widerspruchsfreiheit
	Problematisierung traditioneller Bindungen
	Ablehnung eines universalen Wahrheitsanspruchs
	Internet als typische Wissensbasis
	Sampling

2. Postmoderner Unterricht

a. Streichen Sie die Ihrer Meinung nach passenden Begriffe eines *postmodernen Unterrichts* an.

Unterricht soll	a.	gut strukturiert sein	b.	erlebnisorientiert sein
Lehrperson fungiert	a.	als Moderator	b.	als Anführer
Schüler soll	a.	aus Fehlern lernen	b.	Fehler vermeiden
Schülerin soll	a.	viel lernen	b.	sich selbst verwirklichen
Im Mittelpunkt steht	a.	die Nützlichkeit	b.	die Wichtigkeit des Lernstoffs
Schüler soll Unterricht	a.	selbst steuern	b.	Anweisungen erhalten

b. Diskutieren Sie die Frage: Wie sollte Ihrer Meinung nach ein Unterricht konzipiert sein, der die Anforderungen einer Wissensgesellschaft und die Bedürfnisse einer Erlebnisgesellschaft erfüllt?

3. Moderner und postmoderner Mensch

Zeichnen Sie einen modernen und einen postmodernen Menschen (Beispiel: Mensch auf festem Boden und Mensch in einem Netz).

4. Der Begriff *Postmoderne* ist nicht nur auf die Philosophie oder die Literatur beschränkt. In der Kunsttheorie ist ein charakteristisches Element der Postmoderne ein extremer Stilpluralismus. Der Grundsatz, dass in Literatur, Architektur und bildender Kunst nichts Neues mehr zu schaffen sei, führt zum spielerischen Umgang mit vorhandenen Materialien und Formen: Alles ist erlaubt!

Aufgrund dieses pluralistischen Prinzips kommt es des Öfteren zum Vorwurf der *Beliebigkeit*.

Suchen Sie in Ihrer näheren Umgebung typisch postmoderne Bauwerke und analysieren Sie, warum diese Bauwerke dem Stil der Postmoderne zuzuordnen sind.

Naturwissenschaftliche Fakultät der Universität Salzburg, von einer Architektengruppe unter Leitung von Wilhelm Holzmeister zwischen 1982 und 1986 errichtet.

6.2 Konstruktivismus

Im heutigen philosophischen Sprachgebrauch steht der Begriff *Konstruktivismus* für die Gesamtheit wissenschaftlicher Konzepte, deren besondere Aufmerksamkeit der aktiven Rolle des Erkennenden im Erkenntnisprozess gilt: Das Erkennen selbst, d. h., die Art und Weise, wie der Einzelne erkennt, tritt in den Vordergrund. Der Konstruktivismus geht davon aus, dass es verschiedene Konstrukte der Wirklichkeit gibt; so sind ein literarisches Werk und eine historische Dokumentation zu einem Ereignis zwei verschiedene Konstrukte. Während die Ereignisse oder Handlungen festgelegt sind, können die Beschreibungen oder Erklärungen zu ein und demselben Ereignis unterschiedlich ausfallen.

Im Gegensatz dazu geht der kritische Rationalismus oder die evolutionäre Erkenntnistheorie von einer einzigen (wenn auch verborgenen) Realität oder Wirklichkeit aus.

Ereignis: Der Bleistift fällt zu Boden (= Realität)

Konstrukt 1 (Aristoteles): Er hat die Schwere in sich.

Konstrukt 2 (Newton): Er fällt aufgrund der Schwerkraft.

Der Unterschied zwischen einer alltäglichen und einer wissenschaftlichen Beschreibung besteht primär in der Methodenreflexion: Während beispielsweise ein historischer Roman wenig methodische Stringenz (Schlüssigkeit, Beweiskraft) aufweist, hat eine historische Dokumentation bestimmte methodische Vorgaben.[15]

Geronimo als Realität.
Zu dieser Realität gibt es verschiedene Wirklichkeiten oder Konstrukte, z. B. den Roman „Winnetou", den Film oder eine historische Dokumentation. Die Konstrukte unterscheiden sich in ihrer methodischen Stringenz.

Beispiel 1: Winnetou lebte niemals, trotzdem regte er die Fantasie vieler an; viele vergossen bei seinem literarischen oder filmischen Tod Tränen. Geronimo war ein realer Apachenhäuptling, der seine Lebensgeschichte aufschrieb und 1909 in einem Militärspital in hohem Alter starb. 1858 war seine Familie von Mexikanern ausgerottet worden. Er startete – nur mit Pfeilen und Messern bewaffnet – einen Rachefeldzug und besiegte eine Übermacht mexikanischer Truppen. Er wurde zum Kriegshäuptling sämtlicher Apachen. Geronimo war Realität, seine Handlungen und Erlebnisse ändern jedoch kaum die Einstellungen anderer Menschen, weil sie überwiegend unbekannt sind. Winnetou ist insofern Wirklichkeit, als seine Persönlichkeit noch heute auf viele wirkt und möglicherweise Handlungen von Menschen beeinflusst.

Die Raumfähre *Challenger* explodierte aufgrund eines technischen Defekts kurz nach dem Start.

Die Realität war in diesem Fall nicht so sicher wie die Konstrukte der NASA-Experten.

Beispiel 2: Am 28. 1. 1986 explodierte die Raumfähre *Challenger* mit sieben Astronauten an Bord kurz nach dem Start in Cap Canaveral. Damit wurde ein Traum der Menschheit begraben. Die tödlichen Sekunden wurden in alle Welt gesendet. Der Untersuchungskommission gehörte auch der Physiker Richard FREYMANN an. Er verfasste ein persönliches Dokument über die Zuverlässigkeit von Raumfähren. Darin heißt es: *Zur Sicherheit von Fähren differiert die Prognose bezüglich eines Versagens von eins zu hunderttausend. Eine Raumfahrt gleicht dem russischen Roulett. Wenn der erste Schuss glimpflich verläuft, heißt das noch nicht, dass alle weiteren auch beruhigend ausgehen. Ich gebe die Empfehlung ab, dass sichergestellt werden soll, dass die NASA-Offiziellen in einer Welt der Realität handeln, dass sie die technischen Schwächen gut genug verstehen, um aktiv zu versuchen, sie zu eliminieren. Um einer erfolgreichen Technologie willen muss die Realität Vorrang vor der Werbung gewinnen, denn die Natur kann nicht getäuscht werden.* Die NASA schuf eine Wirklichkeit, die mit der Realität in Widerspruch geriet, sie hielt warnende Stimmen von Ingenieuren für realitätsfern. Erst die Katastrophe zeigte, was Realität war.

[15] Die Beispiele 1 und 2 stammen aus: Herbert PIETSCHMANN, Die Wahrheit liegt nicht in der Mitte, Stuttgart: Edition Weitbrecht 1990, S. 7ff.

Beispiel 3: Der Psychologe Salomon ASCH führte folgende Experimente durch: Er zeichnete Linien, die unterschiedlich lang waren, auf ein Blatt Papier. Die Versuchspersonen wurden gebeten zu zeigen, welcher der drei Striche gleich lang sei wie eine Vergleichslinie. Die Striche waren so unterschiedlich lang, dass eine Zuordnung leicht möglich war. In zwei aufeinanderfolgenden Versuchen wurde dies von den Versuchspersonen problemlos gelöst. Beim dritten Versuch instruierte er alle bis auf eine Person, etwas Falsches zu sagen. Die eine Versuchsperson musste sich nun für die Realität (um den Preis des Außenseitertums) oder für die geschaffene (künstliche) Wirklichkeit entscheiden. Im Durchschnitt war nur jede vierte Versuchsperson imstande, dem sozialen Druck standzuhalten und sich für die Realität zu entscheiden.

Vgl. Karl LAHMER, Kernbereiche der Psychologie, S. 28

Paul WATZLAWICK, Konstrukte

Schon vor 70 Jahren verwies Bertrand RUSSELL darauf, dass Aussagen über Dinge und Aussagen über Beziehungen streng zu trennen sind. „Dieser Apfel ist rot“ ist eine Aussage über eine Eigenschaft *dieses* Apfels. „Dieser Apfel ist größer als jener“ ist eine Aussage, die sich auf die Beziehung *zwischen den beiden Äpfeln* bezieht und die daher nichts mit dem einen oder dem anderen Apfel allein zu tun hat. Die Eigenschaft des Größerseins ist keine Eigenschaft eines der beiden Äpfel, und es wäre glatter Unsinn, sie *einem* der beiden zuschreiben zu wollen.

Diese wichtige Unterscheidung wurde später aufgegriffen und weiterentwickelt, nämlich dass in jeder Mitteilung immer beide Aussagen enthalten sind; oder in anderen Worten, dass jede Kommunikation eine Objekt- und eine Beziehungsebene hat. Nehmen wir an, eine Frau fragt ihren Mann: „Diese Suppe ist nach einem ganz neuen Rezept – schmeckt sie dir?“ Wenn sie ihm schmeckt, kann er ohne weiteres „Ja“ sagen, und sie wird sich freuen. Schmeckt sie ihm aber nicht und ist es ihm außerdem gleichgültig, sie zu enttäuschen, kann er ohne weiteres verneinen. Problematisch ist aber die statistisch viel häufigere Situation, dass er die Suppe scheußlich findet, seine Frau aber nicht kränken will. Auf der sogenannten Objektebene (also was den Gegenstand *Suppe* betrifft) müsste seine Antwort „Nein“ lauten. Auf der Beziehungsebene müsste er „Ja“ sagen, denn er will sie ja nicht verletzen. Was sagt er also? Seine Antwort kann nicht „Ja“ und „Nein“ sein, denn das Wort „Jain“ gibt es in der deutschen Sprache nur als Witz. Er wird also versuchen, sich irgendwie aus der Zwickmühle zu winden, indem er zum Beispiel sagt: „Schmeckt interessant“, in der Hoffnung, dass seine Frau ihn richtig versteht. Die Chancen

Paul WATZLAWICK (geb. 1921)
vgl. Karl LAHMER, *Kernbereiche der Psychologie*, S. 70f.

sind minimal. Da empfiehlt es sich schon eher, dem Beispiel eines mir bekannten Ehemannes zu folgen, dessen Frau ihm nach der Rückkehr aus den Flitterwochen beim ersten Frühstück im neuen Heim eine große Schachtel *Cornflakes* auf den Tisch stellte, in der (auf der Beziehungsebene) wohlgemeinten, aber (auf der Objektebene) irrtümlichen Annahme, dass er sie gern äße. Er wollte sie nicht kränken und nahm sich vor, das Zeug halt in Gottes Namen zu schlucken und sie dann, wenn die Schachtel leer war, zu bitten, keine neue zu kaufen. Als gutes Weib aber hatte sie aufgepasst, und noch bevor die erste Schachtel ganz aufgebraucht war, stand bereits die zweite da. Heute, 16 Jahre später, hat er die Hoffnung aufgegeben, ihr schonend beizubringen, dass er *Cornflakes* hasst. Ihre Reaktion könnte man sich ausmalen. …[16]

Konstruktivismus – Annäherungen

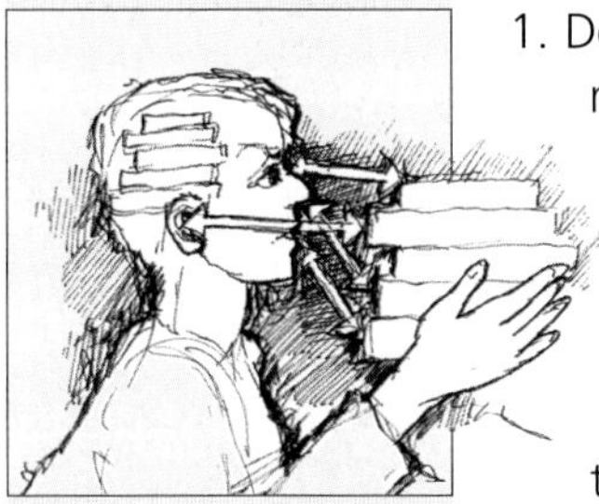

Die traditionelle Auffassung in der Philosophie und Psychologie betrachtet dieses Verhältnis als eine mehr oder weniger bildhafte Korrespondenz.

1. Der Mensch gelangt nur über seine Sinneskanäle an Informationen über seine Umwelt. Es gibt keine unmittelbare Erkenntnis, keine Einsicht in die Dinge der Welt, die vom Einfluss der Sinneskanäle absehen kann. Die Kognitionen (Wahrnehmungen etc.) bilden die Wirklichkeit nicht ab. Das Gehirn, das die Sinnesempfindungen repräsentiert, konstruiert gleichsam die äußere Realität. Wenn also die äußere Realität konstruiert wird, und zwar im Gehirn, stellt sich die Frage nach der realen Existenz.
2. Es ist unmöglich, mit den Augen eines anderen zu sehen und die Realität des anderen zu erforschen. Jeder konstruiert seine eigene Sicht von einem Phänomen der Umwelt, letztlich der Welt. Diese konstruierte Wirklichkeit kann mit einer Realität, die hinter den Erscheinungen steht, nicht verglichen und daher nicht auf ihre Richtigkeit überprüft werden.
3. Eine Konstruktion ist so lange gangbar, wie sie bei der Konfrontation mit der Umwelt keinen Anstoß verursacht. Dies beinhaltet, dass stets mehrere verschiedene Möglichkeiten existieren. Kommt es zu einem Widerspruch mit der Umwelt, so muss die Konstruktion entsprechend modifiziert werden. Wir konstruieren durch unsere vielfältigen Tätigkeiten (Wahrnehmen, Denken, Handeln, Kommunizieren) eine Erfahrungswirklichkeit, die wir auf ihre Gangbarkeit (Viabilität) hin erproben können, nicht aber auf ihre Übereinstimmung mit einer wahrnehmungsunabhängigen Realität.

[16] Paul WATZLAWICK, Anleitung zum Unglücklichsein, München: Piper 1994, S. 72f. (gekürzt).

4. Im Konstruktivismus tritt die Nützlichkeit als Ziel von Auseinandersetzung mit der Umwelt an die Stelle von Wahrheit. Das Finden einer ontologischen (absoluten) Wahrheit wird im Konstruktivismus bezweifelt. Ist eine Weltsicht gangbar (viabel) und ohne Widerspruch, dann ist sie auch nützlich.

5. Der Konstruktivismus bricht mit der Hauptströmung der abendländischen Philosophie, indem er behauptet, dass keine Realität und keine Ideen hinter den Dingen stecken.

Auseinandersetzung mit der Welt

Traditionelle Philosophie	Konstruktivismus
⇓	⇓
ontologische Haltung	konstruktivistische Haltung
⇓	⇓
Wahrheit	**Nützlichkeit, Viabilität**

Ontologische Haltung: Es gibt eine Realität hinter den Erscheinungen.

Dadurch, dass der (radikale) Konstruktivismus keine *Realität* und keine *Ideen* hinter den Erscheinungen anerkennt, gibt es auch keine Möglichkeit, die Realität der anderen zu erforschen. Jedem Subjekt ist nur die eigene Realität zugänglich. Es gibt keine Möglichkeit *darüber hinaus* etwas zu erkennen. Von außen dringt nur das ein, was aufgrund der neuronalen Strukturen wahrgenommen werden kann (= Assimilation). Widersprüche, die sich daraus ergeben können, dringen nicht als Informationen, sondern lediglich als *Perturbationen* (Störungen) ins Gehirn. Solche Störungen führen dazu, dass im Gehirn neue Vernetzungen konstruiert werden (= Akkomodation). Wissen beruht demnach ausschließlich auf den eigenen Konstruktionen: Wissen wird vom denkenden Subjekt aktiv aufgebaut und dient der Organisation der Erfahrungswelt des Subjekts, nicht aber der Erkenntnis einer ontologischen Realität.

AUFGABEN

1. Der Film „Matrix" als Beispiel für konstruktivistisches Denken

Inhalt: Thomas Anderson arbeitet 1999 bei einer angesehenen Computerfirma, die Software entwickelt. Er ist unauffällig und erfolgreich. Wie es sich herausstellt, führt er ein Doppelleben: In der Hackerszene ist er bekannt als Neo, der alles hacken kann. Er hat die Theorie, dass hinter allem, was er erlebt, etwas viel Größeres steckt, etwas, das sein Tun und Handeln absolut beherrscht – die *Matrix.* Auf der Suche nach ihr verbringt er Nächte vor dem Computer. Als eines Tages Morpheus Kontakt mit ihm aufnimmt, erfährt er die erschreckende Wahrheit: In Wirklichkeit lebt er im 23. Jahrhundert, in dem die Menschen von intelligenten Maschinen unterdrückt werden. In riesigen Farmen halten diese die Menschen zur Energiegewinnung, während den menschlichen Gehirnen mit der *Matrix* ein *normales Leben* vorgegaukelt wird.

Wenn Sie die Möglichkeit haben, sehen Sie sich *Matrix 1* an. Welche Vergleichspunkte zum Konstruktivismus und zu Platons Höhlengleichnis fallen Ihnen auf?

2. Zuordnungen

Ordnen Sie die folgenden Aussagen einer erkenntnistheoretischen Richtung zu. Begründen Sie Ihre Zuordnung.

a. Es gibt eine Realität, d.h. eine objektive Welt, die unabhängig von menschlicher Kognition und Sprache existiert. Wir können die objektive Realität (zumindest in Ausschnitten) erkennen.

____

b. Wir können die reale Welt nicht erkennen. Als konstruierende Instanz gilt nicht der Mensch, sondern das Gehirn bzw. die Neuronen und Synapsen oder die Sprachgemeinschaft.

____

c. Wenn sich eine Hypothese H bewährt hat und keine gleichwertige Hypothese bekannt ist, dann ist es gerechtfertigt, H vorläufig für wahr zu halten.

____

d. Das Gehirn kann zwar über seine Sinnesorgane durch die Umwelt erregt werden, diese Erregungen enthalten jedoch keine verlässlichen Informationen über die Umwelt. Vielmehr muss das Gehirn über den Vergleich und die Kombination von sensorischen Elementarereignissen Bedeutungen erzeugen und diese Bedeutungen anhand interner Kriterien überprüfen. Dies sind die Bausteine der Wirklichkeit.

____

e. Wir können so lange von einer objektiven Realität hinter den Erscheinungen ausgehen, solange Mensch und Affe auf einem Ast, an den sie sich hängen, auch tatsächlich hängen bleiben.

____

6.3 Feministische Philosophie

Feministische Philosophie umfasst nicht nur Fragestellungen, die weibliche Erfahrungen in die Philosophie integrieren und Diskriminierungen von Frauen offenlegen, sondern sie stellt das gesamte Selbstverständnis der Philosophie als umfassende Wissenschaft in Frage.

Bereits Simone de Beauvoir hat die Geschlechterrollen als männliche Konstruktionen dargestellt.

- Feministische Philosophie versteht sich als Kritik am traditionellen Philosophieverständnis: Männliche Philosophie nimmt immer einen allgemein gültigen Standpunkt ein.
- Sie stellt Behauptungen wie z. B. *Die Frau ist von Natur aus ein beherrschbares Wesen* oder *Ausschließlich der Mann ist ein rationales Wesen* radikal in Frage.
- Die Unterscheidung zwischen objektivem Wissen und subjektiver Meinung wird in Frage gestellt. Wissende nehmen immer eine bestimmte Position ein, zeitlich, kulturell, politisch oder geschlechtlich.[17]

Das Ziel der feministischen Philosophie ist es, die Differenz zwischen den verschiedenen Subjekten sichtbar zu machen, denn durch die Subjekt-Objekt-Spaltung wird das Subjekt von seinem Kontext getrennt; dieser Dualismus schafft eine Distanz zu Gefühlen, Leidenschaften, Beziehungen zu anderen und zum sozialen Umfeld. Die feministische Philosophie löst solche sich gegenseitig ausschließenden Begriffe auf und knüpft Verbindungen. Als Ersatz für die dualistische Struktur von Subjekt/Objekt schlagen die Philosophinnen verschiedene Möglichkeiten vor, die vielfältige Beziehungen und eine herrschaftsfreie Entfaltung des Weiblichen ermöglichen sollen.

Weiterhin verwirft die feministische Theorie die vorgegebenen Werte von Wahrheit, Objektivität und Universalität (Allgemeingültigkeit). Feministische Philosophie sieht ihre Arbeit als theoretische Praxis. Diese beinhaltet Schreiben, Lesen, Lehren, Lernen und andere Verfahren. Somit ist feministische Philosophie ein Werkzeug, das eine wichtige Rolle im Umgang mit den patriarchalen Machtpositionen spielt.

Feministische Philosophie lässt sich nicht in Begriffe wie Rationalität oder Irrationalität einordnen. Sie kritisiert, dass die Frauen aus der rationalen Welt ausgeschlossen werden. Ihr Ziel ist es, die hierarchischen Beziehungen zwischen rational – irrational aufzubrechen.

Die feministische Philosophie verfolgt u. a. einen sozialpolitischen Zweck. Aus theoretischer Sicht geht es ihr darum, die Unterdrückung und Diskriminierung der Frauen kenntlich zu machen sowie die Wünsche und Bedürfnisse der Frauen zu formulieren.

[17] Vgl. Herta Nagl-Docekal, Feministische Philosophie. Ergebnisse, Probleme, Perspektiven, Frankfurt/Main: Fischer 2000.

Sie erweitert das Konzept der Vernunft um Kriterien wie Erfahrung, Leib, Geschichte, die alle notwendig sind, damit Vernunft funktioniert. Außerdem sieht die feministische Philosophie sich selbst nicht als Wahrheit, sondern als Strategie, die bestimmte Ziele und Theorien auf dem Hintergrund der jeweiligen Situation konzipiert.[18]

AUFGABEN

1. **Philosophinnen**
   In Ihrem Philosophiebuch kommen einige Philosophinnen vor. In welchen Zusammenhängen sind Philosophinnen zitiert? Exzerpieren Sie die wichtigsten Aussagen.

2. **Feministisches Philosophieren**
   In diesem Buch gibt es eine Menge von Aufgaben. Suchen Sie fünf Aufgaben, die methodisch und/oder inhaltlich feministisches Philosophieren spiegeln.

3. **Porträt einer Philosophin**
   Erstellen Sie ein Porträt zu einer Philosophin (einige biografische Fakten, zentrale Aussagen, persönliche Stellungnahme).
   Rosa LUXEMBURG (1871–1919), Edith STEIN (1891–1942), Philippa Ruth FOOT (geb. 1920), Annemarie PIEPER (geb. 1941), Martha NUSSBAUM (geb. 1947), Judith BUTLER (geb. 1956)

[18] Ursula I. MEYER, Einführung in die feministische Philosophie, München: dtv 1997, S. 29f. (gekürzt und vereinfacht).

Zusammenfassung

Logik

Der Wunsch der Philosophie ist es, die Wirklichkeit, ihre Strukturen und Gesetzmäßigkeiten zu erkennen und zu erklären. Dazu gehört ganz wesentlich die Fähigkeit, logisch zu denken. Ausgehend von Begriffen und Aussagen beschäftigt sich ein Teilgebiet der Philosophie, nämlich die Logik, mit allgemein gültigen Denkgesetzen. Ziel der Logik ist es herauszufinden, wann eine Aussage wahr bzw. falsch ist und ein Schluss gültig bzw. ungültig ist. Die logische Analyse von sprachlichen Formulierungen dient auch dazu, das Argumentieren zu präzisieren und Argumentationsfehler zu vermeiden.

Analytische Philosophie

Die analytische Philosophie versucht, eine den logischen Gesetzmäßigkeiten entsprechende Fachsprache zu konzipieren, die die Objektwelt genau widerspiegeln soll. Grundlage hierbei ist die These, dass jede komplexe Aussage in einfachste Grundbestandteile, sogenannte *atomare Propositionen,* zerlegbar ist, die den kleinsten Bausteinen des Universums, den Atomen, gegenüberstehen. Der *logische Atomismus* basiert demnach auf der Annahme, dass den Propositionen nur dann Bedeutung zukommt, wenn sie in der Welt außersprachlicher Tatsachen ihre adäquate Entsprechung finden.

Logischer Atomismus

Logischer Positivismus
Wiener Kreis

Im Wien der 1920er-Jahre entstand die Schule des logischen Positivismus. Für den Wiener Kreis bestand die Herausforderung philosophischer Forschung vornehmlich in der Klärung von Bedeutung, nicht aber in der Entdeckung neuer Tatsachen. Die Positivisten des Wiener Kreises lassen nur zwei Klassen von sinnvollen Aussagen – analytisch wahre und empirisch verifizierbare Behauptungen – als logisch gelten. Dabei verstehen sie unter analytisch wahren Behauptungen all jene Propositionen, deren Richtigkeit ausschließlich auf der durch Konventionen festgelegten Bedeutung in ihnen benutzter Begriffe beruht. Als zweite Klasse sinnvoller Propositionen werden all jene Aussagen über die Welt erfasst, die sich empirisch überprüfen lassen. Wahrheit und Verifizierbarkeit gelten somit als synonym. Dieses Verifikationskriterium begründet für die Positivisten einerseits die Legitimität naturwissenschaftlicher Aussagen und belegt andererseits die Gehaltlosigkeit religiöser und ethischer Sätze.

Ludwig WITTGENSTEIN

WITTGENSTEIN vertritt in seinem ersten Hauptwerk, dem *Tractatus logico-philosophicus,* einen logischen Atomismus. In seinem zweiten Hauptwerk, den *Philosophischen Untersuchungen,* entwickelt

Gebrauchstheorie der Sprache

er eine Gebrauchstheorie der Sprache: Sprache ist ein Instrument für viele Tätigkeiten. Wenn man die Bedeutung eines Wortes erfassen will, muss man dessen Gebrauch in der Sprache untersuchen. Mit der Einsicht, dass es unterschiedlich strukturierte Sprachen, verschiedene Sprachspiele, also sprachliche Anwendungen und Elemente der Sprache gibt, hat WITTGENSTEIN die Beschäftigung mit *Sprache* wesentlich geprägt.

Strukturalismus, Semiotik

Der *Strukturalismus* und die *Semiotik* beschäftigen sich mit Zeichensystemen. Der klassische Strukturalismus stellt fest, dass ein Wort nur dann etwas bedeutet, wenn es einen bestimmten Platz in einem Zeichensystem einnimmt. Linguistische Zeichen sind inhaltsleer und beliebig, Bedeutung verleiht ihnen erst das System von Zeichen.

Moderne

Postmoderne

Die *Moderne* geht davon aus, dass die aufgeklärte Vernunft das wichtigste Instrumentarium ist, die Phänomene und Tatsachen der Welt richtig zu erkennen, zu beurteilen und zu kritisieren. Die *Postmoderne* bedient sich ebenfalls der aufgeklärten Vernunft, betont aber die Wichtigkeit der Sprach- und Strukturreflexion: Postmoderne Denker stellen die unreflektierten Axiome der abendländischen Philosophie in Frage. Die Wunschvorstellung der Philosophen bis zur Moderne war es, Grundprinzipien wie Wahrheit, Schönheit, Idee oder Weltgeist transparent zu machen. Alle Konzepte dieser Art gehen aber von Grundlagen aus, die sich nicht beweisen lassen. Im historischen Kontext sind solche Grundprinzipien verabsolutiert und jeder kritischen Prüfung entzogen worden. Solche Grundprinzipien werden von einem *totalen Pluralismus* von Lebensformen, Ideen und sprachlichen Diskursen abgelöst.

Konstruktivismus

Konstruktivismus steht für die Gesamtheit wissenschaftlicher Konzepte, deren besondere Aufmerksamkeit der aktiven Rolle des Erkennenden im Erkenntnisprozess gilt: Die Art und Weise, wie der Einzelne erkennt, tritt in den Vordergrund. Der Konstruktivismus geht davon aus, dass es verschiedene Konstrukte der Wirklichkeit gibt; so sind ein literarisches Werk und eine historische Dokumentation zu einem Ereignis zwei verschiedene Konstrukte. Während die Ereignisse oder Handlungen festgelegt sind, können die Beschreibungen oder Erklärungen zu ein und demselben Ereignis unterschiedlich ausfallen. Einer der wichtigsten Vertreter des Konstruktivismus ist der in den USA lebende österreichische Psychologe Paul WATZLAWICK.

Kapitel 7: Heureka

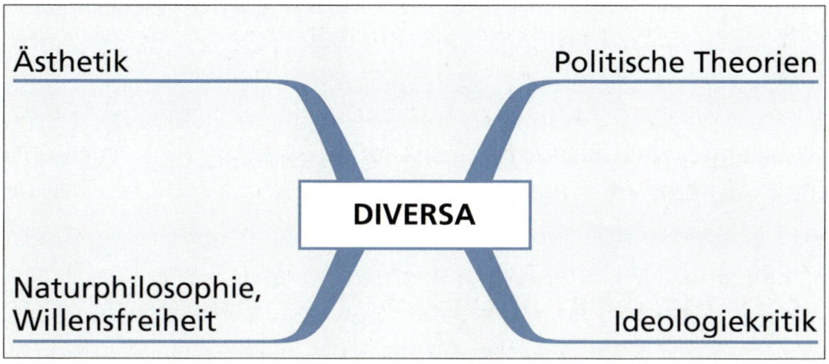

ARCHIMEDES, Heureka
HIERON II. von Syrakus stellte dem Gelehrten ARCHIMEDES das Problem, die Echtheit eines goldenen Kranzes zu prüfen, ohne den Kranz selbst anzugreifen oder zu zerstören. ARCHIMEDES fand beim Baden die Lösung, das Volumen des Kranzes durch Eintauchen in Wasser zu bestimmen. Nach diesem Aha-Erlebnis rannte er splitternackt durch die Straßen von Syrakus und rief „Heureka, heureka" (Ich hab's gefunden).[1]

1 Politische Philosophie

Die Begriffe *Staat* und *Stadt* werden in diesem Abschnitt synonym verwendet, weil die griechische Polis (Stadt) die Funktion eines Staates erfüllte.

Politische Theorien beschäftigen sich mit der Frage, wie ein Staat konzipiert sein muss, damit in diesem gesellschaftlichen Gefüge Menschen glücklich leben können. Der erste große Staatstheoretiker des Abendlandes war PLATON. Er entwarf in der Politeia ein Staatsmodell, um theoretisch zu untersuchen, wie ein Staat bzw. eine Stadt strukturiert sein muss, damit Gerechtigkeit herrschen kann. Er unterschied in der Entwicklung drei Arten von Stadt:

Die einfache Stadt: Grundbedürfnisse sind gedeckt.

- Die einfache Stadt: Das soziale Gefüge der primitiven Stadt ist dadurch gekennzeichnet, dass die Grundbedürfnisse der Menschen befriedigt werden; diese Bedürfnisse beziehen sich auf Nahrung, Kleidung und Wohnraum. Es gibt jedoch keine Zivilisation oder Kultur, weshalb diese Stadt auch als Schweinestadt bezeichnet wird. Das primitive Gefüge in der einfachen Stadt zeigt, dass die Menschen die Arbeit untereinander aufteilen: Der Bauer versorgt mit seinen Lebensmitteln nicht nur sich selbst, sondern auch andere, ebenso der Schuster etc. PLATON zieht daraus den Schluss, dass der Mensch in Bezug auf sein Wesen und seine Anlagen unterschiedlich begabt ist, weshalb er auch jeweils die Tätigkeit ausübt, die seinen

[1] Geschichte nach VITRUV, Baukunst, Bücher VI–X, Zürich: Artemis 1987.

Fähigkeiten entspricht: Der Mensch muss also im Staatsgefüge die Möglichkeit haben, seinen Fähigkeiten entsprechende Tätigkeiten auszuüben. Gerechtigkeit zeigt sich in der einfachen Stadt dann, wenn jeder seinen Fähigkeiten entsprechend handeln kann und wenn die gegenseitige Hilfestellung (der eine hilft mit seinen Fähigkeiten dem anderen) im Erfüllen der Grundbedürfnisse geleistet wird.

Die Luxusstadt:
Das Mehr-haben-Wollen der Bürger bedingt, dass der Staat expandieren muss. Die Folgen sind Krieg sowie Machtstreben im Innern. Der Luxus führt zu Zivilisationskrankheiten.

- Die üppige Stadt: In einer zivilisierten Stadt gibt es kulturelle Einrichtungen, Literatur und vor allem das Theater. Auch verschiedene Luxusgüter werden von den Menschen begehrt, neue Berufe werden notwendig. Viele dieser Luxusgüter müssen importiert werden. Der Berufsstand der Wirtschaftstreibenden erhält eine wichtige Funktion, speziell der der Händler. Die gesteigerten Ansprüche der Bürger bedingen auch, dass die Stadt mehr Grund und Boden benötigt: Die Stadt expandiert, wozu sie ein Militär braucht. Während sich die Menschen in der einfachen Stadt vor Krieg scheuen, bestehen in der Luxusstadt Tendenzen, anderen Städten Grund und Boden wegzunehmen. Abgesehen von den Kriegen und dem gefährlichen Machtstreben gibt es in dieser Stadt (bedingt durch den Luxus) auch Zivilisationskrankheiten. Daher braucht man jetzt Ärzte.

Die Utopie:
Privateigentum als Ursache für den Staatsverfall wird abgeschafft.

- Die gereinigte und schöne Stadt: Angesichts der negativen Erscheinungen in der Luxusstadt (Machtstreben, Kriegsgefahr, Zivilisationskrankheiten etc.) entwirft PLATON eine Staatsutopie, in der die Realisierung der Gerechtigkeitsvorstellung des „Jedem das Seine" ermöglicht wird. Es gibt drei Gesellschaftsgruppen: die Handwerker und Bauern, das Militär und die politisch Verantwortlichen, die Philosophen. Die Stadt übernimmt die Aufsicht über alle (auch die privaten) Angelegenheiten, Erziehung wird vom Staat übernommen: Es werden Frauen- und Kindergemeinschaften eingerichtet. Private Bereiche wie Familie werden abgeschafft. Die Kinder kommen, ohne zu wissen, wer ihre Eltern sind, in staatliche Kinderhorte. Im Sinne der Eugenik wird von der Stadt die Fortpflanzung vorgeschrieben bzw. verboten. Auch jeglicher Privatbesitz wird abgeschafft. Jede Art fremden Einflusses von außen wird vermieden (Xenophobie).

Die platonische Staatsutopie ist zur Grundlage der verschiedensten Staatsutopien geworden (vgl. Thomas MORUS, Kapitelabschnitt 1.2). Die Möglichkeit der Realisierung dieses Gedankenexperiments ist nach PLATON nur dann einigermaßen gegeben, wenn die Philosophen Herrscher oder die Herrscher Philosophen sind. Was versteht PLATON unter einem Philosophen? Aus dem Höhlengleichnis wissen wir, dass die höchste Idee – symbolisiert durch die Sonne – die Idee des Guten ist: Wer die Idee des Guten erkannt hat, hat auch die Idee der Gerechtigkeit, der Frömmigkeit, der Besonnenheit etc. erkannt. Er – der Philosoph – weiß also, was das Gute ist und wie es auch realisiert werden kann. PLATON stellte nun die Frage *Wer soll herrschen?* Die Antwort ist plausibel: *der Beste* oder die *Besten.* Die Besten im Sinne PLATONS sind die Philosophen, weil sie die Idee des Guten erkannt haben und somit alle hierarchisch darunterliegenden Bereiche kennen. Sie kennen das Ziel und den Sinn.

Karl R. POPPER[2] kritisiert PLATONS staatstheoretisches Konzept vor allem aus den folgenden Gründen: Die Frage *Wer soll herrschen?* ist falsch gestellt; die Geschichte der Menschheit zeigt, dass es viel mehr schlechte als gute Herrscher gegeben hat bzw. gibt. Daher muss die Fragestellung verändert werden: *Wie muss ein Staat konzipiert sein, dass auch der schlechteste Herrscher nur einen möglichst geringen Schaden anrichten kann?* Die Antwort auf diese Frage: *die Demokratie.* In der Demokratie kann der schlechte Herrscher nach kurzer Zeit abgewählt werden, eine Schadensbegrenzung ist möglich.

1.1 Politischer Realismus: Niccolo MACHIAVELLI

Niccolo MACHIAVELLI (1469–1527)

Mit MACHIAVELLIS Namen wird heute vor allem eine rücksichtslose Machtpolitik assoziiert, die alle rechtmäßigen Mittel ausschöpft. Der Begriff *Machiavellismus* wird meist als Schimpfwort für eine politische Taktik gebraucht, die verschlagen und ohne Ansehen von Moral und Sittlichkeit die eigene Macht und das eigene Wohl zu mehren sucht.

MACHIAVELLI befasst sich in seinen Werken mit den Prinzipien, auf denen ein Staat, der sich gegen fremde Angriffe erfolgreich schützen kann, begründet sein muss. In seinem berühmtesten Werk *Der Fürst* beschreibt er, wie ein Fürst politische Macht erwerben und erhalten kann. Diese Abhandlung beruht auf der Überzeugung, dass ein Herrscher viel sicherer an der Macht bleiben kann, wenn er gefürchtet wird, als wenn er geliebt wird. Der Fürst solle sich zum Schein tugendhaft geben, auch hin und wieder wohltätig sein, schmutzige Geschäfte die Untertanen ausführen lassen und sich

2 Vgl. Karl R. POPPER, Die offene Gesellschaft und ihre Feinde. Band 1: Der Zauber PLATONS, München: Francke 1980.

eher schwache Verbündete suchen, um selber dadurch stärker zu wirken, in jedem Falle soll er Furcht und nicht Liebe erzeugen.

MACHIAVELLI gilt heute als der erste Theoretiker des *politischen Realismus,* der seine Aufmerksamkeit auf das lenkt, was ist, und nicht danach fragt, was sein soll.

Thomas MORUS (1478–1535) Das Wort *Utopie* heißt wörtlich übersetzt: Nicht-Ort.

1.2 Politische Utopie: Thomas MORUS

Thomas MORUS, englischer Staatsmann und Humanist, studierte Rechtswissenschaft, Theologie, Naturwissenschaften und Literatur. MORUS ist heute vor allem als Verfasser von *Utopia* (1516) bekannt, einer Schilderung des Lebens auf der fiktiven Insel Utopia. Auf Utopia sind die Interessen des Einzelnen denen der Gesellschaft untergeordnet; jeder muss arbeiten, jeder kommt in den Genuss von Bildung und religiöser Toleranz, Grund und Boden sind gemeinsamer Besitz. Wie PLATON hielt auch MORUS das Privateigentum für die Wurzel des sozialen Übels, weshalb er in seiner Utopia alles als Gemeingut deklarierte.

Vom Verkehr der Utopier untereinander

Der Älteste steht an der Spitze des Familienverbandes. Die Frauen sind ihren Männern, die Kinder den Eltern und so überhaupt die Jüngeren den Älteren untertan. Die ganze Stadt ist in vier gleich große Quartiere eingeteilt; in der Mitte eines jeden Quartiers befindet sich ein Markt für Waren aller Art. Dort werden in bestimmte Magazine die Arbeitsprodukte aller Familienverbände zusammengebracht, und in einem Warenspeicher sind die einzelnen Warengattungen für sich gelagert. Dort fordert jeder Familienälteste an, was er und die Seinigen brauchen, und erhält ohne Bezahlung, ohne jede Gegenleistung alles, was er verlangt. Denn warum sollte man ihm etwas verweigern, da doch an allem reichlich genug vorhanden und gar nicht zu befürchten ist, dass einer mehr fordern möchte, als er nötig hat? Denn wie sollte man auf den Gedanken kommen, es könnte einer überflüssige Forderungen stellen, der doch sicher ist, dass es ihm nie an etwas fehlen wird? Habgierig und räuberisch macht ja alle Lebewesen immer nur die Furcht vor künftigem Mangel; nur bei dem Menschen kommt der Hochmut hinzu, der es für einen Ruhm hält, durch Prunken mit überflüssigen Dingen sich vor den anderen hervorzutun – eine Art von menschlicher Schwäche, für die es innerhalb der gesellschaftlichen Verfassung der Utopier überhaupt keinen Platz gibt.[3]

[3] Thomas MORUS, Utopia. Aus Helmut SWOBODA (Hg.), Der Traum vom besten Staat. Texte aus Utopien von PLATON bis MORRIS, München: dtv 1975, S. 69f.

AUFGABE

Lesen Sie den folgenden Text und charakterisieren Sie das utopische Wesen des Menschen.

Das utopische Wesen des Menschen

Der Mensch ist ein Grenz- oder Mittelwesen, und seine Einordnung in das Ganze der Welt besteht in der Innehaltung der ihm angemessenen Mittelstellung, in der Achtung und Beachtung seiner doppelten Bindung an Notwendigkeit und Freiheit, an Seele und Leib, Körper und Geist, Individuum und Gemeinschaft. Das ist der wahre Sinn des goldenen Mittelweges der organischen Welt- und Lebensauffassung, deren unsterblicher Entdecker ARISTOTELES ist.

Jede Abirrung von diesem Wege aber ist ein theoretisch erlaubter, praktisch jedoch wahrhaft verhängnisvoller Schritt: eine Utopie in des Wortes ureigenster Bedeutung. Denn da, wo nur der Geist herrscht, ist noch „kein Ort" für den Menschen, und da, wo nur dem Körper sein Recht wird, ist ebenfalls „kein Ort" mehr für ihn.

Der Theorie jedoch, die das Mögliche schaut, weil es möglich ist – und alles ist möglich, was geschaut werden kann, denn nur das kann geschaut werden, was möglich ist –, bleibt ein weites Feld in der Zusammenschau beider Bereiche, in der Aufgabe, die lebensfähige und fruchtbare Verbindung des Einen mit dem Ganzen zu suchen und zu finden: die Lebensform, die dem notwendigen Gemeinschaftsleben und dem freien Einzelleben genugtut.[4]

1.3 Homo homini lupus: Thomas HOBBES

Der Mensch ist dem Menschen ein Wolf (homo homini lupus), formulierte der englische Philosoph Thomas HOBBES seine Grundthese zum menschlichen Wesen. HOBBES stellte seine These, dass der Mensch von Natur aus böse sei, unter dem Eindruck der Religionskriege in England und des Dreißigjährigen Krieges in Europa auf. Friede ist seiner Meinung nach nur möglich, wenn die asozialen und egoistischen menschlichen Triebe (z. B. Gier nach Macht) unter Kontrolle gebracht werden. Dies lässt sich dann erreichen, wenn ein Staat konzipiert wird, der mit einem Souverän an der Spitze auf die Einhaltung der Gesetze achtet. HOBBES hat diese Ansichten in seinem Werk *Leviathan* ausgeführt.

Thomas HOBBES (1588–1679) gehörte zum Kreis des klassischen Empirismus (LOCKE, HUME). Der Name seines Hauptwerkes *Leviathan* geht auf ein hebräisches Wort zurück: Gott Jahwe überwindet Leviathan, den Drachen des Chaos.

Zunächst wird angenommen, dass alle Menschen ihr ganzes Leben hindurch ständig bemüht sind, sich Macht zu verschaffen; nicht deshalb, weil sie nach immer größerer Macht, als sie schon besitzen, streben oder weil sie sich mit einer mäßigen nicht begnügen können, sondern weil sie fürchten, die Mittel ihrer gegenwärtigen Macht und Glückseligkeit zu verlieren, wenn sie diese nicht noch vermehren. Daher sind auch Könige, welche die höchste Gewalt

[4] Klaus J. HEINISCH (Hg.), Der utopische Staat, Reinbek: Rowohlt 1978, S. 220.

haben, darauf bedacht, ihre Macht im Lande durch Gesetze und außerhalb durch Kriegsheere zu festigen. Ist auch dies glücklich erreicht, so folgt doch bald wieder ein neuer Wunsch, entweder nach größerem Ruhm oder nach einem anderen Vorteil. Der Wunsch nach Reichtum, Ehre, Herrschaft und Macht jeder Art motiviert den Menschen zum Streit, zur Feindschaft und zum Kriege; denn dadurch, dass man seinen Mitbewerber tötet und auf jede mögliche Art schwächt, bahnt man sich den Weg zur Erreichung seiner eigenen Wünsche. …
Hieraus ergibt sich, dass ohne Einschränkung der Macht der Zustand der Menschen so ist, nämlich ein Krieg aller gegen alle. Denn der Krieg dauert ja nicht nur solange, als tatsächliche Feindseligkeiten geübt werden, sondern solange der Vorsatz herrscht, Gewalt mit Gewalt zu vertreiben. Wer hierüber noch niemals nachgedacht hat, dem muss es auffallen, dass die Natur die Menschen so ungesellig gemacht und sogar einen zu des anderen Mörder bestimmt hat. …
Weil nun, wie schon gezeigt worden ist, die Menschen sich im Zustand des Krieges aller gegen alle befinden und jeder sich der Leitung seiner eigenen Vernunft überlässt und da es nichts gibt, was er nicht irgendwann zur Verteidigung seines Lebens gegen einen Feind mit Erfolg gebrauchen könnte, so folgt, dass im Naturzustande alle ein Recht auf alles besitzen. Solange dieses Recht gilt, wird daher niemand, und sollte es der Stärkste auch sein, sich für sicher halten können. Also ist Folgendes eine Vorschrift oder allgemeine Regel der Vernunft: *Suche Frieden, solange nur Hoffung dazu da ist; verschwindet diese, so schaffe dir von allen Seiten Hilfe und nutze sie. …*[5]

Menschenbild
Für HOBBES gibt es zwei Pole, das ungezügelte Böse (= die Anarchie) und das gezähmte Böse (= den Staat).

HOBBES stellt ein Gedankenexperiment an, das den vernünftigen Zweck der politischen Macht aufzeigen soll. Er geht davon aus, dass eine absolute Regierungsmacht, ein *Souverän,* nötig ist. Gäbe es keinen Souverän, würden die Menschen in einem Zustand leben, in dem sich alle gegenseitig bekriegen. Denn die Menschen sind egoistisch und werden vor allem vom Selbsterhaltungstrieb und vom Willen zur Macht motiviert. Nach einer bestimmten Zeit des Kampfes „jeder gegen jeden" sehen die vernunftbegabten Menschen ein, dass niemand lange seine Macht halten kann. Regierungen kommen deshalb zustande, weil die Menschen sich nach Sicherheit sehnen. Sie entschließen sich nun aus freien Stücken dazu, eine Macht anzuerkennen, die

[5] Thomas HOBBES, Leviathan oder Wesen, Form und Gewalt des kirchlichen und bürgerlichen Staates, Reinbek: Rowohlt 1965 (gekürzte Auszüge aus den Kapiteln 11–21).

Sicherheit garantiert. Die freien Individuen im Naturzustand vereinen sich durch einen Vertrag zu einer Gesellschaft und unterwerfen sich einer Macht, die sie alle fürchten müssen und die sie voreinander schützt. Der Souverän kann Gesetze erlassen, richten, strafen, Steuern eintreiben, ein Heer ausrüsten. Die Untertanen haben so lange die Pflicht zu gehorchen, als der Souverän ausreichend Macht hat, sie zu beschützen.

AUFGABE

Erstellen Sie zu Thomas Hobbes ein Philosophen-Portrait (Biografie, wichtige Aussagen, persönliche Stellungnahme).

____

____

____

____

____

____

1.4 Materialismus: Karl Marx

Karl Marx wurde in Trier geboren, studierte Rechtswissenschaft und klassische Philologie. Er beschäftigte sich bereits in seiner Jugend als Journalist mit den ökonomischen Fragen seiner Zeit. 1845 gründete er in Brüssel die erste kommunistische Partei der Welt. Später lebte er in London, zeitweise in größter Armut. Ausgangspunkt seiner Analyse in seinem Hauptwerk *Das Kapital* ist die Kritik an der Arbeit in der frühkapitalistischen Klassengesellschaft. Die Arbeit wird als entscheidend für die Entwicklung des Menschen eingestuft. Dabei geht er von einer materialistischen Grundauffassung aus. Der Materialismus behauptet im Gegensatz zum Idealismus (Platon oder Hegel), dass die Materie das Bewusstsein bestimmt, und nicht umgekehrt, dass ein Weltgeist oder Ideen das Stoffliche bestimmen. Die Materie entwickelt sich dialektisch durch den Zusammenprall entgegengesetzter Kräfte. Dazu ein Beispiel: *Ein Korn fällt auf den Boden und wird vernichtet (negiert). Aus der Negation ergibt sich wieder ein Korn. Dieses Korn keimt nun und es entsteht eine Pflanze. Die Samenzellen verändern sich also in der Entwicklung vom Samen zur Pflanze.*

Karl Marx (1818–1883)

Realität des Kapitalismus
Das gesellschaftliche Sein (Ausbeutung, Scheinfreiheit, Entfremdung) bestimmt das individuelle Bewusstsein.

Marx wird hier nach dem Verbot seiner Zeitung als Prometheus dargestellt, der als göttliche Strafe dafür, dass er die Menschen den Gebrauch des Feuers lehrte, von einem Adler attackiert wird. Zu seinen Füßen bitten die rheinischen Städte um Aufhebung des Verbots der Rheinischen Zeitung.

Marx hat Hegels Philosophie vom Kopf auf die Füße gestellt. Nicht der Weltgeist, sondern die ökonomischen Bedingungen sind für den Geschichtsverlauf entscheidend.

Dialektik wirkt sowohl an der materiellen Basis, in der Natur und in der Aneignung der Natur durch den Menschen (Produktion) als auch im darüber sich erhebenden kulturellen Überbau.

- Materie enthält objektiv-reale Möglichkeiten, sie ist eine Qualität mit dynamischen Veränderungsmerkmalen.
- Der Geist ist ein Produkt der Materie. Der Mensch ordnet sich der Materie als Mutter aller Dinge unter. In der Auseinandersetzung mit der Natur und in der Formung der Welt vermag sich der menschliche Geist erst zu finden und zu entwickeln. Er ist nicht ein isoliertes Subjekt, sondern bedarf eines Gegenübers, um ein Mensch zu werden.
- Die Basis allen Denkens sind die materiellen Verhältnisse einer Gesellschaft. Bestimmt werden Geist und gesellschaftliches Leben primär durch die Produktionsweise der zu erzeugenden materiellen Güter. Dabei definieren die *Produktivkräfte* (benutzte Rohstoffe, eingesetzte Produktionsinstrumente wie Maschinen und die Fähigkeiten der Arbeiter) und die *Produktionsverhältnisse* (Eigentumsverhältnisse) die Produktionsweise.
- Das denkende Bewusstsein ist bloß ein Spiegel dieser materiellen Basis. Ganz im Gegensatz zur deutschen Philosophie (der Philosophie Hegels), die vom Himmel auf die Erde herabsteigt, wird hier von der Erde zum Himmel gestiegen. Das heißt, es wird nicht von dem ausgegangen, was die Menschen sagen, sich einbilden, sich vorstellen, auch nicht von den gedachten und vorgestellten Menschen. Es wird von den wirklichen, tätigen Menschen ausgegangen und aus ihrem wirklichen Lebensprozess auch die Entwicklung der ideologischen Reflexe dieses Lebensprozesses dargestellt.

Ideologischer Überbau: Kunst, Literatur, Religion, Wissenschaft **Politisch-rechtlicher Überbau:** Staatsform, Parteien, Rechtswesen	Überbau
↑ Reflex Widerspiegelung ↓	
Produktionsverhältnisse: Eigentumsverhältnisse **Produktivkräfte:** Rohstoffe, Maschinen, Arbeitskräfte	Basis

Das Proletariat muss die Macht im Staat ergreifen, um die Eigentumsverhältnisse zu ändern. Im Verlauf der von MARX skizzierten historischen Entwicklung markiert die sogenannte *Diktatur des Proletariats* nur eine Übergangsphase. Eigentliches Ziel ist die Überführung der Produktionsmittel in die Hände der unmittelbaren Produzenten (Arbeiter), was zugleich die Beseitigung der Klassengesellschaften mit sich bringt. Das Ende dieses historischen Prozesses ist eine klassenlose, d.h. kommunistische Gesellschaft, in der jeder nach seinen Fähigkeiten und Bedürfnissen leben kann.

Geschichtsverlauf
Urkommunismus
Sklavenhaltergesellschaft der Antike
mittelalterlicher Feudalismus
bürgerlicher Kapitalismus
Diktatur des Proletariats
Kommunismus

Im Februar 1848 erschien das *Kommunistische Manifest,* das Karl MARX und Friedrich ENGELS im Auftrag des Bundes der Kommunisten in London verfasst hatten. Das Manifest beinhaltet die Grundthesen ihrer Gesellschaftstheorie und ist in vier Teile gegliedert:

- Der erste Teil beschreibt die Gesellschaftsgeschichte als fortlaufenden Klassenkampf.
- Der zweite Teil analysiert das Verhältnis zwischen Proletariat und Kapitalisten.
- Der dritte Teil beschäftigt sich mit verschiedenen anderen sozialistischen Gesellschaftsentwürfen.
- Der vierte Teil mündet in der Aufforderung: „Proletarier aller Länder vereinigt euch!"

Kommunistisches Manifest (1848)
Der Kommunismus wird bereits von allen europäischen Mächten als eine Macht anerkannt. Es ist hohe Zeit, dass die Kommunisten ihre Anschauungsweise, ihre Zwecke, ihre Tendenzen vor der ganzen Welt offen darlegen. Zu diesem Zweck haben sich Kommunisten der verschiedensten Nationalität in London versammelt und das folgende Manifest entworfen.

Manifest = öffentliche Grundsatzerklärung

Die Geschichte aller bisherigen Gesellschaften ist die Geschichte von Klassenkämpfen. Freier und Sklave, Patrizier und Plebejer, Baron und Leibeigener, kurz, Unterdrücker und Unterdrückte standen in stetem Gegensatz zueinander, führten einen ununterbrochenen Kampf; einen Kampf, der jedes Mal mit einer revolutionären Umgestaltung der ganzen Gesellschaft endete oder mit dem gemeinsamen Untergang der kämpfenden Klassen.

Patrizier = Adeliger im antiken Rom

Plebejer = Angehöriger der benachteiligten Gruppen im alten Rom

In den früheren Epochen der Geschichte finden wir fast überall eine vollständige Gliederung der Gesellschaft in verschiedene Stände, eine mannigfaltige Abstufung der gesellschaftlichen Stellungen. Im alten Rom haben wir Patrizier, Ritter, Plebejer, Sklaven; im Mittelalter Feudalherren, Vasallen, Zunftbürger, Gesellen, Leibeigene und noch dazu in fast jeder dieser Klassen wieder besondere Abstufungen.

Feudalismus = Herrschaftssystem, bei dem der über den Grundbesitz verfügende Adel weitgehende Macht hat

Die aus dem Untergang der feudalen Gesellschaft hervorgegangene moderne bürgerliche Gesellschaft hat die Klassengegensätze

nicht aufgehoben. Sie hat nur neue Klassen, neue Bedingungen der Unterdrückung, neue Gestaltungen des Kampfes an die Stelle der alten gesetzt.
Unsere Epoche, die Epoche der Bourgeoisie, zeichnet sich jedoch dadurch aus, dass sie die Klassengegensätze vereinfacht hat. Die ganze Gesellschaft spaltet sich mehr und mehr in zwei große feindliche Lager, in zwei große, einander direkt gegenüberstehende Klassen: Bourgeoisie und Proletariat.
Die Bourgeoisie, wo sie zur Herrschaft gekommen, hat alle feudalen, patriarchalischen, idyllischen Verhältnisse zerstört. Sie hat die buntscheckigen Feudalbande, die den Menschen an seinen natürlichen Vorgesetzten knüpften, unbarmherzig zerrissen und kein anderes Band zwischen Mensch und Mensch übrig gelassen als das nackte Interesse, als die gefühllose „bare Zahlung“. Sie hat die heiligen Schauer der frommen Schwärmerei, der ritterlichen Begeisterung, der spießbürgerlichen Wehmut in dem eiskalten Wasser egoistischer Berechnung ertränkt. Sie hat die persönliche Würde in den Tauschwert aufgelöst und an die Stelle der zahllosen verbrieften und wohlerworbenen Freiheiten die *eine* gewissenlose Handelsfreiheit gesetzt. Sie hat, mit einem Wort, an die Stelle der mit religiösen und politischen Illusionen verhüllten Ausbeutung die offene, unverschämte, direkte, dürre Ausbeutung gesetzt.
Die Bourgeoisie hebt mehr und mehr die Zersplitterung der Produktionsmittel, des Besitzes und der Bevölkerung auf. Sie hat die Bevölkerung agglomeriert, die Produktionsmittel zentralisiert und das Eigentum in wenigen Händen konzentriert. Die notwendige Folge hiervon war die politische Zentralisation.[6]

Bourgeoisie = die Gruppe der reichen und mächtigen Bürger in kapitalistischen Systemen

agglomerieren = zusammenballen

1.5 Kritische Theorie

Die neo-marxistischen Denker des 20. Jahrhunderts versuchen, die gesellschaftlichen Verhältnisse des Kapitalismus zu analysieren und damit die Formen des Denkens zu überwinden, in denen die Gesellschaft, so wie sie ist, stabilisiert wird. Mit ihrer Kritik an Macht und Herrschaft soll ein möglicher Weg zur Befreiung des Menschen aus der durch den Kapitalismus bedingten Entfremdung aufgezeigt werden.

Absicht der Vertreter der Kritischen Theorie ist es, die Wurzeln der Gesellschaft zu erforschen. Dazu bedienen sie sich der Dialektik. Dieses dialektische Denken zielt darauf ab, das Andere als

6 Karl MARX/Friedrich ENGELS, Manifest der Kommunistischen Partei, Berlin: Dietz Verlag 1989, S. 7ff. (gekürzt).

das Verschiedene gelten zu lassen: Das Nicht-Identische soll gestützt werden. Diese Dialektik wird auch negative Dialektik genannt. Im Gegensatz zu HEGEL, der sagt, dass These und Antithese in der Synthese gleichsam harmonisch zusammenfinden, versuchen die Kritischen Theoretiker Widersprüche und Gegensätze, die sich in den verschiedenen gesellschaftlichen Strukturen zeigen, pointiert herauszustellen. Das Verschiedene und Nicht-Harmonische soll als etwas Andersartiges bestehen bleiben.

Vertreter der Kritischen Theorie (Frankfurter Schule) sind Max HORKHEIMER, Theodor W. ADORNO, Jürgen HABERMAS und Herbert MARCUSE.

Ihr Begründer:

Max HORKHEIMER (1895–1973)

1. Zwischen Objekt und Subjekt besteht immer ein Unterschied: Das Subjekt braucht immer ein Objekt, um Subjekt zu sein; das Objekt wird zwar durch das Subjekt gedacht, es bleibt aber trotzdem immer noch Objekt (das Objekt ist durch die Andersheit dem Subjekt gegenüber charakterisiert). Anders ist es, wenn man davon ausgeht, das Subjekt strebe danach, in Harmonie mit der Umwelt zu leben; in diesem Fall geht es um eine Harmonisierung von Subjekt und Objekt.

2. Es ist ein Charakteristikum des Kapitalismus, dass alle Menschen alles besitzen und vereinnahmen wollen, um sich eine Illusion von Harmonie vorzugaukeln. Solange aber das gesellschaftliche System ein System von Widersprüchen ist, muss das philosophische Denken diese Widersprüche sichtbar machen. Philosophische Theorien dürfen nicht vortäuschen, die Welt wäre vernünftig gegliedert, harmonisch und gerecht.

3. Wo eine Philosophie trotz gesellschaftlicher Widersprüche Einheitlichkeit verspricht, festigt sie nur die Sicherheit des gesellschaftlichen Herrschaftssystems. Die Aporie der Widersprüche ist jedoch in der kapitalistischen Gesellschaft unauflösbar. Berühmt geworden ist der *Positivismusstreit* zwischen POPPER und ADORNO in Tübingen, Mitte der 1960er-Jahre. ADORNO meinte – in Gegensatz zu POPPER –, dass gesellschaftliche Widersprüche in diesem kapitalistischen System grundsätzlich nicht lösbar seien; man müsse sie permanent aufzeigen.

Aporie = Unmöglichkeit, eine philosophische Frage zu lösen

POPPER behauptete, gesellschaftliche Probleme und Widersprüche seien grundsätzlich lösbar.

4. Die moderne Massenkultur unterstützt das Fortbestehen der kapitalistischen Herrschaft, wodurch die Tendenz zu wahrer Aufklärung im Keim erstickt wird. Die Dialektik der Aufklärung besteht darin, dass die Vernunft einerseits die Entwicklung in Richtung einer humaneren Welt fördert, andererseits sich aber als Rückschritt erweist, indem ihre dominante wissenschaftliche Form auf eine geradezu mythische naturwissenschaftliche

Faktengläubigkeit zurückfällt. Der folgende Grundlagentext von HORKHEIMER und ADORNO beschäftigt sich mit der Dialektik der Aufklärung.

Ziel der Aufklärung ist es, den Menschen die Furcht vor dem Dämonischen zu nehmen.

Aufklärung entzaubert die Welt.

Aufklärung ist totalitär, weil alles (auch Emotionales, Irrationales, Soziales etc.) ausschließlich von mathematischen Theoremen umstellt ist: Denken = Mathematik.

Der mathematische Formalismus beschränkt Erkenntnis auf Wiederholung, auf Tautologien (dasselbe aussagen). So gesehen schlägt Aufklärung in Mythologie um.

Seit je hat Aufklärung im umfassendsten Sinn fortschreitenden Denkens das Ziel verfolgt, von den Menschen die Furcht zu nehmen und sie als Herren einzusetzen. Aber die vollends aufgeklärte Erde strahlt im Zeichen triumphalen Unheils. Das Programm der Aufklärung war die Entzauberung der Welt. Sie wollte die Mythen auflösen und Einbildung durch Wissen stürzen. Aber Aufklärung ist totalitär wie nur irgendein System. Nicht was ihre romantischen Feinde ihr seit je vorgeworfen haben, analytische Methode, Rückgang auf Elemente, Zersetzung durch Reflexion ist ihre Unwahrheit, sondern dass für sie der Prozess von vornherein entschieden ist. Wenn im mathematischen Verfahren das Unbekannte zum Unbekannten einer Gleichung wird, ist es damit zum Altbekannten gestempelt, ehe noch ein Wert eingesetzt ist. Natur ist, vor und nach der Quantentheorie, das mathematisch zu Erfassende; selbst was nicht eingeht, Unauflöslichkeit und Irrationalität, wird von mathematischen Theoremen umstellt. In der vorwegnehmenden Identifikation der zu Ende gedachten mathematisierten Welt mit der Wahrheit meint Aufklärung, vor der Rückkehr des Mythischen sicher zu sein. Sie setzt Denken und Mathematik in eins. Dadurch wird diese gleichsam losgelassen, zur absoluten Instanz gemacht. Denken verdinglicht sich zu einem automatischen Prozess, der Maschine nacheifernd, die er selber hervorbringt, damit sie ihn schließlich ersetzen kann. In der Reduktion des Denkens auf mathematische Apparatur ist die Sanktion der Welt als die ihres eigenen Maßes beschlossen. Was als Triumph subjektiver Rationalität erscheint, die Unterwerfung alles Seienden unter den logischen Formalismus, wird mit der gehorsamen Unterordnung der Vernunft erkauft. ... Der ganze Anspruch der Erkenntnis wird preisgegeben. Er besteht nicht im bloßen Wahrnehmen, Klassifizieren und Berechnen, sondern gerade in der bestimmenden Negation des je Unmittelbaren. Der mathematische Formalismus aber, dessen Medium die Zahl, die abstrakteste Gestalt des Unmittelbaren ist, hält stattdessen den Gedanken bei der bloßen Unmittelbarkeit fest. Das Tatsächliche behält Recht, die Erkenntnis beschränkt sich auf seine Wiederholung, der Gedanke macht sich zur bloßen Tautologie. Je mehr sich die Denkmaschinerie das Seiende unterwirft, umso blinder bescheidet sie sich bei dessen Reproduktion. Damit schlägt Aufklärung in die Mythologie zurück, der sie nie zu entrinnen wusste.[7]

[7] Max HORKHEIMER/Theodor W. ADORNO, Dialektik der Aufklärung, Frankfurt/Main: Fischer 1988, S. 9ff. (gekürzt).

1.6 Ideologiekritik

Unter *Ideologie* versteht man ein System von Überzeugungen, das meist mit Herrschaftsansprüchen verbunden ist. Häufig werden komplexe gesellschaftliche Phänomene auf ein polares Deutungsschema reduziert (z. B. kapitalistisch versus kommunistisch). Die jeweilige Gruppe beansprucht ein Erkenntnismonopol wie: *Nur der kapitalistisch orientierte Mensch erkennt, dass das Leistungsprinzip das einzige Erfolgskriterium ist.* Oder: *Nur der marxistisch denkende Mensch kann die Entwicklungsgesetze der Gesellschaft erkennen.*

Die Ideologien sind nicht auf Wahrheitsfindung ausgerichtet, sondern auf die Übereinstimmung mit einem bestimmten Dogma. Eine Ideologie ist demnach eine voreingenommene Wirklichkeitswahrnehmung, die vor allem dadurch gekennzeichnet ist, dass sie einem Dogma untergeordnet ist. Diesem Dogma zufolge sind alle gesellschaftlichen und politischen Probleme auf einige wenige gleich geartete Ursachen zurückzuführen.

Vgl. dazu Karl R. Popper, S. 83

Ideologiekritik versucht nachzuweisen, dass bestimmte Ziele und Interessen von Einzelnen oder Gruppen primär aufgrund eines Herrschaftsanspruchs geleitet und deshalb in ihrem Wahrheitsgehalt verfälscht sind.

Zwei Arten der Ideologiekritik

Die konservative Variante ist gekennzeichnet durch ihr Entfachen von Zweifeln an überkommenen Werten unter den jeweils herrschenden Schichten, zugleich durch ihre Scheu vor den Konsequenzen einer Desillusionierung im Volke. Festgefügte Vorurteile sollen zur Stabilisierung der Herrschaft belassen werden. Die Verbreitung der Wahrheit findet ihre Grenzen an der Staatsräson. Um der allgemeinen Ruhe und Sicherheit willen müssen bestehende Herrschaftsordnungen erhalten bleiben. …

Konservative Variante: Fest gefügte Vorurteile sollen zur Stabilisierung der Herrschaft belassen werden.

Der zweiten Richtung ideologiekritischen Denkens geht es nicht um das Aufrechterhalten überkommener, im Volk verbreiteter Meinungen und um die Isolierung der elitären Skepsis gegenüber den breiten Bevölkerungsschichten. Gerade dieses Festhalten einer doppelten Wahrheit ist der radikal aufklärerischen Form der Ideologiekritik ein Symptom der herrschenden Unfreiheit. Sie geht von der geschichtlichen Erfahrung aus, dass dem Versuch, gefährliche Wahrheiten geheim zu halten, niemals ein dauernder Erfolg beschieden sein konnte. Es sei sinnlos, eine Macht nur um der Erhaltung geordneter Verhältnisse willen auch dann zu stützen, wenn sie zu ihrem

Aufklärerische Variante: Die Kritik an der Unwahrheit herrschender Ideologien führt zum Zweifel an der Legitimation des Absolutheitsanspruchs der bestehenden Machtverhältnisse.

Fortbestand der Unwahrheit bedarf. Der in den konservativen Theorien geübten Reduktion kultureller Phänomene auf Triebelemente steht hier ein historisches Verständnis der Ideologien gegenüber. Diese werden nicht einfach als Schein abgetan, sondern als notwendiger Bestandteil eines gesellschaftlichen Systems kritisiert. Während die konservative Ideologienlehre nur die kulturellen Phänomene als eine Bemäntelung vitaler Interessen begreift, bezieht die radikale Kritik den sozialen Lebenszusammenhang mit ein. Deshalb mündet sie in eine systematische Analyse jener gesellschaftlichen Prozesse, die für das Zustandekommen der ideologischen Gebilde von Bedeutung sind. Die Kritik an der Unwahrheit herrschender Ideologien führt somit zum Zweifel an der Legitimation des Absolutheitsanspruchs der bestehenden Machtverhältnisse.[8]

2 Aspekte der Naturphilosophie

Thomas Samuel KUHN (1922–1996): Wissenschaft ist nicht kumulativ, d.h., es gibt keine stetige Vermehrung von Wissen, sondern „eine Serie von ruhigen Zwischenspielen, die durch intellektuell gewaltige Revolutionen unterbrochen werden". Während einer wissenschaftlichen Revolution löst ein Konzept von der Welt ein anderes ab, so wie durch die kopernikanische Wende das geozentrische durch das kopernikanische Weltbild abgelöst wurde.

Der Wissenschaftshistoriker Thomas Samuel KUHN zeigt in seinem Buch *Die Struktur wissenschaftlicher Revolutionen,* dass wissenschaftliche Veränderungen nicht in glatten Übergängen vom Irrtum zur Wahrheit, sondern in einer Reihe von Krisen und Revolutionen zum Ausdruck kommen. Plötzliche, überraschende und sprunghafte Veränderungen in der Weltsicht bezeichnet KUHN als Paradigmenwechsel. Unter einem *Paradigma* versteht KUHN eine Reihe von Annahmen, Methoden und grundsätzlichen Problemen, mittels derer eine wissenschaftliche Gemeinschaft festlegt, welches die für sie wichtigsten Fragen sind und auf welche Weise man sie am besten beantwortet. Als Beispiel kann man die FREUD'sche Psychoanalyse am Beginn des 20. Jahrhunderts anführen: *Der Mensch ist kein animal rationale, sondern größtenteils vom Unbewussten bestimmt.*

Das ptolemäische Weltsystem (benannt nach dem griechischen Astronomen PTOLEMÄUS, um 87–150 n. Chr.) ist gekennzeichnet durch den geozentrischen Standpunkt und die Überlagerung von Kreisbewegungen für Sonne, Mond und Planeten.

Paradigmen wechseln immer dann, wenn alte Modelle durch neue Beweise unwiderruflich verworfen werden: So hat etwa GALILEOS Entdeckung, dass der Jupiter eigene Monde hat, zum Ende der ptolemäischen Astronomie beigetragen. Ein anderes Beispiel auf naturwissenschaftlicher Ebene ist die sogenannte kopernikanische Wende. Die kopernikanische Revolution verstieß den Menschen aus dem Mittelpunkt des Universums und zwang ihn dazu, die Schöpfung und seine Stellung im Kosmos in neuem Licht zu sehen. KEPLER, NEWTON u. a. ersannen ein mechanisches Universum, das wie ein Uhrwerk ablief, das „Gott niemals aufziehen musste". Inzwischen haben wir uns auch von diesem mechanistischen Paradigma verabschiedet: EINSTEINS Relativitätstheorien, HEISENBERGS Annahmen der

8 Erich STRASSNER, Ideologie – Sprache – Politik, Tübingen: Niemeyer 1987, S. 172f.

Unbestimmtheit und die Chaostheorie sind ins allgemeine Bewusstsein eingedrungen: Die Welt wirkt zufallsabhängiger als je zuvor. Wir sehen die Zukunft immer genau mit dem Paradigma, über das wir im Moment verfügen. Wie ein neues Paradigma uns die Welt sehen lassen wird, können wir nicht ahnen: Paradigmen wechseln – wie gesagt – sprunghaft.

Sämtliche Vorgänge in der Natur erfolgen sprunghaft und sind daher schwer prognostizierbar.

2.1 Relativitätstheorie

Albert Einstein entwickelte zwei Relativitätstheorien, eine *spezielle* und eine *allgemeine.* Einsteins Schlussfolgerungen lauten:

Albert Einstein (1879–1955)

- Raum und Zeit sind keine absolut feststehenden Größen. Sie wirken auf Menschen, die sich mit unterschiedlicher Geschwindigkeit bewegen, verschieden, auch wenn diese Verschiedenheit äußerst klein ist. Diese Einsicht bildet den Kern der speziellen Theorie.
- Wenn man den Unterschied zwischen zwei physikalischen Kräften oder Ereignissen nicht benennen kann, dann gibt es effektiv keinen Unterschied zwischen ihnen. So ist es beispielsweise der allgemeinen Relativitätstheorie zufolge nicht möglich, Wirkungen von Gravitationsfeldern und von Beschleunigungen zu unterscheiden. Also gibt es keinen echten Unterschied zwischen Beschleunigung und Schwerkraft.

Philosophisch interessant ist Einsteins Erkenntnis *der subjektiven Natur aller Beobachtungen und Messungen.* Einstein geht von der Idee aus, dass Bewegung relativ ist, genauer gesagt, die Gesetze der Physik scheinen dieselben zu sein, egal ob man stillsteht oder sich mit konstanter Geschwindigkeit bewegt.

Zu den vielen revolutionären Konsequenzen der allgemeinen Relativitätstheorie zählt die Erkenntnis, dass die Zeit nicht unabhängig vom Raum existiert. Daher sprach Einstein auch nicht von Ereignissen, die sich im Raum zu einem bestimmten (nicht damit zusammenhängenden) Zeitpunkt zutragen, sondern vielmehr von Ereignissen in einem vierdimensionalen Raum-Zeit-Kontinuum. Dieses Kontinuum wird von der Schwerkraft verdreht und gekrümmt.[9]

Einsteins grandiose Leistung besteht darin, Raum und Zeit aus der luftigen Höhe philosophischer Spekulationen geholt und wieder dem experimentellen Zugriff der Wissenschaft zugänglich gemacht zu haben. So gesehen muss man sich von Kants Anschauungsformen von Raum und Zeit verabschieden.[10]

9 Michael Macrone, Heureka! Das archimedische Prinzip und 80 weitere Versuche, die Welt zu erklären, München: dtv 1998, S. 120ff. (gekürzt und verändert).

10 Literaturhinweis: Ernst Peter Fischer, Die andere Bildung. Was man von den Naturwissenschaften wissen sollte, München: Econ 2001.

Werner HEISENBERG (1901–1976)

2.2 Unbestimmtheitsrelation

Mit der Unbestimmtheitsrelation meint Werner HEISENBERG, dass es keine Möglichkeit gibt, gleichzeitig die wesentlichsten Eigenschaften subatomaren Verhaltens zu messen: Je genauer man die eine Eigenschaft misst, z. B. die Geschwindigkeit eines Elektrons, desto ungenauer wird die Information über die andere, in diesem Falle den Aufenthaltsort des Elektrons, d. h., je sicherer das eine, desto unsicherer das andere. HEISENBERG beschäftigte sich daraufhin intensiv mit dem Prozess des wissenschaftlichen Beobachtens. Dieser mag zwar im Allgemeinen, wenn es um alltägliche Gegenstände geht, zuverlässig sein, aber da, wo es um subatomare Teilchen geht, stößt er auf erhebliche Schwierigkeiten.

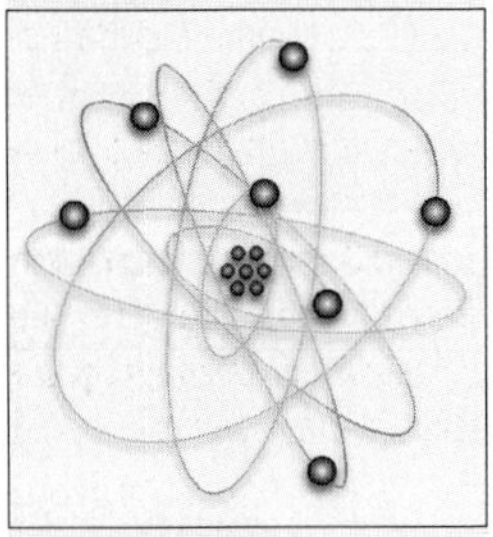

Atommodell

> Man kann die Position eines Elektrons nur beobachten, indem man etwas davon abprallen lässt – Licht zum Beispiel. Mit anderen Worten, man muss eine Art Strahlung mit ins Spiel bringen, die selbst über Energie verfügt, und diese Energie wird den Weg des Elektrons mehr oder weniger stark stören. Je genauer man die Position des Elektrons bestimmen möchte, desto stärker muss man seine Geschwindigkeit (und damit seinen Impuls) stören, weil man zusätzliche Energie hinzufügen muss. Und umgekehrt muss man die Interferenz durch die Strahlung minimieren, wenn man den Impuls des Elektrons (der in seiner Geschwindigkeit zum Ausdruck kommt) genau messen möchte. Doch indem man das macht, wird es unmöglich, die Position des Elektrons genau zu bestimmen.[11]

Chaotischer Attraktor

Der Meteorologe Edward LORENZ entdeckte, dass bei Wetterprognosen geringfügige Fehler in der Ausgangsposition zu gewaltigen Veränderungen in der Zielannahme führen.

2.3 Chaostheorie

Mit Chaos assoziiert man Unordnung, Unverlässlichkeit u. Ä. Das, was der Mathematiker James YORKE meinte, als er den Begriff *Chaos* 1975 neu definierte, war eine Unordnung, die einem bestimmten Muster folgt, eine Struktur, die sich hinter der scheinbaren Willkür verbirgt. Die Chaostheorie beschäftigt sich mit dem Studium der Ordnung hinter der Unordnung. Bereits 1960 entwickelte der Meteorologe Edward LORENZ Computermodelle für Wetterformationen. Es ist äußerst schwierig, das Wetter längerfristig richtig vorherzusagen, auch wenn die meisten Faktoren, die es verursachen, bekannt sind. LORENZ schrieb ein auf zwölf einfachen Gleichungen beruhendes Programm, das sich an den wichtigsten, das Wetter beeinflussenden Faktoren orientierte. Dabei entdeckte er etwas Überraschendes: Kleine Veränderungen oder Fehler bei einigen Ausgangsvariablen können zu extrem großen

[11] Michael MACRONE, Heureka! a. a. O., S. 131f. (gekürzt und verändert).

Abweichungen beim Ergebnis führen. LORENZ nannte seine Entdeckung den *Schmetterlingseffekt:* Kann der Flügelschlag eines Schmetterlings in Brasilien einen Tornado in Texas auslösen? Können winzige Faktoren mit der Zeit zu nicht vorhersagbaren, weitreichenden und katastrophalen Ergebnissen führen?

Schmetterlingseffekt: Kann der Flügelschlag eines Schmetterlings in Brasilien einen Tornado in Texas auslösen?

Mit dieser einfachen Erkenntnis ist ein Paradigmenwechsel vollzogen worden, den man als Übergang von linearen zu nichtlinearen Prozessen bezeichnen kann:

- Lineare Prozesse sind solche, die nach dem einfachen Kausalitätsprinzip „Ursache – Wirkung" funktionieren. Auf A folgt B, auf B folgt C etc.
- Eine große Anzahl von Phänomenen, nicht nur in der Meteorologie und Physik, sondern auch in der Biologie, Ökologie, Wirtschaft etc. gehorcht aber nicht-linearen Gesetzen und beruht auf nicht-linearen Formeln. Nicht-lineare Prozesse sind solche, deren Gleichungen variable statt feststehende Veränderungsgrade enthalten, in denen Veränderung multipliziert statt addiert wird und bei denen kleine Abweichungen gewaltige Konsequenzen haben können.

Die Chaostheorie beschäftigt sich mit nicht-linearen Prozessen, d.h., minimale Veränderungen der Ausgangsposition multiplizieren sich und führen zu gewaltigen Abweichungen von einem prognostizierten Zielzustand.

Fraktale Ordnung

Diese Ordnung wurde von dem Mathematiker Benoît MANDELBROT entdeckt. *Wie lang ist die britische Küste?* Die Grundidee ist es, dass alle möglichen natürlichen Objekte, wie etwa die Küste Englands, einen Rauheitsgrad aufweisen, der sie immer gleich erscheinen lässt, ganz egal, wie nahe man ihnen kommt. Unabhängig davon, ob man eine Küste von einem weit entfernten Punkt aus oder durch ein Mikroskop betrachtet, sie wird immer unregelmäßig aussehen, sodass es ohne äußeren Hinweis schwierig, wenn nicht gar unmöglich wäre zu sagen, aus welcher Entfernung ein Bild dieser Küste aufgenommen wurde.

Um diese rekursive, sich selbst reflektierende Unregelmäßigkeit bzw. Rauheit zu beschreiben, erweiterte MANDELBROT den Begriff der mathematischen Dimension. Er prägte den Begriff *Fraktal* zur Kennzeichnung dieser neuen gebrochen-dimensionalen Geometrie.[12]

Fraktale besitzen die Eigenschaft der Selbstähnlichkeit, d.h., dass jedes kleine Stück des Fraktals die Struktur des Gesamtobjekts hat. Gebirge, Wolken, Küsten und andere natürliche Erscheinungen sind ihrem Wesen nach einem Fraktal ähnlich, sie haben eine sich selbst reflektierende, wiederholende Unregelmäßigkeit.

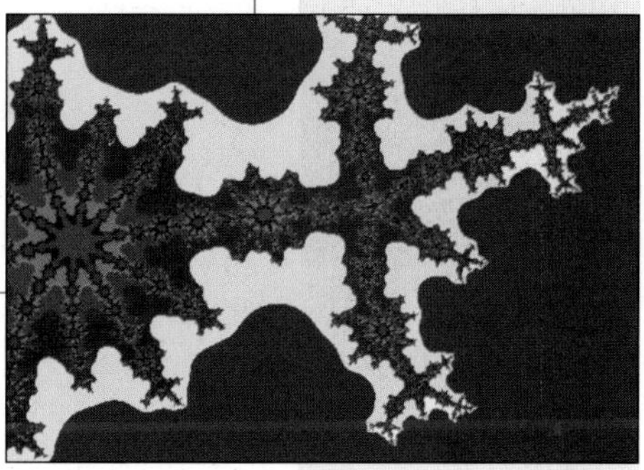

[12] Michael MACRONE, Heureka! a.a.O., S. 178f. (gekürzt und verändert).

2.4 Willensfreiheit

Naturwissenschaftliche Erkenntnisse hatten seit jeher das Ziel, dem Menschen in seinem Weltverständnis hilfreich zu sein. Seit der Antike bestimmen zwei Momente unsere Weltsicht: die Kausalität und die Finalität.[13]

Wenn wir einen Handlungsprozess in Einzelphasen zerlegen, dann ist für die Erfahrung zunächst das Nacheinander im Zeitverlauf erlebbar. Dieses aber gestattet zwei Interpretationen: Entweder ist das Frühere die Ursache des Späteren (Kausalität), oder das Frühere ist im Voraus durch das Spätere bedingt, das Spätere ist das Ziel des Früheren (Finalität). Bei der Kausalität wird ein Prozess in eine Abfolge von Ursache und Wirkung zerlegt. Bei der Finalität dagegen ist jedes Glied im Verlauf des Geschehens Zweck für das vorausgehende Mittel, das seinerseits den Zweck für das vorherige Mittel darstellt. Dazu ein Beispiel:

Kausalität:
Ursache – Wirkung
U → W / U → W / U → W

- Kausale Interpretation: Wenn ein Stein herunterfällt und den Kopf eines Menschen zerschmettert, dann kann man das als einen Kausalvorgang interpretieren – der Stein wurde durch irgendeine Ursache locker und fiel, dem Gesetz der Schwerkraft folgend, auf die Straße und tötete jemanden.

Finalität:
Zweck – Mittel
M ← Z / M ← Z / M ← Z
(→ Handlungsverlauf→)

- Finale Interpretation: Weil es dem Vorbeigehenden bestimmt war, an dieser Stelle zu sterben, musste ein Stein fallen, der vorher locker zu sein hatte, was wiederum andere Voraussetzungen in sich schloss.

Wir deuten also den Weltverlauf als (mechanische) Kausalität oder aber als (sinnbedingte) Erfüllung vorgegebener Ziele. In der Geschichte der Philosophie spielen beide Deutungen eine wichtige Rolle.

Kopplung von Kausalität und Finalität:

Wollen, Denken, Handeln

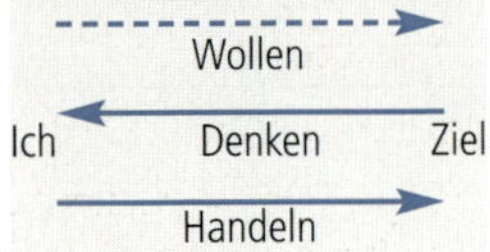

ARISTOTELES verknüpfte die beiden Modelle von Finalität und Kausalität, um die Willensfreiheit des Menschen zu erklären. Der Mensch hat eine natürliche Strebensrichtung, die an einem Ziel orientiert ist, z.B. Gesundheit. Mit der Vernunft legt er die Mittel fest, mit denen das Ziel erreicht werden soll; dabei gibt es die Möglichkeit zu wählen. Die Auswahl zwischen mehreren Möglichkeiten erfordert eine Entscheidung, die dann in die Tat umgesetzt wird.

[13] Vgl. Karl LAHMER, Das Verhältnis von Natur und Mensch in Antike und Gegenwart, Bamberg: C.C. Buchner 1994, S. 45ff.

Handlungen bzw. Geschehnisse müssen allerdings in zwei Gruppen gegliedert werden:

- Notwendige Geschehnisse sind Geschehnisse, die von der Vergangenheit über die Gegenwart auch die Zukunft determinieren, z. B. die Umlaufbahn der Planeten. Alle regulären Naturgeschehnisse sind zweckbestimmt, was im Bereich des Lebendigen besonders signifikant hervortritt: Aus Olivensamen werden Oliven, aus Vogeleiern Vögel. Die jeweilige Entwicklung ist auf das Werden eines vollständigen Exemplars der Art hin programmiert.
- Die möglichen Geschehnisse sind im Rückblick auf die Vergangenheit bestimmte Geschehnisse, im Vorblick auf die Zukunft jedoch unbestimmte Geschehnisse, z. B. alle Geschehnisse, bei denen Menschen mitwirken.

Notwendiges Geschehen

Mögliches Geschehen

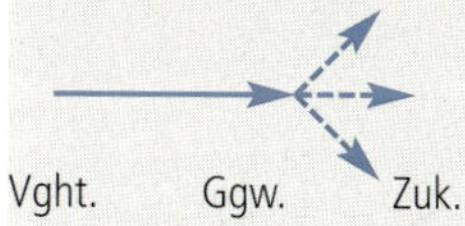

Diese Problematik von der Determiniertheit könnte man so zusammenfassen: Die Zielorientierung ist von der Natur festgelegt, ebenso die Gesetzlichkeiten in der Natur und das Wesen der Dinge und Lebewesen. Nicht determiniert ist jedoch das jeweilige Resultat menschlicher Handlungen und Aktualisierungen. Heute wird dieser Gedanke folgendermaßen formuliert: *Die Natur ist allmächtig, aber nicht allwissend.*

> Eine noch so genaue Beobachtung aller Fakten in der Gegenwart reicht prinzipiell nicht aus, um das zukünftige Geschehen vorherzusagen, sondern eröffnet nur ein bestimmtes Feld von Möglichkeiten, für deren Realisierung sich bestimmte Wahrscheinlichkeiten angeben lassen. Das zukünftige Geschehen ist also nicht mehr determiniert, nicht mehr festgelegt, sondern es bleibt in gewisser Weise offen. … Die Vergangenheit dagegen ist festgelegt durch Fakten, die in der Gegenwart dokumentiert sind. Die Gegenwart bezeichnet den Zeitpunkt, wo Möglichkeit zur Faktizität, zur Tatsächlichkeit gerinnt. In unserem Bild vom Nylonseil entspricht dies eher einem nur mehr in die Vergangenheit sich erstreckenden Halbseil, dessen Fäden in der Gegenwart gleichsam aus einem unstrukturierten Lösungsbad herausgezogen werden, sich also gewissermaßen im jeweils gegenwärtigen Augenblick aus einer qualifizierten Unbestimmtheit neu bilden. Eine Extrapolation in die Zukunft ist in wesentlichen Teilen prinzipiell nicht möglich.[14]

Das Naturgeschehen läuft demnach nicht wie ein mechanisches Uhrwerk ab, sondern besitzt den Charakter fortwährender Entfaltung. Die Schöpfung ist nicht abgeschlossen – sie ereignet sich in jedem Augenblick neu.

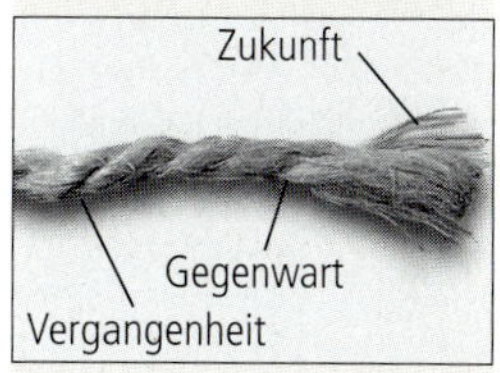

Extrapolation = Übertragen von einer Aussage aus einem Bereich in einen anderen

[14] Hans Peter DÜRR, Wissenschaft und Wirklichkeit. Über die Beziehung zwischen dem Weltbild der Physik und der eigentlichen Wirklichkeit. In: Hans-Peter DÜRR (Hg.), Geist und Natur. Über den Widerspruch zwischen naturwissenschaftlicher Erkenntnis und philosophischer Welterfahrung, Bern: Scherz 1989, S. 35 und 38.

Der österreichische Physiker Anton ZEILINGER erklärt den Welle-Teilchen-Dualismus so: Weil ein atomares System nur wenig Information tragen kann, können wir in den Experimenten eben nur eine Eigenschaft (entweder Welle oder Teilchen) festlegen. Anders ausgedrückt: Die Quanten können zu einem bestimmten Zeitpunkt nur eine Information weitergeben, entweder Welle oder Teilchen. ZEILINGER kommt – bezogen auf den Mikrokosmos – zu dem Schluss: Es gibt eine von uns unabhängige Welt (Realität oder Wirklichkeit).

Die Erkenntnisse der modernen Physik lassen den Schluss zu: Der Mensch hat einen freien Willen.

> Was sind aber nun diese Eigenschaften der Wirklichkeit? Dazu möchte ich einen radikalen Vorschlag machen: „Wirklichkeit und Information sind dasselbe."
> Ludwig WITTGENSTEIN beginnt seinen berühmten *Tractatus Philosophicus* mit dem Satz: *Die Welt ist alles, was der Fall ist.*
> Wir haben gesehen, dass dieser Blickpunkt zu beschränkt ist. In der Quantenmechanik können wir nicht nur Aussagen darüber treffen, was der Fall ist, sondern auch Aussagen darüber, was der Fall sein kann. Selbstverständlich sind diese Aussagen auch Teil der Welt.
> Daher ist die Welt mehr, als was WITTGENSTEIN meinte. Die Welt ist alles, was der Fall ist, und auch alles, was der Fall sein kann.[15]

AUFGABE

Willensfreiheit?

Der Hirnforscher Gerhard ROTH nennt es einen populären Irrtum, dass Menschen mit mächtigem Willen Berge versetzen und sich selbst übertreffen können. Wenn ein Extremalpinist allen Eisstürmen und dünner Luft zum Trotz sämtliche Achttausender der Welt erstürme, hieße das nicht, dass er willensstark sei. Sein Gehirn sei nur so programmiert, dass es ihm nach Höchstleistungen besondere Belohnungsgefühle verschaffe, weswegen ein Reinhold MESSNER gar keine Wahl habe, als sich zu verausgaben. Gerade ein ungewöhnlich entschlossener Mensch sei keineswegs frei, sondern im Gegenteil in äußerstem Maße getrieben.[16]

Recherchieren Sie folgende Begriffe:

Determinismus, Indeterminismus, Determinismus-Paradoxon, naturwissenschaftliche Positionen zur Willensfreiheit, existenzphilosophische Positionen zur Willensfreiheit

Informationen finden Sie z. B. unter **www.philosophieverstaendlich.de** oder **http://de.wikipedia.org**

[15] Anton ZEILINGER, EINSTEINS Schleier. Die neue Welt der Quantenphysik, München: C. H. Beck 2003, S. 229ff. (gekürzt).

[16] Vgl. Stefan KLEIN, Die Tagebücher der Schöpfung. Vom Urknall zum geklonten Menschen, München: dtv 2004, S. 159ff.

3 Ästhetik

Ästhetik bezeichnet ein Teilgebiet der Philosophie, das sich mit dem Schönen in Natur bzw. Kunst und seiner Wahrnehmung beschäftigt. Ein Grundthema der Ästhetik ist die Frage, ob objektive Kriterien zum Erfassen des Schönen existieren oder ob diese vom jeweilig betrachtenden Individuum her geformt werden müssen. Die erste umfangreiche ästhetische Theorie stammt von PLATON. Im Rahmen seiner Ideenlehre ging er davon aus, dass allein die Welt der Ideen der tatsächlichen Realität entspricht. Die Dinge stellen nur Abbilder jener Urformen dar. In diesem ästhetischen System kommt der Kunst eine untergeordnete Rolle zu: Während sich der Handwerker um eine Nachbildung der Idee bemüht, schafft der Künstler lediglich ein Abbild vom Abbild.

Ästhetik kommt vom griech. Wort *aisthánomai* = wahrnehmen.

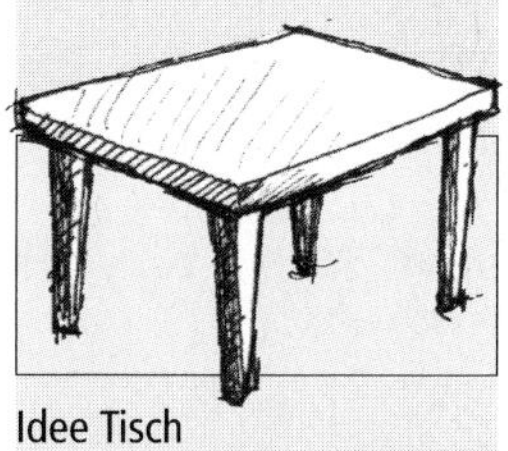

Idee Tisch
Abbild der Idee (Tischler),
Abbild vom Abbild (Künstler)

ARISTOTELES betrachtete Kunst als Nachahmung (Mimesis). Der Künstler soll die Dinge durch Nachahmung so gestalten, dass er das vervollkommnet, was die Natur nicht vollenden kann. Bis ins 19. Jahrhundert wurde die Ästhetik vom aristotelischen Modell einer Nachahmung der Natur durch Kunst beherrscht.

Der Universalgelehrte und klassische Archäologe Johann Joachim WINCKELMANN (1717–1768) entwickelte eine für die Weimarer Klassik verbindliche Ästhetik, die sich an der „edlen Einfalt und stillen Größe" der griechischen Antike orientierte. Ideale Proportionen und formale Ausgeglichenheit waren genauso wichtig wie der Ausdruck individueller Schöpferkraft.

WINCKELMANN: Orientierung an der griechischen Klassik

HERMES des PREXITELES (um 330 v. Chr.)

Nach G. W. F. HEGEL bilden Kunst, Religion und Philosophie die Grundlage für die geistige Entwicklung des Menschen. In seiner Ästhetik unterscheidet HEGEL zwischen Natur- und Kunstschönheit. Im Sinne seiner Philosophie des Idealismus ist das Kunstschöne, das vom Menschen geschaffene Werk, höher einzuschätzen als das Naturschöne.

Im 19. Jahrhundert kommt es zu einem Paradigmenwechsel; die Nachahmungstheorie wird abgelehnt und stattdessen werden das Material und die Struktur des Kunstwerks immer mehr in den Vordergrund gerückt. Die Kunst emanzipiert sich von der sinnlich wahrnehmbaren Realität (Natur). Am Anfang zu dieser Entwicklung steht der Impressionismus: Licht- und Farbwirkung, Strukturen und Umrisslinien eines Gemäldes geben der subjektiven Empfindung von Realität den Vorrang vor einer getreuen Abbildung

Impressionismus: Kunst emanzipiert sich von der sinnlich wahrnehmbaren Realität.

Der Berg Saint-Victoire in der Provence ...

... und Paul Cézanne: „La Montagne Saint-Victoire“, um 1904/1906.

der Natur. Im frühen 20. Jahrhundert wird diese Richtung von den Malern des Kubismus weiterentwickelt.

Für den Philosophen Henri Bergson (1859–1941) bestehen die ästhetischen Möglichkeiten des Kunstwerks vor allem darin, Realität mithilfe der Intuition direkt und tiefer erfassen zu können als durch die Begrifflichkeit wissenschaftlicher Betrachtungsweise. Die Kunst bricht demnach mit konventionellen Ideen und Überzeugungen hinsichtlich der Existenz und sozialen Bindung des Menschen und hält den BetrachterInnen eine tiefere Wirklichkeit vor Augen.

Der amerikanische Philosoph und Dichter George Santayana (1863–1952) behauptet, dass das Kriterium der Schönheit der Struktur eines Gegenstands immanent ist, also nicht an den Geist der RezipientInnen herangetragen werden muss. Ästhetische Formvollendung ist demnach nicht eine Frage des Geschmacks, sondern ein Bestandteil des Objektes selbst.

Assoziationen zur Bewertung von Kunstwerken

1. Mimesistheorie

Nach Aristoteles hat der Künstler die Aufgabe, das Typische und Allgemeine darzustellen. Der Wert eines Kunstwerks ist daran zu messen, wie das Typische und Allgemeine dargestellt ist, und daran, wie es auf die BetrachterInnen wirkt.

2. Renaissance

Die Schönheit der Welt beruht auf der *Concinnitia*, der Zusammenstimmung bis ins Kleinste. Ob ein Ding schön ist oder nicht, hängt von seiner objektiven Beschaffenheit ab, nicht von den Vorlieben oder dem Geschmack der BetrachterInnen. Das Schöne nicht zu sehen, beweist einen Mangel an Erkenntnisfähigkeit (ist also keine Geschmackssache).
Die Kunst zeigt, wozu der Mensch fähig ist, und sie begründet damit die einzigartige Würde des Menschen.

3. Realitätstheorie

Nach Karl Rosenkranz (1805–1879) geht es bei der Kunst um die Darstellung der Ambivalenz von Schönem und Hässlichem. Jede Darstellung dieser Ambivalenz ist schön, aber wenn die Gegensätze fehlen, wird das Werk hässlich.

4. Genussmodell

Die *Ästhetik des Pragmatismus*[17] schlägt im Umgang mit Kunst ein Genussmodell vor. Die vertrauteste Lebensform ist die, die sich dem Genuss der Schönheit hingibt. Dieses ästhetische Leben besteht im Genießen schöner Gegenstände.

Dem Genussmodell widersprechen marxistische TheoretikerInnen. Kunst dürfe nicht den Eindruck vermitteln, alles sei in Ordnung. Kunst müsse grausam sein und Chaos in die scheinbare Harmonie bringen.

5. Produktions- versus Rezeptionsästhetik

Ästhetik beschäftigt sich u. a. mit den verschiedenen Aspekten, die sich auf ein Gesamtkunstwerk beziehen:

- Produktionsästhetik untersucht die Bedingungen der Entstehung eines Kunstwerks und seine formalen Merkmale;
- Rezeptionsästhetik untersucht, wie bei BetrachterInnen das Kunstwerk aufgenommen wird, wie es bewertet und beurteilt wird.

6. Kommunikationsmodell

Nach Niklas Luhmann (1927–1998) ist Kunst ein Medium zur Kommunikation. Sowohl BetrachterInnen als auch KünstlerInnen sind Träger dieser Kommunikation. Nicht das Kunstwerk als Objekt steht im Mittelpunkt der Betrachtung, sondern das Gespräch über das Kunstwerk. So gesehen ist ein Kunstwerk der Ausgangspunkt für einen ästhetischen Diskurs: KünstlerInnen und BetrachterInnen schaffen gemeinsam ein ästhetisches Bewusstsein.

7. Aboutness

Der amerikanische Philosoph Arthur C. Danto (geb. 1924)[18] geht von der These aus, dass Kunstwerke auf einer anderen Ebene liegen als Dinge des alltäglichen Gebrauchs. Im Unterschied zu Alltagsdingen, die einfach sind, nehmen Kunstwerke auf etwas Bezug. Diese Bezugnahme bedarf einer Interpretation. Erst durch die Interpretation wird ein Alltagsobjekt zum Kunstobjekt. Ein Alltagsgegenstand braucht keine Interpretation, er wird einfach gebraucht. Ein Kunstwerk braucht eine Interpretation und ist von einem Bezugsrahmen abhängig: alle, die ein Kunstwerk interpretieren wollen, brauchen Kenntnisse über den historischen Kontext, die Werkentstehung, Einflüsse auf die KünstlerIn etc. Durch die Interpretation kommt auch das Metaphorische eines Kunstwerks zur Geltung.[19]

Eine ähnliche Theorie vertritt auch Nelson Goodman (1906–1998). Jedes Kunstwerk ist ein komplexes Symbol, es bezieht sich auf etwas. Diese Bezugnahme nennt man Symbolisierung.

[17] Vgl. Richard Shustermann, Kunst Leben. Die Ästhetik des Pragmatismus, Frankfurt/Main: Fischer 1994, S. 230ff.

[18] Vgl. Arthur C. Danto, Die Verklärung des Gewöhnlichen. Eine Philosophie der Kunst, Frankfurt/Main: Suhrkamp 1996.

[19] Literaturhinweis: Michael Hauskeller, Was ist Kunst? Positionen der Ästhetik von Platon bis Danto, München: Beck 1998.

AUFGABEN

1. **Ästhetikbegriff des Pragmatismus**
   Beschreiben Sie den Ästhetikbegriff des Pragmatismus und belegen Sie ihn durch konkrete Beispiele aus Musik, Mode, Freizeitverhalten etc.
2. Versuchen Sie, die abgebildeten Kunstwerke in der Differenzierung der Produktions- bzw. Rezeptionsästhetik zu beschreiben und zu beurteilen.

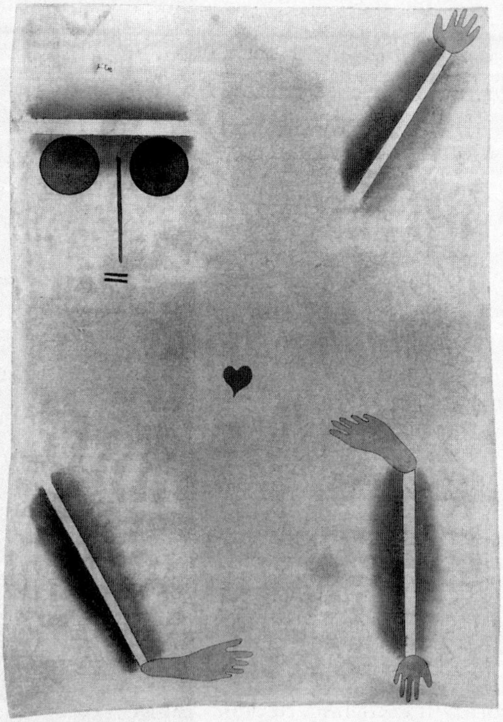

Paul KLEE Hat Kopf, Hand, Fuß und Herz (1930)

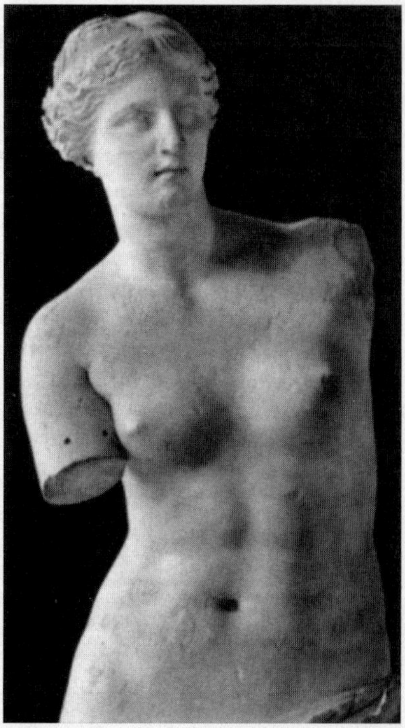

VENUS von MILO (um 130 v. Chr.)

3. **Zitate zuordnen**
   Ordnen Sie die folgenden Zitate einer der im Informationsteil angeführten ästhetischen Richtungen zu:
   - Künstler sollen nicht politisch sein. Sie sollen die Menschen glücklich machen (P. DOMINGO, Sänger).
   - Aufgabe der Kunst ist es, das Chaos der Welt in übertriebener Form zu spiegeln.
   - Erlaubt ist, was gefällt (J. W. GOETHE, Dichter).
   - Die Kunst gibt nicht das Sichtbare wieder, sondern macht sichtbar (P. KLEE, Maler).
   - Das Absurde, mit Geschmack dargestellt, erregt Widerwillen und Staunen (J. W. GOETHE).
   - Ein Werk ist dann ein Kunstwerk, wenn es über etwas handelt, etwas in metaphorischer Form zum Ausdruck bringt, das eine Interpretation erfordert.

4. **Kunstwerke interpretieren**
Interpretieren Sie Kunstwerke nach den Kriterien von Danto.
Mögliche Beispiele
- Roy Liechtenstein, Großes Gemälde
- Marcel Duchamp, Fontäne
- Hermann Nitsch

5. **Werbung und Schönheit**
Man kann folgende Funktionen der Werbung differenzieren:
Information, Motivation, Unterhaltung, ansprechende Gestaltung.
Analysieren Sie selbst gewählte Beispiele der Werbung in Bezug auf folgende ästhetische Fragestellungen:
- Welcher der angeführten Funktionen kann man eine ästhetische Qualität zuschreiben?
- Welche der angeführten Ansichten zur Ästhetik lässt sich für eine Werbeanalyse verwenden?
- Ist der gute Geschmack *(etwas ist schön)* beliebig oder lassen sich dafür Kriterien erstellen? (Denken Sie an die Mode und deren Veränderung.)

Auf der CD-ROM und unter www.dorner-verlag.at/downloads.php finden Sie ergänzend zum Buch weitere Aufgaben und Übungsmaterialien.

Zusammenfassung

Politische Theorien

Politische Theorien beschäftigen sich mit der Frage, wie ein Staat konzipiert sein muss, damit in diesem gesellschaftlichen Gefüge Menschen glücklich leben können. Das Verhältnis von Staat und Gesellschaft bzw. Individuum wird häufig thematisiert.

Naturphilosophie

Neue Physik und Willensfreiheit

Die neuen naturwissenschaftlichen Theorien (Relativitätstheorie, Quantenmechanik, Chaostheorie) führen den Menschen vermehrt vor Augen, dass die Zukunft offen ist. Wenngleich eine gewisse Zielorientierung durch die Natur vorgegeben ist, sind die menschlichen Handlungen nicht determiniert und die Resultate menschlicher Handlungen nicht vorhersehbar: Die Natur ist allmächtig, aber nicht allwissend.

Ästhetik

Ästhetik (griech. Wahrnehmung) bezeichnet das Teilgebiet der Philosophie, das sich mit dem Schönen und seiner Wahrnehmung beschäftigt. Eines der Grundthemen ästhetisch-philosophischer Reflexion ist die Frage nach möglichen Kriterien zur Beurteilung des Schönen und der Kunst.

Es sind einführende Bücher zur Philosophie angeführt. Die wichtigsten philosophischen Werke finden Sie in den Fußnoten zitiert.

BIRNBACHER, Dieter/HOERSTER Norbert (Hg.): Texte zur Ethik, München: dtv 1987

DITFURTH, Hoimar von: Im Anfang war der Wasserstoff, München: Komet Frechen 2000

DÜRR, Hans Peter (Hg.): Geist und Natur. Über den Widerspruch zwischen naturwissenschaftlicher Erkenntnis und philosophischer Welterfahrung, Bern: Scherz 1989

FERBER, Rafael: Philosophische Grundbegriffe. Eine Einführung, München: Beck 1999

FRANKENA, William: Analytische Ethik. Eine Einführung, München: dtv 1994

FREESE, Hans-Ludwig: Abenteuer im Kopf. Philosophische Gedankenexperimente, Weinheim: Quadriga 1993

GADENNE, Volker: Philosophie der Psychologie, Bern u. a.: Verlag Hans Huber 2004

GIL, Thomas: Einführung in philosophisches Denken. Erfahrung, Reflexion, Urteil, Handeln, München: Fink UTB 1998

HANKINSON, Jim: Clever bluffen – Philosophie, Frankfurt/Main: Fischer 1998

HASTEDT, Heiner/MARTENS, Ekkehard (Hg.): Ethik. Ein Grundkurs, Reinbek: Rowohlt 1994

HELLMANN, Brigitte (Hg.): Der kleine Taschenphilosoph. Ein Lesebuch für Nachdenkliche, München: dtv 2004

HELLMANN, Brigitte: Mit KANT am Strand. Ein Lesebuch für Nachdenkliche, München: dtv 2005

HOLENSTEIN, Elmar: Philosophie-Atlas. Orte und Wege des Denkens, Zürich: Ammann 2004

JASPERS, Karl: Einführung in die Philosophie, München: Piper 1999

KENNY, Anthony: Illustrierte Geschichte der westlichen Philosophie, Frankfurt/Main: Campus Verlag 1998

LAW, Stephen: Warum die Kreter lügen, wenn sie die Wahrheit sagen und andere Abenteuer der Philosophie. Eine Anleitung zum Denken, Frankfurt/Main: Eichborn 2004

LIESSMANN, Konrad Paul (Hg.): Der Wert des Menschen. An den Grenzen des Humanen, Wien: Zsolnay 2006

LIESSMANN, Konrad Paul: Die großen Philosophen und ihre Probleme. Vorlesungen zur Einführung in die Philosophie. 2 Bände, Wien: WUV – Universitätsverlag 1998

LORENZ, Konrad: Die Rückseite des Spiegels. Versuch einer Naturgeschichte menschlichen Erkennens, München: Piper 1999

MACRONE, Michael: Heureka! Das archimedische Prinzip und 80 weitere Versuche, die Welt zu erklären, München: dtv 1998

MEYER, Ursula I.: Einführung in die feministische Philosophie, München: dtv 1997

NETTLING, Astrid: Kleine philosophische Lebenskunst, Freiburg u. a.: Herder 2004

PIAS, Claus u.a. (Hg.): Kursbuch Medienkultur. Die maßgeblichen Theorien von Brecht bis Baudrillard, Stuttgart: DVA 1999

PIEPER, Annemarie: Einführung in die Ethik, Tübingen: Francke UTB 2000

POPPER, Karl/LORENZ, Konrad: Die Zukunft ist offen, hrsg. von Franz KREUZER, München: Piper 1985

SÄNGER, Monika: Abiturwissen. Praktische Philosophie/Ethik. Grundpositionen der normativen Ethik. Stuttgart/Dresden: Klett 2000

SAVATER, Fernando: Tu, was du willst. Ethik für Erwachsene von morgen, Frankfurt am Main: Weinheim: Beltz 2001

SCHÄFER, Alfred: Einführung in die Erziehungsphilosophie, Weinheim und Basel: Beltz 2005

SCHEER, Brigitte: Einführung in die philosophische Ästhetik, Darmstadt: Wissenschaftliche Buchgesellschaft 1997

SLOTERDIJK, Peter: Medienzeit. Drei gegenwartsdiagnostische Versuche, Stuttgart: Cantz-Verlag 1993

TETENS, Holm: Philosophisches Argumentieren. Eine Einführung, München: Beck 2004

WEISCHEDEL, Wilhelm: Die philosophische Hintertreppe. 34 große Philosophen in Denken und Alltag, München: Nymphenburger 2000

WITTSCHIER, Michael: Abenteuer Philosophie. Ein Schnellkurs für Einsteiger, München: Piper 2000

ZIMMER, Robert: Das Philosophenportal. Ein Schlüssel zu klassischen Werken, München: dtv 2004

Personenregister

Sachregister

SACHREGISTER